Smart Energy

Christian Aichele

Smart Energy

Von der reaktiven Kundenverwaltung zum proaktiven Kundenmanagement

Mit 139 Abbildungen

PRAXIS

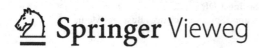 Springer Vieweg

Christian Aichele
Fachhochschule Kaiserslautern,
Deutschland

ISBN 978-3-8348-1570-5   ISBN 978-3-8348-1981-9 (eBook)
DOI 10.1007/978-3-8348-1981-9

Die Deutsche Nationalbibliothek verzeichnet diese Publikation in der Deutschen Nationalbibliografie; detaillierte bibliografische Daten sind im Internet über http://dnb.d-nb.de abrufbar.

Springer Vieweg
© Vieweg+Teubner Verlag | Springer Fachmedien Wiesbaden GmbH 2012

Einbandentwurf: KünkelLopka GmbH, Heidelberg

Gedruckt auf säurefreiem und chlorfrei gebleichtem Papier

Springer Vieweg ist eine Marke von Springer DE.
Springer DE ist Teil der Fachverlagsgruppe Springer Science+Business Media
www.springer-vieweg.de

Vorwort

Die Energiewirtschaft in Deutschland und Europa, ja weltweit, steht vor enormen Herausforderungen.

Immer mehr Menschen bevölkern unsere Erde, immer mehr Menschen wollen Energie, sei es in Form von Wärme oder Elektrizität.

Derzeit wird der Energiehunger noch überwiegend durch fossile Energieträger gestillt.

Ökologische, aber langfristig auch ökonomische Gründe zwingen uns aber über Alternativen nachzudenken und diese umzusetzen.

Alternative Energie gehört daher der Zukunft. Tradierte Geschäftsmodelle/Prozesse werden im Zuge des Wandels zu erneuerbaren Energien in Frage gestellt bzw. werden schlicht und ergreifend abgelöst.

Die Energielandschaft wird sich wandeln, von überwiegend zentraler Großerzeugung/Produktion hin in dezentrale Systeme.

Diese Systeme erfordern Infrastrukturen, feinst abgestimmte Prozesse und Informationswege, um in keinem Fall die Versorgungssicherheit zu gefährden.

Hinter dieser sogenannten Smart Energy steckt daher eine Mammutaufgabe, die insbesondere Prozess- und Informationstechnologie betrifft. Spannende Zeiten für alle, die diesen Wandel begleiten dürfen.

Dr. Hanno Dornseifer

Mitglied des Vorstandes der VSE Aktiengesellschaft

Einleitung

Angesichts der aktuellen politischen Diskussion und Entscheidungslage um den Ausstieg aus der Atomkraft, den Auf- und Ausbau regenerativer Energieerzeugung, die Bereitstellung der adäquaten Stromnetze und die Nutzung der individuellen Energieeinsparungspotenziale zweifelt niemand an der Notwendigkeit der Realisierung smarter Energie. Smarte Energie (engl. Smart Energy) bedeutet die klima-, umwelt- und bedarfsgerechte Erzeugung, Übertragung, Verteilung, Anwendung bzw. Verbrauch und natürlich Einsparung von Energie.

Aber je weiter sich eine Gesellschaft insbesondere technologisch weiterentwickelt, desto größer wird der Energiebedarf pro Individuum. Insofern ist mittel- bis langfristig eher von einem noch erheblich größeren Energiebedarf auszugehen. Umso wichtiger ist der sensible Umgang mit limitierten Energieressourcen, die für andere Zwecke als die simple Umwandlung in thermische und elektrische Energie sinnvoller genutzt werden können. Das Potenzial zur Realisierung der technischen Infrastruktur mit dezentralen und zentralen regenerativen Energieerzeugungsanlagen und mit ausreichenden Übertragungs- und Verteilnetzen ist vorhanden. Nur was nutzt das Spiel, wenn die Spielregeln nicht vorhanden sind. Die Ausgestaltung der organisatorischen Infrastruktur, der Geschäfts- und Informationsprozesse und der inhärenten Informationstechnologie ggf. auf europäischer Ebene ist in großen Teilen nicht definiert. Hier besteht ein erheblicher Konzeptions- und Normierungsbedarf, der allen energiewirtschaftlichen Stakeholdern[1] gerecht wird.

Insbesondere die Geschäftsprozesse für Smart Energy, das Management der Informationen und die notwendige Informationstechnologie stehen im Mittelpunkt der folgenden Ausführungen. Wie muss die Informationsinteraktion gestaltet werden, damit die Energieerzeugung und der Energieverbrauch kongruent sind? Wie sollen die Geschäftsprozesse zur Strukturierung einer optimalen Organisation ablaufen? Welche Methoden unterstützen die Darstellung einer solchen optimalen Organisation?

Das erste Kapitel „Smart Energy" gibt einen Überblick über die Energiewirtschaft und den Strommarkt sowie über die Fragestellungen des Weges zur smarten Energie.

Kapitel 2 stellt die wesentlichen europäischen und deutschen Verordnungen und Gesetze dar.

---

1 Anmerkung: Das Prinzip der Stakeholder erfasst das Unternehmen in seinem gesamten sozialökonomischen Kontext und bringt die Bedürfnisse der unterschiedlichen Anspruchsgruppen in Einklang. Als Stakeholder gelten neben den Shareholdern (Eigentümer) die Mitarbeiter, die Lieferanten, die Kunden, die Kapitalmärkte sowie der Staat und die Öffentlichkeit., siehe Aichele, Intelligentes Projektmanagement, S.26

Die Vision der smarten Energie und der grundlegende Informationsprozess von der Ablesung der Energieverbräuche bis zur Abrechnung werden in dem folgenden dritten Kapitel erläutert. Die Korrelation der Energiewirtschaft zu dem globalen Klima und der globalen Umwelt wird verdeutlicht.

Die aktuellen Informationstechnologien zur Realisierung smarter Energie und welche Faktoren den Erfolg ermöglichen, stellt das Kapitel 4 vor.

Die notwendigen Methoden zur Darstellung und Modellierung des Informationsmanagements und der Geschäftsprozesse für Smart Energy werden im fünften Kapitel detailliert.

Oliver Doleski stellt in dem folgenden sechsten Kapitel die Geschäftsprozesse der liberalisierten Energiewirtschaft dar. Die Notwendigkeit der Vereinheitlichung und Normierung der Prozesse wird transparent gemacht und die Potenziale der Smart Metering Technologie für neue Marktteilnehmer und die Gestaltung neuer Geschäftsprozesse wird verdeutlicht.

Die Auswirkungen der Smart Meter Technologie auf die Energiemärkte und den Energieverbraucher werden von **Patrick Margardt** in dem Kapitel 7 detailliert erläutert.

Die Wichtigkeit für Energieunternehmen den Kunden auch als solchen zu erkennen und zu behandeln und wie effizientes CRM in den Energieunternehmen eingesetzt werden kann, wird von **Christoph Resch** im Kapitel 8 eruiert.

William Motsch zeigt in Kapitel 9 auf, wie dynamische Tarife zur Kundeninteraktion in einem Smart Grid genutzt werden können.

Entscheidend für den Erfolg von Smart Energy wird weniger die Überbrückung der technologischen Gaps sein, sondern die effiziente Ausgestaltung der Geschäftsprozesse, des Informationsmanagements und der Informationstechnologie mit den notwendigen intelligenten bzw. semi-intelligenten Programmen und Algorithmen sein.

Christian Aichele, Ketsch, August 2011

Inhaltsverzeichnis

Abbildungsverzeichnis

Tabellenverzeichnis

Abkürzungsverzeichnis

AD	Außendienst
AG	Aktiengesellschaft
AIP	Action in Process
AKW	Atomkraftwerk
AMI	Advanced Metering Infrastructure
AMM	Advanced Meter Management
AMR	Automatic Meter Reading
AMS	Advanced Metering System
AMV	Ausgleichsmechanismusverordnung
APQC	American Productivity & Quality Center
ARIS	Architektur integrierter Informationssysteme
BAM	Business Activity Model
BDEW	Bundesverband der Energie- und Wasserwirtschaft
BIT	Binary Digit
BMHKW	Biomasseheizkraftwerk
BMKW	Biomassekraftwerk
BNA	Bundesnetzagentur
BNE	Bundesverband Neuer Energieanbieter e.V.
BNetzA	Bundesnetzagentur
BP	Business Process
BPMI	Business Process Management Initiative
BPMN	Business Process Modelling Notation
BPO	Business Process Optimization
BPR	Business Process Reengineering
BSC	Balanced Scorecard
Byte	Byte = 8 BIT
B2B	Business to Business
B2C	Business to Consumer
CFROI	Cash Flow Return on Investment
CIC	Customer Interaction Center
CIM	Computer Integrated Manufacturing
CIM	Customer Interaction Managment
CO	Controlling/Kostenrechnung, ein Modul der SAP ERP Software
COBIT	Control Objectives for Information and related Technology, for IT-Governance

CODASYL	Conference on Data System Languages
CPI	Continuous Process Improvement
CPO	Chief Process Officer
CRM	Customer Relationship Management
CTQ	Critical to Quality
DB	Datenbank/Data Base
DDL	Data Description Language
DMAIC	Define – Measure – Analyse – Improve – Control Cycle
DML	Data Manipulation Language
DSL	Digital Subscriber Line
DSO	Distribution System Operator
DSS	Decision Support System
DV	Datenverarbeitung
DW	Data Warehouse
EAM	Enterprise Asset Management
EDF	Électricité de France SA
EDL	Energie-Dienstleistungs-Richtlinie
EDIEL	Electronic Data Interchange for the Electricity Industry
EDIFACT	Electronic Data Interchange For Administration, Commerce and Transport
EDM	Energy Data Management
EDV	Elektronische Datenverarbeitung
EE	Erneuerbare Energie
EEG	Erneuerbare-Energien-Gesetz
eEPK	erweiterte Ereignisgesteuerte Prozesskette
EEX	European Energy Exchange
eHZ	elektronischer Haushaltszähler
EMS	Energie Management Server
EnEfG	Energieeffizienzgesetz
EnBW	Energieversorgung Baden-Württemberg
EnWG	Energiewirtschaftsgesetz
EON	Energie On, Markenname der EON AG
ERM	Entity-Relationship Modell
ERP	Enterprise Resource Planning
eTOM	enhanced Telecom Operations Map für Telekommunikations-unternehmen und IT-Dienstleistungen
EVU	Energieversorgungsunternehmen
FI	Finance/Finanzbuchhaltung, ein Modul der SAP ERP Software

FTE	Forschung
GeLi Gas	Einheitliche Geschäftsprozesse für den Lieferantenwechsel im Gassektor
GKW	Großkraftwerk
GM	Gerätemanagement
GmbH	Gesellschaft mit beschränkter Haftung
GPKE	Geschäftsprozesse und Datenformate zur Abwicklung der Belieferung von Kunden mit Elektrizität
GPO	Geschäftsprozessoptimierung
GPRS	General Packet Radio Service
Grids	Netze
GSM	Global System for mobile Communication
GWB	Wettbewerbsbeschränkungen
HeizkostenV	Heizkostenverordnung
HiFi	High Fidelity
HT/NT	Hochtarif/Niedertarif
IBM	International Business Machines Corporation
ID	Innendienst
IDS	Integrierte Datenverarbeitungsysteme, (IDS Scheer AG)
IKT	Informations- und Kommunikationstechnologie
IS	Informationssystem
IS-U	Industry Solition for Utility/Industrielösung für die Energiewirtschaft, SAP Modul
IT	Informationstechnologie/Information Technologie
ITIL	IT Infrastructure Library
IuK	Informations- und Kommunikationstechnologien
J	Joule
kByte	Kilobyte = 1024 Byte
KPV	Kontinuierliche Prozessverbesserung
KW	Kilowatt
kWh.	Kilowattstunde
KWK	Kraft-Wärme Kopplung
KWK-A	Kraft-Wärme-Kopplungsanlagen
LAN	Local Area Network
LCR	Least Cost Router
LF	Lieferant (Stromlieferant)
LFN	Lieferant (Stromlieferant)
LNG	Liquid Natural Gas
MDL	Messdienstleister

MDM	Meter Data Management
MDUS	Meter Data Unification & Synchronisation
MessZV	Messstellenzugangsverordnung
MID	Measuring Instruments Directive
MKW	Müllkraftwerk
MMS	Multimedia Messaging Service
MQ Series	Messaging Queueing Services, Middleware Software der IBM AG
MS	Microsoft
MSB	Messstellenbetreiber
MSBA	Messstellenbetreiber Alt
MSBN	Messstellenbetreiber Neu
MUC	Multi Utility Communication Einheit
MVNO	Mobile Virtual Network Operator
NB	Netzbetreiber
NM	Netzmanagement
NPV	Net Present Value
NREAP	National Renewable Energy Action Plan
OLAP	Online Analytical Processing
OMG	Object Management Group
OTC	Over-the-Counter
PC	Personal Computer
PC	Process Controlling
PCF	Process Classification Framenwork
PDCA	Plan-Do-Check-Act Cycle
PI	Process Integration, SAP Software PI
PLC	Power Line Communication
POC	Point of Contact/Customer Touch Point
RACI	Responsible Accountable Consulted Informed
REFA	Ursprünglich: Reichsausschuss für Arbeitszeitermittlung, heute Verband für Arbeitsgestaltung, Betriebsorganisation und Unternehmensentwicklung
RF	Radio Frequency
RLM	Registrierende Leistungsmessung
ROI	Return on Invest
RWE	Rheinisch-Westfälisches Elektrizitätswerk (RWE AG)
SaaS	Software as a Service
SAP	Systeme, Anwendungen, Produkte AG (ursprünglich: Systemanalyse und Programmentwicklung Gbr)
SCOR	Supply Chain Operations Reference Model

SD	Sales & Distribution, Verkauf und Versand, ein Modul der SAP ERP Software
SD Memory Card	Secure Digital Memory Card (dt. Karte)
SCM	Supply Chain Management
SLP	Standardlastprofil
SML	Service Management Layer
SMS	Short Message Service
SOA	Service Oriented Architecture
SQL	Structured Query Language
StromEinspG	Stromeinspeisungsgesetz
TCPIP	Transmission Control Protocol/Internet Protocol
TCT	Total Cycle Time
TelCo	Telecommunication/Telekommunikation
TGV	Technische Geräteverwaltung
ToU	Time-of-Use, ToU Tarif für Strom
TV	Television
ÜNB	Übertragungsnetzbetreiber
UML	Unified Modeling Language
USB	Universal Serial Bus
UTILMD	Utilities Master Data message
UTILTS	Utilities time series message
VIK	Verband der industriellen Energie und Kraftwerkswirtschaft
VM	Vertragsmanagement
VNB	Verteilnetzbetreiber
VRM	Value Reference Model
WEA	Windenergieanlage
WKA	Windkraftanlage
WKW	Wasserkraftwerk
WLAN	Wireless Local Area Network
WMS	Work Management System
W.O.	Work Order
Ws.	Wattsekunde
WT	Werktag
xRM	Any Relationship Management

1 Smart Energy

1.1 Der Weg zu Smart Energy

Seit Mitte der 90er Jahre sind die Energiemärkte Europas einem mehr oder weniger radikalen Wandel ausgesetzt. Durch die Vorgaben der EU und die Umsetzung dieser Vorgaben in nationale Vereinbarungen und Gesetze wurden die Energieunternehmen zur Liberalisierung und Deregulierung gezwungen. Eine erste Welle neuer Stromanbieter, die sich Ende der 90er Jahre versucht haben zu etablieren, ist schon wieder vom Markt verschwunden. Die gesellschaftsrechtliche und informatorische Trennung von Erzeugung und Vertrieb von den Netzen ist letzten Endes für den Verbraucher ohne große Konsequenzen verpufft. Man kann zwar mittlerweile seinen Strom- und auch Gasanbieter ohne größere Probleme wechseln und auch Ökotarife (zum Beispiel 100 % Atomstromfrei) buchen, aber der Hauptgrund für einen Wechsel ist der Preis. Und wer heute der Günstigste ist, kann schon morgen zu den teuren Anbietern gehören.

Der Anteil regenerativer Energien wurde durch staatliche Förderungen erhöht und damit wurde die Energieerzeugung auch dezentralisiert, nur große Quantensprünge wurden damit nicht erreicht bzw. erfolgreich durch die existierenden Oligopole in für sie geordnete Bahnen gelenkt. Bedenklich war auch die teilweise Rücknahme der Beendigung der Stromerzeugung in Atomkraftwerken. Durch die Atomkatastrophe von Fukushima Anfang 2011 fand ein radikales Umdenken statt, der Atomausstieg ist (wieder) beschlossen. Man kann nur hoffen, dass die Atomlobby diesmal keinen Weg für den Wiedereinstieg findet. Leider wird dieser Weg zu Smart Energy von vielen europäischen und außereuropäischen Staaten nicht gegangen und es wird trotz der irreparablen Umweltschäden und der nicht gesicherten Entsorgung des Atommülls weiterhin auf die Atomenergie gesetzt. Die Hauptgründe dafür dürften monetärer Natur sein. Atomenergie ist billig (zumindest wenn man die Entsorgung nicht selbst bezahlen muss) und man ist relativ unabhängig von nicht validen Ressourcenlieferanten.

Die große Vision und zumindest das propagierte Ziel der überwiegenden regenerativen Energieerzeugung in vielen zentralen und dezentralen Einheiten werden damit nur einseitig und langfristig erreicht.

Der zukünftige Einsatz digitaler Zähler (sogenannter Automatic Meter oder Smart Meter) ermöglicht die Ermittlung sekundengenauer Verbrauchs- und Leistungswerte. Die Energieunternehmen können damit die Effizienz ihrer Abrechnungsprozesse erhöhen. Es wird nur in Rechnung gestellt, was auch verbraucht wird. Auch die Vorgaben des Gesetzgebers, wie zum Beispiel Monatsrechnungen oder auch das Angebot von mindestens zwei Stromtarifen für einen Verbraucher, die ihm Energieeinsparungen ermöglichen sollen, werden damit eingehalten (siehe Regelungen der zentralen energiewirtschaftlichen Norm zum Mess- und Zählwesen in § 21b EnWG). Aber profitiert auch der Verbraucher davon?

Mit Ausnahme von einigen wenigen technik-affinen Verbrauchern wohl eher nicht. Die momentane Möglichkeit über zum Beispiel Energy Cockpits die Sekundenverbräuche zu optimieren, potenzielle Energieräuber zu erkennen werden nur marginale Optimierungen erbringen. Zumal die Option digitale Zähler mit solchen Zusatz-Features zu erhalten auch größtenteils noch kostenpflichtig ist und die angebotenen Tarife sich in die schon Tag- und Nachttarife (HT – Hoch- und Niedertarif) beschränken.

Ein richtiger und effizienter Wettbewerbsmarkt kann nur entstehen, wenn ein attraktiver, ordnungspolitischer Rechtsrahmen geschaffen wird und sich alle Marktteilnehmer an die geltenden Regeln halten. Stimmt dieser Rahmen nicht, werden die marktbeherrschenden Unternehmen es tunlichst unterlassen, in innovative Produkte und Prozesse zu investieren. Auch dem Verbraucher muss der individuelle Mehrwert dieser Innovation bewusst gemacht werden. Welche Vorteile bringt diese Informationsflut über Verbräuche und abgerufene Leistungen? Kann man damit effizient und auch am besten selbststeuernd den Energieverbrauch reduzieren? Habe ich damit die Möglichkeit einen positiven Beitrag zum Klima zu leisten? Kann damit der CO_2 Ausstoß reduziert werden?

Auf diese und weitere Fragen müssen Politik und Energiewirtschaft intelligente und schlüssige Antworten parat haben. Erst wenn der Ordnungsrahmen und der Wettbewerb dem Kunden wirkliche Mehrwerte zur Verfügung stellen, wird die Vision sich selbst steuernder Netzwerke (sogenannte Smart Grids), die die dezentral erzeugten regenerativen Energien zum richtigen Zeitpunkt in der richtigen Menge zur Verfügung stellen und die Wandlung des reinen Kunden zum Verbraucher und Erzeuger in einer Person (sogenannte prosumers = produce and consume energy) Wirklichkeit.

Im ersten Kapitel werden die europäischen und deutschen Vereinbarungen und gesetzlichen Bestimmungen in der Energiewirtschaft auch und insbesondere zum Mess- und Zählwesen dargestellt. Das folgende Kapitel „Energie und Umwelt" stellt die Vision der Energy Community dar, gibt eine Übersicht über die Prozesse in der Energiewirtschaft mit Fokus auf die Ablesung bis zur Abrechnung, zeigt den Status Quo der mechanischen Zähler und der digitalen Zähler und geht abschließend auf Klima- und Umweltaspekte ein. Das Kapitel „Technologische Grundlagen" erklärt die entscheidenden Begrifflichkeiten im Bereich Smart Meter und Smart Grid. Das nächste Kapitel „Smart Home Solutions" zeigt auf, wie der Consumer zum Prosumer wird und welche technologischen und informationstechnischen Innovationen dafür notwendig sind. In dem Kapitel „Smart Grids" werden die Aufgaben- und Problemstellungen zukünftiger „intelligenter Netze" erläutert. Vorhandene Lösungsansätze und offene Fragen werden aufgezeigt. Abschließend wird in dem Kapitel „Klima und Umwelt" die Notwendigkeit der Smart Energy argumentiert und Ansätze und Denkanstöße zur schnellen Umsetzung aufgelistet.

1.2 Der Aufbau und die Struktur der Energiewirtschaft

Ursprünglich wurden die Strom- und Gasversorgung als natürliche Monopole angesehen, die auch in einer Marktwirtschaft als gerechtfertigt gelten. Die Basis für die Liberalisierung der Energiemärkte bietet dagegen die „essential facility"-Theorie. Sie besagt, dass natürliche Monopole nur auf den Teil der Wertschöpfungskette beschränkt werden, für den unter Beachtung der volkswirtschaftlichen Kosten ein Wettbewerb nicht sinnvoll ist. Für diese „wesentlichen Einrichtungen", (engl. essential facility) gibt es eine Alleinstellung des Anbieters. Bei diesen „wesentlichen Einrichtungen" handelt es sich zum Beispiel um die Verteilnetze und die überregionalen Übertragungsnetze für Strom und Erdgas. Für diese Netze ist ein alternatives Vorhalten bzw. ein Wettbewerb paralleler Netze in der Regel volks- und betriebswirtschaftlich nicht sinnvoll.

Der Besitz über die Netze durch vertikal strukturierte Unternehmen (Energieerzeugung, Energieübertragung, Energieverteilung und Energieverkauf) soll aber nicht zu einer marktbeherrschenden Stellung auf den vor- und nachgelagerten Märkten führen. Daher sind die wesentlichen Einrichtungen Dritter gegen eine angemessene Vergütung, die gegebenenfalls von einem Regulator festgelegt wird, zur Mitbenutzung zu überlassen.

Das Gesetz zur Neuregelung des Energiewirtschaftsrechts vom 24.04.1998 hat die bisher in Deutschland monopolistisch geprägte Versorgungsstruktur grundlegend verändert.[2] Durch das Energiewirtschaftsgesetz von 1998 wurde das bis dahin geltende Energiewirtschaftsgesetz vom 13.12.1935 abgelöst. Es setzte die erste Elektrizitätsrichtlinie der EG um. Es existierte kein staatlich reguliertes System der Stromproduktion und -verteilung und kein Eigentum des Staates an dem Stromnetz, aber durch die privatrechtlichen Energieversorger war ein flächendeckendes monopolistisches System aufgebaut worden, das über öffentliche Enteignungsbefugnisse zustande kam. Die klassische Versorgungsstruktur zeichnete sich dadurch aus, dass für ein bestimmtes Versorgungsgebiet der Netzbetreiber gleichzeitig der Stromlieferant war. Erst durch die sogenannte Liberalisierung des Energiemarkts hat der Abnehmer die Wahlfreiheit bezüglich des Lieferanten.

Der liberalisierte Energiemarkt beschreibt den Markt der leitungsgebundenen Energieversorgung durch die Energieversorgungsunternehmen mit Strom und Erdgas, bei dem möglichst viele Teile der Lieferkette dem freien Wettbewerb unterliegen. Über den Wettbewerb sollen die Verbraucher zu den günstigsten Kondi-

---

2 vgl. Maatz, S., 2001, S. 69

tionen marktgerecht versorgt werden. Die für die Versorgung benötigten Versorgungsnetze können nicht sinnvoll dem Wettbewerb unterzogen werden. Hier hat der jeweilige Netzbetreiber eine Monopolstellung. Damit der Netzbetreiber seine Monopolstellung nicht zu seinen Gunsten ausnutzt, werden die Entgelte für die Nutzung der Netze (Netznutzungsentgelte) staatlich reguliert.

Die Preise für die eigentliche Energielieferung unterliegen dem Wettbewerb. Die Preise für die Nutzung der Netze unterliegen der Regulierung durch die zuständige Regulierungsbehörde, der Bundesnetzagentur (BNetzA oder BNA).

Die Liberalisierung der Energiemärkte schließt nicht die Versorgung mit Fernwärme ein. Sie wird nur mit lokalen Netzen betrieben. Die Wärmepreise müssen jedoch den Anforderungen des § 24 AVBFernwärmeV genügen und die jeweiligen Verhältnisse auf dem Wärmemarkt angemessen berücksichtigen.

Mit der Novellierung des Energiewirtschaftsgesetzes (EnWG) und den dazugehörenden Verordnungen erfolgte die Umsetzung der EU-Richtlinien in deutsches Recht. Damit verabschiedete sich Deutschland von seinem Sonderweg des verhandelten Netzzugangs und führte den regulierten Netzzugang ein, dessen Aufsicht der Regulierungsbehörde Bundesnetzagentur (BNetzA) unterliegt. Die Unabhängigkeit des Netzbetriebs soll eine diskriminierungsfreie Behandlung aller Netznutzer gewährleisten. Zweck des EnWG ist die sichere, preisgünstige, verbraucherfreundliche, effiziente und umweltverträgliche leitungsgebundene Versorgung der Allgemeinheit mit Elektrizität und Gas (§1 Abs. 1 EnWG). Ferner dient die Regulierung der Elektrizitäts- und Gasversorgungsnetze den Zielen der Sicherstellung eines wirksamen und unverfälschten Wettbewerbs und der Sicherung eines langfristig angelegten leistungsfähigen und zuverlässigen Betriebs von Energieversorgungsnetzen (§1 Abs. 2 EnWG).

Die von der EU geforderte Entflechtung der unterschiedlichen Tätigkeitsbereiche in der Energieversorgung (Erzeugung, Übertragungsnetz, Verteilnetz), dem sogenannten Unbundling, bezweckt bei vertikal integrierten Energieversorgungsunternehmen eine größere Unabhängigkeit des Netzbetriebs gegenüber den sonstigen Tätigkeiten zu erreichen und dadurch eine diskriminierungsfreie Behandlung aller Netznutzer zu gewährleisten. Es werden vier Formen des Unbundling unterschieden:

(1) Buchhalterisches Unbundling

Das buchhalterische Unbundling erfordert die Trennung der Buchhaltung in die Energiebereiche Elektrizitätsübertragung, Elektrizitätsverteilung, Gasfernleitung, Gasverteilung, Gasspeicherung und Anlagen zum Reinigen, Komprimieren und Lagern von verflüssigtem Erdgas (sogenannte LNG Anlagen, LNG = Liquid Natural Gas).

(2) Informatorisches Unbundling

Wirtschaftlich sensible Informationen der einzelnen Energiebereiche müssen stringent voneinander getrennt sein.

(3) Organisatorisches Unbundling

Die funktionale Abtrennung des Netzbetriebs durch organisatorische Maßnahmen von den Energiebereichen Gewinnung, Erzeugung oder Vertrieb von Energie muss gewährleistet sein.

(4) Gesellschaftsrechtliches Unbundling (Legal Unbundling)

Dies bedeutet, dass der Netzbereich in Bezug auf seine Rechtsform unabhängig von den anderen Energiebereichen sein muss. Für das Legal Unbundling sieht die EnWG-Novelle eine Umsetzung bis Juli 2007 vor.

Das neue Energiewirtschaftsgesetz verpflichtet alle Netzbetreiber, ihre Netze (natürliche Monopole) diskriminierungsfrei allen Kunden gegen ein angemessenes Entgelt zur Verfügung zu stellen. Das System des regulierten Netzzugangs tritt an die Stelle des bisher geltenden Prinzips des verhandelten Netzzugangs (auf Basis der Verbändevereinbarungen). Der Netzbetreiber darf dem Kunden nur genehmigte Netzentgelte in Rechnung stellen. Die Regulierungsbehörden überwachen die Netzbetreiber. Alle Kunden haben die Möglichkeit, sich in Fragen, die das Netz betreffen, an die Regulierungsbehörden zu wenden, um Streitfälle des Netzzugangs oder der Netznutzung schnell zu klären. Größere Energieversorger (mit mehr als 100.000 angeschlossenen Kunden) müssen ihren Netzbereich von allen anderen wirtschaftlichen Aktivitäten innerhalb des Unternehmens trennen (Legal Unbundling). Das Gleiche gilt für Energieversorger, die im Sinne der EG-Fusionskontrollverordnung verbunden sind. Damit werden Kunden unterschiedliche Ansprechpartner für Lieferverträge bzw. für Netznutzungs-/Netzanschlussverträge im selben Versorgungsunternehmen haben. Völlig neu ist der Zugang zu Gasversorgungsnetzen geregelt. Jetzt ist nur noch ein Einspeisevertrag bzw. ein Ausspeisevertrag mit den Netzbetreibern notwendig. Damit wird der Zugang zum gesamten deutschen Gasnetz ermöglicht.

Die Energieversorgung kann in folgende Teilbereiche differenziert werden:

- Energieerzeugung
- Übertragungsnetz
- Verteilnetz
- Energievertrieb
- Energiehandel
- Messstellenbetrieb/Messdienstleistung (MSB/MDL)

Der Begriff der **Energieerzeugung** wird mehr oder weniger fachlich korrekt meist für eine spezielle Form der Energieumwandlung verwendet, bei welcher eine für den Menschen nicht oder schlecht nutzbare Energieform in eine für ihn besser oder sogar universell einsetzbare Energieform umgewandelt wird. Bei letzterer handelt es sich in der Regel um Elektrizität; gewonnen wird sie meist aus thermischer (Kohlekraftwerke) oder mechanischer Energie (Windenergie, Wasserkraftwerke). Zur Stromerzeugung gibt es viele große Kraftwerke, die von der eingesetzten Primärenergie (Steinkohle, Braunkohle, Erdgas, Erdöl) im Schnitt nur 38 % in Strom umwandeln. 62 % der Ursprungsenergie fallen als Wärme an, die zumeist nicht genutzt wird. Um neben dem Strom auch die Wärmenutzen zu können, braucht man kleinere Kraftwerkseinheiten, die dezentral in der Nähe der Wärmeabnehmer arbeiten. Typische Einsatzgebiete von Kraft-Wärme-Kopplung (KWK) sind: Krankenhäuser, Bürogebäude, Industrie- und Gewerbebetriebe sowie Wohnsiedlungen und Mehrfamilienhäuser. Die Wärme kann nicht nur zur Gebäudeversorgung mit Heizwärme und Warmwasser, sondern auch als Prozesswärme zur technischen Kälteerzeugung sowie zur Druckluftversorgung eingesetzt werden.

Zuwachs in der Energieerzeugung hat es in den letzten Jahren vor allem bei den Einspeisungen aus erneuerbaren Energien und Industrie gegeben. Erneuerbare Energie oder auch regenerative Energie bezeichnet Energie, die aus nachhaltigen Quellen, das heißt aus den in der Umwelt laufend stattfindenden Prozessen Energie abgezweigt und der technischen Verwendung zuführt (Windenergie, Solarenergie, Wasserkraft, Erdwärme und Strom aus Biomasse). Nach dem Erneuerbare-Energien-Gesetz (EEG) müssen Netzbetreiber diesen Strom zu gesetzlich festgelegten Preisen kaufen. Die Industrie lieferte vor allem Überschussstrom aus industriell genutzten Kraft-Wärme-Kopplungsanlagen.

Übertragungsnetzbetreiber (ÜNB) sind Dienstleistungsunternehmen, die die Infrastruktur der überregionalen Stromnetze zur elektrischen Energieübertragung zur Verfügung stellen und für bedarfsgerechte Instandhaltung und Dimensionierung sorgen. Darüber hinaus haben sie die Aufgabe, bei Bedarf Regelenergie zu beschaffen, um Netzschwankungen, welche sich durch ein Missverhältnis zwischen erzeugter und verbrauchter Energie ergeben, möglichst gering zu halten. Das Übertragungsnetz ist ein Höchst- und Hochspannungsnetz. Es dient dem Transport elektrischer Energie über große Entfernungen. In Deutschland sind die Hochspannungsleitungen Eigentum der vier Übertragungsnetzbetreiber „Transpower Stromübertragungs GmbH" (Tochtergesellschaft der Tennet, früher Tochter der E.ON AG), 50 Hertz Transmission GmbH (vorher Vattenfall Europe Transmission), Amprion GmbH (bis Ende 2009 Firmierung unter RWE Transportnetz Strom) und EnBW Transportnetze AG.

Der **Verteilnetzbetreiber (VNB)** verantwortet das Management des regionalen Strom-Verteilnetzes. Unter Beachtung regulatorischer Vorgaben plant er den Bau und die Instandhaltung der Netze, stellt die Wirtschaftlichkeit und Versorgungsqualität sicher und organisiert die Zusammenarbeit mit den Netzkunden. Das Verteilnetz ist im Regelfall eine Kombination aus Höchst-, Hoch- und Mittelspannung.

Der **Vertrieb von Strom** und Gas wird zumeist durch kommunale **Stadtwerke** übernommen, wobei insbesondere in den Besitzverhältnissen der Stadtwerke der Trend zu einem Verkauf der kommunalen Anteile an regionale, überregionale oder internationale Energieunternehmen geht. Als Stadtwerke bezeichnet man Unternehmen, die die Grundversorgung der Bevölkerung mit Strom, Wasser und Gas und oft auch die Abwasser-Entsorgung übernehmen. Die Stromversorgung erfolgt durch Mittel- und Niederspannungsnetze.

Die Energieversorgung mit Wechselspannung bzw. Wechselstrom wird über Hochspannungsleitungen von unterschiedlichen Spannungsebenen durchgeführt. Man unterscheidet das Transportnetz, das weiträumig überträgt, und das Verteilungsnetz. Zum Transportnetz gehört die Höchstspannung (220 kV und 380 kV Nennspannung in Europa, in Ländern mit sehr langen Übertragungswegen gibt es auch 550-kV- und 765-kV-Ebenen, zum Beispiel in Kanada und Russland). Beim Verteilungsnetz unterscheidet man Höchstspannung (220 kV bzw. 380 kV), Hochspannung (110 kV Nennspannung, 123 kV maximale Betriebsspannung) und Mittelspannung (1 kV bis 30 kV). Das Niederspannungsnetz ist die 0,4-kV-Ebene, die man allgemein als 400-V-Drehstrom bezeichnet.

Als wichtiges neues Geschäftsfeld entstand mit der Liberalisierung der **Stromhandel**. Alle größeren Unternehmen der Branche legten sich eigene Stromhandelsabteilungen zu, gründeten Stromhandelsgesellschaften oder stiegen mit Partnern in den Stromhandel ein. Daneben betätigten sich unabhängige Stromhändler, die weder über Kraftwerke noch über eigene Leitungen noch über eigenen Bedarf verfügen. So ist die European Energy Exchange (EEX) ein elektronischer Marktplatz für den Energiehandel. Sie unterliegt als öffentlich-rechtliche Institution dem deutschen Börsengesetz. Die EEX ist mit über 150 Börsenteilnehmern aus 19 Ländern die größte Energiebörse in Kontinentaleuropa. An der EEX werden Strom, CO_2-Zertifikate und Kraftwerks-Kohle gehandelt. Außerdem wird die Registrierung von OTC-Geschäften zum Clearing (OTC: Over-the-counter, außerbörslicher Handel zwischen Finanzmarktteilnehmern/Clearing: zentrale Verrechnung von gegenseitigen Verbindlichkeiten) angeboten. Betreibergesellschaft der Börse EEX ist die EEX AG mit Sitz in Leipzig.

Der **Messstellenbetreiber (MSB)** und der **Messdienstleister (MDL)** sind für den Betrieb der Messstelle und den Service der notwendigen Geschäftsprozesse wie Ablesung, Zählertausch und Kommunikation der Zählerinformationen zuständig. Dieser Marktteilnehmer ist relativ neu (zweite Novelle EnWG 2005 und Gesetz zur Öffnung des Messwesens in 2008/21b EnWG) und mit Stand 2010 am Markt noch nicht vorhanden.

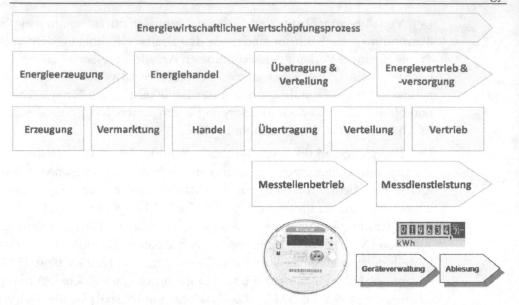

Abbildung 1-1:   Marktteilnehmer in der Energiewirtschaft

Die gesamte Wertschöpfungskette erfordert natürlich die Nachfrage durch den **Energieverbraucher**.

Bis zu der Liberalisierung des Energiemarkts gab es in Deutschland keinen regulären Handel mit Strom. Es gab nur zweiseitige Verträge, die jeweils die Endkunden mit den Lieferanten oder diese mit den Vorlieferanten abschlossen. Soweit Regionalversorger oder Stadtwerke eigene Kraftwerke unterhielten, deckten sie damit den Eigenbedarf und kauften den Rest vom örtlich zuständigen Vorlieferanten. Die großen Verbundunternehmen halfen sich zwar gegenseitig mit Stromlieferungen aus, doch bezahlten sie diese in aller Regel nicht mit Geld, sondern mit entsprechenden Gegenlieferungen.

Der Wettbewerb im Strommarkt beschränkt sich auf die vom Kunden zu entrichtenden Preise für die Energielieferung inklusive Händlermarge, da alle weiteren Bestandteile der Strompreise staatlich reguliert oder staatlich festgelegt sind. In Abhängigkeit von der Kundengröße ist der Wettbewerb im Strommarkt sehr unterschiedlich ausgeprägt.

Im Bereich der Großkunden, Industriekunden und den Gemeinden findet ein intensiver Wettbewerb im Strommarkt statt. Die Entscheidung für einen Energielieferanten findet im öffentlichen Bereich in Form von öffentlichen Ausschreibungen statt, die in den Amtsblättern veröffentlicht werden. Im Bereich der Großkunden erfolgt die Vergabe aufgrund von Angebotsvergleichen oder Versteigerungen im Internet.

Im Bereich der Kleinverbraucher gibt es einen begrenzten Wettbewerb. Die Stromanbieter bieten in der Regel im Internet standardisierte Stromlieferverträge an.

Aufgrund der relativ geringen Preisunterschiede zu den Angeboten der örtlichen Netzbetreiber ist die Wechselquote gering. Sie liegt laut dem Monitoringbericht 2009 der Bundesnetzagentur im Bereich der Haushalts- und Kleingewerbekunden bei 5,3 % pro Jahr, während sie für Großkunden zwischen 10,5 und 12,5 % beträgt.

1.3 Der Aufbau und die Struktur des Strommarktes

1.3.1 Der europäische Strommarkt

Strom ist ein begrenztes Gut, denn die Stromerzeugung ist heute zu großen Teilen immer noch an Ressourcen gekoppelt, die weder mühelos zugänglich noch unendlich verfügbar sind. Trotz technischem Fortschritt und der damit einhergehenden Verwendung immer energieeffizienterer Geräte steigt der durchschnittliche Bruttostromverbrauch immer weiter an.

Der gesamte Strombedarf Europas ist seit dem Zweiten Weltkrieg kontinuierlich gewachsen, die einzige Ausnahme bildet das vergangene Jahr 2009 aufgrund der weltweiten Wirtschaftskrise. Neben der Wirtschaft als Ganzes sind im besonderen Maß die energieintensiven Grundstoffindustrien von der Krise und der mit ihr einhergehenden Konjunkturentwicklung betroffen. Der Stromverbrauch Europas ging im Vergleich zum ersten Halbjahr des Vorjahres um gut 5 % zurück, für das Gesamtjahr wird von einem Rückgang von circa 3,5 % ausgegangen.[3] Dennoch wird insbesondere auch in den privaten Haushalten durch den gehobenen Lebensstandard der persönliche Alltag zunehmend von technischen Geräten begleitet wie beispielsweise einem Netbook, mp3-Player, eBook-Reader, Organizer sowie Firmen- und Privat-Handys. Besonders Hightech Heimelektronik wie der Computer und Fernseher sind bereits jetzt für mehr als ein Zehntel des Bedarfs an Elektrizität in Deutschland verantwortlich.[4] Der Pro-Kopf-Stromverbrauch wird in Europa und in Deutschland weiterhin kontinuierlich anwachsen.

Um den wachsenden Strom- und Energiehunger zu stillen, ist Europa außerdem auf einen immer stärker zunehmenden Import-Anteil von Energie und Ressourcen wie Erdgas, Kohle und Kraftstoffen angewiesen. Die EU begibt sich dadurch auch vermehrt in eine immer größer werdende Abhängigkeit gegenüber der Preisbildung und den Zulieferungen durch und von einigen wenigen externen Anbietern bzw. Ländern.

---

3 vgl. Verivox, Studie – Energieverbrauch geht innerhalb Europas erstmals deutlich zurück, http://www.verivox.de/nachrichten/studie-energieverbrauch-geht-innerhalb-europas-erstmals-deutlich-zurueck-47425.aspx, (Stand: 20.07.2011)

4 vgl. t-online, High-End-Technik treibt Stromverbrauch in die Höhe, http://computer.t-online.de/pc-und-lcd-tv-high-end-technik-treibt-stromverbrauch-in-die-hoehe-/id_19334948/index, (Stand: 20.07.2011)

Gleichzeitig wird Europa auch zunehmend mit den Auswirkungen von Treibhausgasemissionen und der damit verbundenen Klimaerwärmung konfrontiert. Knapp 25 % der weltweit freigesetzten Treibhausgasemissionen entfallen alleine auf das Konto von Wärme- und Stromerzeugung.[5] Ohne einen stetig steigenden prozentualen Anteil umweltfreundlicher grüner Energiequellen wie Solar-, Wind- und Wasserkraft, dem generell vermehrten Gebrauch von erneuerbaren Rohstoffen und emissionseinsparenden Technologien bei der Stromerzeugung, sowie dem Einsatz immer effizienterer und stromsparenderer Geräte bei Erzeuger und Verbraucher würden in diesem Sektor auch die Emissionen ungebremst weiter zunehmen.

Die Tabelle 1-1 zeigt einen Überblick über die Größenverhältnisse der einzelnen EU-Länder im gesamteuropäischen Strommarkt. Für die Strombranche sind in erster Linie die Anzahl der Stromzähler von Interesse und nicht die Einwohnerzahl. Erst der Zähler stellt einen Kunden dar – sei es ein Haushalt mit mehreren Personen oder ein Großkunde. Zwar steckt hinter jedem Zähler eine natürliche oder juristische Person, aber nicht jede Einzelperson besitzt zwangsläufig und unmittelbar einen eigenen Stromzähler. Die mit Abstand meisten Zähler gibt es in Deutschland, gefolgt von Italien und Frankreich.

Interessant sind weiterhin die Anzahl der Verteilnetzbetreiber (VNB, engl. Distribution System Operator = DSO) in den einzelnen Ländern. Auffällig sind dabei vor allem Griechenland und Irland mit jeweils nur einem einzigen monopolistischen DSO, aber auch andere Staaten mit wenigen DSO sind diesbezüglich noch nicht ausreichend liberalisiert (Oligopole). Teilweise sind die VNB noch in öffentlich-rechtlicher Hand, teilweise sind die Länder einfach nur in mehrere regionale Betreibergesellschaften aufgeteilt. Die Märkte in Deutschland und der Schweiz mit je über 800 DSO scheinen am weitesten liberalisiert, zersplittert bzw. umkämpft – wobei die Schweiz zahlenmäßig nicht mal 10 % der deutschen Stromzähler besitzt. Trotzdem kann man insbesondere in Deutschland nicht von einem Wettbewerbsmarkt sprechen. Die vier großen Versorger RWE, EON, Vattenfall und EnBW kommen nach Berechnungen des Verbandes der industriellen Energie- und Kraftwerkswirtschaft (VIK) auf einen Marktanteil von 80 % bei der Stromerzeugung. Damit ist der Wettbewerbsmarkt in Deutschland eher ein Oligopol.

Den teuersten Strom beziehen die Einwohner von Italien und Dänemark, am günstigsten ist er in Lettland. In Norwegen – einem der nördlichsten Länder der EU – wird mitunter kältebedingt mehr als zehnmal so viel Strom verbraucht wie in Litauen. Aufgrund der hohen Erzeugungskapazitäten an erneuerbaren Energien (Wasserkraftwerke) und der günstigen fossilen Energie (norwegisches Öl und Gas

---

5 UNECE, Catalysing Change, http://www.unece.org/publications/oes/CatalysingChange.pdf, (Stand: 20.07.2011)

aus der Nordsee) sind die Verbraucher Norwegens in Hinsicht auf (freiwillige) Energieeinsparung wenig sensibilisiert.

Tabelle 1-1:   Strommarkt-Statistik Europa [6]

Country	Electricity meters	DSOs	€/100 kWh	kWh/year*
Austria	4,700,000	116	15.99	4,800
Belgium	5,230,000	28	17.31	4,100
Czech Rep.	5,500,000	326	9.63	3,400
Denmark	3,276,000	100	25.06	3,900
Estonia	600,000	41	6.88	2,800
Finland	3,090,000	89	12.22	8,600
France	34,000,000	166	12.06	5,100
Germany	43,400,000	876	20.27	3,600
Greece	7,100,000	1	6.68	4,900
Hungary	5,000,000	3	12.18	2,900
Ireland	2,000,000	1	15.69	5,900
Italy	36,000,000	162	25.31	3,000
Latvia	1,100,000	9	6.74	2,000
Lithuania	1,400,000	2	7.15	1,500
Luxembourg	200,000	7	15.55	4,700
Netherlands	7,750,000	8	20.14	3,800
Norway	2,600,000	125	18.55	15,200
Poland	15,600,000	6	11.53	2,000
Portugal	6,300,000	12	13.64	3,000
Slovakia	2,700,000	3	14.75	2,700
Slovenia	900,000	5	10.38	4,200
Spain	26,300,000	325	12.96	4,200
Sweden	5,210,000	152	20.12	9,200
Switzerland	3,700,000	850	15.01	5,200
UK	29,100,000	8	11.49	3,300
EU23+2	252,756,000	3,421	14.29	4,560

* Average household consumption

Die folgende Tabelle zeigt die 25 größten VNB's in Europa mit der Anzahl an und den Ländern, in denen der DSO vertreten ist. Größtes Unternehmen ist der italienische Konzern Enel, dicht gefolgt von der französischen Elektrizitätsgesellschaft Électricité de France SA (EDF). Mit weniger als der Hälfte an Kunden liegt auf Platz drei der deutsche Konzern E.ON, der größte privatwirtschaftlich geführte Energiekonzern der Welt.

---

6   Ryberg, 2009, S. 7

Tabelle 1-2: Top 25 Verteilnetzbetreiber (VNB) [7]

Company	Customers	EU23+2 markets
Enel	42,200,000	Italy, Spain
EDF	38,500,000	France, Hungary, UK
E.ON	17,800,000	Germany, Czech Republic, Finland, Hungary, Netherlands, Spain, Sweden, UK
Iberdrola	13,400,000	Spain, UK
RWE	10,100,000	Germany, Hungary, Poland
PPC	7,100,000	Greece
EDP	6,700,000	Portugal, Spain
Vattenfall	5,600,000	Sweden, Finland, Germany, Poland
EnBW	5,200,000	Germany
PGE	4,800,000	Poland
Tauron	3,900,000	Poland
CE Electric	3,700,000	UK
SSE	3,500,000	UK
Union Fenosa	3,500,000	Spain
CEZ	3,300,000	Czech Republic
Alliander (ex. Nuon)	2,800,000	Netherlands
Energa	2,700,000	Poland
United Utilities	2,700,000	UK
Enexis (ex. Essent)	2,500,000	Netherlands
Western Power Distribution	2,500,000	UK
ENEA	2,300,000	Poland
ESB	2,000,000	Ireland
Stedin (ex. Eneco)	1,900,000	Netherlands
ACEA	1,600,000	Italy
Fortum	1,600,000	Finland, Sweden, Norway, Estonia

Die Entwicklung der Brutto-Stromerzeugung der EU-27 Staaten von 1996 bis 2006 findet sich in Tabelle 1-3. Zu berücksichtigen ist dabei, dass darin der Eigenbedarf der Kraftwerke und sowie die Übertragungsverluste der Energienetze noch enthalten sind. Die mit Abstand größten Stromerzeuger sind Deutschland und Frankreich, gefolgt von England. Schlusslichter sind Kleinstaaten wie Zypern, Malta, Luxemburg aber auch Lettland und Estland, die zumeist auf Energieimporte von außerhalb angewiesen sind. Vor allem die zuletzt genannten Kleinstaaten könnten mit neuen Technologien und regenerativer Stromerzeugung ihren Stromexportbedarf und damit auch ihre Abhängigkeit reduzieren.

---

7 Ryberg, 2009, S. 9

Tabelle 1-3:   Gesamt Brutto-Stromerzeugung in Tsd. GWh [8]

	1996	1997	1998	1999	2000	2001	2002	2003	2004	2005	2006	Anteil an EU-27, 2006 (in %)
EU-27	2 830	2 841	2 910	2 940	3 021	3 108	3 117	3 216	3 288	3 309	3 358	100,0
Eurozone	1 887	1 906	1 951	1 990	2 061	2 110	2 127	2 203	2 266	2 276	2 322	69,1
Belgien	76	79	83	85	84	80	82	85	85	87	86	2,5
Bulgarien	43	43	42	38	41	44	43	43	42	44	46	1,4
Tsch. Republik	64	65	65	65	73	75	76	83	84	83	84	2,5
Dänemark	54	44	41	39	36	38	39	46	40	36	46	1,4
Deutschland	555	552	557	555	572	586	572	599	617	620	637	19,0
Estland	9	9	9	8	9	8	9	10	10	10	10	0,3
Irland	19	20	21	22	24	25	25	25	26	25	27	0,8
Griechenland	43	44	46	50	54	54	55	58	59	60	61	1,8
Spanien	174	190	195	209	225	238	246	263	280	294	303	9,0
Frankreich	513	505	511	524	541	550	559	567	574	576	574	17,1
Italien	244	251	260	266	277	279	284	294	303	304	314	9,4
Zypern	3	3	3	3	3	4	4	4	4	4	5	0,1
Lettland	3	5	6	4	4	4	4	4	5	5	5	0,1
Litauen	17	15	18	14	11	15	18	19	19	15	12	0,4
Luxemburg	1	1	1	1	1	1	4	4	4	4	4	0,1
Ungarn	35	35	37	38	35	36	36	34	34	36	36	1,1
Malta	2	2	2	2	2	2	2	2	2	2	2	0,1
Niederlande	85	87	91	87	90	94	96	97	101	100	98	2,9
Österreich	55	57	57	61	62	62	62	60	64	66	64	1,9
Polen	143	143	143	142	145	146	144	152	154	157	162	4,8
Portugal	35	34	39	43	44	47	46	47	45	47	49	1,5
Rumänien	61	57	53	51	52	54	55	57	56	59	63	1,9
Slowenien	13	13	14	13	14	14	15	14	15	15	15	0,5
Slowakei	25	25	25	28	31	32	32	31	31	31	31	0,9
Finnland	69	69	70	69	70	74	75	84	86	71	82	2,5
Schweden	141	149	158	155	146	162	147	135	152	158	143	4,3
Ver. Königreich	347	345	362	368	377	385	387	398	394	398	398	11,9
Kroatien	11	10	11	12	11	12	12	13	13	12	12	-
Türkei	95	103	111	116	125	123	129	141	151	162	176	-
Island	5	6	6	7	8	8	8	9	9	9	10	-
Norwegen	105	112	117	123	143	122	131	107	111	138	122	-
Schweiz	57	63	63	70	68	72	67	67	66	60	64	-

Die Strompreisentwicklung der Eurozone zeigt Tabelle 1-4. Die Strompreise für Privathaushalte sind in den letzten Jahren mit Ausnahme von Lettland in allen Staaten gestiegen. Für die Industrie gilt dies mit Ausnahme von Dänemark auch.

---

8   Eurostat, 2009, S. 460

Tabelle 1-4: Brutto-Energiepreise in Europa [9]

| | Strompreise (pro 100 kWh) | | | | | | Gaspreise (pro GJ) | | | | | |
| | Privathaushalte (1) | | | Industrie (2) | | | Privathaushalte (3) | | | Industrie (4) | | |
	2005	2006	2007	2005	2006	2007	2005	2006	2007	2005	2006	2007
EU-15	13,82	14,40	15,81	8,94	9,98	10,97	11,81	13,51	15,66	7,84	10,34	11,29
Eurozone (5)	14,70	15,10	16,05	9,49	10,27	11,22	13,36	15,33	16,98	7,93	10,28	11,08
Belgien	14,81	14,42	15,81	9,38	11,72	11,73	11,16	13,50	12,89	6,43	8,61	8,47
Bulgarien	6,44	6,60	6,60	5,16	5,52	5,62	6,73	7,70	8,83	4,53	5,40	6,26
Tsch. Republik	8,68	9,85	10,67	7,13	8,70	9,30	7,49	10,03	9,45	6,08	8,74	7,81
Dänemark	22,78	23,62	25,79	10,86	12,06	10,74	28,44	29,82	30,84	8,49	8,58	8,16
Deutschland	17,85	18,32	19,49	10,47	11,53	12,72	13,56	15,98	18,45	10,29	13,44	15,79
Estland	6,78	7,31	7,50	5,57	6,02	6,30	4,63	4,63	5,89	3,25	3,36	4,36
Irland	14,36	14,90	16,62	10,56	11,48	12,77	9,98	12,51	16,73	:	:	:
Griechenland	6,88	7,01	7,20	6,97	7,28	7,61	:	:	:	:	:	:
Spanien	10,97	11,47	12,25	8,36	8,79	9,87	11,90	13,63	14,23	5,43	8,40	8,21
Frankreich	11,94	11,94	12,11	6,91	6,91	7,01	10,57	12,72	13,46	7,58	9,78	9,26
Italien	19,70	21,08	23,29	12,02	13,29	15,26	15,34	16,50	18,34	7,30	8,41	9,88
Zypern	10,74	14,31	13,76	9,27	13,04	12,26	-	-	-	-	-	-
Lettland	8,28	8,29	6,88	4,82	4,82	5,23	4,54	5,34	7,50	4,11	4,77	6,24
Litauen	7,18	7,18	7,76	5,88	5,88	6,46	5,41	6,24	7,04	4,25	5,26	7,10
Luxemburg	14,78	16,03	16,84	9,02	9,49	10,54	8,14	10,33	11,52	7,36	9,55	10,45
Ungarn	10,64	10,75	12,22	8,86	9,13	9,84	5,10	5,28	7,16	6,94	9,40	11,64
Malta	7,64	9,49	9,87	7,41	7,46	9,42	-	-	-	-	-	-
Niederlande	19,55	20,87	21,80	10,70	11,38	12,25	15,17	16,92	18,42	8,90	11,15	11,59
Österreich	14,13	13,40	15,45	9,92	10,35	11,43	13,36	15,65	15,99	9,83	12,99	13,27
Polen	10,64	11,90	12,16	6,78	7,27	7,23	7,55	9,46	10,69	6,47	8,25	9,20
Portugal	13,81	14,10	15,00	7,49	8,58	9,03	12,34	14,52	13,88	6,33	8,01	8,15
Rumänien	7,79	9,43	10,17	9,15	9,20	10,02	4,79	7,66	9,05	4,38	7,42	8,71
Slowenien	10,33	10,49	10,64	7,33	7,81	8,90	10,33	12,99	13,86	7,07	9,55	9,75
Slowakei	13,38	14,48	15,37	8,37	9,20	11,11	8,14	10,88	11,48	6,04	9,12	9,52
Finnland	10,57	10,78	11,60	6,99	6,86	6,89	:	:	:	8,43	9,51	9,87
Schweden	13,97	14,35	17,14	4,68	5,93	6,31	22,18	25,95	26,58	9,20	12,26	12,21
Ver. Königreich	8,77	10,20	13,16	6,96	9,66	11,44	7,26	8,24	11,76	7,17	10,82	12,75
Norwegen	15,71	15,33	18,56	8,12	8,06	10,58	:	:	:	:	:	:

(1) Jahresverbrauch: 3 500 kWh, davon nachts: 1 300.
(2) Jahresverbrauch: 2 000 MWh; Höchstabnahme: 500 kW; jährliche Benutzungszeit: 4 000 Stunden; Sonderkategorie für Luxemburg.
(3) Jahresverbrauch: 83,70 GJ.
(4) Jahresverbrauch: 41 860 GJ; Lastfaktor: 200 Tage, 1 600 Stunden; Sonderkategorie für Belgien.
(5) EZ-12 statt EZ-15.

Die folgende Tabelle zeigt den aktuellen Fortschritt der Smart Meter (Stromzähler auf digitaler Basis) Verbreitung in Europa. Vorreiter sind Schweden mit bereits erfolgter vollständiger Umrüstung auf Smart Meter, dicht gefolgt von Italien mit 85 %.[10] Der Smart Meter Markt boomt in einigen EU-Ländern, von allen hergestellten Smart Metern gehen bis 2013 über 70 % der Produktion nach Dänemark, Finnland, Frankreich, Irland, Italien, Norwegen, Portugal, Schweden und Spanien.[11]

---

9   Eurostat, 2009, S. 472
10   vgl. Faruqi, 2009, S. 1
11   vgl. Ryberg, 2009, S. 2

Tabelle 1-5:   Zeitpunkte der Smart Meter Umsetzung in Europa

Land	Smart Meter Umsetzung bis
Dänemark	2020
Deutschland	2020
Finnland	2020
Frankreich	2020
Irland	2020
Italien	2011
Niederlande	2020
Norwegen	2020
Portugal	2020
Schweden	**Juli 2009**
Spanien	2020
Vereinigtes Königreich	2020

1.3.2 Der deutsche Strommarkt

Das deutsche Übertragungsnetz ist ein Höchstspannungsnetz. Es dient dem Transport elektrischer Energie über große Entfernungen. Die Höchstspannungsleitungen der Spannungsebenen 220 kV und 380 kV sind im Wesentlichen heute Eigentum der folgenden vier Übertragungsnetzbetreiber (ÜNB).[12]

- Transpower Stromübertragungs GmbH eine Tochtergesellschaft der Tennet, früher Tochter der E.ON AG
- 50 Hertz Transmission GmbH, vormals Vattenfall Europe Transmission
- Amprion GmbH (bis Ende 2009 Firmierung unter RWE Transportnetz Strom)
- EnBW Transportnetze AG.

Ihre regionale Aufteilung innerhalb Deutschlands zeigt Abbildung 1–2.

---

12 vgl. Wikipedia, Übertragungsnetzbetreiber, http://de.wikipedia.org/wiki/ %C3%9Cbertragungsnetzbetreiber, (Stand: 20.07.2011)

Abbildung 1-2: Deutsche Übertragungsnetzbetreiber [13]

Durch ihre Aufgaben und dem Handel an der Strombörse sind die ÜNB an der Preisbildung maßgeblich beteiligt. Auch wenn die Versorger hauptsächlich nur den kurzfristig benötigten an der Börse einkaufen, wird dieser immer als Referenz für den gesamten Strompreis genommen.

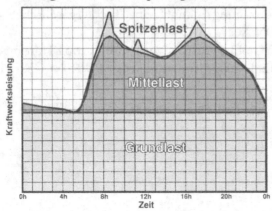

Abbildung 1-3: Stromnetz Lastkurve [14]

Wenn auch offiziell vehement bestritten, so manipulieren die Teilnehmer an der Börse wissentlich mit Angebot und Nachfrage den Preis. Auch wenn noch viele weitere Faktoren wie zum Beispiel die EEG-Umlage eine Rolle spielen, kommt es

---

13   Wikipedia, Übertragungsnetzbetreiber, http://de.wikipedia.org/wiki/%C3%9Cbertra-gungsnetzbetreiber, (Stand: 20.07.2011)

14   Wikipedia, Spitzenlast, http://de.wikipedia.org/wiki/Spitzenlast, (Stand: 20.07.2011)

somit trotz sinkender Energiepreise zu einem stetigen Kostenanstieg beim Strom für die Verbraucher.[15]

Abbildung 1-4 verdeutlicht diesen Trend und zeigt die Strompreisentwicklung Deutschlands für Tarifkunden (privat) und Sondervertragskunden (Gewerbe/Großabnehmer). Lediglich um das Jahr 1998 kam es zu einer Senkung des Strompreises, was direkt mit der Liberalisierung des Marktes in Verbindung gebracht werden kann. Da die Versorgungsunternehmen in Bezug auf das Verbraucherverhalten nach der Liberalisierung unsicher waren, versuchte man mit reduzierten Strompreisen ein potenziell mögliches Abwandern der Kunden zur Konkurrenz zu verhindern. Doch schon wenige Jahre später, nachdem man die Trägheit der Kunden erkannt hatte, ist der Preis wieder angezogen und liegt noch höher als vor der Liberalisierung.

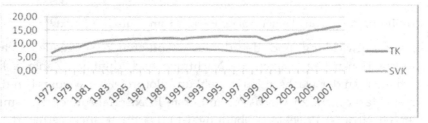

Abbildung 1-4:   Deutschland Durchschnittserlöse in Cent/kWh [16]

Steigende Preise sind für Endverbraucher der primäre (und möglicherweise der einzige) Grund Strom zu sparen. Der Strompreis wird zukünftig immer weiter steigen. Sobald die Endkunden den Strom als zu teuer empfinden, steigt die Verbrauchssensibilität. Deshalb wird für die kommenden Jahre ein sinkender Verbrauch prognostiziert (Abbildung 1-5). Insbesondere durch die Subventionierung erneuerbarer Energien sowie der EU-rechtlichen Vorgaben wird bei den erneuerbaren Energien von einem steigenden Anteil ausgegangen.

---

15   vgl. Stromtipp, Energie billiger, aber Strom wieder teurer, http://www.stromtip.de/ News/22553/Energie-billiger-aber-Strom-wieder-teurer.html, (Stand: 20.07.2011)

16   Stromtipp, Energie billiger, aber Strom wieder teurer, http://www.stromtip.de/ News/22553/Energie-billiger-aber-Strom-wieder-teurer.html, (Stand: 20.07.2011)

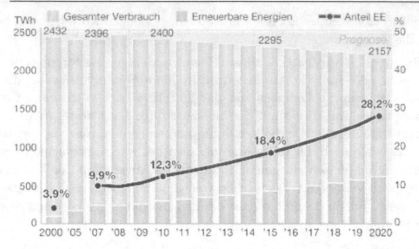

Abbildung 1-5:   Anteil erneuerbarer Energien am deutschen Markt [17]

Diese Entwicklung und der daraus resultierende steigende Bedarf an mehr Informationen begünstigen die Nachfrage nach digitalen Zählern. Dies spiegelt sich auch an der wachsenden Anzahl an Pilotprojekten wieder. Um diesen attraktiven Markt nicht zu verpassen und erste Praxiserfahrungen zu sammeln, laufen derzeit circa 60 Projekte (Abbildung 1-6). Darunter auch vermehrt Großprojekte wie bei Mühlheim an der Ruhr, wo das Unternehmen RWE 100.000 Haushalte mit intelligenten Zählern ausstattet möchte (mit Stand von Februar 2011 wurden 31.000 Smart Meter in den Haushalten angebracht. Laut RWE sollen die ausstehenden 70.000 Zähler bis zum Jahresende installiert sein)[18]. Die meisten Frage- und Problemstellungen ergeben sich durch die derzeit fehlende Standardisierung der Technik. Laut Umfragen von trend research wechselt der bisherige Fokus der Projekte zunehmend von der technischen Machbarkeit hin zu Vertriebsaspekten.[19]

---

17   Stromtipp, Erneuerbare Energien decken 2020 47 % des Stromverbrauchs http://www.stromtip.de/News/22640/Verband-Erneuerbare-decken-2020-47-des-Stromverbrauchs.html, (Stand: 20.07.2011)

18   derwesten.de, RWE, http://www.derwesten.de/staedte/muelheim/RWE-mit-Installation-der-Smart-Meter-Stromzaehler-in-Muelheim-im-Verzug-id4236645.html,   (Stand: 18.07.2011)

19   vgl. trend research: Smart Metering gewinnt auch in Deutschland an Fahrt energy 2.0, Februar 2009, S.40

Abbildung 1-6: Smart Meter Projekte in Deutschland, Projekt mit > 10.000 Zähler mit Städtenamen [20]

1.3.3 E-Energy Modellregionen

Bedingt durch die Verpflichtung Deutschlands gegenüber der EU einen ersten Bericht über nationale Maßnahmen einzureichen, hat die Bundesregierung entsprechende Pilotprojekte in Auftrag gegeben. Dabei werden unter anderem an unterschiedlichen Standorten mit verschiedenen Anforderungen an die Smart Metering Technik Praxisversuche unternommen – zum Beispiel Stadtkerngebiet, Stadtrandgebiet und Region. Abbildung 1-7 zeigt die Modellregionen in Deutschland. Erste offizielle Ergebnisse werden gemäß der Planung in 2012 erwartet.

---

20   trend research: Smart Metering gewinnt auch in Deutschland an Fahrt energy 2.0, Februar 2009, S.40

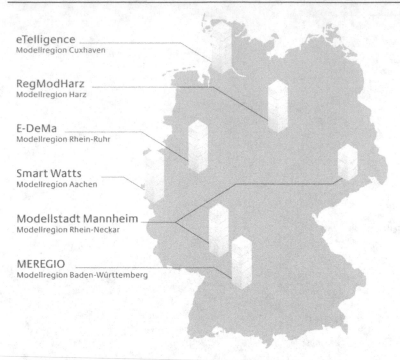

Abbildung 1-7:   E-Energy Modellregionen Deutschlands [21]

Themen der E-Energy Modellregionen:

eTelligence: Intelligenz für Energie, Märkte und Netze *Projektkoordinator*: EWE AG

RegModHarz: Regenerative Modellregion Harz *Projektkoordinator*: Regenerativ-Kraftwerk Harz GmbH & Co KG

E-DeMa: Entwicklung und Demonstration dezentral vernetzter Energiesysteme hin zum E-Energy Marktplatz der Zukunft *Projektkoordinator*: RWE Rheinland Westfalen Netz AG

Smart Watts: Steigerung der Selbstregelfähigkeit des Energiesystems durch die Etablierung eines Internets der Energie *Projektkoordinator*: utilicount GmbH & Co. KG

Modellstadt Mannheim: Modellstadt Mannheim in der Metropolregion Rhein-Neckar *Projektkoordinator*: MVV Energie AG

MeRegio: Aufbruch zu Minimum Emission Regions *Projektkoordinator*: EnBW Energie Baden-Württemberg AG

---

21   E-Energy, Modellregionen, http://www.e-energy.de/de/modellregionen.php, (Stand: 20.07.2011)

2 Entwicklung der gesetzlichen Rahmenbedingungen

2.1 Europäische Verordnungen und Gesetze

Vor dem verabschiedeten Energie- und Klimapaket der EU gab es bereits Klimarahmenkonventionen, unter anderem von den Vereinten Nationen (UNFCCC). Eines der Bekanntesten ist das Zusatzprotokoll vom 11.12.1997: Das Kyoto-Protokoll. Einige dieser Protokolle und Konventionen beinhalten in erster Linie allgemeine Vereinbarungen zur Bekämpfung der Klimaerwärmung. Auch wenn man ihren direkten Einfluss auf die Entwicklung der Energiepolitik der Europäischen Union[22] nicht von der Hand weisen kann, sind folgend Regularien aufgelistet, die unmittelbar Auswirkungen auf die europäische Strombranche haben. Die daraus entstandenen Rahmenbedingungen zum Ausbau erneuerbarer Energien (EE) und damit auch zunehmend dezentraler Stromerzeugung haben die Smart Meter Technologie gepusht und wären ohne Smart Meter Infrastrukturen auch schwer zu bewältigen.

20. November 1996

Das Grünbuch „Energie für die Zukunft: Erneuerbare Energiequellen" [KOM(96) 576] wurde vorgelegt, um damit erstmals auf EU-Ebene in das Thema einzusteigen. Zur Erklärung: „Ein Grünbuch der Europäischen Kommission ist ein Farbbuch, das als Diskussionspapier zu einem bestimmten Thema, insbesondere Vorlagen für Verordnungen und Richtlinien, mit dem Zweck, auf diesem Gebiet eine öffentliche und wissenschaftliche Diskussion herbeizuführen und grundlegende politische Ziele in Gang zu setzen, dient. Häufig wird eine Reihe von Ideen oder Fragen aufgeworfen und Einzelne sowie Organisationen zu Beiträgen aufgefordert. Nächster Schritt ist oft ein Weißbuch, welches offizielle Vorschläge zusammenfasst"[23].

19. Dezember 1996

Die Richtlinie [96/92/EG] des Europäischen Parlaments und des Rates betreffend gemeinsamer Vorschriften für den Elektrizitätsbinnenmarkt wird beschlossen. Die Richtlinie sah vor, zur Verwirklichung des gesamteuropäischen Elektrizitätsbinnenmarkts, die innerstaatliche Organisation der Energieversorgung auf Wettbewerb aufzubauen. Dazu sollten die betroffenen Unternehmen verpflichtet werden,

---

22   vgl. EurActiv, Energie und Klimawandel: Auf dem Weg zu einer umfassenden Klimapolitik, http://www.euractiv.com/de/energie/energie-klimawandel-weg-umfassenden-eu-politik/article-160987, (Stand: 20.07.2011)

23   Wikipedia, Europäische Kommission Grünbuch, http://de.wikipedia.org/wiki/Gr%C3%BCnbuch_%28Europ%C3%A4ische_Kommission%29, (Stand: 20.07.2011)

für die verschiedenen Unternehmensbereiche (Erzeugung, Übertragung, Vertei-
lung) getrennte Konten zu führen (sog. buchhalterische Entflechtung). Diese ge-
trennte Buchführung ermöglicht eine Trennung des natürlichen Monopols des
Netzbetriebs von der (durch Wettbewerb organisierbaren) Stromversorgung. Die
Regelungen müssen bis zum 19.02.1999 in den Mitgliedsstaaten umgesetzt werden
(Art. 27 Abs.1). [24]

November 1997

Folgend auf die Debatten des Grünbuchs von 1996 erscheint das Weißbuch „Energie für die Zukunft: Erneuerbare Energieträger" [KOM(97) 599][25] für eine Gemeinschaftsstrategie und Aktionsplan der EU. Darin setzt die Union sich das Ziel den
derzeitigen Anteil erneuerbarer Energieträger am Gesamtenergieverbrauch von
nur 6 % bis zum Jahr 2010 auf über 12 % zu verdoppeln, davon bei Strom einen
Anteil von 22,1 %. Es wird neben Einsparungen bei Brennstoffkosten und CO_2-
Emissionen davon unter anderem ein großer wirtschaftlicher Nutzen erwartet
durch die Schaffung von 500.000 bis 900.000 neuen Arbeitsplätzen. Es startet eine
Kampagne für den Durchbruch erneuerbarer Energieträger, wobei vier zentrale
Aktionen gefördert werden:

- Installation von einer Million Photovoltaikanlagen (je 500.000 im Binnenmarkt
  und Export)
- Erzeugung von 10.000 MW in großen Windparks
- Erzeugung von 10.000 MWth in Biomasse-Anlagen
- Integration erneuerbarer Energieträger in 100 Gemeinden, Regionen, Städten
  und Inseln (als Pilotprojekte)

19. Februar 1999

Termin zur Umsetzung der Richtlinie [96/92/EG] vom Dezember 1996.

27. September 2001

Um den Verpflichtungen aus dem Weißbuch und dem Kyotoprotokoll von 1997
nachzukommen, erfolgt die Richtlinie [2001/77/EG] zur Förderung der Stromerzeugung aus erneuerbaren Energiequellen. Die EU-Länder müssen nun regelmäßig
Berichte zum Fortschritt der nationalen und gemeinschaftlichen Bemühungen ver-
öffentlichen. Es sind insbesondere folgenden Maßnahmen vorgesehen:

- Bewertung der Herkunft des Stroms um dessen Handel zu fördern und die
  Transparenz für die Verbraucher zu verbessern
- Die Kosten des Netzanschlusses für die Einspeisung von Strom aus erneuerba-
  ren Energiequellen in das Netz werden reguliert

---

24   vgl. Wikipedia, Energiewirtschaftsgesetz, http://de.wikipedia.org/wiki/Energiewirt-
     schaftsgesetz, (Stand: 20.07.2011)
25   Europa KOM(1997) 599, Weißbuch für eine Gemeinschaftsstrategie und Aktionsplan
     http://europa.eu/documents/comm/white_papers/pdf/com97_599_de.pdf,   (Stand
     28.12.2009)

- Reduktion der Einstiegshürden in den administrativen Verfahren für die Stromerzeugung aus erneuerbaren Energiequellen

26. Juni 2003

Eine neue EU-Richtlinie über gemeinsame Vorschriften für den Elektrizitätsbinnenmarkt wird erlassen [2003/54/EG]. Sie beschäftigt sich mit der Entflechtung und Liberalisierung und bringt die bisherigen Regelungen damit auf den neuesten Stand. Sie löst die veraltete Richtlinie ab [96/92/EG].[26]

31. März 2004

Die europäische Messgeräterichtlinie [2004/22/EG] wird erlassen.[27] Sie ist bedeutsam durch ihre Auswirkungen auf die Anforderungen an einen Messstellenbetreiber oder Messdienstleister. Neben den technischen Anforderungen an die Messgeräte wurde für diese auch eine „CE"-Kennzeichnungspflicht eingeführt. Die Richtlinie muss in den Mitgliedsstaaten bis zum 30.04.2006 umgesetzt sein (vgl. Artikel 24). Weiterhin soll die Kommission vor dem 30.04.2011 über die Durchführung dieser Richtlinie Bericht erstatten und auch auf der Grundlage der von den Mitgliedstaaten vorgelegten Berichte gegebenenfalls einen Änderungsvorschlag unterbreiten.

April 2004

Durch die EU-Osterweiterung bedingt wurde der durch die Europäische Union zu erbringende Anteil an erneuerbaren Energiequellen bei der Stromerzeugung von 22,1 % auf 21 % gesenkt.

27. Oktober 2005

Während des EU-Gipfeltreffens in Hampton Court wird durch die britische Ratspräsidentschaft das Ziel einer gemeinsamen Energiepolitik formuliert. Die Staats- und Regierungschefs stimmten diesem Ziel grundsätzlich zu.

1. Januar 2006

Der russisch-ukrainische Gasstreit geht in eine neue Runde. Russland stoppte wie angedroht die Gaslieferungen an die Ukraine und speiste nur noch das für die EU bestimmte Gas in das ukrainische Leitungssystem ein. In den zahlreichen ost- und mitteleuropäischen Ländern wurden vorübergehende Lieferschwankungen registriert. Dies erklärte Russland damit, dass die Ukraine weiterhin Erdgas für den Eigenbedarf abzweige und europäisches Erdgas im Wert von 25 Millionen Dollar

---

26 vgl. Europa 96/92/EG Richtlinie über Endenergieeffizienz und Energiedienstleistungen, http://www.verivox.de/Power/gesetze/Richtlinie_fuer_den_Elektrizitaetsbinnenmarkt.pdf (Stand: 05.03.2010)

27 vgl. Europa 2004/22/EG, Richtlinie über Messgeräte, http://eur-lex.europa.eu/LexUriServ/LexUriServ.do?uri=OJ:L:2004:135:0001:0080:DE:PDF, (Stand: 20.07.2011)

gestohlen habe.[28] Der Streit führte Europa seine Abhängigkeit von Importen und die Unzulänglichkeit seiner 25 unterschiedlichen Politiken gegenüber ausländischen Energieanbietern erneut vor Augen.

8. März 2006

Die EU-Kommission veröffentlicht ein Grünbuch[29] mit dem Ziel, eine „nachhaltige, wettbewerbsfähige und sichere" Energieversorgung innerhalb der EU sicherzustellen. Es enthält die sechs Schwerpunktbereiche:

- Vollendung der europäischen Binnenmärkte für Strom und Gas (zu einem großen Gesamtmarkt)
- Stärkung der Solidarität zwischen den Mitgliedstaaten im Falle von Versorgungsunterbrechungen, dazu auch die Bildung von Erdgasnotvorräten
- Diversifizierung des Energiemix unter Berücksichtigung unterschiedlicher nationaler Energiepolitiken, dazu auch die Überprüfung der EU-Energiestrategie
- ein integrierter Ansatz für den Klimaschutz, verbunden mit einer wirksamen Energieeffizienzpolitik
- ein strategischer Plan zur Entwicklung und Einsatz innovativer europäischer Energietechnologien ist notwendig, entwicklungsbeschleunigende, marktöffnende und marktdurchdringende Maßnahmen sind mit politischen Mitteln zu ergänzen
- auf dem Weg zu einer kohärenten Außenpolitik durch eine gemeinschaftliche EU-Energiepolitik

5. April 2006

Die EU verabschiedet eine neue Energieeffizienzrichtlinie [2006/32/EG][30] zur Verringerung von Treibhausgasemissionen wird es als sinnvoll erachtet, die Energieeffizienz zu steigern und jährlich 1 % Energie einzusparen. Dem Endverbraucher sollen ausreichende und zweckdienliche Informationen über seinen individuellen Verbrauch gegeben werden. Nur er entscheidet selbst über die von ihm verbrauchte Energie. So rechtfertigt die Richtlinie auch, Regelungen über das Zähl- und Messwesen in den Richtlinientext aufzunehmen.

Die Regelungen der Richtlinie sollen bis zum 17.05.2008 in nationales Recht umgesetzt werden. Problematisch dabei sind die Vorbehalte der technischen Machbarkeit, finanzieller Vertretbarkeit und Angemessenheit zu den potenziellen Energie-

---

28   Wikipedia, Russisch-ukrainischer Gasstreit, http://de.wikipedia.org/wiki/Russisch-ukrainischer_Gasstreit#Konflikt_2005.2F2006, (Stand: 22.12.2009)

29   Europa KOM(2006) 848, Fahrplan für erneuerbare Energien, http://eur-lex.europa.eu/LexUriServ/LexUriServ.do?uri=COM:2006:0848:FIN:DE:PDF, (Stand: 10.01.2010)

30   Europa 2006/32/EG, Richtlinie über Endenergieeffizienz und Energiedienstleistungen, http://eur-lex.europa.eu/LexUriServ/LexUriServ.do?uri=OJ:L:-2006:114:0064:0064:DE:PDF, (Stand: 07.01.2010)

einsparungen, die die Verbindlichkeiten der Richtlinie aufweichen. Denn damit bleiben für unwillige Staaten Schlupflöcher offen, um sich der Umsetzungspflicht vorerst zu entziehen.

30. April 2006

Termin zur Umsetzungspflicht der europäischen Messgeräterichtlinie [2004/22/EG] mit dessen Anforderungen an Messstellenbetreiber oder Messdienstleister in nationales Recht.

10. Januar 2007

Die Kommission legt ihr Energie- und Klimapaket vor, einschließlich einer Überprüfung der Energiestrategie, die sich sowohl auf die externen als auch die internen Aspekte der EU-Energiepolitik konzentriert. Die bisherigen Fortschritte wurden im Großen und Ganzen von nur wenigen Mitgliedsstaaten erzielt. Dies wird als ein Versagen der Politik und als Unfähigkeit oder fehlende Bereitschaft gesehen, den politischen Erklärungen auch politische und wirtschaftliche Taten folgen zu lassen.[31] Das Paket enthält Vorschläge für spezifische verbindliche Ziele für die Europäische Union als Gesamtheit:

- Erneuerbare Energien (20 % bis 2020)
- Biokraftstoffe (10 % bis 2020)
- Senkung der Treibhausgasemissionen (20 % bis 2020)

9. März 2007

Unter deutscher EU-Ratspräsidentschaft billigen die Staats- und Regierungschefs der EU das Paket und einigen sich auf einen zweijährigen Aktionsplan, um eine gemeinsame Energiepolitik ins Leben zu rufen und damit einen Fahrplan zur Umsetzung der verbindlichen Ziele zu schaffen. Dieser beinhaltet unter anderem[32]:

- die wirksame Trennung von Versorgung und Erzeugung von Betrieb der Netze
- Stärkung der Unabhängigkeit nationaler Regulierungsbehörden
- ein effizienteres System für den grenzüberschreitenden Elektrizitätshandel und Netzbetrieb, einschließlich der Ausarbeitung technischer Normen
- die Verbesserung des Wettbewerbs und der Versorgungssicherheit durch leichtere Einbindung neuer Kraftwerke in das Elektrizitätsnetz in allen Mitgliedstaaten, insbesondere zugunsten neuer Marktteilnehmer (vornehmlich erneuerbare Energien)
- mehr Transparenz für den Energiemarkt
- besserer Verbraucherschutz

Juli 2007

Die freie Wahl des Stromversorgers für private Haushalte wird möglich.

---

31   vgl. Europa KOM(2006) 848, S. 10
32   vgl. Europa 7224/1/07 REV 1, S. 16f

19. September 2007

Die Kommission schlägt ihr drittes Paket zur Energieliberalisierung vor, um die Liberalisierung der Strom- und Gasmärkte zu vollenden. Auslöser war unter anderem die Ablehnung von Mitgliedsstaaten wie Deutschland und Frankreich, in denen große Energiekonzerne ansässig sind, gegenüber der eigentumsrechtlichen Entflechtung von Energieübertragung (Netzbetreiber) und Energieerzeugung. Sie finden keinen logischen Zusammenhang darin, dass die Liberalisierung auch die Entflechtung beinhaltet, und sehen mitunter die Qualität ihrer Versorgungsnetze gefährdet, wenn deren Obhut aus der Hand gegeben wird.[33]

22. November 2007

Mitteilung der Kommission zum Europäischen Strategieplan für Energietechnologie [KOM(2007) 723]. Der SET-Plan (Strategic Energy Technology Plan) beinhaltet die Stärkung der Forschung in diesem Bereich. Unter anderem soll die Technologie kommerzialisiert werden, um damit auch die Einbindung erneuerbarer Energiequellen in die Stromnetze zu verbessern.[34]

März 2008

Der EU-Gipfel einigt sich auf die Annahme des Energie- und Klimapakets (vorgelegt Januar 2007) bis Ende 2008.

17. Mai 2008

Termin zur Umsetzungspflicht der Energieeffizienzrichtlinie [2006/32/EG] in nationales Recht, wonach dem Endkunden ausreichende und zweckdienliche Informationen über den individuellen Verbrauch gegeben werden sollen. (vgl. Art. 18 Abs. 1)

11. September 2008

Der Industrieausschuss im Europäischen Parlament nimmt fast einstimmig einen Bericht zur Steigerung des Anteils von erneuerbaren Energien am Energieverbrauch auf 20 % bis 2020 an.[35]

7. Oktober 2008

Der parlamentarische Umweltausschuss nimmt mit großer Mehrheit drei separate Berichte zum Emissionshandel, Reduktion der Treibhausgasemissionen, Aufteilung der ,Anstrengungen' und CO_2-Abscheidung und -Speicherung an. Für die

---

33 vgl. EurActiv, EU legt Pläne für Entflechtung der Energieriesen vor, http://www.euractiv.com/de/energie/eu-legt-plne-entflechtung-energieriesen/article-166896, (Stand: 20.07.2011)

34 vgl. Europa KOM(2007) 723, http://eur-lex.europa.eu/LexUriServ/LexUriServ.do?-uri=COM:2007:0723:FIN:DE:PDF, (Stand: 14.01.2010)

35 vgl. EurActiv, Europaabgeordnete stärken Industrie für Erneuerbare Energien, http://www.euractiv.com/de/energie/europaabgeordnete-strken-industrie-erneuerbare-energien/article-175310, (Stand: 20.07.2011)

Strombranche wichtigster Punkt ist, dass der Stromsektor sämtliche CO_2-Emissionsrechte nach 2013 ersteigern sollte. Damit wird auch in dieser Hinsicht emissionsarmer „grüner" Strom interessanter für die Branche.

11. und 12. Dezember 2008

Der EU-Gipfel einigt sich auf endgültige Fassung des Energie- und Klimapakets.

17. Dezember 2008

EU Staats- und Regierungschefs einigen sich auf eine revidierte Richtlinie über erneuerbare Energien und stimmen dem Energie- und Klimapaket zu.[36]

6. April 2009

Der Ministerrat verabschiedet die finalen gemeinschaftlichen Gesetzestexte für das Energie- und Klimawandelpaket.

30. Juni 2009

Die EU gibt eine Vorlage für nationale Aktionspläne für erneuerbare Energien (NREAP: National Renewable Energy Action Plan) heraus. Mit einer allgemeinen Vorlage sollen die Maßnahmen der einzelnen Mitgliedsstaaten vergleichbarer werden.[37]

13. Juli 2009

Die EU-Richtlinie über gemeinsame Vorschriften für den Elektrizitätsbinnenmarkt wird wieder erneuert und löst die alte Richtlinie ab.[38] Die Entflechtung der Energiemärkte soll durch die Mitgliedsstaaten im März 2012 abgeschlossen sein.

26. März 2010

Der EU-Gipfel soll einen Energie-Aktionsplan für den Zeitraum ab 2010 annehmen.

30. Juni 2010

Frist für EU-Staaten, ihren nationalen Aktionsplan für erneuerbare Energien der EU zu präsentieren.

---

36 vgl. EurActiv, EU legt Pläne für Entflechtung der Energieriesen vor, http://www.euractiv.com/de/energie/eu-legt-plne-entflechtung-energieriesen/article-166896, (Stand: 20.07.2011)

37 EurActiv, Erneuerbare Energie: EU gibt Vorlage für nationale Pläne heraus, http://www.euractiv.com/de/energie/erneuerbare-energie-eu-gibt-vorlage-nationale-plne-heraus/article-183649, (Stand: 20.07.2011)

38 Europa 2009/72/EG, über gemeinsame Vorschriften für den Elektrizitätsbinnenmarkt, http://energy.iep-berlin.de/pdf/1/Beschluss_Elektrizitaetsbinnenmarkt.pdf, (Stand: 20.07.2011)

November 2010

Die Kommission soll einen Aktionsplan zum Energiesparen für 2010 und danach präsentieren und verabschieden.

Bis 30. April 2011

Termin zur Überprüfung der europäischen Messgeräterichtlinie [2004/22/EG] durch die EU-Kommission.

2012

Die EU Länder sollen einen ersten Bericht über nationale Maßnahmen einreichen, die zur Respektierung der Nachhaltigkeitskriterien unternommen wurden.

3. März 2012

Frist zur Entflechtung von Übertragungsnetzbetreibern von Erzeugung und Versorgung im Bereich Strom.

Bis Dezember 2014

Die EU-Kommission soll die Richtlinie über Treibhausgasemissionen revidieren und verfügbare Technologien mit einbeziehen.

2018

Die Kommission soll einen Energieplan für den Zeitraum nach 2020 präsentieren.

2020

Zieldatum, bis zu dem 20 % des Stroms innerhalb der EU aus erneuerbaren, regenerativen Quellen stammen muss.

Die systematische Umstellung auf neue Zählertechnologien (Smart Meter, digitale Zähler) wird durch Art. 13 der Energieeffizienzrichtlinie der EU seit 2006 gefordert.

2.2   Verordnungen und Gesetze in Deutschland

Die Struktur und Entwicklung einer Branche innerhalb eines Landes wird maßgeblich durch die dort national geltenden Gesetze und die sich daraus ergebenden (gesetzlichen) Rahmenbedingungen beeinflusst. Dies gilt natürlich insbesondere für die Strombranche in Deutschland, dem EU-Mitgliedsstaat mit den meisten Stromzählern (circa 43 Millionen).

Die gesetzlichen Rahmenbedingungen lassen sich in Gesetze, die aus der nationalen Politik hervorgehen und in auf nationaler Ebene umzusetzendes EU-Recht gruppieren. Gründe für ein neues Gesetz sind zum Beispiel die gewünschte Verwirklichung von Zielsetzungen der momentanen Bundesregierung bzw. der Europäischen Union. Gängiges Mittel zur Realisierung der Umsetzung sind Subventionen, gesetzliche Erleichterungen für die Einführung innovativer Technologien sowie reduzierte Steuerabgaben. Die Rahmenbedingungen ändern sich auch durch die Abänderung bestehender Gesetze auf einen zeitgemäßen Stand oder durch Berücksichtigung aktueller (technischer oder prozessualer) Entwicklungen und Neuerungen.

EU-Vorgaben müssen in der Regel bis zu einem festgelegten Umsetzungstermin durch entsprechend formulierte nationale Gesetze verwirklicht werden.

Eines der Hauptargumente für Smart Meter ist der generell geplante Ausbau dezentraler und umweltfreundlicher Stromerzeugung in Deutschland zum Beispiel durch einen steigenden Anteil von dezentralen Solar- und Windkraftanlagen. Um bei diesen durch Umwelteinflüsse stark betroffenen Technologien auch in Zukunft den Lastausgleich zwischen Erzeugung und Verbrauch gewährleisten zu können, ist auch eine erhöhte Transparenz und Aktualität der Endkunden-Verbrauchsdaten notwendig. Damit besteht eine enge Korrelation zwischen der dezentralen, regenerativen Stromerzeugung und der Datenaktualität von Smart Metern. Durch die gewünschte Reduzierung von Treibhausgasemissionen hat EE-Strom (EE: Erneuerbare Energie) bereits seit Jahren eine Sonderrolle und wird bewusst gefördert – und damit auch implizit die Einführung von Smart Metern.

Gesetze und Regelungen, die für die Entwicklung von Smart Metern und EE-Strom zusammenhängen, werden im Folgenden aufgelistet. Auszüge aus relevanten Paragrafen des Energiewirtschaftsgesetzes (EnWG) befinden sich im Anhang.

Die folgende Abbildung gibt einen zeitlichen Überblick über die Entwicklungen des EnWG, des Stromeinspeisungsgesetzes (StromEinspG) und der Ausgleichsmechanismusverordnung (AMV).

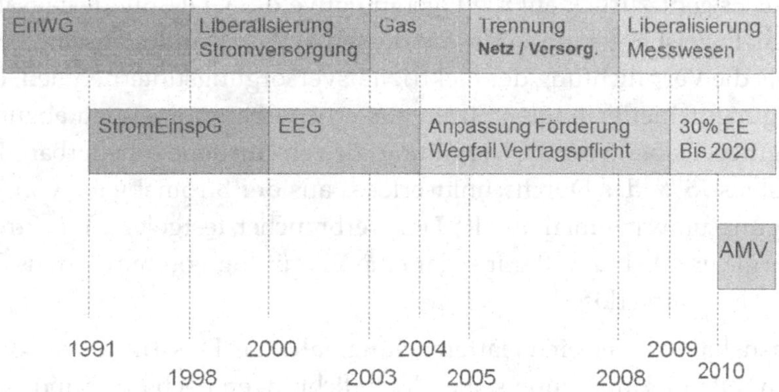

Abbildung 2-1: Wichtige Gesetze bzgl. der Energiewirtschaft in Deutschland

16. Dezember 1935 Monopolzeit

Das Energiewirtschaftsgesetz wurde ursprünglich am 13.12.1935 verfasst und trat am 16.12.1935 in Kraft. Es enthält grundlegende Regelungen zum Recht der leitungsgebundenen Energie. Es untermauerte die damals herrschende wirtschaftliche Praxis, nach der die Energieversorgungsunternehmen (meist Stadtwerke) sich durch exklusive Konzessionsverträge mit den Kommunen und gegenseitige Demarkationsverträge Gebietsmonopole sicherten.

Das formulierte Ziel bestand in einer möglichst billigen und sicheren Energieversorgung, einheitlich als Verbund von Netzbetrieb und Energielieferung verstanden. Dies sollte durch die Dezentralisierung der Energieversorgung erreicht werden und wurde als natürliches Monopol manifestiert. Der Ausschluss des Wettbewerbs durch diese Regelungen sollte als Schutz vor seinen „volkswirtschaftlich schädigenden Auswirkungen" dienen.

Die Entscheidung für eine Stärkung dezentraler Energieversorgung verfolgte aber insbesondere auch militärische Zwecke: Die herrschende NSDAP wollte eine Energieversorgung durch zentrale Großkraftwerke vermeiden, da diese leichte Ziele für Luftangriffe hätten darstellen können. In diesem Ziel sowie in der starken Betonung des Gemeinwohls und dessen Sicherung durch das Führerprinzip wird der national-sozialistische Grundtenor deutlich. Prinzipiell war das Gesetz in seiner konkreten Ausgestaltung eher technischer Natur, weshalb es auch – mit geringen Änderungen – für mehr als 50 Jahre nach Ende der national-sozialistischen Herrschaft in Kraft bleiben konnte. [39]

Auch das 1957 erlassene Gesetz gegen Wettbewerbsbeschränkungen (GWB) gestattete als Ausnahme weiterhin die Demarkationsverträge zwischen Energieversorgungsunternehmen.

1. Januar 1991 Stromeinspeisungsgesetz

Das deutsche Stromeinspeisungsgesetz, das am 07.12.1990 beschlossen wurde, tritt in Kraft. Es geht zurück auf die Eigeninitiative des CDU-Bundestagsabgeordneten Matthias Engelsberger am Ende von dessen aktiver Bundestagszeit.[40] Es beinhaltet erstmals die Verpflichtung der Elektrizitätsversorgungsunternehmen, den in ihrem Versorgungsgebiet erzeugten Strom aus erneuerbaren Energien abzunehmen und zu vergüten. Dabei wird die Vergütung für verschiedene erneuerbare Energien auf mindestens 75 % des Durchschnittserlöses aus der Stromabgabe von Elektrizitätsversorgungsunternehmen an alle Letztverbraucher festgelegt. Für Strom aus Sonnenenergie und Windkraft gilt sogar eine Vergütung von mindestens 90 % anhand des Durchschnittserlöses.

Als Ausnahme gibt es eine Härteregelung, falls das Elektrizitätsversorgungsunternehmen mit der Umsetzung seinen Verpflichtungen nach der Bundestarifordnung Elektrizität dadurch nicht mehr nachkommen könnte. In diesem Fall gehen die Verpflichtungen auf das vorgelagerte Elektrizitätsversorgungsunternehmen über. Als weitere Härteklausel gilt, wenn durch die Mehrkosten die Preise derart ange-

---

39   vgl. Wikipedia, Energiewirtschaftsgesetz, http://de.wikipedia.org/wiki/Energiewirtschaftsgesetz, (Stand: 20.07.2011)

40   vgl. Wikipedia, Stromeinspeisungsgesetz, http://de.wikipedia.org/wiki/Stromeinspeisungsgesetz, (Stand: 20.07.2011)

hoben werden müssen, dass dadurch ein spürbarer Wettbewerbsnachteil entsteht.[41]

Zumindest für die Windkraft sind die Mindestvergütungen zu dem Zeitpunkt ungefähr kostendeckend, was zu einem ersten Windkraft-Boom in Deutschland führte.

November 1997 EU-Aktionsplan: Deutschland vorne mit dabei

In Deutschland wurden infolge des Stromeinspeisungsgesetzes von 1991 erheblich neue EE-Kapazitäten geschaffen. Für den Zeitraum 1995–1998 hat die Bundesregierung zur Förderung erneuerbarer Energieträger ein 100-Millionen-DM-Programm eingeleitet. Forschung und Technologieentwicklung (FTE) spielt eine wichtige Rolle; es gibt ein Demonstrationsprogramm für 250 MW Windenergie. 30 % der Mittel des FTE-Programms der Bundesregierung wurden für erneuerbare Energieträger bereitgestellt. Kampagnen zur Förderung thermischer Anwendungen der Sonnenenergie einerseits und der Photovoltaik andererseits (1000-Dächer-Programm) haben maßgebliche Auswirkungen gehabt. Bei der Windenergie steht Deutschland weltweit an zweiter Stelle, auch dank dem Stromeinspeisungsgesetz.[42]

29. April 1998 Liberalisierung des Energierechts (EnWG)

Das „Gesetz zur Neuregelung des Energiewirtschaftsrechts" wurde am 28.11.1997 vom Bundestag beschlossen und trat am 29.04.1998 in Kraft. Das Gesetz diente der Umsetzung der EG-Richtlinie [96/92/EG] zum Energiebinnenmarkt und musste bis 19.02.1999 in nationales Recht übergegangen sein.[43]

In Artikel 1 enthielt es das neu gefasste „Gesetz über die Elektrizitäts- und Gasversorgung (Energiewirtschaftsgesetz)" in Art. 2 wurde die Ausnahme des §103 GWB für Demarkationsverträge der Energieversorgungsunternehmen aufgehoben und wird im Energiewirtschaftsgesetz durch einen diskriminierungsfreien Netzzugang dritter Stromanbieter ergänzt. Das Gebietsmonopol umfasst nunmehr nur noch den Netzbetrieb, da Dritten die Durchleitung von Strom durch das Netz gestattet werden muss. Damit können dritte Unternehmen Strom bei einem Stromerzeuger kaufen und über die Netze der Gebietsmonopolisten zu einem Abnehmer liefern.

Eingeführt wurde weiterhin eine getrennte Buchführung unter anderem für Elektrizitätsübertragung und Elektrizitätsverteilung. In der internen Rechnungslegung sind für diese Bereiche jeweils getrennte Konten zu führen als wären sie rechtlich selbstständige Unternehmen (vgl. §10 EnWG).

---

41 vgl. Bundesgesetzblatt 1990, http://archiv.jura.uni-saarland.de/BGBl/einstieg.html, (Stand: 20.07.2011)

42 vgl. Europa KOM(97) 599, S. 55

43 vgl. Europa 96/92/EG, Richtlinie über Endenergieeffizienz und Energiedienstleistungen, http://www.verivox.de/Power/gesetze/Richtlinie_fuer_den_Elektrizitaetsbinnenmarkt.pdf, (Stand: 05.03.2010)

Trotzdem gab es bei der Umsetzung Defizite. Formelle Gleichbehandlung Dritter beim Netzzugang kann bei überhöhten Preisen dennoch die Energieversorgungsunternehmen bevorzugen (überhöhte Rechnungen, die der Versorgungsbereich des Unternehmens zahlt, kommen dem Netzbetrieb des Unternehmens zugute). Also entweder Regulierung oder konsequente eigentumsrechtliche Entflechtung. Das Gesetz war mit 19 Paragraphen wesentlich kürzer als das aktuelle Energiewirtschaftsgesetz mit 136 (118 plus weitere Unterparagraphen a. b. c usw.) Paragraphen.[44]

1. April 2000 Das Erneuerbare Energien Gesetz (EEG)

Das Stromeinspeisungsgesetz wird durch das EEG vom 29.03.2000 ersetzt. Dabei wurde die geothermisch erzeugte Energie einbezogen und die Förderung neben einer generellen Absenkung auf kleinere Anlagen konzentriert, um ihren Charakter als Anschubförderung zu erhalten.[45]

27. Mai 2003 erste Novelle EnWG

Die erste Energierechtsnovelle tritt in Kraft und beschäftigt sich im Wesentlichen nur mit der Umsetzung der EU-Gasbinnenmarktrichtlinie.

1. August 2004 erste EEG-Novellierung

Die novellierte Fassung des EEG ist am 01.08.2004 in Kraft getreten. Vorausgegangen war eine Einigung im Vermittlungsausschuss, bei der die CDU/CSU eine Reduzierung der Förderung von Windkraftanlagen erreichte. Neben der erforderlich gewordenen Anpassung an die von der EU erlassene Richtlinie 2001/77/EG zur Förderung der Stromerzeugung aus erneuerbaren Energiequellen im Elektrizitätsbinnenmarkt betrafen wesentliche Punkte der novellierten Fassung die Höhe der Fördersätze sowie die bessere juristische Stellung der Betreiber von Anlagen zur Erzeugung erneuerbarer Energien gegenüber den örtlichen Netzbetreibern (u.a. Wegfall der Vertragspflicht).[46]

13. Juli 2005 zweite Novelle EnWG

Der Gesetzgeber erkannte, dass sein erster Versuch der Liberalisierung der Energiemärkte in weiten Teilen gescheitert war. Das Gesetz musste also überarbeitet werden.

Unter anderem mussten ab Inkrafttreten der Überarbeitung größere Energieversorger (mit mehr als 100.000 angeschlossenen Kunden) ihren Netzbereich von allen

---

44   vgl. Wikipedia, Energiewirtschaftsgesetz, http://de.wikipedia.org/wiki/Energiewirtschaftsgesetz, (Stand: 20.07.2011)

45   vgl. Wikipedia, Erneuerbare Energien Gesetz, http://de.wikipedia.org/wiki/Erneuerbare-Energien-Gesetz#Erneuerbare-Energien-Gesetz_.282000.29, (Stand: 20.07.2011)

46   ebenda

anderen wirtschaftlichen Aktivitäten innerhalb des Unternehmens trennen (vgl. §7 EnWG).

Weiterhin entstand im Ausschuss für Wirtschaft und Arbeit des Bundestages §21b EnWG. Eine Gesetzesbegründung, die den Entwurf in verwertbarer Form erläutert existiert jedoch nicht, lediglich ein zur Interpretation des Gesetzes unbrauchbarer Hinweis, dass die schrittweise Liberalisierung des Messwesens beabsichtigt sei.

Von Energieeffizienz und der Schaffung der Voraussetzungen für Energieeinsparungen war damals noch nicht die Rede. Ebenso wenig war dem Gesetzgeber damals der Entwurf einer Energieeffizienzrichtlinie bekannt. Dass die Brüsseler Arbeiten an der Energieeffizienzrichtlinie und §21b EnWG etwas miteinander zu tun hätten, lässt sich nicht belegen. Die ursprüngliche Fassung von §21 EnWG kann damit nur mit Liberalisierungserwägungen begründet werden. Die Norm litt jedoch an zwei entscheidenden Fehlern:

Zum einen wurde nur der Zählerbetrieb liberalisiert und nicht die Messung. Die Beauftragung eines Dritten lediglich zum Betrieb eines Zählers, der jedoch weiterhin zur Messung vom Netzbetreiber verwendet wird, erscheint wenig plausibel.

Zum anderen konnte der Wunsch den Betreiber der Messeinrichtung zu wechseln nur durch den Anschlussnehmer geäußert werden. Der Anschlussnehmer ist aber nicht notwendigerweise der mit Strom versorgte Kunde, sondern bei einem Mietverhältnis üblicherweise der Eigentümer des Objekts. Ein Stromkunde konnte seinen Wunsch nach einem intelligenten Zähler damit ohne Zustimmung seines Vermieters nicht umsetzen.

Diese beiden Geburtsfehler haben dazu geführt, dass bis ins Jahr 2008 nahezu keine Angebote für den Wechsel des Messstellenbetreibers existierten. [47]

11. Juli 2006 GPKE

Die Bundesnetzagentur beschließt die Festlegung einheitlicher Geschäftsprozesse und Datenformate zur Abwicklung der Belieferung von Kunden mit Elektrizität (GPKE). Die GPKE gibt die Geschäftsprozesse und Datenformate für die Anbahnung und Abwicklung der Netznutzung bei der Elektrizitätsbelieferung von Endverbrauchern vor. U.a. werden die Prozesse Lieferantenwechsel, Lieferbeginn, Lieferende, Zählerstand- und Zählwertübermittlung, Stammdatenänderung detailliert angeführt.

2. Februar 2007 Neues Eichgesetz

Durch Änderung des Eichgesetzes, der Eichordnung und der Richtlinie zum Eichen von Messgeräten wird die europäische Messgeräterichtlinie [2004/22/EG] MID (Measuring Instruments Directive) in deutsches Recht umgesetzt. Sie sollte bis zum 30.04.2006 umgesetzt sein und war von daher verspätet. Es ist ein Über-

---

47   vgl. Rehtanz C., 2009

gangszeitraum von zehn Jahren ab dem 30.10.2006 für Messaufgaben, für die ein gesetzlich kontrolliertes Messgerät vorgeschrieben ist, vorgesehen.[48]

28. August 2007 GeLi Gas

Die Bundesnetzagentur (BNA) liegt die „Einheitlichen Geschäftsprozesse für den Lieferantenwechsel im Gassektor" (GeLi Gas) fest.

18. Juni 2008 Zweites Deutsches Klimapaket

Deutschland beschließt sein zweites Klimapaket und will damit die EU-Energieeffizienzrichtlinie [2006/32/EG] leicht verspätet in nationales Recht umsetzen. Die Frist der Europäischen Union war der 17.05.2008. Es umfasste sieben Gesetzesentwürfe und Verordnungen zur „Steigerung der Energieeffizienz". Interessanterweise findet man auch Regelungen zum Zähl- und Messwesen in diesem Klimaschutzpaket. Neben der bisherigen Behandlung als Objekt der Liberalisierung zur Schaffung von Wettbewerb wird der Bereich nun als grundlegende Maßnahme für gezielte Energieeinsparung betrachtet. Es folgen entsprechende Gesetze noch im selben Jahr.

9. September 2008 Gesetz zur Öffnung des Messwesens & §21b EnWG

Die Fehler der zweiten Energierechtsnovelle werden überarbeitet und die Entwürfe und Verordnungen des zweiten deutschen Klimapakets eingearbeitet. Neben dem Messstellenbetrieb wird nun auch die Messung liberalisiert und damit eine sinnvolle Lücke für einen neuen Markt geschaffen. Die Messstellenzugangsverordnung (MessZV) schafft Detailregelungen zur Standardisierung der Geschäftsprozesse und regelt das Verhältnis der im Betrieb und der Ablesung der Messstelle Beteiligten untereinander.

Für den Endverbraucher von Bedeutung: Ab sofort darf auch auf Wunsch des Anschlussnutzers (Mieter) und nicht mehr nur auf Wunsch des Anschlussnehmers (Vermieter) gemäß §21b Abs. 2 EnWG ein Dritter mit der Funktion des Messstellenbetreibers oder mit der Funktion des Messdienstleisters betraut werden. Der Wunsch ist in Textform gegenüber dem Netzbetreiber oder dem Dritten zu äußern. Bei Mietverhältnissen bedarf es zum Einbau eines anderen Zählers die Zustimmung des Vermieters gemäß §§ 535, 536, 242 BGB. Der Vermieter darf die Zustimmung jedoch nicht ohne sachlichen Grund verweigern. Ein sachlicher Grund für den Vermieter ist üblicherweise nicht feststellbar.

Außerdem sollen dem Endkunden zukünftig ausreichende und zweckdienliche Informationen über den individuellen Verbrauch gegeben werden. Dazu sollen ab dem 01.01.2010 dem Kunden entsprechende Messgeräte angeboten werden. Auch in Neubauten oder bei umfangreichen Renovierungen sollen neue Geräte zum Einsatz kommen, „die dem jeweiligen Anschlussnutzer den tatsächlichen Energieverbrauch und die tatsächliche Nutzungszeit widerspiegeln" unter der Prämisse

---

48   vgl. Rehtanz C., 2009

„Soweit dies technisch machbar und wirtschaftlich zumutbar ist" (vgl. §21b Abs. 3a EnWG).

Selbiger Vorbehalt gilt für neue Tarife, die „einen Anreiz zu Energieeinsparung oder Steuerung des Energieverbrauchs setzt"(...) insbesondere lastvariable oder tageszeitabhängige Tarife" (vgl. §40 Abs. 3 EnWG) die spätestens bis zum 30.12.2010 angeboten werden müssen. Außerdem erhält der Kunde das Recht auf monatliche, vierteljährliche oder halbjährliche Abrechnung.

1. Januar 2009 zweite EEG-Novellierung

Die Novellierung 2009 hat das Ziel, den Anteil Erneuerbarer Energien an der Stromversorgung bis 2020 auf einen Anteil von mindestens 30 % zu erhöhen (§ 1 Abs. 2 EEG). Zudem sind die Netzbetreiber nun ausdrücklich nicht nur zum Netzausbau, sondern auch zur Optimierung und Verstärkung vorhandener Netze verpflichtet.

Zur Regelung von Engpässen bei der Einspeisung von Strom aus erneuerbaren Energien wurde ein Einspeisemanagement vorgeschrieben, das für Anlagen mit einer Leistung ab 100 KW technische Einrichtungen zur laufenden Erfassung der eingeleiteten Strommenge durch den Netzbetreiber und die Möglichkeit einer vorübergehenden Beschränkung der Einspeisung vorsieht, wobei die betroffenen Anlagenbetreiber vom Netzbetreiber für den Ausfall zu entschädigen sind (§§ 11, 12 EEG).

1. Januar 2010

Messstellenbetreiber sollen ab sofort Geräte anbieten, „die dem jeweiligen Anschlussnutzer den tatsächlichen Energieverbrauch und die tatsächliche Nutzungszeit widerspiegeln." Diese Beschreibung trifft allgemein auf die als **Smart Meter** bezeichneten Messgeräte zu.

Des Weiteren tritt ein neuer Ausgleichsmechanismus für EE-Strom in Kraft. Der in die Netze der öffentlichen Verteil-Netzbetreiber eingespeiste und von diesen an die Übertragungs-Netzbetreiber weiterzuleitende EEG-vergütete Strom musste bisher von diesen wiederum physikalisch und finanziell – entsprechend ihrer Marktanteile – unter den Stromversorgungsunternehmern aufgeteilt werden. Die Stromversorgungsunternehmer waren verpflichtet den Strom abzunehmen und zu vergüten, um damit dann anteilig ihre Kunden zu beliefern. Dies führte insbesondere bei kleinen und mittleren Stromvertriebsunternehmen zu Mehrkosten.

Die Verordnung [16/13188][49] der Bundesregierung über die Weiterentwicklung des bundesweiten Ausgleichsmechanismus sieht vor, dass Strom zukünftig nicht mehr physikalisch an die Vertriebsunternehmen weitergegeben werden muss. Diese sind umgekehrt auch nicht mehr zur Abnahme und Vergütung verpflichtet (§37 Abs.1

---

49   vgl. Bundestag Verordnung 16/13188, Ausgleichsmechanismus, http://dipbt.bundestag.de/dip21/btd/16/131/1613188.pdf, (Stand: 20.07.2011)

EEG). Auch das der Strom nicht unterhalb der durchschnittlichen EEG-Vergütung verkauft werden darf entfällt (§37 Abs.5 EEG).

Von der Umstellung des Ausgleichsmechanismus erhofft sich der Gesetzgeber, dass künftig Strom aus erneuerbaren Energien effizienter, kostengünstiger und in einem transparenteren Verfahren an die Verbraucher gelangt.

30. Dezember 2010

Frist zum Anbieten von lastvariablen oder tageszeitabhängigen Tarifen für Endkunden nach §40 Abs. 3 EnWG

30. Juni 2011 EEG-Novelle 2012

Verabschiedung der EEG-Novelle 2012 durch den Deutschen Bundestag. Aufgrund des Umdenkens durch die Atomkatastrophe in Japan (Fukushima) Anfang 2011 hat die Bundesregierung ein neues Energiekonzept beschlossen, das die Energieerzeugung durch erneuerbare Energien erheblich ausbauen soll. Der Anteil der Stromerzeugung aus erneuerbaren Energien soll bis 2020 auf mindestens 35 %, bis 2030 auf mindestens 50 %, bis 2040 auf mindestens 65 % und bis 2050 auf mindestens 80 % steigen.

Bis 2012

Die Deutschen Modellregionen sollen ihre Erkenntnisse offenlegen, daraus soll bis 2013 ein erster Gesetzesentwurf gebildet werden.

30. Oktober 2016

Ende des Übergangszeitraums für Messgeräte für den Einsatz bei Messaufgaben, für die ein gesetzlich kontrolliertes Messgerät vorgeschrieben ist.

Derzeit im Entwurf: Energieeffizienzgesetz (EnEfG)

Es dient der Umsetzung der Energie-Dienstleistungs-Richtlinie (EDL) [2006/32/EG] in nationales Recht. Es beinhaltet eine Änderung des §21b Abs. 3b EnWG. Kriterien der technischen Machbarkeit und der Kostenwirksamkeit sind danach nicht mehr vorgesehen. Des Weiteren soll der Einbau der intelligenten Zähler bei jedem Ersatz erfolgen.

Falls kein Messstellenbetreiber oder Messdienstleister zur Auswahl steht, greift die Grundversorgungszuständigkeit des Netzbetreibers. Diese Zuständigkeit trifft auch im Falle der Vertragsbeendigung mit dem MSB/MDL, solange kein Nachfolger bereitsteht, zu. Potenzielle MSB's müssen die technischen Mindestanforderungen und die Mindestanforderungen in Bezug auf Datenumfang und Datenqualität, die der Netzbetreiber für sein Netzgebiet vorsieht, einhalten.

Aus Sicht des Endverbrauchers sind zwei Arten von Verträgen zu unterscheiden (siehe Abbildung 2-2):

- Primärverträge sind Verträge, die zwischen Anbieter und Verbraucher geschlossen werden.
- Sekundärverträge sind Verträge, die zwischen den Anbietern von Primärverträgen (MDL, MSB und Energielieferant) und dem Netzbetreiber bestehen.

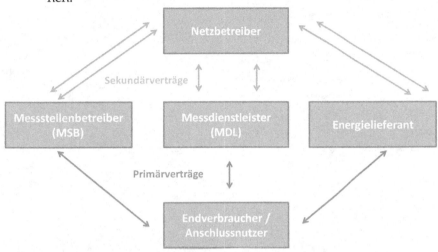

Abbildung 2-2: Vertragsbeziehungen Energiemarktteilnehmer

Von entscheidender Bedeutung im Rahmen des Wechsels von Primärverträgen ist der Datenaustausch. Der Datenaustausch hat elektronisch in einem einheitlichen Format stattzufinden. MDL und Netzbetreiber sind zur gegenseitigen Datenübermittlung und zur direkten Übermittlung an Energielieferanten, Netznutzer, Anschlussnutzer und weitere interessierte Dritte (Behörden u.a.) verpflichtet (§ 4 Abs. 1 Nr. 4 MessZV). Die Festlegung einer eindeutigen Verantwortung für die Datenübermittlung findet sich in der Bestimmung nicht. Der Messdienstleister ist jedoch verpflichtet, die von ihm ausgelesenen Zählerdaten an den Netzbetreiber zu den Zeitpunkten zu übermitteln, die dieser zur Erfüllung eigener Verpflichtungen vorgibt.

3 Energie und Umwelt

3.1 Die Smart Energy Vision

Die Entwicklung der Smart Energy und der zugrunde liegenden Philosophien und Technologien kann unterschiedlichste Ausprägungen annehmen. Die Philosophie wird von dem Gesetzgeber, den Unternehmen der Energiewirtschaft und den Kunden (Prosumer) geprägt. Die technologischen Fortschritte sind abhängig von den wissenschaftlichen Erfolgen und dem entsprechenden Sponsoring. Eine Polarisierung der Visionen ist mit dem folgenden Ansatz möglich:

- **Dezentrale Stromerzeugung und dezentraler Stromverbrauch**: Die Stromerzeugung findet überwiegend in dezentralen kleinen und mittleren Anlagen statt (Solarkraftanlagen, Windkraftanlagen, Mikro-Blockheizkraftwerke, Biokraftanlagen, Wasserkraftwerke u.a. in einzelnen Haushalten bzw. regionalen Anlagen). Der Energieverbrauch wird zum größten Teil durch die eigene Erzeugung gedeckt. Zuviel erzeugte Energie wird in dezentralen Energiespeichern vorgehalten (Batterien, Druckluftspeicher u.a.) und bei Bedarf (Energieverbrauch höher als Energieerzeugung) wieder entnommen. Das Verbrauchsverhalten wird der Energieerzeugung und der vorrätigen Energie angepasst. Die Energieunternehmen sind Anlagenlieferant und Servicedienstleister. Ggf. werden Spitzenbedarfe und industrielle Energiebedarfe durch wenige mittlere und große Anlagen der Energieerzeuger abgedeckt. Dafür werden Spitzentarife durch die Energieunternehmen angeboten, bei denen nur der reine Verbrauch zu den aktuellen Erzeugungskosten (bzw. Börsenwert) abgerechnet wird.
- **Zentrale Stromerzeugung und zentrale Stromverbrauchsteuerung**: Die Stromerzeugung findet in wenigen zentralen Großanlagen (fossile Energie und regenerative Energie) statt. Falls aufgrund der klimatischen Bedingungen die Energieerzeugung den Energieverbrauch übersteigt, wird die Energie in zentralen Energiespeicher (Druckluftspeicher, Wasserspeicher u.a.) vorgehalten und bei Bedarf wieder entnommen. Ggf. darüber hinausgehende Spitzenbedarfe werden durch kleine und mittlere Gaskraftwerke abgedeckt. Aufgrund der genauen Energieerzeugungsvorhersagen wird der Energieverbrauch durch den Einsatz von dynamischen Tarifen und Aktionen möglichst genau der Energieerzeugung angepasst. Die angebotenen Tarife enthalten einen Grundpreis und dynamische Tarife, die wenige Tage (oder Stunden) vorher dem Verbraucher angeboten werden bzw. automatisch Anwendung finden. Teilweise steuern die Energieunternehmen als Dienstleister die (semi-)automatische Steuerung des Stromverbrauchs in den Haushalten.

Mit hoher Wahrscheinlichkeit werden Teile der beiden Visionen Realität werden. An dem folgenden Beispiel wird die Vision der Smart Energy verdeutlicht.

„Familie Schmidt ist seit einigen Monaten Prosumer des Energieunternehmens NewEnergy. In einem einjährigen Vertrag wurden die Richtlinien zur Einspeisung der elektrischen Energie und zur Abnahme potenzieller ToU-Tarife geregelt. Familie Schmidt hat sich für die GreenEnergy-Tarife entschieden. Diese haben den Vorteil, dass an wind- und sonnenreichen Tagen der Stromverbrauch enorm günstig ist. Neben den bisherigen, eigenen Energieerzeugungsanlagen (Mikro-BHKW mit Biogas betrieben (4 KW elektrische Energie 18 KW thermische Energie), Photovoltaikanlage (6 KW Peak-Leistung), Wind-kraftanlage (4 KW Peak-Leistung)) erhielt Familie Schmidt von NewEnergy eine Kombi-Brennstoffzelle (bestehend aus Elektrolyseeinheit zur Wasserstofferzeugung, Flüssigwas-serstofftank 700 bar und 10 KG Wasserstoffspeicher (entspricht 333 kWh Arbeitsleistung), Brennstoffzelle zur Erzeugung von elektrischer Energie (Wirkungsgrad > 70 %). Als wei-tere Energiespeicher stehen eine stationäre Lithium-Ionen Batterie (200 kWh Arbeitsleis-tung) und zwei teilweise nutzbare mobile Lithium-Ionen Batterien aus den beiden Fahr-zeugen zur Verfügung (Fahrzeug 1: MB200B mit 100 kWh Speicher, 90 % Ladeeffizienz, 212 Wh je Kilometer Verbrauch und circa 470 Kilometer Reichweite, 2,5 Stunden Ladezeit/Fahrzeug 2: Google Mobil mit 50 kWh Speicher, 88 % Ladeeffizienz, 185 WH je Kilometer Verbrauch und circa 270 Kilometer Reichweite, 3,0 Stunden Ladezeit).

Die zur Verfügung gestellte Kombi-Brennstoffzelle ist Bestandteil eines virtuellen Kraft-werks von NewEnergy und bei Spitzenbedarfen erhält die Brennstoffzelle via Power Line Communication die Anfahranweisungen und stellt dem Netz maximal 100 KW Leistung zur Verfügung. NewEnergy koppelt in 10 definierten Regionen (Region = virtuelles Kraft-werk) zwischen 10 und 10.000 Kombi-Brennstoffzellen zu flexiblen Kraftwerken und er-reicht damit eine Spitzenlast von 1000 MW (entspricht einem kohlebetriebenen Großkraft-werksblock von 2010).

In dem von NewEnergy zur Verfügung gestellten Energie Management Server (EMS) hat Familie Schmidt die individuellen Profile von Frau und Herrn Schmidt sowie der beiden Schulkinder Katarina und Max. Neben den Aufsteh- und zu Bett Gehzeiten werden die persönlichen Temperaturvorgaben für die einzelnen Räume, die Bad- und Duschzeiten, die gewünschten Wassertemperaturen und die geplante Nutzung der Fahrzeuge, der TV-Geräte, der PC's und diverser anderer akkubasierter Kleinstgeräte hinterlegt. Über das Multi-Communication Interface des EMS können die persönlichen Daten über das Basis-Touchpanel, über die Smartphones, über PC und die TV-Schnittstellen jederzeit angepasst werden.

Mit diesen Vorgaben sieht der Tag der Familie Schmidt aus energetischer Sicht wie folgt aus. In der windreichen Nacht hat die Windkraftanlage 20 kWh Arbeitsleistung erzeugt. Damit wurden die Batterien der Fahrzeuge und der stationären Batterie geladen. Smartphones, elektrische Zahnbürsten, der Gameboy von Max und die Notebook-Akkus wurden über ein magnetisches Induktionsfeld geladen. Da zwischen 2:00 h und 2:45 h der ToU-Tarif für eine kWh Strom –5 Cent betrug, wurde in dieser Zeit auch von extern Strom bezogen. Die selbststeuernden Haushaltsgeräte wie die Tiefkühltruhe und die Kühlschränke haben die Energie genutzt um ihre maximale Kühltemperatur zur erreichen. Danach haben sie sich für mehrere Stunden in einen Null-Energieverbrauch Ruhezustand versetzt. Da der Trockner Bereitschaft und Ladezustand 100 % gemeldet hatte, wurde die Wäsche in dieser Zeit kostenoptimal getrocknet.

Um 6:00 morgens werden Frau und Herr Schmidt geweckt. Die Temperatur in Küche und Esszimmer beträgt wohlige 22° Celsius, die Kaffeemaschine wurde eingeschaltet und vorgeheizt. 45 Minuten später werden die Kinder geweckt. Trotz der niedrigen Außentemperatur von 5° Celsius erzeugt die Photovoltaikanlage an diesem sonnigen Wintertag 2 KW pro Stunde. Die momentanen Energieverbräuche werden primär von den eigenen regenerativen Energieanlagen erzeugt. Der EMS steuert potenziell notwendige Energiespitzenbedarfe entweder aus der, in den Batterien gespeicherten elektrischen Ladung oder aus der erzeugten elektrischen Energie aus dem Mikro-BHKW oder der Brennstoffzelle zu. Nur bei maximaler Entleerung der Speichersysteme ist es notwendig, externe elektrische Energie einzuspeisen. Das kommt nur an wenigen Tagen pro Jahr vor. Heute, nach dieser windreichen Nacht sind die Speicher vollgeladen.

Herr Schmidt hat heute eine geschäftliche Verabredung und muss dafür fast 600 Kilometer fahren. Nach 400 Kilometern fährt er an die Tankstelle. Es handelt sich um eine Fremdtankstelle, das heißt nachdem sein Fahrzeug seine Kenndaten (Zählernummer des Fahrzeug-Smart Meters) übergeben hat, werden die entladenen Batterien mit vollgeladenen Batterien des Energieunternehmens Global Power getauscht. Dies geschieht durch die Normierung der Batterien und die intelligente Robot-Steuerung in wenigen Sekunden. Die Kosten werden über die hinterlegten persönlichen Daten sofort nach dem Batterietausch der Kreditkarte von Herrn Schmidt belastet. Kurz vor dem Zielort reserviert Herr Schmidt über das Mobile Communication Center seines Fahrzeugs einen Induktionsfeld-Parkplatz von NewEnergy. Auf diesem Parkplatz werden die Batterien des Fahrzeugs über ein magnetisches Induktionsfeld aufgeladen. Am späten Abend kehrt Herr Schmidt zurück und verbindet das Fahrzeug mit dem Hausnetzwerk.

Nachdem die Kinder und ihr Mann aus dem Haus sind, geht Frau Schmidt in den Fitnessraum und trainiert auf dem Rad-Ergometer und dem Lauf-Ergometer. Die Ergometer speisen in der Zeit 280 Wattsekunden Energiegehalt ein. Kochen, Bügeln, Waschen und Trocknen verbrauchen einiges an Energie im Laufe des Tages. Aufgrund der Simulationsprogramme des EMS teilt sich Frau Schmidt die kostengünstigen Zeiten für die energieintensiven Tätigkeiten ein. Falls während des Tages ein günstiger ToU-Tarif hereinkommt, wird dies für das Waschen und Trocknen genutzt. Dies ist relativ einfach möglich, da Trockner und Waschmaschine beladen werden, auf Bereitschaft geschaltet werden und die Selbststeuereinheit aktiviert wird. Sobald ein passender ToU-Tarif gemeldet wird, schalten sich die Maschinen ein. Die Abwärme der elektrischen Großgeräte (auch die Abluft des Trockners) wird zur Warmwasseraufbereitung genutzt. Der Warmwasserspeicher ist auch mit einer elektrischen Zusatzheizung versehen, die in Zeiten günstiger Energie oder hoher Eigenproduktion das Wasser in dem vorgegebenen Temperaturbereich aufheizt.

Dieses energetische Gesamtpaket rechnet sich für Familie Schmidt. Trotz eines relativ hohen Eigenverbrauchs von 8000 kWh elektrischer Energie und 25.000 kWh thermischer

Energie ist ein Gewinn vorhanden. Dazu trägt die Einspeisung von 10.000 kWh elektrischer Energie und die Verbrauchsdatennutzungsgebühr (100€ je Monat) bei. NewEnergy erwirtschaftet mit dem Verkauf der anonymisierten Verbrauchsdaten (enthalten auch die regionale Zuordnung) mittlerweile 34 % des Umsatzes."

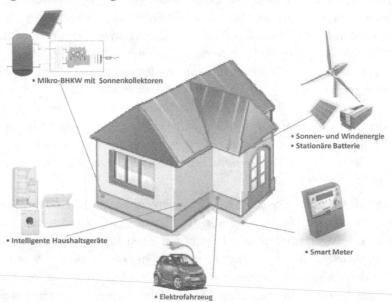

Abbildung 3-1:   Smart Home der Familie Schmidt

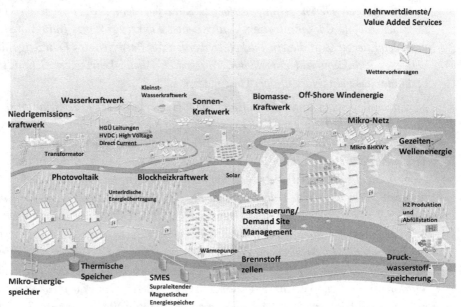

Abbildung 3-2:   Vision Smart Energy [50]

---

50   European Smart Grids Technology Platform European Commission for Science and Research, 2006

3.2 Der Prozess von der Ablesung bis zur Abrechnung

In einem Versorgungsnetz bestehend aus Lieferanten, Netzbetreibern, Messstellenbetreibern (MSB) und Kunden ist es für das Versorgungsunternehmen aufgrund der Verpflichtungen gegenüber den Lieferanten auf der einen und den Kunden auf der anderen Seite besonders wichtig, den Verbrauch für die einzelne Verbrauchsstelle regelmäßig und möglichst genau bestimmen zu können. Zum einen muss der Verbrauch dem Kunden in Rechnung gestellt werden und zum anderen muss eine Zahlung an den Lieferanten für die verbrauchte Menge erfolgen.

Um den Verbrauch erfassen zu können, wird an der Verbrauchsstelle für jede Sparte ein Zähler angeschlossen. Diese Zähler werden vom zuständigen MSB (dieser kann auch dem Netzunternehmen bzw. dem Versorgungsunternehmen entsprechen) eingebaut und gewartet. Die Wartung eines solchen Zählers beinhaltet die Ablesung, gegebenenfalls die Sperrung und das Wechseln nach Ablauf der Eichdauer. Für die Ermittlung des Verbrauchs für die einzelnen Perioden werden in regelmäßigen Abständen Ableser beauftragt, die aktuellen Zählerstände einzuholen. Nach Ablauf der Eichdauer werden Monteure zu den Kunden geschickt, um die alten Zähler gegen geeichte auszutauschen. Auch hier müssen die Monteure die Verbrauchswerte ermitteln.

Digitale Zähler (Smart Meter) sind in der Lage Zählerstände selbstständig an das Backendsystem zu senden.

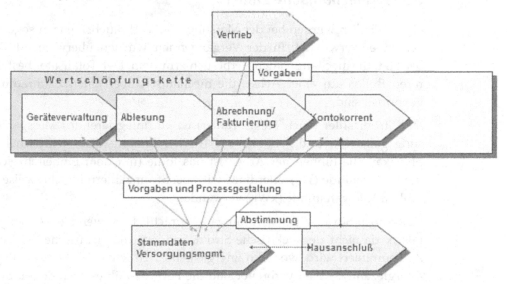

Abbildung 3-3: Ablesung und Abrechnung in der Wertschöpfungskette eines Energieversorgungsunternehmens (EVU)

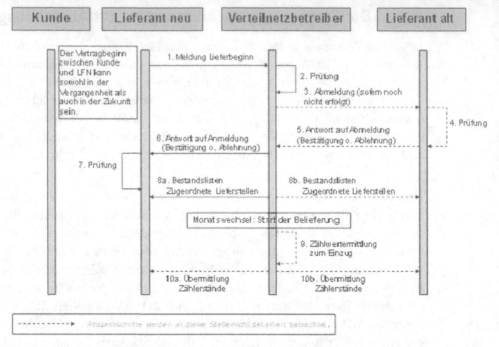

Abbildung 3-4: Geschäftsprozess Lieferbeginn (Modellierungsmethode Sequenzdiagramm)

3.3 Mechanische Zähler

Grundsätzlich werden bei der Messung von Verbrauchsmengen sogenannte Mengenzähler verwendet. In der Vergangenheit wurden überwiegend Totalisatoren benutzt, die mechanisch den Verbrauch ermitteln. Der Totalisator besteht aus mehreren Rollen auf einer Achse, die mechanisch über einen Zahnradmechanismus gekoppelt sind.

Der Stromzähler (auch Elektrozähler) ist ein integrierendes Messgerät zur Erfassung gelieferter und genutzter elektrischer Energie, also elektrischer Arbeit. Die physikalische Einheit der Arbeit ist das Joule (mit dem Einheitenzeichen J) bzw. die Wattsekunde (Ws); allerdings wird bei Stromzählern üblicherweise die größere Einheit Kilowattstunde (kWh) verwendet.

Der Begriff Stromzähler wird umgangssprachlich verwendet, ist aber physikalisch falsch, da nicht der elektrische Strom, sondern die elektrische Leistung über die Zeit summiert wird, wodurch Energie gemessen wird. Der korrekte Begriff ist also Energiezähler.[51] Weit verbreitet sind die Ferraris-Zähler nach dem Induktionsprinzip, benannt nach dem Italiener Galileo Ferraris. Hierbei wird durch den Ein- oder

---

51 vgl. Wikipedia, Stromzähler, http://de.wikipedia.org/wiki/Stromzähler (Stand: 06.05.2010)

Mehrphasenwechselstrom sowie die Netzspannung in einem Ferrarisläufer (Aluminiumscheibe, auch Ferrarisscheibe) ein magnetisches Drehfeld induziert, welches in ihr durch Wirbelströme ein Drehmoment erzeugt. Dieses ist in jedem Augenblick proportional zum Produkt aus Strom und Spannung und somit im zeitlichen Mittel zur Wirkleistung. Die Scheibe läuft in einer aus einem Dauermagnet bestehenden Wirbelstrombremse, die ein geschwindigkeitsproportionales Bremsmoment erzeugt. Die Scheibe, deren Kante als Ausschnitt durch ein Fenster von außen sichtbar ist, hat dadurch eine Drehgeschwindigkeit, welche zur elektrischen Wirkleistung proportional ist. Die Zählung der Umdrehungen ist dann zur tatsächlich bezogenen elektrischen Energie proportional.[52] Mit diesen Zählern kann nicht der zeitliche Verlauf der Nachfrage ermittelt werden, sondern nur die Bestimmung des Gesamtverbrauchs über einen festgelegten Abrechnungszeitraum von üblicherweise einem Jahr.

Abbildung 3-5: Rollenzählwerk

Es gibt für alle Sparten spezielle Zählwerke, die den Verbrauch ermitteln:

- Strom
- Wasser
- Gas
- Fernwärme

Sowohl Einzeltarifzähler als auch Doppeltarifzähler werden für die Messung der Verbrauchswerte verwendet. Ein Doppeltarifzähler ist in der Lage den Hochtarif für die Zeitspanne von 6–22 Uhr und den Niedertarif von 22–6 Uhr zu erfassen.

Abbildung 3-6: Mechanische Zähler

3.4 Digitale Zähler

Digitale Zähler oder auch intelligenter Zähler (sogenannte Smart Meter) sind in der Lage eigenständig über das Internet oder alternative digitale Kommunikationskanäle den Verbrauchswert an das Versorgungsunternehmen zu senden. Smart

---

52 ebenda

Metering ist ein englischer Begriff und bedeutet so viel wie „intelligentes Messen". Um diese Technologie einsetzen zu können, bedarf es so genannter „Smart Meter" (Intelligenter Stromzähler). Diese Zähler zeichnen sich durch eine wesentliche Eigenschaft gegenüber herkömmlichen Zählern aus, sie ermöglichen eine bidirektionale Kommunikation.

Dadurch besteht die Möglichkeit, Informationen wie zum Beispiel aktuelle Verbrauchswerte an den Empfänger zu senden und aktualisierte Tarife zu erhalten. Es können auch weitere Daten und Steuerbefehle durch die Messeinrichtung empfangen und umgesetzt werden.

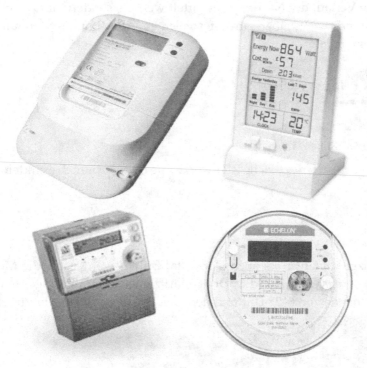

Abbildung 3-7:   Smart Meter

Auch hier gibt es bereits zwei Arten von Zählern:

- Fernauslesbare Zähler, welche die Verbrauchs- und Leistungsdaten lediglich dem Versorgungsunternehmen übermitteln und
- Zähler, die die Verbrauchs- und Leistungsdaten auch dem Kunden darstellen. Zusätzlich zu den Funktionen der sogenannten elektronischen Haushaltszähler (eHZ), die gemessene Verbrauchsmengen in digitalen Datenformaten bereitstellen können und die Messdaten über eine einfache Datenschnittstelle dem Energieversorger und dem Energieverbraucher zur Verfügung stellen, verarbeiten die sogenannten Smart Meter auch Steuerbefehle. Der Smart Meter ist ein vernetztes Element in einer Kommunikationsinfrastruktur und agiert

dabei als zentrales Gateway im Smart Home für die Kommunikation und Steuerung (u.a. von Tarifwechseln).

Abbildung 3-8:   EnBW Smart Meter mit Display und DSL Anschluß

Der Einbau von intelligenten Zählern ist nach §21b Abs. 3a des EnWG ab 01.01.2010 vom Gesetzgeber vorgeschrieben. §21b Abs. 3a des Energiewirtschaftsgesetzes besagt:

„Soweit dies technisch machbar und wirtschaftlich zumutbar ist, haben Messstellenbetreiber ab dem 01.01.2010 beim Einbau von Messeinrichtungen in Gebäuden, die neu an das Energieversorgungsnetz angeschlossen werden oder einer größeren Renovierung im Sinne der Richtlinie 2002/91/EG des Europäischen Parlaments und des Rates vom 16.12.2002 über die Gesamtenergieeffizienz von Gebäuden (ABl. EG 2003 Nr. L 1 S. 65) unterzogen werden, jeweils Messeinrichtungen einzubauen, die dem jeweiligen Anschlussnutzer den tatsächlichen Energieverbrauch und die tatsächliche Nutzungszeit widerspiegeln."[53]

Aufgrund dieser Verordnung werden zukünftig nur noch Smart Meter für die Bestimmung der Verbrauchsmengen installiert und verwendet. Der Gesetzgeber will so den Endverbrauchern ermöglichen, dass sie ihren Energieverbrauch besser überwachen und kontrollieren können. Die Funktionsweise des intelligenten Stromzählers wird in der folgenden Abbildung dargestellt. Der Smart Meter kann mit allen Geräten aus dem Haushalt verbunden sein und bezieht auf diese Weise alle Verbrauchsdaten der jeweiligen Geräte.

Der Smart Meter steht in permanenter Verbindung mit dem Internet oder alternativen Kommunikationskanälen (GPS, GPRS, PLC, Funk u.a.) und überträgt die Daten an das Versorgungsunternehmen. Über ein Gateway kann der Endkunde sich dann über seine Verbrauchswerte informieren.

---

53   Bundesrepublik Deutschland, Gesetz über die Elektrizitäts- und Gasversorgung (Energiewirtschaftsgesetz - EnWG)., http://bundesrecht.juris.de/bundesrecht/enwg_2005/ gesamt.pdf, (Stand: 26.10.2009)

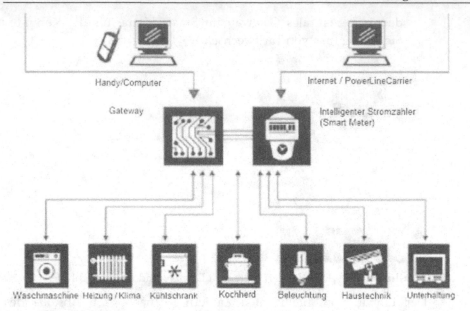

Abbildung 3-9:   Kommunikationsverbund Smart Meter[54]

3.5   Klima und Umwelt

Energie und Umwelt hängen untrennbar miteinander zusammen. Energieerzeugung und Energieverbrauch haben einen immanenten Einfluss auf die Umwelt. Emissionen und Immissionen, grundsätzliche Umstrukturierung von Landschaften sind zum Beispiel bei der Gewinnung fossiler Brennstoffe immens. Bei der Förderung, dem Transport, der Verarbeitung und der Energieumwandlung von Primärenergieträgern fallen neben der gewünschten Energie auch unerwünschte Nebenprodukte in Form von Verunreinigungen, festen, flüssigen und gasförmigen Abfällen an.[55]

Die Emission von CO_2 bei der Energieerzeugung auf Basis fossiler Brennstoffe (Braunkohle-, Steinkohle-, Gas- und Ölkraftwerke) ist eine der validierten Ursachen für den Klimawandel und die zunehmende Temperatur in weiten Regionen der Erde. Die Gewinnung von fossilen Brennstoffen ist mit Risiko erheblicher Umweltverschmutzung verbunden und verantwortet insbesondere bei dem Tagebau (Braunkohle) erhebliche Veränderungen der Landschaft. Insbesondere der momentane, weltweite Trend zum Ausbau der Kraftwerkskapazitäten auf Basis von Steinkohle und Braunkohle determiniert die Energieerzeugung auf Basis fossiler Energieträger mittel- bis langfristig.

---

54   vgl. Bilecki, S., Verbrauchsseitige Barrieren von E-energy in privaten Haushalten, 2009, S. 6

55   vgl. Ströbele, Pfaffenberger, Heuterkes, Energiewirtschaft, 2010, S. 55

Auch die Atomstromgewinnung in Kernkraftwerken hat vorgelagerte und nachgelagerte negative Einflüsse auf die Umwelt. Je nach Lagerstättenart, Gewinnungsmethode und Lagerung können die auf den Abraumhalden noch vorhandenen Uran- und Schwermetallverbindungen das Trinkwasser belasten oder durch Staubverbreitung entfernte Gebiete kontaminieren. Der Uranabbau kann zu Schäden beim Menschen und der Umwelt führen, da durch den Uranbergbau Uran und radioaktive Folgeprodukte (zum Beispiel das radioaktive Edelgas Radon) freigesetzt und aus dem Untergrund an die Oberfläche geholt werden. Die Urangewinnung ist z.T. mit erheblichen Veränderungen in der Landschaft verbunden (Tagebau) und verursacht durch den intensiven Einsatz von Maschinen auch CO_2-Emissionen. Die sichere und endgültige Lagerung der Abfälle aus der Energieerzeugung in Atomkraftwerken ist prinzipiell weltweit ungeklärt und mit erheblichen Unsicherheiten verbunden. Hier ist die Gefahr radioaktiver Verseuchung der Umwelt in mittel- bis langfristigen Zeiträumen erheblich.

Der Atomausstieg ist vorerst nach hinten verschoben worden. Der zukünftig zu erwartende Rückbau der Kernkraftwerke wird ohne staatliche Zuschüsse nicht durchführbar sein. Die sichere und endgültige Lagerung der Abfälle aus der Energieerzeugung in Atomkraftwerken ist prinzipiell weltweit ungeklärt und mit erheblichen Unsicherheiten verbunden. Hier ist die Gefahr radioaktiver Verseuchung der Umwelt in mittel- bis langfristigen Zeiträumen erheblich.

Insofern sind die Bestrebungen der EU und der Bundesrepublik Deutschland einen Großteil der erforderlichen Energie durch regenerative Energieträger zu erzeugen nicht nur begrüßenswert, sondern dringend notwendig. Erneuerbare Energien, auch regenerative Energien, sind Energien aus Quellen, die sich entweder kurzfristig von selbst erneuern oder deren Nutzung nicht zur Erschöpfung der Quelle beiträgt. Es sind nachhaltig zur Verfügung stehende Energieressourcen zu denen insbesondere Wasserkraft, Windenergie, solare Strahlung (Sonnenenergie), Erdwärme (Geothermische Energie) und die durch Gezeiten erzeugte Energie zählen. Eine andere erneuerbare Energiequelle ist das energetische Potenzial (Biogas, Bioethanol, Holz u. a.) der aus nachwachsenden Rohstoffen gewonnenen Biomasse.

Wind, Wasser, Sonne, Biomasse und Erdwärme bergen enorme Potenziale für den Aufbau einer nachhaltigen Energieversorgung, den Schutz natürlicher Ressourcen und des Klimas. Die angestrebte Erhöhung des Anteils erneuerbarer Energien an der Stromproduktion erfordert eine erhebliche Umstrukturierung in der Art und Weise der Energieerzeugung. Von der klassischen Energieerzeugung in zentralen Großkraftwerken wird zukünftig vermehrt Energie in dezentralen kleineren Anlagen wie zum Beispiel Windkraftwerken, Biomasse- und Solaranlagen sowie kleine, verbrauchernahe Kraft-Wärme-Anlagen wie Blockheizkraftwerke und Brennstoffzellen erzeugt werden. Neben den eigentlichen Wandlungsverfahren werden insbesondere Aspekte der Netzintegration und der Umstrukturierung des Netzes neu konzipiert werden müssen. Zentrale Problemstellung ist der zeitgenaue Ausgleich von erzeugter Energie mit der benötigten Energie.

Ein Kraftwerk ist eine industrietechnische Anlage zur Stromerzeugung und teilweise zusätzlich zur Bereitstellung von thermischer Energie. Die elektrische Energie wird in das Stromnetz eingespeist. Kraftwerke wandeln nichtelektrische Energie (thermische, mechanische, chemische, solare oder auch atomare Energie) in elektrische Energie um. Die eingesetzte Energie (Fossile Energie, radioaktive Stoffe, Sonne, Wind, Biomasse, Wasserkraft) bilden die Primärenergie und der Strom die Sekundärenergie. Fossile Kraftwerke (Braunkohlekraftwerk, Steinkohlekraftwerk, Gas- und Ölkraftwerke) und nukleare Kraftwerke stellen Kraftwerke auf Basis nicht erneuerbarer Energieträger dar. Erneuerbare Energie wird insbesondere aus den folgenden Energieträgern gewonnen:

Wasser

Die mechanische Energie des Wassers wird in elektrischen Strom umgewandelt. Bei einem Laufwasserkraftwerk wird ein Fluss gestaut und mit dem abfließenden Wasser elektrischer Strom gewonnen. In Speicherkraftwerken wird das Wasser über einen Zeitraum (mehrere Stunden bis mehrere Monate) gespeichert, um bei Bedarf Spitzenenergie zu erzeugen. Pumpspeicherkraftwerke sind Speicherkraftwerke, bei dem mit überschüssigem Strom Wasser aus einer niedrigen Lage in einen höher gelegenen Stausee gepumpt wird, um später Spitzenstrom zu erzeugen. Ein Gezeitenkraftwerk nutzt die Energie aus dem ständigen Wechsel von Ebbe und Flut. In Wellenkraftwerken wird, im Unterschied zu einem Gezeitenkraftwerk, nicht der Tidenhub, sondern die Energie der kontinuierlichen Meereswellen selbst ausgenutzt. In Meeresströmungskraftwerken wird die kinetische Energie von Meeresströmungen genutzt.

Sonne

Als Sonnenenergie oder Solarenergie bezeichnet man die von der Sonne durch Kernfusion erzeugte Energie, die in Teilen als elektromagnetische Strahlung zur Erde gelangt. Sonnenwärmekraftwerke erzeugen mit Hilfe von der in der Strahlung enthaltenen Wärme zuerst Wasserdampf und dann elektrischen Strom. Eine Photovoltaikanlage ist eine Solarstromanlage, in der mittels Solarzellen ein Teil der Sonnenstrahlung in elektrische Energie umgewandelt wird. Die dabei typische direkte Art der Energiewandlung bezeichnet man als Photovoltaik.

Wind

Bei der Windenergie handelt es sich um die kinetische Energie der bewegten Luftmassen der Atmosphäre. Eine Windkraftanlage (WKA) oder Windenergieanlage (WEA) wandelt die kinetische Energie des Windes in elektrische Energie um und speist sie in das Stromnetz ein. Dies geschieht, indem die Bewegungsenergie der Windströmung auf die Rotorblätter wirkt und sie somit den Rotor in eine

Drehbewegung versetzt. Der Rotor gibt die Rotationsenergie an einen Generator weiter, die dort in elektrische Energie umgewandelt wird.

Biomasse

Basis für die Bildung von Biomasse ist die vor allem von Pflanzen betriebene Photosynthese, bei der Sonnenenergie absorbiert und durch Bildung von Biomasse gespeichert wird. Zur Biomasse werden sowohl lebende Pflanzen als auch die von ihnen abgeleitete organische Substanz, wie Tiere und Mikroorganismen, als auch tote organische Substanz wie Totholz, Laub, Stroh und anderes gezählt. Ein Biomasseheizkraftwerk (BMHKW) und ein Biomassekraftwerk (BMKW) erzeugen durch die Verbrennung fester Biomasse elektrische Energie.

Ein Biomasseheizkraftwerk stellt darüber hinaus Wärme bereit, die als Fernwärme genutzt werden kann. Bei reiner Wärmebereitstellung spricht man von einem Biomasseheizwerk (BMHW).

Erdwärme

Die Geothermie oder Erdwärme ist die im zugänglichen Teil der Erdkruste gespeicherte Wärme. Sie umfasst die in der Erde gespeicherte Energie, soweit sie entzogen und genutzt werden kann, und zählt zu den regenerativen Energien. In Geothermiekraftwerken wird die Wärme aus tieferen Teilen der Erde durch Wärmeleitung, also Konduktion, aber auch mittels Konvektion durch aufsteigende Tiefenwässer oder Gase, in für die Nutzung erreichbare Tiefen transportiert.

Während zum Beispiel in Laufwasserkraftwerken im Betrieb keine Emissionen entstehen, ist die Gewinnung von Biogas aus Biomasse nur CO_2 neutral, das heißt das bei der Verbrennung entstehende CO_2 wurde vorher von den Pflanzen aus der Luft entzogen. Gezeitenenergiekraftwerke und Stauseen können je nach Größe eine umfangreiche Umgestaltung der Natur erfordern. Je nach Beschaffung des Untergrunds können geothermische Kraftwerke die Ursache für regionale tektonische Bewegungen sein.

Die regenerativen Energietechnologien enthalten für die Entstehung neuer Branchen und Unternehmen, den Aufbau einer nachhaltigen Energieversorgung, den Schutz natürlicher Ressourcen und des Klimas. Die angestrebte Erhöhung des Anteils erneuerbarer Energien an der Stromproduktion und die Liberalisierung des Energiemarktes fordern aber eine erhebliche Umstrukturierung. Eine Fokussierung auf die dezentrale Stromproduktion mit erneuerbaren Energiequellen wie zum Beispiel Windkraft, Biomasse und Solarenergie sowie kleine, verbrauchernahe Kraft-Wärme-Anlagen wie Blockheizkraftwerke (BHKW), Mikroblockheizkraftwerke (Mikro BHKW) und Brennstoffzellen reduziert die Abhängigkeit von zentralen Großkraftwerken. Neben den eigentlichen Wandlungsverfahren sind dabei insbesondere Aspekte der Netzintegration, der Umstrukturierung des Netzes und der bedarfsorientierten Auslastung der Netze (idealerweise sollte die Energieerzeugung genau dem Energieverbrauch entsprechen) zu optimieren.

Durch den vermehrten Einsatz erneuerbarer Energien sind die Kurzfristigkeit der Energieerzeugung und insbesondere die Spitzen der Energieerzeugung vermehrt von äußeren Umständen wie dem Klima (Wind und Sonne, Gezeiten, Hochwasser, Niedrigwasser) abhängig. Dadurch wird der Anteil an kontinuierlichen Grundlastkraftwerken (insbesondere bisher Erzeugung in Kernkraft- und Braunkohlekraftwerken) reduziert. Durch die intelligente Steuerung des Netzes und die Zwischenpufferung der Energie in zentralen und dezentralen Energiespeichern (zum Beispiel Lithium-Ionen Batterie von Elektro-KFZ) soll eine Nivellierung der Energieerzeugung und des Energieverbrauchs erreicht werden. Eine Steuerung des Energieverbrauchs erfolgt durch eine zeitnahe Kommunikation mit den Verbrauchern und durch sinnvolle, kurzfristige (billige oder teuere) Stromangebote (sogenannte Tarife) und dadurch eine erzeugungsbezogene Steuerung des Energieverbrauchs. Damit wäre das Paradigma der Smart Energy erreicht. Smarte Energie wird durch Smarte Netze (Grids) an Smarte Verbraucher und Kleinstproduzenten (Producer + Consumer = Prosumer) gesteuert.

4 Die Smart Energy Technologie

4.1 Automatic Meter Reading

Unter **Automatic Meter Reading (AMR)** versteht man ausschließlich die digitale Sammlung von Zählerdaten in unterschiedlichen zeitlichen Frequenzen. Die gewählten Frequenzen sind insbesondere von den Vertrags- und Tarifdaten abhängig. So reichen zum Beispiel bei einem Zweitarifmodell (Tag- und Nachttarif) die Übermittlung von den Verbrauchsdaten des Tages (kWh) und der nächtlichen Verbrauchsdaten zu definierten Zeiten (zum Beispiel 20:00 Verbrauchswert-Tag von 6:00 bis 20:00 und 6:00 Verbrauchswert-Nacht von 20:00 bis 6:00) aus. Bei einem Mehrtarifmodell mit lastabhängigen Preisen würde der Zählerwert jeweils zum Ende einer Tarifgültigkeit übermittelt werden. Theoretisch wäre die sekundengenaue Ermittlung von Verbrauchs- und Leistungsdaten möglich. Für die individuelle Verbrauchsoptimierung können lokale Rechner über Infrarot, RS485, SO, TCP/IP oder WLAN-Schnittstellen online mit dem Zähler gekoppelt werden. Damit keine Verbrauchs- und Leistungsdaten verloren gehen, enthalten die digitalen Zähler Pufferspeicher (Datenspeicher). Damit entfällt die Notwendigkeit, permanent eine Rechnerverbindung aufrechtzuerhalten. Eine Alternative ist die Speicherung der Daten auf einem Server des MSB/MDL oder des Energielieferanten und die Bereitstellung der Daten über ein Kundenportal. Voraussetzung für solche Portale ist die vertragliche Abstimmung bzw. Übergabe der Datenhoheit des Energieverbrauchers an den MSB/MDL oder den Energielieferanten.

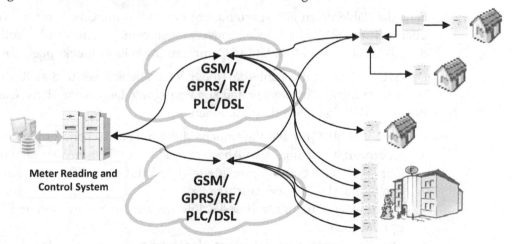

Abbildung 4-1: Automatic Meter Reading

Die Technologie zur Übertragung der Zählerdaten an das Meter Data Management System (MDM) des MSB/MDL oder des Netzbetreibers unterliegt noch keiner

Normierung bzgl. der Datenformate und der Übertragungstechnik. Damit ergibt sich die Notwendigkeit bei dem Einsatz von digitalen Zählern unterschiedlicher Hersteller sowie der vorgegebenen regionalen Gegebenheiten die unterschiedlichen Datenformate zu synchronisieren und zu konsolidieren (mit zum Beispiel Meter Data Unification and Synchronization Systemen, MDUS) sowie unterschiedliche Techniken zur Datenübertragung bereitzustellen. Zurzeit im Einsatz bzw. in Diskussion befinden sich folgende alternative und/oder ergänzende Techniken:

- DSL: Digital Subscriber Line
- GPRS: General Packet Radio Service
- GSM: Global System for mobile Communication
- PLC: PowerLine Communication
- RF: Radio Frequency

Unter bestimmten regionalen und lokalen Voraussetzungen kann auch eine Kombination verschiedener Techniken sinnvoll sein. So können zum Beispiel lokale Daten über PLC an einen Datenkonzentrator weitergeleitet werden und von dort akkumuliert per GSM an den zentralen Meter Data Management Server transferiert werden. Datenkonzentratoren überwachen alle angeschlossenen digitalen Zähler wie zum Beispiel Strom-, Gas-, Wasser- und Wärmezähler über einen Kommunikationskanal (zum Beispiel PLC) und kommunizieren mit dem zentralen Datenserver beim Energieversorger (EVU), wo die Weiterverarbeitung der Daten zum Beispiel zur Abrechnung stattfindet.

Das heißt, der Datenkonzentrator sammelt von allen angeschlossenen Geräten die Daten und sendet diese gebündelt zum Beispiel per GSM an das Zentralsystem. Durch diese Bündelung der Daten lässt sich eine Reduktion des Datentransfers erreichen.

Falls die Zählerdaten ggf. spartenübergreifend (Strom, Gas, Wasser, Wärme) oder über mehrere Zähler für lokale Auswertungen bereitgestellt werden sollen, können die Zähler über eine Multi Utility Communication Einheit gekoppelt werden.

Der MUC sammelt die Zählerdaten der Verbrauchszähler und stellt diese den im Haus befindlichen Anzeigegeräten zur Verfügung. Der Strom- (bzw. Gas-/Wärme-/Wasser-) MUC hat folgende Funktionen:

- Zentraler MUC für alle Verbrauchszähler mit ausreichend großem Speicher.
- Überprüft in regelmäßigen Abständen den Kontakt zum Verbrauchszähler.
- Der MUC bietet eine Schnittstelle (LAN, Ethernet TCP/IP) zum Visualisierungsgerät des Endverbrauchers .
- Ein direkter Fernzugriff über das Internet zur Administration und Wartung ist ggf. möglich.
- Der Endverbraucher hat einen dedizierten Zugriff auf den MUC und der Auswertungsapplikation in seinem Zugriffsbereich.
- Für Anwender, die über kein Netzwerk verfügen, ist eine Abholung der Daten direkt am MUC (über zum Beispiel USB-Stick, SD-Karte) vorhanden. Die

Auswertungsapplikation kann in der Regel diese Daten importieren und verwalten.

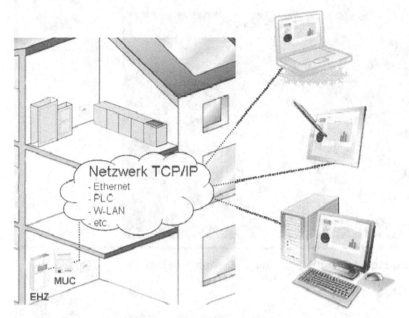

Abbildung 4-2: Kopplung elektronischer Haushaltszähler (eHZ) mit der Multi Utility Communication Einheit (MUC)

Ein Anzeigegerät dient der Visualisierung der durch den elektronischen Haushaltszähler (eHZ) erfassten und durch den MUC bereitgestellten Verbrauchsdaten.

Auf dem Anzeigegerät (Smartphone, PC) ist die Auswertungsapplikation installiert. Smartphone oder PC verfügen über eine ausreichende Speicherkapazität zur Verwaltung der Zählerdaten in dem gewünschten Zeithorizont (ggf. mehrere Jahre).

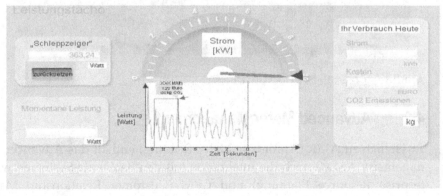

Abbildung 4-3: Leistungstacho

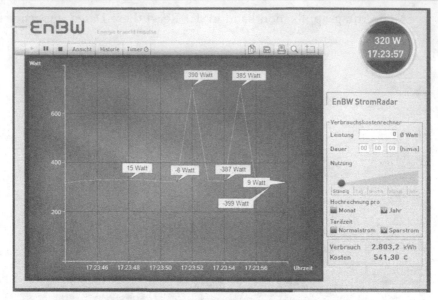

Abbildung 4-4: EnBW Stromradar, Leistungsverlauf

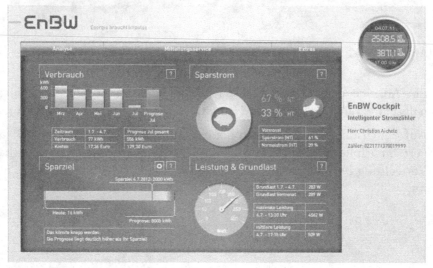

Abbildung 4-5: EnBW Cockpit, Übersicht

4.2 Advanced Meter Management

Zusätzlich zu AMR (Automatic Meter Reading) enthält das **Advanced Meter Management (AMM)** noch die Integration mit den Backbone-Systemen wie ERP (Enterprise Resource Planning) und CRM (Customer Relationship Management). Advanced Meter Management (AMM) ist eine Technologie für die effizientere Nutzung des Energieverbrauchs. Das AMM-Konzept unterstützt intelligente Stromzähler, die Smart Meter, und erhöht die Effizienz der gesamten Wertschöpfungskette von der Energieerzeugung über die Energiespeicherung bis hin zum

Energieverbrauch durch die zielgerichtete Auswertung der Zählerdaten. In einem CRM-System können auf Basis dieser Daten Marketing- und Vertriebsaktionen den adäquaten Zielgruppen zugeordnet werden. Dem Endverbraucher kann über digitale Portale (Digitale Self Services) Zugriff auf seine Verbrauchsdaten über individuell definierbare Statistiken und Grafiken ermöglicht werden. Auch hier können individuelle Vertriebsaktionen und Werbung zugesteuert werden. Durch die bidirektionalen Steuerungsmöglichkeiten werden Störungen in den einzelnen Zählern sofort erkannt. Auch untypische und unlogische Verbrauchsverläufe werden zeitnah erkannt. Die Sperrung der Strombelieferung kann nach den notwendigen administrativen Schritten mit einem Knopfdruck von der Zentrale aus erledigt werden.

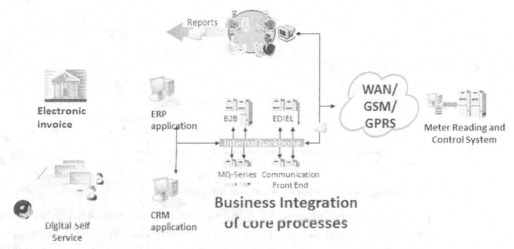

Abbildung 4-6: Advanced Meter Management (AMM)

4.3 Advanced Metering Infrastructure

AMI (Advanced Metering Infrastucture) erweitert das AMM (Automatic Meter Management) mit Komponenten bidirektionaler Kommunikation. Der Außendienst (Work Force) hat über Mobile Advices (zum Beispiel Netbook oder Smartphone) Zugang zu den Backbone Systemen, erhält seine Aufträge, kann die Aufträge zurückmelden und Zählerdaten (Zählernummer, Zählerstand u.a.) über Infrarot oder weitere optionale Schnittstellen des Smart Meters zu den Auftragsdaten vermerken. Die Kommunikation mit den Kunden erfolgt über alternative und ergänzende Kanäle:

- Über einen Web Server kann der Kunde Self Services durchführen, wie zum Beispiel seine aktuelle Rechnungsdaten einsehen, Adressdaten ändern und ergänzen oder individuelle Services ordern und erhalten.

- Direkt am Smart Meter oder über die Smart Meter Schnittstellen können die aktuellen Verbrauchs- und Leistungsdaten analysiert werden.

- Aktuelle Tarifangebote werden über den Smart Meter oder über Push-Services (SMS, MMS, e-mail) an den Kunden kommuniziert und können per Fingerprint integriert mit einer Online-Zertifizierung bestellt werden.

- Der Kunde erhält regelmäßig über e-mail dedizierte Energieanalysen, die potenzielle Energieeinsparungsmöglichkeiten aufdecken sollen.

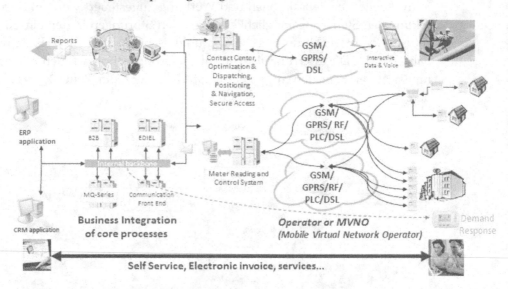

Abbildung 4-7:   Advanced Metering Infrastructure (AMI)

In dem in der Abbildung 4-7 dargestellten Beispiel von AMI Systemkomponenten werden die Daten der digitalen Zähler (Strom, Gas, Wärme, Wasser) in einer Multi-Utility-Communication Einheit (MUC) gespeichert und stehen lokal für Auswertungen zur Verfügung. Die MUC's können auch zur Kopplung von Zählern einer Sparte in Liegenschaften mit mehreren Wohneinheiten genutzt werden. Der individuelle Zugriff auf die Daten erfolgt lokal über WLAN oder TCP/IP-Netzwerke durch Angabe der Zählerkennung und eines Passworts. In bestimmten Regionen werden die Zählerdaten an Datenkonzentratoren weitergegeben (entweder direkt oder über die MUC's).

Direkt von dem Zähler oder von dem MUC oder von dem Datenkonzentrator werden die Daten an ein sogenanntes Head End System geleitet. Das Head End System verarbeitet große Datenmengen mit einer hohen Performance und ist in der Lage alle Anforderungen für das Erfassen und Sammeln von Energiemessdaten zu erfüllen. Die Kommunikation zwischen dem Head End System und dem Zähler/MUC/Datenkonzentrator ist TCP/IP basiert und kann über bestehende Kabel- und Funknetze erfolgen. Das Head End System kann sowohl im PUSH-Betrieb Mess- und Zustandsdaten empfangen als auch im PULL-Betrieb mit den Zählern/MUC's/Datenkonzentratoren kommunizieren (bilaterale Kommunikation), um vom Meter Data Management System erzeugte Auftragslisten abzuarbeiten. Die

Kommunikation unterliegt den Sicherheitsanforderungen der entsprechenden Regulierungsbehörde sowie der Netzbetreiber.

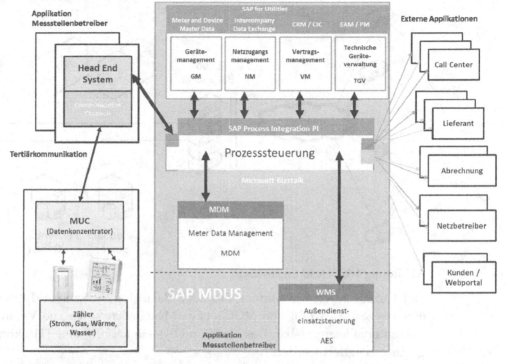

Abbildung 4-8: AMI Systemkomponenten

Die empfangenen Messdaten (Rohdaten) werden im Head End System vor der Verarbeitung in einer Datenbank archiviert anschließend auf Plausibilität geprüft und in ein einheitliches Format konvertiert um sie dann über eine SOA Schnittstelle (Service Oriented Architecture) an die Prozesssteuerung zur weiteren Verarbeitung zu übergeben. In Abhängigkeit von den eingesetzten MUC's und deren Funktionalitäten sind unter anderem die folgenden Punkte von Bedeutung:

- Zwischenspeicherung der Messwerte mit Zeitstempel zur Lastverteilung
- Ersatzwertbildung bei Störungen an der Messstelle
- Zufallsgesteuerte Übertragungsintervalle zur Lastverteilung
- Übertragungsprotokolle (SML, EDIFACT, etc.)

Das skalierbare Head End System besteht aus einem hoch verfügbaren redundant ausgelegten Application Server Cluster, das über ein Load Balancing System mit den MUC's kommuniziert.

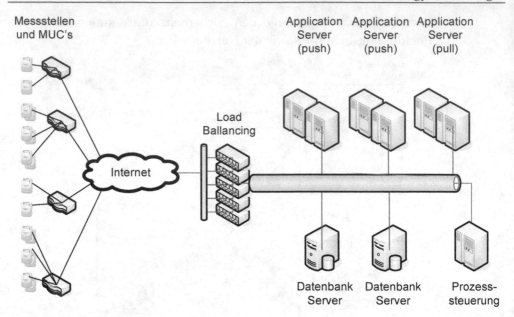

Messstellen und MUC's

Application Server (push)   Application Server (push)   Application Server (pull)

Internet

Load Ballancing

Datenbank Server   Datenbank Server   Prozesssteuerung

Abbildung 4-9:   Head End System

Es ist somit durch Erweiterung des Load Balancing Systems und des Clusters an eine steigende Anzahl von MUC's bzw. Messstellen sowie die Veränderung der Messintervalle anpassbar. Das Head End System kann in eine ITIL konforme Umgebung integriert werden.

Pro Einzelmessung sind circa 250 Byte Rohdaten zu kommunizieren und zu verarbeiten. Diese Daten setzen sich wie folgt zusammen:

- Zählpunkt – 32 Stellen (Land, Netzbetreiber, Postleitzahl, Zählpunkt)
- Zeitstempel – 14 Stellen
- Zählerstand – 8 Stellen
- Weiter Informationen (zum Beispiel für Ersatzwerte)
- Signatur (optional)

Bei einer Messfrequenz von 15 Minuten ergibt dies bei vier Millionen Messstellen eine zu verarbeitende Datenmenge von circa 34 Terabyte pro Jahr.

Tabelle 4-1:   Mengengerüst Kommunikationsvolumen

Zähler [#]	Stunde [4/4] [kByte]	Tag [kByte]	Monat [kByte]	Jahr [kByte]
1	1	24	288	8.544
10	10	240	2.880	85.440
1.000	1.000	24.000	288.000	8.544.000
100.000	100.000	2.400.000	28.800.000	854.400.000
1.000.000	1.000.000	24.000.000	288.000.000	8.544.000.000
4.000.000	4.000.000	96.000.000	1.152.000.000	34.176.000.000

Hinzu kommen noch Meldungen der MUC's über den Status der Messstellen und das Datenaufkommen, welches durch die Abarbeitung der Auftragslisten generiert wird.

Die zugrunde liegende Basistechnologie der Advanced Metering Infrastructure (AMI) für den Messstellenbetrieb zur Unterstützung der Smart Metering Aktivitäten eines Messstellenbetreibers ist ggf. die Service Oriented Architecture (SOA). Anbieter von Service Oriented Architectures sind zum Beispiel:

- SAP AG mit SAP NetWeaver
- IBM mit WebSphere
- Microsoft mit BizTalk und SharePoint
- Oracle mit der SOA Suite und Bea Systems
- Software AG mit CentraSite

Beispielsweise stellt SAP aufbauend auf der SOA SAP NetWeaver mit dem sogenannten SAP Meter Data Unification & Synchronization (MDUS) die notwendigen Schnittstellen zur Übertragung der Messdaten an die Prozesssteuerung bereit. In dem in der Abbildung 4-8 dargestellten Beispiel von AMI Systemkomponenten können für die Prozesssteuerung die Alternativen:

- SAP Process Integration (PI),
- Microsoft Biztalk oder
- eine Kombination aus SAP PI und MS Biztalk eingesetzt werden.

Im Fall der Kombination werden SAP-interne Schnittstellen mit der SAP Process Integration und SAP zu Non-SAP Schnittstellen insbesondere mit MS Biztalk realisiert. Die Zählerdaten werden in dem Meter Data Management System (Zählerdaten-Datenbank) vorgehalten (mögliche Granularität der Stromverbrauchsdaten 15 Minuten, eine Stunde, ein Tag, eine Woche oder ein Monat). Die Außendiensteinsatzsteuerung übernimmt ein Work Management System (WMS). Von der Massenimplementierung digitaler Zähler bis zum Stör- und Fehlermanagement übernimmt WMS die Steuerung der Instandhaltungsaufträge über die mobile Anbindung des Außendiensts. Die Aufträge werden parallel über eine Schnittstelle in dem ERP-System angelegt. Das WMS verfügt zu SAP Plant Maintenance (Instandhaltungssystem der SAP) und dem EAM System (Enterprise Asset Management, Anlagenverwaltungssystem der SAP) Schnittstellen. Das Gerätemanagement, das Netznutzungsmanagement, das Vertragsmanagement und die technische Geräteverwaltung sind entsprechend über eine der Prozessintegrationsplattformen angebunden. Eine Anbindung an Callcenter, Lieferanten, das Billingsystem (anfänglich Übergabe kumulierter Monatsdaten), den/die Netzbetreiber und an das Kunden-/ Webportal erfolgt auch über die Prozesssteuerung.

Als externe Applikationen werden zum einen Applikationen des Messstellenbetreibers selbst wie CRM/Callcenter Applikationen, die Abrechnungssoftware (die Abrechnung erfolgt an das Energievertriebsunternehmen oder ggf. direkt an den Nutzer der Messstelle) und eigene Kunden- und Webportale bezeichnet und zum anderen Schnittstellen zu den Applikationen der nachgelagerten Unternehmen wie dem Netzbetreiber (benötigt die Messstellendaten zur Steuerung des Netzes/Extrapolation der zukünftigen Netznutzung, zur Abrechnung mit den Energievertrieben und den angrenzenden Netzbetreibern) und dem Energievertrieb (benötigt die Daten zur verbrauchsgenauen Abrechnung mit den Kunden). Der Energievertrieb übernimmt im Sinne des „One Face to the Customer" auch oft die Abrechnung der Entgelte des Messstellenbetreibers/Messstellendienstleisters und der Netzbetriebe an den Endkunden. Der Endkunde hat den Vorteil nur eine Rechnung mit dem kumulierten Rechnungsbetrag und den entsprechend ausgewiesenen Teilrechnungsbeträgen zu bekommen.

Eine zentrale Aufgabe von Energiekonzernen ist das Managen ihrer Zähler-Messwerte. Hierzu zählt das Ablesen, Speichern und Verarbeiten von zyklischen Werten (zum Beispiel alle 15 Minuten). Diese Aufgabe erfordert die Unterstützung durch verlässliche, effektive und nahtlos integrierte IT Systeme. Zählerdatenmanagementsysteme (MDM, Meter Data Management) bzw. Energiedatenmanagementsysteme (EDM, Energy Data Management) ermöglichen die Speicherung und Weiterverarbeitung des immensen Datenvolumens.

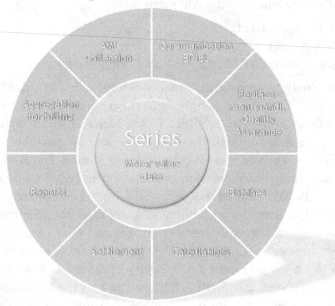

Abbildung 4-10: Notwendige MDM Funktionalitäten

EDM- bzw. MDM-Systeme stellen effektive Werkzeuge zur Visualisierung und Nachverfolgung von historischen Daten zur Verfügung. Diese erleichtern das automatische Finden und Korrigieren von Fehlern und ermöglichen die effiziente und flexible Verarbeitung der Daten. EDM- bzw. MDM-Systeme müssen alle Typen von Messwerten aus dem Energiemarkt verarbeiten können. Die Lösungen sollten große Datenmengen mit einer hohen Performance verwalten können und alle Anforderungen an das Erfassen, Sammeln und Speichern von Energiemessdaten erfüllen. Ein besonderer Fokus liegt in der Bereitstellung abrechnungsrelevanter Daten (Netzabrechnung). Zusätzlich sollten die EDM- und MDM-Lösung Funktionen für die Erzeugung, die Netzplanung und -optimierung enthalten.

EDM Lösung sollten optimalerweise den „meter to cash" Ansatz unterstützen. Hierbei kommen umfangreiche Funktionen zur Integration mit dem AMR System zum Einsatz.

Klassische Datenbank Architekturen umfassen die folgenden Hauptkomponenten:

- Datenspeicherung
- Datenverarbeitung
- Datenanalyse (-ausgabe)
- Datenarchivierung

Diese Blöcke ermöglichen die konsistente und performante Verarbeitung der Energie-Messdaten. Basierend auf dem generischen Ansatz können problemlos kundenindividuelle Anpassungen vorgenommen werden. Auch die Integration in bestehende und zukünftige Systemlandschaften ist bei solchen Lösungen zu berücksichtigen.

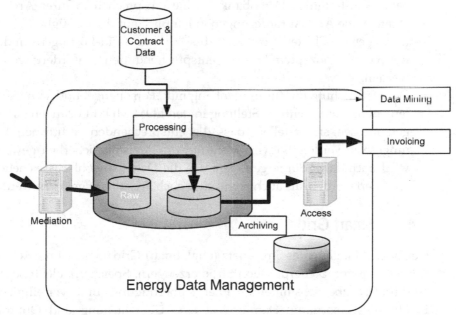

Abbildung 4-11: Energy Data Management System

Die Basisfunktionen eines EDM's sind:

- Sammeln und Speichern der erfassten Daten (optional sollten für die Nachweispflicht auch Rohdaten im System gespeichert werden können)
- Bereitstellen einer integrierten Schnittstelle für alle Systeme, welche diese Daten oder Informationen daraus benötigen

- Konsistente Verarbeitung der Daten (u.a. Verknüpfung zwischen Stammdaten und Messdaten)
- Verwaltung von erweiterten Parametern und Funktionen speziell im Zusammenhang mit dem „Smart Metering" Modell
- „Data Warehouse" Funktionen für die Netzanalyse und Planung oder andere Marketing bzw. vertriebsorientierte Auswertungen. Vielfältige Auswertungen wie Fehlerreports und Betrugsanalysen sind realisierbar.
- Database Management zur Überprüfung und Sicherung der konsistenten Datenhaltung. Basierend auf einer vollständig skalierbaren Architektur sind unterschiedlichste Ausbaustufen realisierbar. Somit kann eine optimale EDM-Lösung konsequent mit dem Geschäft der Kunden mitwachsen. Eine Skalierung bis in die Bereiche der aktuellen Telekommunikationswelt ist realistisch. Auch mehrere Terra Byte an Daten pro Jahr (Hochrechnung bei vier Millionen Messstellen) sollten mit der gewählten Architektur problemlos verarbeitbar sein.
- Neben der Verarbeitung von großen Datenmengen in der entsprechenden Performance ist ein wichtiger Aspekt die Sicherheit und Verfügbarkeit der Datenbank. Clusterfähige Datenbanksysteme entsprechen in ihrer Architektur den „State of the Art" Anforderungen in Hinblick auf die Verfügbarkeit. Redundante Systeme, Cluster Lösungen bis hin zu Grid-Lösungen und „Desaster Recovery" Konzepten können entsprechend den Anforderungen eingesetzt werden.
- Der Datenschutz im Zusammenhang mit „Personengebundenen Verbrauchsdaten" nimmt eine zentrale Stellung in den EDM/MDM Lösungen ein. Die Lösungen müssen sicherstellen, dass die entsprechenden rechtlichen Vorschriften umgesetzt werden. So wird nicht nur die Revisionssicherheit gewährleistet, es wird auch dafür Sorge getragen, das die Daten sowohl ausreichend lange gespeichert werden, als auch rechtzeitig nach Fristablauf gelöscht werden.

4.4   Smart Grids

Der Begriff intelligentes Stromnetz (engl. Smart Grid) umfasst die kommunikative Vernetzung und Steuerung von Stromerzeugern, Speichern, elektrischer Verbraucher und Netzbetriebsmitteln in Energieübertragungs und -verteilungsnetzen der Elektrizitätsversorgung. Damit wird eine Überwachung und Optimierung der miteinander verbundenen Bestandteile ermöglicht. Ziel ist die Sicherstellung der Energieversorgung auf Basis eines effizienten und zuverlässigen Systembetriebs[56].

---

56   vgl. Wikipedia, Intelligentes Stromnetz, http://de.wikipedia.org/wiki/Intelligentes_Stromnetz (Stand: 11.11.2010)

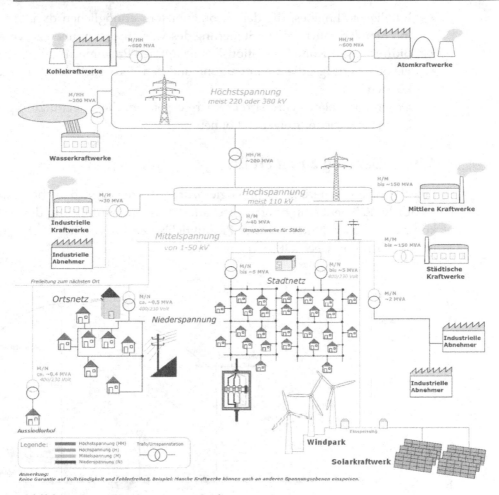

Abbildung 4-12: Das Stromnetz (Grid)

Der Einengung des Begriffs Smart Grid auf die Stromnetze (Übertragungs- und Verteilnetz, Grid = Netz) wird mit dem aktuelleren, nahezu synonym verwendeten Begriff „Smart Energy" begegnet. Durch die Zunahme dezentraler, zumeist regenerativer Erzeugungsanlagen wird es zukünftig ungleich komplexer die notwendigen Grundlast-, Regellast- und Spitzenlasterzeuger den Verbrauchslastgängen anzupassen. Die Vorhersage der exakten Erzeugungsvolumen wird durch die Abhängigkeit von klimatischen Bedingungen und zahlreicher dezentraler sowie individuell gesteuerter Erzeugungsanlagen ungenauer. Die bidirektionale Kommunikation mit den Verbrauchern und die Steuerung des Verbrauchsverhaltens durch kurzfristig angepasste Strompreise sollen die Erzeugungs- und die Verbrauchskurven angleichen. Damit wäre das Smart Grid bzw. die Smart Energy realisiert. Weitere Voraussetzungen sind:

- Intelligente Algorithmen zur Vorhersage relativ exakter Erzeugungs- und Verbrauchsvolumen,

- Intelligente Engines, die den Stromanbietern ermöglichen dynamische Preise mit den Verbrauchern zur Steuerung des Verbrauchsvolumen zu vereinbaren,
- Bidirektionale Kommunikationskanäle mit den Prosumern,
- Flexible Verträge, die die Erzeugung und den Verbrauch der Prosumer steuern können,
- Dezentrale, relativ verlustfreie Energiespeicher, die ungenutzte Spitzen speichern bzw. wieder freigeben können.

4.5   Der Weg zu Smart Energy

Für die Smart Metering Technologie wurden bereits (noch nicht ausreichende) rechtliche Rahmenbedingungen geschaffen. Dass die Einführung der Smart Meter kommt, ist sicher. Nur wann der Produktlebenszyklus von der Einführungsphase in das Wachstum wechselt, ist noch offen.

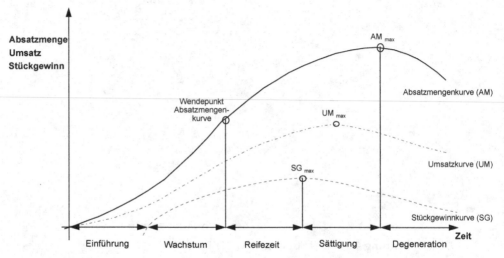

Abbildung 4-13: Produktlebenszyklus [57]

Der Produktlebenszyklus beschreibt die Nachfrage nach einem Produkt von seiner Entstehung über unterschiedliche Sättigungsphasen bis zu dem Zeitpunkt, wo es vom Markt verschwindet. Dabei werden folgende Phasen unterschieden:

- Einführung (bis zu dem Zeitpunkt, wo der Stückgewinn positiv wird)
- Wachstum (bis zu dem Zeitpunkt, wo die Absatzmengen nicht mehr progressiv ansteigen)
- Reifezeit (bis zum zeitlichen Maximum des Stückgewinns)
- Sättigung (bis zu dem Zeitpunkt des Absatzmaximums, gekennzeichnet durch sinkende Stückgewinne und steigende Werbekosten) und
- Degeneration (gekennzeichnet durch abnehmende Absatzmenge)

---

57   vgl. Gablers Wirtschaftslexikon, S. 2076

Die Smart Meter Marktpenetration befindet sich in Deutschland (Stand 2010) noch zu Beginn der Einführungsphase. Die Lösung der folgenden Problembereiche kann die Markteinführung potenziell beschleunigen:

Gesetzgebung

Trotz der tendenziell positiven Entwicklung der gesetzlichen Rahmenbedingungen bzgl. Smart Metering gibt es ein aktuelles Negativbeispiel. Eines der Standbeine des Gesamtkonzepts ist die Notwendigkeit von mehr Daten, unter anderem bedingt durch die steigende Menge dezentraler Energieerzeugung aus erneuerbaren Energien. Doch durch die neue Ausgleichsmechanismusverordnung wird gerade deren Ausbau gefährdet (siehe Abbildung 4-14).

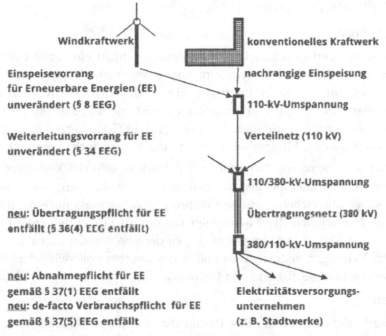

Abbildung 4-14: Bisheriger und neuer EEG-Ausgleichsmechanismus [58]

Durch die bisherigen Verpflichtungen war bis 2010 sichergestellt, dass – von Netzengpässen abgesehen („Erzeugungsmanagement") – die erneuerbaren Energien vorrangig eingespeist werden konnten und tatsächlich verbraucht wurden. Da die Abnahmepflicht entfällt, erfolgt zukünftig nur noch ein rein finanzieller Ausgleich für den EEG-Strom, unabhängig davon, ob die Versorger tatsächlich EEG-Strom abnehmen. Trotzdem werden diese Kosten auf den Endverbraucher abgewälzt, der die EEG-Zuschläge zahlen muss, auch wenn er gar keinen EEG-Strom mehr bekommt.

---

58   Jarass L., 2009, S. 26

Zusätzlich ist nun gesetzlich vorgeschrieben, dass der gesamte EEG-Strom an der Strombörse gehandelt werden muss. Für konventionellen Strom gilt die Börsenpflicht nicht. Zudem wurde bisher durch die Abnahmeverpflichtung die Grundlast durch EEG-Strom abgedeckt, während mit der zukünftigen Vermarktung an der Börse vor allem Mittel- und Spitzenlast gehandelt werden .

Zudem ist diskussionswürdig, inwieweit bei Abschaltungen die Entschädigungsregelung nach § 12 Abs. 1 EEG greift, da es sich hier nicht um ein netztechnisches Engpassproblem, sondern um eine fehlende Abnahme handelt.

In der Gesamtheit führt die neue Regelung zu Investitionsunsicherheiten und bremst somit den weiteren Ausbau – und damit auch den Marktdruck für die notwendige Einführung von Smart Metering.[59]

Energiewirtschaft

Bisher ist aus den Gesetzen und Verordnungen nicht eindeutig transparent, wie das Ziel einer flächendeckenden Einführung von elektronischen Zählern erreicht werden soll. Im Ausland erfolgreiche Einführungsprozesse wurden i.d.R. durch den Netzbetreiber verantwortet. Für die Umrüstung auf Smart Meter fehlen Investitionsanreize und Investitionssicherheiten (vgl. EEG-Umlage). Daher tendieren die Versorger bisher zu Minimallösungen, da die Kosten nicht komplett auf die Verbraucher übertragen werden können.[60] Zudem wissen die Versorger noch nichts mit den neuen Datenmengen anzufangen. Die bisherigen Vorauskalkulationen waren schon ausreichend präzise für ihre Zwecke, sodass noch detailliertere Verbrauchsinformationen die Mehrkosten für die zu tätigenden Investitionen nicht rechtfertigen. Damit steht im Gegenzug zu dem noch nicht vorhandenen Business Case der Versorger, der durch die Politik gewünschte volkswirtschaftliche Nutzen, in Form von Energieeffizienz und Umweltschutz.

Kunden

Dem Verbraucher ist weder das Thema „Smart Meter" bekannt noch in irgendeiner Form transparent. Entscheidendes Kriterium bei der Wahl des Energieversorgers (Strom und Gas) ist der Preis. Einige Versorger wie EnBW und deren Tochterunternehmen Yellow-Strom bieten digitale Zähler an, deren Bezug ist aber bisher ausnahmslos mit Anschaffungs- und höheren Betriebskosten für den Kunden verbunden. Eine Einsparung dieser Kosten durch die detaillierten Verbrauchsinformationen ist in der Regel nicht machbar. Insofern beschränkt sich die Verbreitung der Smart Reader auf die Käufergruppen der Innovatoren bzw. technik-affinen Kunden.

---

59   vgl. Jarass L., 2009, S. 26

60   vgl.   Stromtipp,   Intelligente   Stromzähler,   Versorger   verschlafen   Trend,
        http://www.stromtip.de/News/22485/Intelligente-Stromzaehler-Versorger-verschlafen-
        den-trend.html, (Stand: 20.07.2011)

Der allgemeine Nutzen des Zukunftskonzepts, wie er von Smart Energy Protagonisten angepriesen wird, ist noch nicht Realität. Beispiel hierfür ist die oft genannte intelligente Waschmaschine. Zum einen wollen Anwender Wäsche zu adäquaten Zeiten waschen und zum anderen sind die notwendigen intelligenten Selbststeuerungseinheiten nur im Labor vorhanden. Das intelligente Smart Home muss im Sinne von Ambient Intelligence und Ubiquitous Computing optimiert sein.

Ziel von Ambient Intelligence soll es sein, Sensoren, Funkmodule und Computerprozessoren massiv zu vernetzen, um so den Alltag zu verbessern. Erste Anwendungsgebiete sind zum Beispiel das intelligente Haus, dessen sämtliche Einrichtungen (Wärme, Küchenmaschinen, Rollläden, etc.) sich mit (mobilen) Computern (PDAs) von überall her bedienen lassen und sich adaptiv auf die Bedürfnisse der Bewohner einstellen, sowie die effizientere Nutzung der Verkehrsinfrastruktur. Sensornetze können zahllose Überwachungsaufgaben übernehmen – zum Nutzen der Menschen (Feuerschutz, Erdbebenfrühwarnung, Verkehrsflusskontrolle) und zum Schaden (Kontrolle, gläserner Bürger).[61] Ubiquitous Computing bzw. Rechnerallgegenwart bezeichnet die Allgegenwärtigkeit (Ubiquität, engl. ubiquity) der rechnergestützten Informationsverarbeitung. Statt – wie derzeit – selbst Gegenstand der menschlichen Aufmerksamkeit zu sein, soll das „Internet der Dinge" den Menschen bei seinen Tätigkeiten unmerklich unterstützen. Die immer kleineren Computer sollen Menschen unterstützen, ohne abzulenken oder überhaupt aufzufallen.[62]

Das prekärste ungelöste Problem ist der Datenschutz. Mithilfe der genaueren Verbrauchsdaten lassen sich detaillierte Lastkurven erstellen (siehe Abbildung 4-15). Aus diesen Kurven könnten die Versorger oder andere Unternehmen dann die Anzahl der Personen im Haushalt, ihren Tagesablauf und ihre Lebensgewohnheiten ableiten.

---

61   vgl. Wikepedia, Ambient Intelligence, http://de.wikipedia.org/wiki/Ambient_Intelligence, (Stand: 07.05.2010)
62   vgl. Wikepedia, Ubiquitous Computing, http://de.wikipedia.org/wiki/Ubiquitous_Computing, (Stand: 07.05.2010)

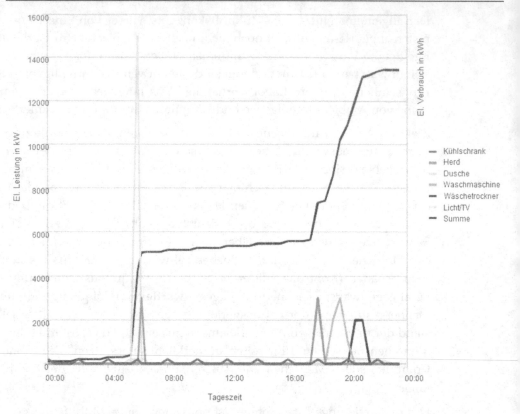

Abbildung 4-15: Tageslastkurve Ein-Personen-Haushalt [63]

Die Abbildung zeigt einen Ein-Personen-Haushalt, dessen Bewohner gegen fünf Uhr aufsteht, duscht – wobei der Durchlauferhitzer eine Menge Strom zieht – anschließend sich am Herd ein Frühstück zubereitet und dann das Haus verlässt. Den Tag über zieht nur der Kühlschrank beim Nachkühlen weiterhin Strom. Gegen 17 Uhr kommt der Kunde nach Hause, bereitet sich am Herd sein Abendessen zu, schaltet Licht und TV an und lässt noch eine Ladung Wäsche durch Waschmaschine und Wäschetrockner laufen. Gegen 23 Uhr löscht der Kunde das Licht und geht schlafen. Die schwarze Summenlinie zeigt den kumulierten Tagesstromverbrauch.

Versorger können nun aus diesen Lastkurven Kundenprofile erstellen und diese für Marketing- und Vertriebszwecke auswerten. Wie viele Kunden sind Schichtarbeiter? Wann sind diese nicht im Hause? Wie oft wird Wäsche gewaschen und besitzt die Familie einen Wäschetrockner? Verbrauchen einzelne Geräte verhältnismäßig viel Strom? Hier könnte sich evtl. der Weiterverkauf ihrer Daten an Gerä-

---

63   Wikipedia,   Intelligenter   Zähler,   http://de.wikipedia.org/wiki/Intelligenter_
     Z%C3%A4hler, (Stand: 20.07.2011)

tehersteller lohnen und morgen hat der Kunde Werbung für einen besonders ener-
gieeffizienten Fernseher in seinem Briefkasten.

Zudem sind die Zähler noch nicht ausreichend geschützt und noch ein leichtes Ziel
für Hacker, die sich ohne Probleme Zugang verschaffen können, „Zumindest
könnten Angreifer fremde Stromrechnungen in die Höhe treiben und eigene gering fälschen. In schlimmeren Fällen könnten die Zähler gar dazu missbraucht
werden, die Stromversorgung zu kappen."[64]

4.6   Erfolgsfaktoren für Smart Energy

Die Erreichung der Vision „Smart Energy" in einem überschaubarem Zeitraum
hängt letzten Endes von mehreren Faktoren ab:

- Die gesetzlichen Rahmenbedingungen müssen einen agilen und volatilen Wettbewerbsmarkt generieren. Nur der Wettbewerb mit attraktiven ToU-Tarifen,
  innovativen Dienstleistungen und Produkten im Bereich Non-Energy wird die
  Durchsetzung der neuen Technologien beschleunigen.
- Intelligente Algorithmen müssen für ein Gleichgewicht zwischen Energieein-
  speisung und Energieverbrauch sorgen (Smart Grid). Zeitnahes Customer Interaction Management hat die Aufgabe den Kunden bzw. Prosumer-
  Energieverbrauch und Energieerzeugung zu nivellieren.
- Energie muss effizient und verlustarm gespeichert werden können. Ohne
  performante Energiespeicher wird die Vision nicht zu erreichen sein. Elektrische Energie wird durch Umwandlung (Wasserstoff, thermische Energie, mechanische Energie/Pumpspeicher) und durch Speicherung (Lithium-Ionen Batterien in Hausspeichern, Kleingeräten und Automobilen) neben der Ver-
  brauchsanpassung (intelligente Haushaltsgeräte) vorgehalten.
- Abbau der Marktbarrieren für die Einführung von Smart Metering Systemen
  durch
  - o Standardisierung der digitalen Zähler
  - o Standardisierung der Datenübertragung
  - o Bereitstellung performanter Datenübertragungs- und Kommunikationsnetze
    (PLC, DSL, Funk u.a.)
  - o Kompatible Geräte mit definierten Schnittstellen
  - o Vereinheitlichung der Protokollverfahren
  - o Reduktion der Kosten durch Massenproduktion
  - o Validierung der Systemsicherheit
  - o Information und Überzeugung des Prosumers

---

64   Knoke, „Intelligente" Stromzähler als Einfallstor für Hacker, http://www.spiegel.de/
      netzwelt/web/0,1518,686431,00.html, (Stand: 20.07.2011)

5   Smart Energy Organisation

5.1   Informationsmanagement für Smart Energy

In den deregulierten Unternehmen der Energiewirtschaft ist zunehmend der Wandel von projektbezogenen zu serviceorientierten Organisationen (und auch IT Organisationen) zu beobachten.[65] Die IT Organisationen sehen sich als Produzent von Dienstleistungen. Optimales Informationsmanagement und IT Service Management werden als Kernaufgaben der IT verstanden.

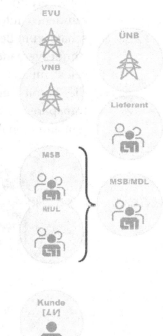

- **Energieversorgungsunternehmen (Energieerzeuger)**

- **Übertragungsnetzbetreiber (ÜNB)**

- **Verteilnetzbetreiber (VNB)**

- **Neulieferant**

- **Altlieferant**

- **Messstellenbetreiber neu (MSBN)**

- **Messstellenbetreiber alt (MSBA)**

- **Messdienstleister neu (MDLN)**

- **Messdienstleister alt (MDLA)]**

- Anfragender

- Angefragter

- **Kunde (Letztverbraucher (LV))**

Abbildung 5-1:   Marktrollen in der Energiewirtschaft[66]

Die Grundidee des Begriffs Informationsmanagement ist der Gedanke, dass Informationen als Produktionsfaktor betrachtet werden können, die ähnlich wie andere Produktionsfaktoren geplant und beschafft werden und deren Einsatz wirtschaftlich gesteuert wird. Das Informationsmanagement zielt auf die Erfüllung der Informationsfunktion, das heißt auf die Bereitstellung der erforderlichen Informationen zur richtigen Zeit, im richtigen Format und an den richtigen Adressaten.

---

65   vgl. Zarnekow, 2004, S. 42
66   Anmerkung: gemäß Vorgaben der Bundesnetzagentur BNetzA

Definition Informationsmanagement

Informationsmanagement umfasst die Gesamtheit aller Führungsaufgaben in einer Organisation bzw. in einer Business Entity bezogen auf deren computergestütztes bzw. computerunterstützbares bzw. rein organisatorisches Informations- und Kommunikationssystem. Das IuK-System wird bezüglich der vorhandenen und möglichen Technikunterstützung für die zu lösenden Aufgabenstellungen bzw. für die mit deren Lösung betrauten Aufgabenträger untersucht und gestaltet.[67]

Die vorgegebenen Gesetze und Verordnungen auf europäischer und nationaler Ebene haben die Marktrollen in der Energiewirtschaft geprägt. Diese neuen Marktrollen erforderten eine Neuausrichtung der Geschäftsprozesse und der damit verbundenen Informations- und Kommunikationsflüsse. Verbände der Energiewirtschaft (zum Beispiel BNE, Bundesverband Neuer Energieanbieter e.V oder BDEW, Bundesverband der Energie- und Wasserwirtschaft) und die Energieunternehmen selbst müssen die jeweilige Organisation (Aufbau- und Ablauforganisation) und die damit verbunden Strukturen (Geschäftsprozesse, Funktionen und Daten) transparent und verständlich darstellen. Die folgende Abbildung stellt die Marktteilnehmer in ihrer Rolle von der Erzeugung zum Vertrieb dar.

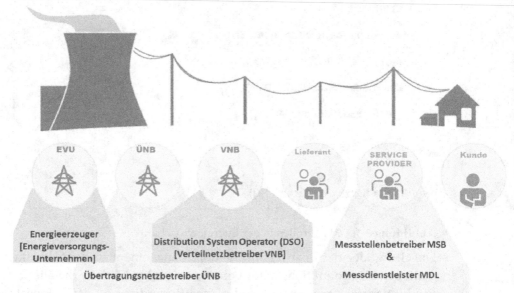

Abbildung 5-2: Marktrollen vom Erzeuger zum Verbraucher

Bisherige integrierte und zentralisierte Geschäftsprozesse mussten desintegriert und dezentralisiert werden. Der Informations- und Kommunikationsaufwand hat sich dadurch vervielfacht und kann nur durch Automatismen realisiert werden.

---

67   vgl. Gabriel, 2003, Seite 27

Der Geschäftsprozess „Lieferantenwechsel" stellt einen dieser relativ neuen Prozesse dar. In der Abbildung 5-3 werden die Informations- und Kommunikationsflüsse, die bei einem Wechsel des Lieferanten notwendig sind, aufgezeigt.

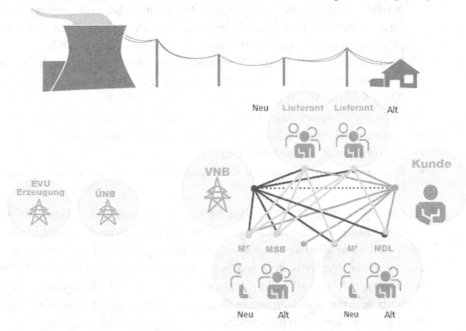

Abbildung 5-3:   Kommunikation der Marktrollen bei einem Lieferantenwechsel

Die Managementaufgaben des Bereichs Informationsmanagement befassen sich mit der Planung, Steuerung und Kontrolle der Nutzung der Ressource Information, den notwendigen Informationssystemen und der notwendigen Informations- und Kommunikationstechnologie.

Die Aufgaben des Managements sind Planung, Steuerung und Kontrolle durch die Einordnung in ein definiertes Führungssystem. Führung als ein Prozess umfasst die Willensbildung und Willensdurchsetzung unter Übernahme der damit verbundenen Verantwortung und beinhaltet die Funktionen Planung, Steuerung und Kontrolle. Planung wird als ein systematisches, zukunftsbezogenes Durchdenken und Festlegen von Zielen, Maßnahmen, Mitteln und Wegen zur zukünftigen Zielerreichung aufgefasst. Planung als Zukunftsgestaltung ist für die Erhaltung der Unternehmung ein unentbehrliches Instrument. Sie erfüllt die Grundfunktionen:

- Erfolgssicherung bzw. Effizienzsteigerung,
- Risikoerkenntnis und -reduzierung,
- Flexibilitätserhöhung,
- Komplexitätsreduktion,
- schafft Synergieeffekte.[68]

---

68   vgl. Aichele, Intelligentes Projektmanagement, S. 219 - 222

Wesentliche Merkmale der Planung sind:

- Planung vollzieht sich als ein Informationsverarbeitungsvorgang. Planung ist ein komplexer Informationsverarbeitungsprozess, in dem Informationen systematisch ermittelt, erfasst, gespeichert, verarbeitet und weitergegeben werden. Eine besondere Problematik entsteht dadurch, dass Informationen nur dann planungsrelevant sind, wenn sie sich auf die Zukunft beziehen.
- Planung lässt sich sehen als Systemgestaltung. Planung bedeutet den Entwurf von Systemen, da sie zukünftige Gefüge- und Prozessstrukturen (Aufbau- und Ablauforganisation) in der Unternehmung festlegt.
- Planung dient der Anpassung an Umweltänderungen.
- Planung vollzieht sich in einer Abfolge von Planungsphasen.
- Planung muss geplant werden.
- Planung ist ein Instrument der Koordination, bedarf jedoch selbst der Koordination.

Steuerung (=Control) ist Teil des Managementprozesses (und auch -systems) und zwar im Sinne von Umsetzung und Durchsetzung der Planung in Aktivitäten mit unmittelbarem Realisierungsbezug (Steuerung i.e.S.). Die Kontrolle kann als die Funktion des Systems definiert werden, die in Abhängigkeit vom Plan die Richtung vorgibt, das heißt die darüber wacht, dass sich die Systemelemente nur innerhalb bestimmter Grenzen bewegen. Die Planung ist funktional als Einheit mit der Funktion der Kontrolle zusehen.

Die Managementaufgaben im Bereich Informationsmanagement befassen sich mit der Planung, Steuerung und Kontrolle der Nutzung der Ressource Information, den notwendigen Informationssystemen und der notwendigen Informations- und Kommunikationstechnologie.

5.2   Informationssysteme für Smart Energy

Die Zielsetzungen betrieblicher Informationssysteme sind, die richtigen Informationen, in der richtigen Menge, in der richtigen Form (Aufbereitung), zur richtigen Zeit am richtigen Ort zur Verfügung zu stellen. Insbesondere durch die unterschiedlichen Marktrollen in der deregulierten Energiewirtschaft und den damit verbundenen gesetzlichen und behördlichen Vorgaben gibt es eine Vielzahl von regulierten Informationsflüssen. Die folgende Abbildung zeigt beispielhaft die Informationsflüsse zur Weiterleitung gemessener Zählwerte zwischen den Liefer- und Versorgungsprozessen auf der einen Seite und den Messwesenprozessen auf der anderen Seite.

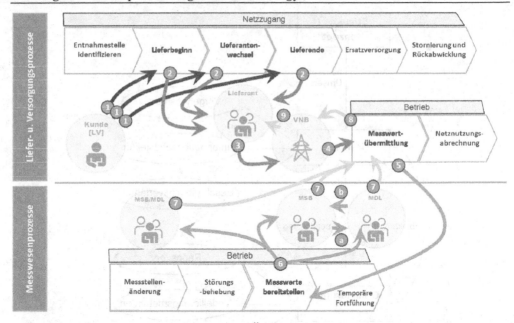

Abbildung 5-4:   Informationsflüsse bei der Übergabe gemessener Zählwerte

5.3   Organisationsoptimierung für Smart Energy

Schlanke Prozesse, Business Reengineering, Geschäftsprozessoptimierung, Optimierung der Abläufe, Lean Management und CIM sind Begriffe, die in den letzten Jahren und Jahrzehnten verstärkt im Zusammenhang mit Rationalisierungsprojekten in der Industrie genannt wurden. Die Ziele dieser Projekte sind letztendlich immer die gleichen, nämlich Optimierung der Organisation und damit der Prozesse, Reduktion der Kosten, Stärkung der Marktposition und damit Maximierung des Umsatzes und des Gewinns. Auch in der Energiewirtschaft wird seit geraumer Zeit versucht, die vorhandenen Optimierungspotenziale zur Verschlankung der Unternehmen zu realisieren. Einzig der zu Beginn des neuen Jahrtausends befürchtete Handlungsdruck ist nicht eingetreten. Einschließlich der kleinen bis mittleren (kommunalen) Stadtwerke ist die zu erzielende Rendite in Energieversorgungsunternehmen immer noch hoch.

Erster Schritt der Organisationsoptimierung ist die Auswahl einer geeigneten Optimierungsstrategie bzw. eines geeigneten Optimierungskonzeptes auf Basis der zugrunde liegenden Unternehmens- bzw. Wettbewerbsstrategie. Basierend auf der ausgewählten Optimierungsstrategie bzw. -konzeption wird im zweiten Schritt die Optimierungsmethode definiert (vgl. Abbildung 5-5).

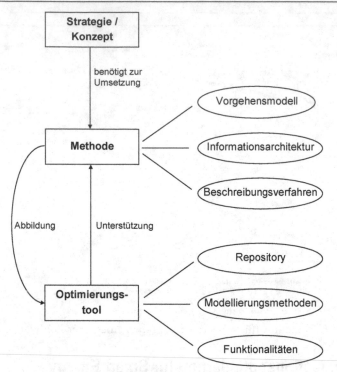

Abbildung 5-5:   Organisationsoptimierung

Projekte zur Geschäftsprozessoptimierung werden in die Phasen Analyse, Konzeption und Implementierung unterteilt. Prozess- und Datenmodellierungsmethoden bilden die betriebswirtschaftliche Realität in Form von grafischen Modellen ab. Ziel der Modellierung ist insbesondere das Erkennen von Optimierungsmöglichkeiten in den Unternehmensprozessen und den Datenstrukturen. Dadurch soll eine marktgerechte, flexible, ressourcen-, bedarfsminimale und outputmaximale Gestaltung aller Unternehmens- und Geschäftsprozesse erreicht werden.

Die Vereinbarungen der Verbände BNE (Bundesverband Neuer Energieanbieter) und BDEW (Bundesverband der Energie- und Wasserwirtschaft), die Vorgaben der Bundesnetzagentur (zum Beispiel **GPKE** = Geschäftsprozesse zur Kundenbelieferung mit Elektrizität und **GeLi Gas** = Geschäftsprozesse Lieferantenwechsel Gas) sowie die unternehmensinternen Organisations- und Prozessdokumentationen verwenden eine Vielzahl unterschiedlichster Modellierungsmethoden.

Definition Modellierungsmethode

Modellierungsmethoden ermöglichen eine problembezogene und eine grafische Darstellung der Realität in Form von Modellen. Sie enthalten die wesentlichen Beschreibungsobjekte zur Darstellung betriebswirtschaftlicher Zusammenhänge.

Die einzelnen Modelle der Geschäftsprozesse, Funktionsdekompositionen, Informationsflüsse und Datenstrukturen definieren die Organisation.

Definition Modell

Modelle repräsentieren ein vereinfachtes Abbild der betriebswirtschaftlichen Realität. Modelle sind zugänglicher, leichter manipulierbar, billiger, bekannter, vertrauter oder den jeweiligen Absichten des Modellsubjekts dienlicher und förderlicher als das Original.

Als de facto Standard für die Modellierung der Vereinbarungen, Vorgaben, Regularien und Gesetze in der Energiewirtschaft haben sich folgende Methoden manifestiert:

- Darstellung von Geschäftsprozessen durch die erweiterte Ereignisgesteuerte Prozesskette (eEPK) auf Basis der Informationssystemarchitektur ARIS (Architektur integrierter Informationssysteme)
- Darstellung von Geschäftsprozessen mit Business Process Modeling Notation (BPMN), sogenannte BPMN-Prozesse
- Darstellung von Geschäftsprozessen durch Aktivitätsdiagramme auf Basis der Informationssystemarchitektur UML (Unified Modeling Language)
- Darstellung der Informationsflüsse durch Sequenzdiagramme auf Basis von UML
- Darstellung der Datenstruktur mit Entity-Relationship-Modellen (ERM)

Definition Informationssystemarchitektur

Eine Informationssystemarchitektur bezeichnet die Konzeption und Definition der Struktur eines Informationssystems (sehr oft ein IT-System), sowie der für den Nutzer des Systems möglichen Interaktionen und schließlich der An- und Zuordnung sowie die Benennung der in dem System enthaltenen Informationseinheiten und Funktionen.

Eine mehr technische Sichtweise der Definition beschreibt Informationsarchitektur als eine spezielle Form der IT eines Unternehmens, die zur Erreichung ausgewählter Ziele oder Funktionen entworfen wurde.[69]

5.3.1 Erweiterte Ereignisgesteuerte Prozesskette (eEPK)

Die erweiterte Ereignisgesteuerte Prozesskette (eEPK) eignet sich zur Darstellung von Geschäftsprozessen. Die eEPK ist in die Informationssystemarchitektur ARIS (Architektur integrierter Informationssysteme) eingeordnet.

Die von Scheer entwickelte Architektur integrierter Informationssysteme (ARIS) dient als Orientierungsrahmen für komplexe Organisationsoptimierungs- und Systementwicklungsprojekte und zur Einordnung verschiedenster Beschreibungs-

---

69   vgl. Laudon, Schoder, Wirtschaftsinformatik, S. 61

verfahren bzw. Modellierungsmethoden durch die Fokussierung auf die Schwer-
punkte dieser Methoden.[70] Das ARIS-Konzept basiert auf den beiden Grundge-
danken Prozesszerlegung und Beschreibungsphasen. Integrativer Bestandteil der
ARIS-Methode ist der Geschäftsprozess. Geschäftsprozesse sind in der Regel komplexe Beziehungsstrukturen zwischen Geschäftsobjekten. ARIS reduziert diese
Komplexität durch Zerlegung des Prozesses in einzelne Sichten, die dann unabhängig und damit redundanzärmer beschrieben werden (vgl. Abbildung 5-6).

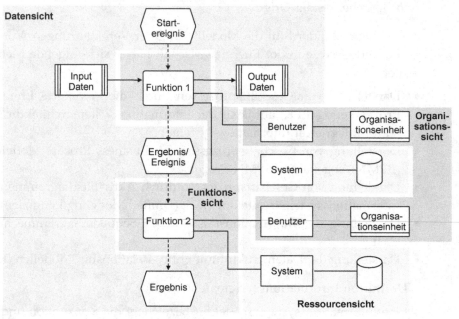

Abbildung 5-6:   Sichten des Geschäftsprozesses [71]

Ereignisse und Ergebnisse, die bestimmte Bearbeitungs- oder Zeitstatus von Daten
repräsentieren und die Input- und Output-Daten der einzelnen Funktionen sowie
deren Beziehungen untereinander werden durch eine einheitliche Datensicht dargestellt. Die Beschreibung der Funktionen sowie der Beziehung der Funktionen
untereinander in Funktionsstrukturen bzw. -dekompositionen bildet die Funkti-
onssicht. Die Komponenten Benutzer und die in Beziehung zu den Benutzern stehenden Organisationseinheiten werden in der Organisationssicht zusammengefasst. Betriebsmittel, Maschinen, Anlagen und DV-Systeme (Hard- sowie Software), die zur Ausführung der Funktionen bzw. Geschäftsprozesse benötigt werden, generieren die Ressourcensicht. Mit Bildung der spezifischen Sichten gehen
Zusammenhänge zwischen den Sichten verloren, deshalb enthält ARIS eine zusätzliche, integrierende Sicht mit der Bezeichnung Steuerungssicht bzw. Prozesssicht.

---

70   vgl. Scheer, 1992 und 1998
71   vgl. Scheer, A.W., 1997, S. 12

Diese Sicht enthält die modellhafte Darstellung der Geschäftsprozesse mit allen Objekten der zuvor angeführten vier anderen Sichten.

Neben der Reduktion von Komplexität und Redundanzen der Beschreibungsobjekte besitzt die Bildung von Sichten den Vorteil, dass mit der Entwicklung von Modellen einer Beschreibungssicht begonnen werden kann.

In der ersten Phase, der Geschäftsprozessanalyse, werden die vorhandenen Ist-Prozesse dargestellt. In der zweiten Phase, dem betriebswirtschaftlichen Fachkonzept wird unabhängig von Implementierungsgesichtspunkten ein betriebswirtschaftliches Anwendungskonzept in einer weitgehend formalisierten Sprache erstellt. Dabei werden noch keine konkreten Ressourcen betrachtet. Das organisatorisch/technische Fachkonzept passt die betriebswirtschaftlichen Modelle an die Anforderungen bestimmter Ressourcentypen an. Dabei wird noch kein Bezug auf spezifische Ressourcen hergestellt. Im Rahmen des nächsten Schrittes, der Realisierung/Einführung wird das organisatorisch/technische Konzept auf konkrete Ressourcen übertragen. Hiermit wird die physische Verbindung zur Technik bzw. Informationstechnik hergestellt (vgl. Abbildung 5-7).

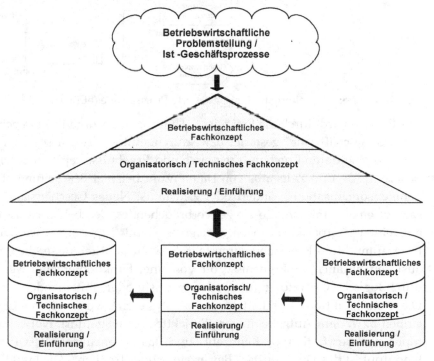

Abbildung 5-7: Architektur integrierter Informationssysteme (ARIS)

Mit dem Beschreibungsverfahren der erweiterten Ereignisgesteuerten Prozessketten (eEPK) ist es möglich auch komplexe energiewirtschaftliche Prozesse einfach, übersichtlich und trotzdem eindeutig zu visualisieren. Die Modellierungsmethode EPK ist das zentrale Element in der Darstellung betrieblicher Ablauforganisationen durch die Verbindung aller relevanten Geschäftsobjekte eines Unternehmens. Die Transformation von Ein- zu Ausgabedaten bildet zum Beispiel eine Verbindung zwischen den Daten eines Datenmodells und den Funktionen eines Prozesses. Die Verbindung von Ressourcen mit Funktionen zeigt auf, welche spezifischen Ressourcen zur Ausführung einer bestimmten Funktion benötigt werden.

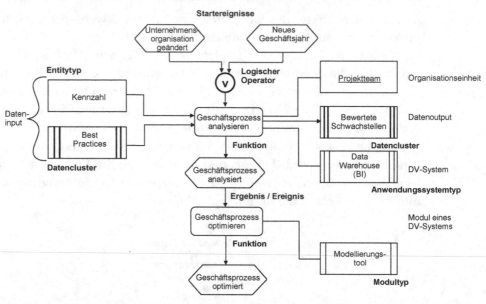

Abbildung 5-8:   Erweiterte Ereignisgesteuerte Prozesskette (eEPK)

Der Prozess wird durch die Ereignisse „Unternehmensorganisation geändert" oder „Neues Geschäftsjahr" gestartet bzw. durchgeführt. Ereignisse lösen Funktionen aus und sind deren Ergebnis. Ereignisse und Ergebnisse repräsentieren bestimmte Bearbeitungs- und Zeitstatus von Daten (zum Beispiel Bearbeitungsstatus: Unternehmensorganisation geändert oder Zeitstatus: Neues Geschäftsjahr). Im Gegensatz zu einer Funktion, die ein zeitverbrauchendes Geschehen ist, ist ein Ereignis auf einen Zeitpunkt bezogen. Ereignisse und Ergebnisse werden im EPK-Diagramm durch Hexagone dargestellt. Sowohl die Ereignisse, die eine Funktion auslösen, als auch die Ergebnisse, die von einer Funktion erzeugt werden, können durch logische Operatoren (und, oder, exklusiv oder) miteinander verknüpft sein. Die erste Funktion „Geschäftsprozess analysieren" wird von der Organisationseinheit bzw. dem Aufgabenträger „Projektteam" ausgeführt. Notwendiger Dateninput sind der Entitytyp „Kennzahl" und das Datencluster „Best Practices". Datenoutput ist das Datencluster „Bewertete Schwachstellen". Die Funktion wird mit dem Anwendungssystemtyp „Data Warehouse (BI)" ausgeführt. Ist die Funktion vollständig ausgeführt, wird die Nachfolgefunktion „Geschäftsprozess optimieren" von dem Ergebnis der ersten Funktion „Geschäftsprozess analysiert" gestartet. Diese Funktion wird mit Hilfe des Modultyps „Modellierungstool" bearbeitet.

Das Ergebnis der Funktion ist gleichzeitig das Ergebnis der gesamten Prozesskette, das Ereignis „Geschäftsprozess optimiert".

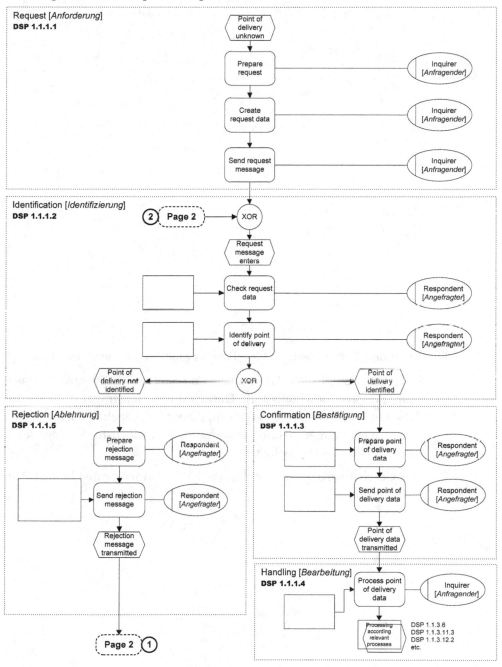

Abbildung 5-9: eEPK „Entnahmestelle identifizieren"

Die wesentlichen (Modellierungs-)Objekte und die verwendeten Symbole der Modellierungsmethode eEPK sind in der folgenden Abbildung dargestellt.

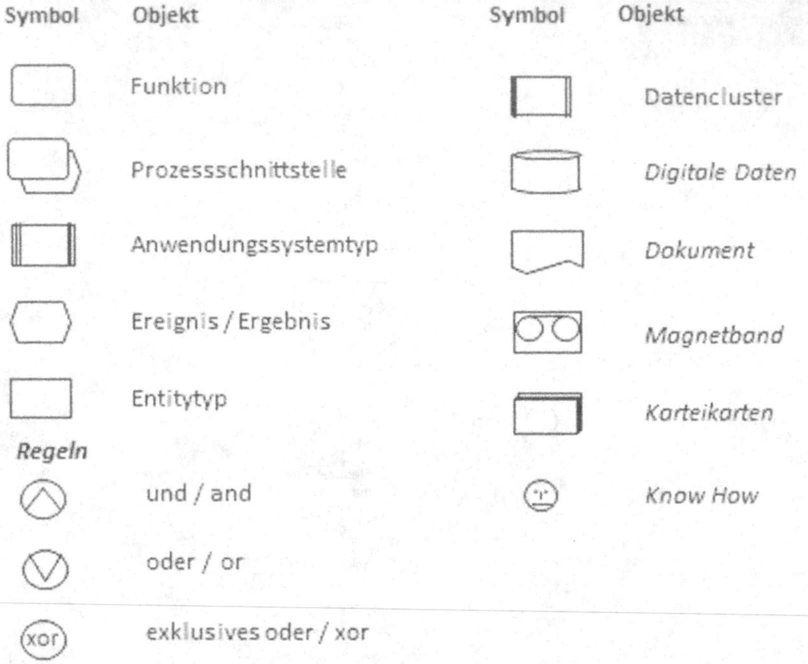

Symbol	Objekt	Symbol	Objekt
☐	Funktion	☐	Datencluster
☐	Prozessschnittstelle	⬭	*Digitale Daten*
☐	Anwendungssystemtyp	☐	*Dokument*
⬡	Ereignis / Ergebnis	⊙⊙	*Magnetband*
☐	Entitytyp	☐	*Karteikarten*
Regeln			
⊗	und / and	☺	*Know How*
⊽	oder / or		
(xor)	exklusives oder / xor		

Abbildung 5-10: Objekte und Symbole der Modellierungsmethode eEPK

Unterhalb des Objekts Datencluster sind alternative Symbole für das Objekt dargestellt (kursive Beschreibung). Diese Informationsträger stellen unterschiedliche Ausprägungen von Medien dar und dienen im Regelfall dazu Information zu speichern, wiederzugeben oder weiterzureichen (höchste Aggregationsform der Information ist das Datencluster).

Der Geschäftsprozess „Abmeldung" ist in den folgenden beiden Abbildungen als eEPK dargestellt:

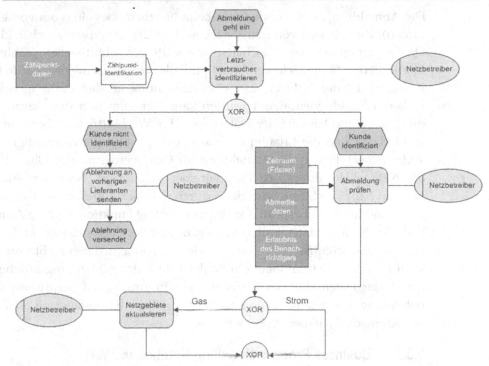

Abbildung 5-11: Geschäftsprozess Abmeldung Teil 1

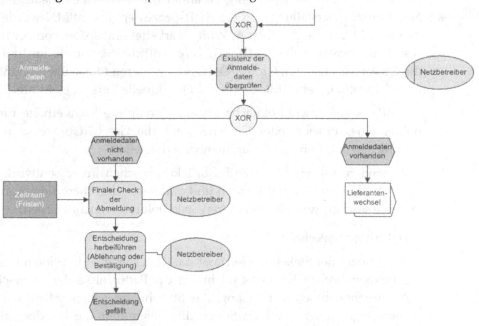

Abbildung 5-12: Geschäftsprozess Abmeldung Teil 2

Die Abmeldung eines Kunden geht beim Netzbetreiber ein (vom vorherigen Liefe-ranten). Zuerst wird von dem Netzbetreiber der „Letztverbraucher identifiziert". Dafür werden aus dem Geschäftsprozess (Prozessschnittstelle) „Zählpunktidenti-fikation" die Zählpunktdaten benötigt. Falls der Kunde nicht identifiziert werden kann, sendet der Netzbetreiber eine Ablehnung an den vorherigen Lieferanten. Falls der Kunde identifiziert werden kann, wird im nächsten Schritt die Abmel-dung geprüft. Dafür ist der Dateninput der Wechselfristen (Zeitraums), der Ab-meldedaten und die Erlaubnis des Abmelders nötig (Benachrichtiger oder Letzt-verbraucher). Erfolgt die Abmeldung für Gas, werden in der folgenden Aktivität die Netzgebiete durch den Netzbetreiber aktualisiert. Nach der Aktualisierung oder im Falle von Strom wird dann durch den Netzbetreiber die Existenz der neu-en Anmeldedaten überprüft. Der Input für diese Funktion sind die Anmeldedaten. Falls die Anmeldedaten vorhanden sind, wird der Folgeprozess „Lieferantenwech-sel" (Prozessschnittstelle) gestartet. Falls die Anmeldedaten nicht vorhanden sind, wird von dem Netzbetreiber ein finaler Check der Abmeldung durchgeführt. Da-für ist der Dateninput des Betrachtungszeitraums (zur Überprüfung der Fristen) notwendig. Danach muss die Entscheidung über die Bestätigung oder Ablehnung der Anmeldung herbeigeführt werden.

5.3.2   Business Process Modelling Notation (BPMN)

Die Business Process Modelling Notation (BPMN) ist eine neue, standardisierte Notation zur Darstellung von Geschäftsprozessen. Die BPMN wurde 2002 durch den IBM-Mitarbeiter Stephen A. White erarbeitet und später von der Business Pro-cess Management Initiative (BPMI) veröffentlicht. Sie wurde im Juni 2005 durch die Object Management Group (OMG) zur weiteren Pflege übernommen. Seit 2006 ist BPMN offiziell ein OMG-Standard. Die aktuelle Version ist BPMN 2.0.

Die BPMN soll sowohl einfache als auch komplexe Sachverhalte für alle Stake-holder eines Projekts oder Unternehmens die Geschäftsprozesse in einem ver-ständlichen und lesbaren Zusammenhang darstellen.

Insbesondere soll eine Verständnisbrücke zwischen Prozessentwurf und techni-scher Ausführung erzeugt werden und damit der einfachere Kommunikationsaus-tausch zwischen zwei oder mehreren Stakeholdern erreicht werden.

Definition Stakeholder

Das Prinzip der Stakeholder erfasst das Unternehmen in seinem gesamten so-zialökonomischen Kontext und bringt die Bedürfnisse der unterschiedlichen Anspruchsgruppen in Einklang. Als Stakeholder gelten neben den Sharehol-dern (Eigentümer) die Mitarbeiter, die Lieferanten, die Kunden, die Kapital-märkte sowie der Staat und die Öffentlichkeit.

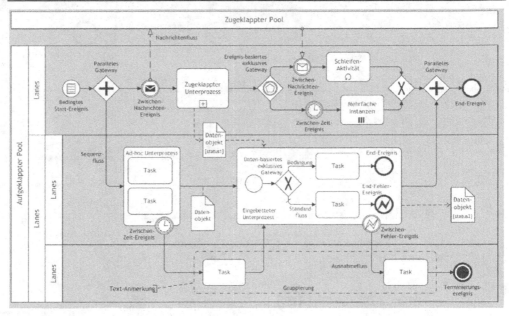

Abbildung 5-13: Business Process Modelling Notation [72]

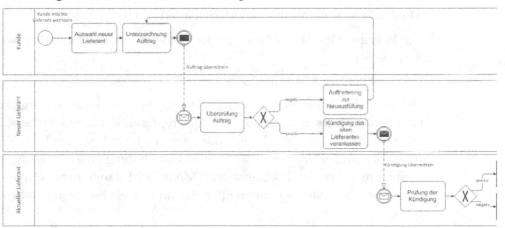

Abbildung 5-14: BPMN-Prozess Lieferantenwechsel (1)

---

72 Gero Decker, Alexander Grosskopf, Sven Wagner-Boysen. http://bpt.hpi.uni-pots-dam.de/pub/Public/BPMNCorner/BPMN1_1_Poster_DE.pdf

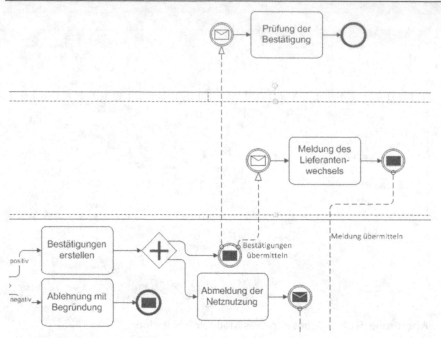

Abbildung 5-15: BPMN-Prozess Lieferantenwechsel (2)

Zur besseren Übersicht können die Objekttypen der BPMN in vier Bereiche eingeteilt werden:

(1)   Pools und Swimlanes

Die Bereiche, in denen die Prozessbeteiligten und Systeme dargestellt werden,
nennt man **Pools** und **Lanes**. Ein Pool repräsentiert einen Prozessbeteiligten in
einem Arbeitsablauf (Workflow), darunter fallen ein Benutzer bzw. eine Benutzer-
rolle oder ein System. Eine Lane ist eine Unterteilung eines Pools, die sich über die
komplette Länge des Pools erstreckt. Möglich ist damit zum Beispiel die Darstellung einer Fachabteilung unterteilt in die am Prozess beteiligten Rollen (Abbildung
5-16).

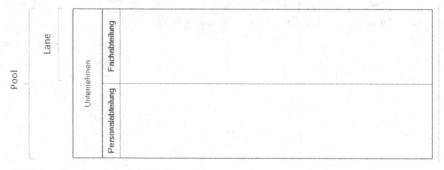

Abbildung 5-16: Beispielpool in BPMN [73]

---

73   vgl. Wikipedia BPMN

(2)   Flow Objects

Mit Flow Objects werden die Knoten in den Geschäftsprozessdiagrammen bezeichnet. Man unterscheidet Activity, Gateway und Event. Eine **Activity** (Aktivität) beschreibt eine Aufgabe, die in einem Geschäftsprozess zu erledigen ist. Sie wird als Rechteck mit abgerundeten Ecken dargestellt. Eine elementare Activity heißt **Task**, komplexere Activities werden als **Subprocess** bezeichnet. Sie unterscheiden sich in der Notation durch ein +–Symbol. Subprocesses können im kompakten oder expandierten Zustand dargestellt werden (Abbildung 5-17).

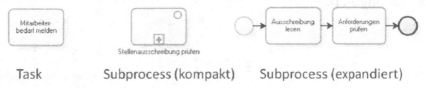

Task   Subprocess (kompakt)   Subprocess (expandiert)

Abbildung 5-17: Beispiele für Activities [74]

Ein **Gateway** stellt einen Verzweigungspunkt dar oder einen Punkt, an dem verschiedene Verzweigungen wieder zusammenlaufen. Er wird als Raute gezeichnet. Je nach Symbol im Inneren steht er für einen AND-, einen OR-, einen XOR-, einen event-basierten oder einem Komplex-Gateway (Abbildung 5-18). Funktional ist ein leeres Gateway dem XOR gleichgesetzt, zur Verdeutlichung wird in dieser Arbeit aber ausschließlich das Gateway mit dem X verwendet. Das event-basierte Gateway wird u.a. für Verzweigungen benutzt, wenn zum Beispiel die weitere Vorgehensweise von Entscheidungen außerhalb des Prozesses abhängig ist. Falls die bisherigen Gateways zur Darstellung des Sachverhalts weniger geeignet sind, gibt es noch die Komplex-Gateways, welche mit Anmerkungen individuell in ihrer Funktion gestaltet werden können, zum Beispiel „benötigt nur zwei von drei vorangegangenen Pfaden", um im Prozess weiter zu kommen.

Standard   AND   OR   XOR   Event-   Komplexes
Gateway   Based   Gateway

Abbildung 5-18: Beispiele für Gateways [75]

Ein **Event (Ereignis)** ist etwas, das sich in einem Geschäftsprozess ereignen kann, zum Beispiel das Eintreffen einer Nachricht, das Erreichen eines bestimmten Datums oder das Auftreten einer Ausnahmesituation. Nach ihrer Position im Geschäftsprozess können Events in Start-, Intermediate- und End-Event unterschieden werden (Abbildung 5-19).

---

74   vgl. Wikipedia BPMN
75   ebenda

Start   Intermediate   End   Start Message   Intermediate   End
Event   Event   Event   Event   Timer   Exception
                                                        Event   Event

Abbildung 5-19: Beispiele für Events [76]

Für nahezu jeden Event-Typ kennt die Notation ein eigenes Symbol, das im Inneren des Kreissymbols für den Event angezeigt wird (siehe Abbildung 5-20 und Abbildung 5-21).

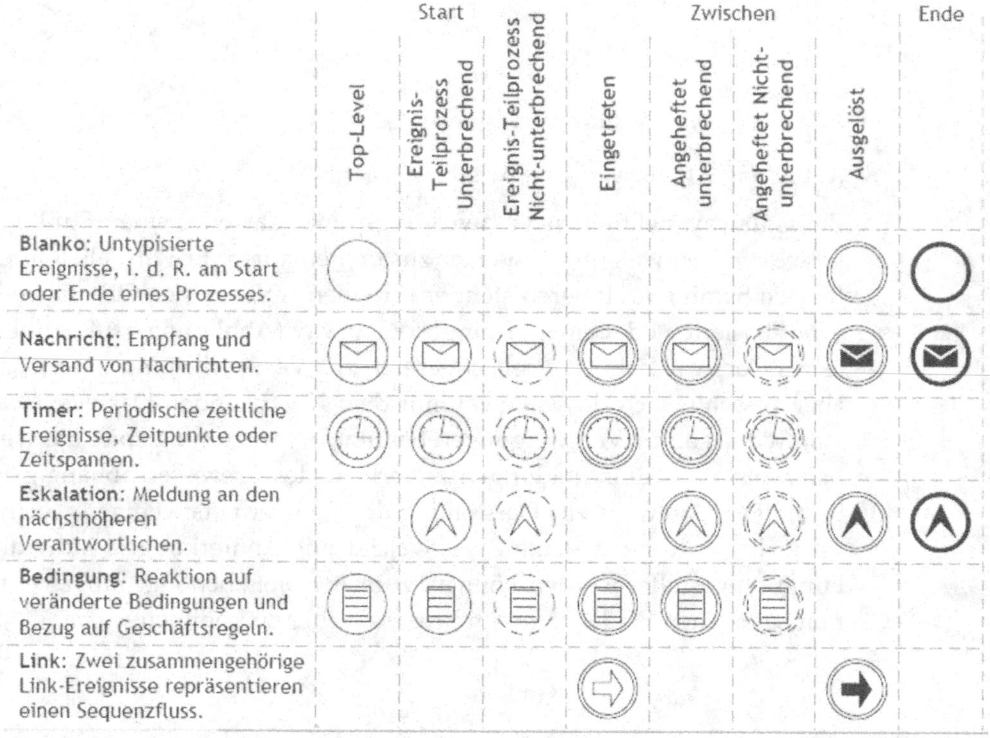

	Start			Zwischen				Ende
	Top-Level	Ereignis-Teilprozess Unterbrechend	Ereignis-Teilprozess Nicht-unterbrechend	Eingetreten	Angeheftet unterbrechend	Angeheftet Nicht-unterbrechend	Ausgelöst	
Blanko: Untypisierte Ereignisse, i. d. R. am Start oder Ende eines Prozesses.	◯						◯	◯
Nachricht: Empfang und Versand von Nachrichten.	⊠	⊠	⊠	⊠	⊠	⊠	⊠	⊠
Timer: Periodische zeitliche Ereignisse, Zeitpunkte oder Zeitspannen.	◷	◷	◷	◷	◷	◷		
Eskalation: Meldung an den nächsthöheren Verantwortlichen.	△	△		△	△	△	△	△
Bedingung: Reaktion auf veränderte Bedingungen und Bezug auf Geschäftsregeln.	▤	▤	▤	▤	▤	▤		
Link: Zwei zusammengehörige Link-Ereignisse repräsentieren einen Sequenzfluss.				⇨				➡

Abbildung 5-20: Events bzw. Ereignisse BPMN 2.0 Teil 1 [77]

---

76   vgl. Wikipedia BPMN
77   vgl. BPMN 2.0

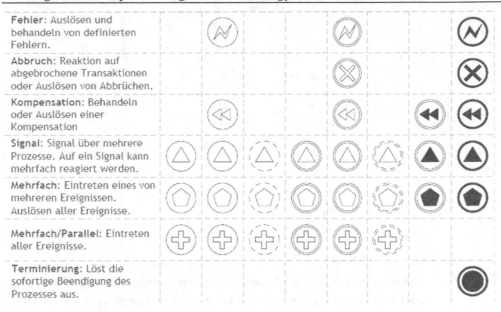

Fehler: Auslösen und behandeln von definierten Fehlern.		
Abbruch: Reaktion auf abgebrochene Transaktionen oder Auslösen von Abbrüchen.		
Kompensation: Behandeln oder Auslösen einer Kompensation		
Signal: Signal über mehrere Prozesse. Auf ein Signal kann mehrfach reagiert werden.		
Mehrfach: Eintreten eines von mehreren Ereignissen. Auslösen aller Ereignisse.		
Mehrfach/Parallel: Eintreten aller Ereignisse.		
Terminierung: Löst die sofortige Beendigung des Prozesses aus.		

Abbildung 5-21: Events bzw. Ereignisse BPMN 2.0 Teil 1 [78]

(3) Connecting Objects

Die verbindenden Kanten in den Geschäftsprozessdiagrammen werden Connecting Objects genannt, darunter fallen die Sequence Flows und die Message Flows. Sequence Flows verbinden Activities, Gateways und Events. Sie stellen die Reihenfolge der Ausführung der Activities dar. Ein Conditional Flow wird nur dann durchlaufen, wenn eine bestimmte Bedingung wahr ist. Ein Default Flow ist nur dann von Relevanz, wenn kein anderer Sequence Flow durchlaufen werden kann (Abbildung 5-22).

Abbildung 5-22: Beispiele für Sequence Flows [79]

---

78   vgl. BPMN 2.0
79   vgl. Wikipedia BPMN

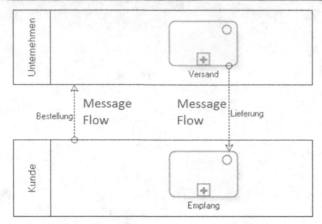

Abbildung 5-23: Beispiele für Message Flows oder Nachrichtenflüsse [80]

(4)   Artifacts

Neben den bisherigen Grundelementen verfügt BPMN noch über sogenannte Artifacts, dies sind Elemente zur weiteren Dokumentation wie Annotations, Data Objects, Associations und Groups (siehe Abbildung 5-24).

- Eine Annotation ist ein Kommentar, der einem Element eines Geschäftsprozesses zugeordnet werden kann.
- Ein Data Object repräsentiert ein Artefakt, den der Geschäftsprozess bearbeitet. Mit Data Objects können sowohl elektronische Objekte wie Dokumente oder Datensätze als auch physische Objekte wie gedruckte Formulare oder Waren dargestellt werden.
- Eine Association ist eine Verknüpfung zwischen Artifacts und Flow Objects in Prozessen.
- Eine Group ist ein Hilfsmittel, um Elemente eines Geschäftsprozesses visuell zusammenzufassen. Eine Group stellt im Gegensatz zum Subprocess eine rein informatorische Zusammenfassung dar.

---

80   vgl. BPMN 2.0

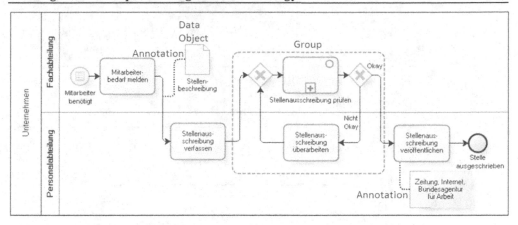

Abbildung 5-24: Beispiele für Artifacts[81]

Der Geschäftsprozess „Zählerablesung Smart Meter" ist in den folgenden Abbildungen als BPMN dargestellt:

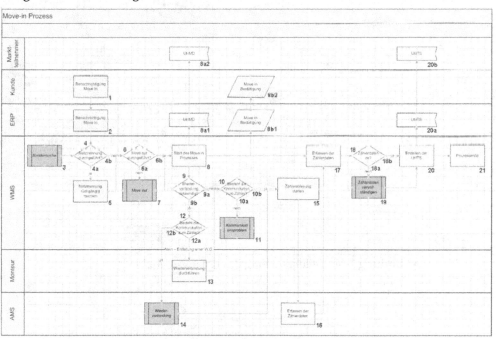

Abbildung 5-25: Gesamtdarstellung Zählerableseprozess

---

81   vgl. Allweyer T., 2009, S. 16

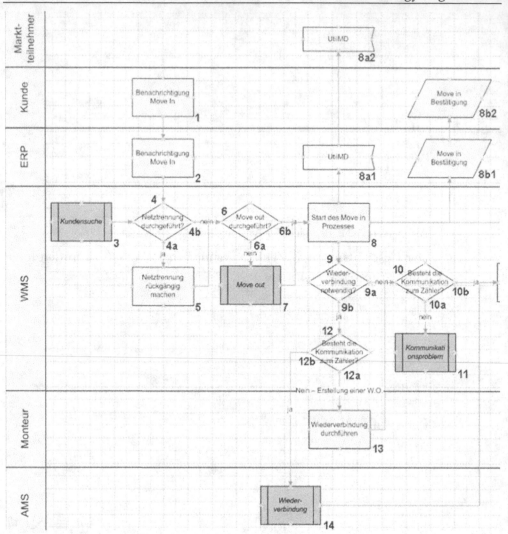

Abbildung 5-26: Teildarstellung des Prozesses, Teil 1

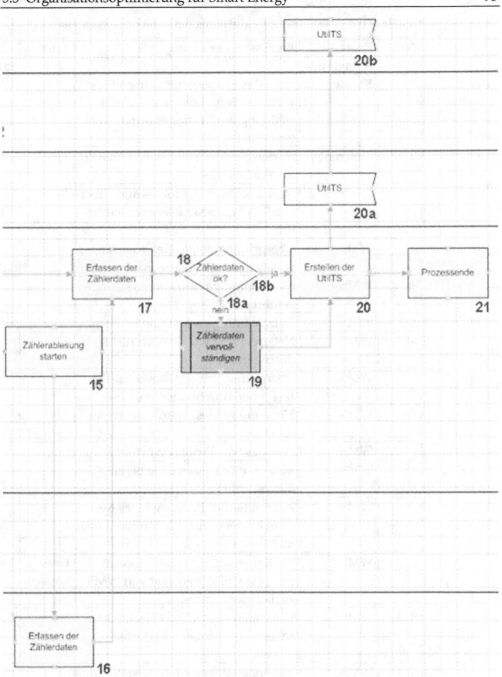

Abbildung 5-27: Teildarstellung des Prozesses, Teil 2

Tabelle 5-1:   Detaillierte Beschreibung des Zählerableseprozesses

Nr.	Prozess-teilnehmer	Prozessbeschreibung	Frist	Übertra-gungsformat
1	Kunde	Aufnahme eines neuen Stromliefer-vertrages beim Lieferant (neu). Be-stätigung des Vertrages durch Un-terschrift		Web, Post oder Fax
2	Lieferant	Starten des Move-in Prozess im ERP System SAP IS-U		
3	WMS	Start des Move-in Prozess auch über den Sub-Prozess: *Kundensuche* mög-lich		
4	WMS	Überprüfung ob die Netztrennung bereits durchgeführt wurde		
4a	WMS	Netztrennung wurde bereits durch-geführt		
5	WMS	Netztrennung rückgängig machen		
4b	WMS	Netztrennung wurde noch nicht durchgeführt		
6	WMS	Überprüfung ob der Move-out Pro-zess schon durchlaufen wurde		
6a	WMS	Move-out Prozess wurde noch nicht durchgeführt		
7	WMS	Start des Sub-Prozess: *Move-out*		
6b	WMS	Move-out Prozess wurde bereits durchgeführt		
8	WMS	Automatisches Erstellen eines Mo-ve-in Prozesses in WMS anhand der ERP Daten.		
8a1	WMS	Weiterleiten der Move-in Informati-onen via UtilMD Format von WMS an das ERP System.	Unver-züglich	UtilMD
8a2	WMS	Versenden der UtilMD Nachrichten an die verschiedenen Marktteil-nehmer	Unver-züglich	UtilMD
8b1	WMS	Versenden der Move-in Bestätigung an das ERP System		
8b2	ERP	Versenden der Move-in Bestätigung an den Kunden		Post, Fax oder E-Mail

Nr.	Prozess-teilnehmer	Prozessbeschreibung	Frist	Übertra-gungsformat
9	WMS	Überprüfung ob eine Wiederver-bindung notwendig ist		
9a	WMS	Wiederverbindung nicht notwendig		
10	WMS	Überprüfung der Kommunikations-verbindung zum Smart Meter		
10a	WMS	Kommunikationsverbindung zum Smart Meter besteht nicht		
11	WMS	Start des Sub-Prozesses: *Kommunika-tionsproblem*		
10b	WMS	Kommunikationsverbindung zum Smart Meter besteht		
9b	WMS	Wiederverbindung notwendig		
12	WMS	Überprüfung der Kommunikations-verbindung zum Smart Meter		
12a	WMS	Kommunikationsverbindung zum Smart Meter besteht nicht, dieser Umstand zieht das Erstellen einer Work Order nach sich		
13	WMS	Durchführen einer Wiederverbin-dung		
12b	WMS	Kommunikationsverbindung zum Smart Meter besteht		
14	WMS	Start des Sub-Prozesses: *Wiederver-bindung*		
15	WMS	Automatisches starten einer außer-planmäßigen Zählerstandserfassung		
16	Mobilfunk-anbieter	Auslesen der Zählerdaten über das Advanced Metering System (AMS)		GPRS
17	WMS	Rückmeldung der Zählerdaten an WMS		
18	WMS	Überprüfung ob die Zählerdaten zur weiteren Verarbeitung ok sind, zum Beispiel sind die Daten voll-ständig oder plausibel?		
18a	WMS	Zählerdaten sind nicht ok		
19	WMS	Start des Sub-Prozesses: *Zählerdaten vervollständigen*		
18b	WMS	Zählerdaten sind ok		
20	WMS	Erstellen einer UtilTS Nachrist in WMS		

Nr.	Prozess-teilnehmer	Prozessbeschreibung	Frist	Übertra-gungsformat
20a	WMS	Versenden der UtilTS Informatio-nen an das ERP System.		UtilTS
20b	ERP	Weiterleiten der UtilTS Nachricht aus dem ERP heraus an die ver-schiedenen Marktteilnehmer		UtilTS
21	WMS	Beenden des Prozesses		

An dem Prozess „Zählerablesung Smart Meter" sind der Marktteilnehmer als Unternehmen, der Kunde als Person und die Systeme ERP (Enterprise Resource Planning), WMS (Work Management System) und der AMS (Advanced Metering System) beteiligt. Der Kunde benachrichtigt sein Energieversorgungsunternehmen online (ERP) über seinen Einzug (Move-In). Das ERP-System gibt diese Nachricht an das WMS weiter. Das WMS überprüft auf Basis des Unterprozesses Kundensuche, ob eine Netztrennung des AMS durchgeführt wurde. Falls ja, wird die Netztrennung rückgängig gemacht. Danach und im Falle einer nicht erfolgten Netztrennung wird überprüft, ob ein Auszug (Move-Out) durchgeführt wurde. Falls noch kein Move-Out durchgeführt wurde, wird der Unterprozess Move-Out gestartet. Danach erfolgt für beide Fälle der Start des Move-In Prozesses. Der erzeugte UTILMD-Nachrichtentyp wird über das ERP-System an die Marktteilnehmer geleitet.

UTILMD

Der Nachrichtentyp Utilities Master Data Message (UTILMD) dient zur Übermittlung von Stammdaten zu Kunden, Verträgen und Zählpunkten. Er enthält Angaben zu Stammdaten von Kunden, Verträgen und Zählpunkten, die im Zusammenhang mit dem Wechsel des Energieversorgers stehen. Die Nachricht wird zwischen einem Lieferanten und einem Verteilnetzbetreiber (VNB) zur Übermittlung von Vertragsinformationen bzgl. Energielieferungen ausgetauscht. Sie wird für folgende Zwecke verwendet:

- Neuanmeldung einer Lieferstelle durch einen Lieferanten bei einem VNB.
- Antwort des VNB auf die Neuanmeldung durch den Händler/Vertrieb.
- Veränderungsmeldung zu einer Lieferstelle bei einem VNB.
- Kündigung einer Lieferstelle bei einem VNB.
- Die Nachricht kann Informationen zu mehreren Lieferstellen enthalten, darf allerdings ausschließlich Fälle einer Kategorie (Anmeldung, Veränderung, Kündigung) enthalten.

Das WMS überprüft, ob eine Wiederverbindung an den Smart Meter notwendig ist. Falls ja, wird überprüft, ob eine Datenkommunikation zu dem Zähler möglich ist. Falls ja, wird durch das AMS der Unterprozess Wiederverbindung durchgeführt. Falls nein, wird eine Work Order (W.O.) an den Monteur gesendet. Dieser führt dann die „Wiederverbindung" durch. Bei durchgeführter Wiederverbindung und falls keine Wiederverbindung notwendig war, wird durch das WMS noch einmal überprüft, ob ein Kommunikationsproblem zu dem Zähler besteht. Falls jetzt keine Kommunikation möglich ist, wird der Unterprozess „Kommunikations-problem" gestartet. Bei vorhandener Kommunikation startet der Prozess „Zähler-ablesung starten". Dieser veranlasst das AMS zu dem Prozess „Erfassen der Zäh-lerdaten". Danach erfolgt der Prozess „Erfassen der Zählerdaten" im WMS. Die darauf folgende Überprüfung der Zählerdaten startet im Nein-Fall den Unterpro-zess „Zählerdaten vervollständigen" und im Ja-Fall den Prozess „Erstellen der UtilTS". Der Nachrichtentyp UtilTS (Utilities time series message) wird über das ERP-System an die Marktteilnehmer gesendet (UtilTS ist die Bestätigungsnachricht des Einzugs und enthält ggf. Zählerzeitreihen/Time Series TS). Der abschließende Prozess im WMS ist wird mit „Prozessende" bezeichnet.

5.3.3 Aktivitätsdiagramm

Das Aktivitätsdiagramm eignet sich zur Darstellung von Geschäftsprozessen und ist in die Informationssystemarchitektur UML (Unified Modeling Language) ein-geordnet.

Die Unified Modeling Language (UML) ermöglicht eine integrierte, modellbasierte Software-Entwicklung, sodass große Komplexitäten und Zusammenhänge be-herrscht werden können. UML ermöglicht zum einen strukturelle Darstellungen durch statische Modellierung (zum Beispiel Klassendiagramm) und zum anderen funktionale und verhaltensbasierte Darstellungen durch dynamische Modellierung (zum Beispiel Zustandsdiagramm, Sequenzdiagramm, Aktivitätsdiagramm). Aus den Modellen lässt sich (semiautomatisch) Software generieren und aus der wei-terentwickelten Software das ursprüngliche Modell wieder auf aktuellen Stand bringen. Durch den modellbasierten Ansatz kann:

- die durch die Komplexität bedingte Fehlerwahrscheinlichkeit eingeschränkt wer-den,
- die Software auf Komponenten aufgeteilt werden,
- Schnittstellen integrativ konzipiert werden,
- die Software in mehrere Schichten aufgeteilt werden und
- der Einsatz von Entwurfsmuster (Design Patterns) ermöglicht werden.

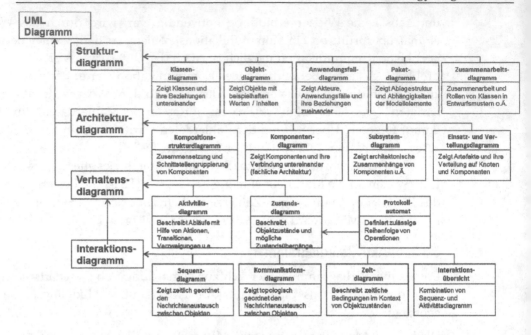

Abbildung 5-28: UML Diagrammübersicht

Ein Aktivitätsdiagramm beschreibt einen Ablauf und wird definiert durch verschiedene Arten von Knoten, die durch Objekt- und Kontrollflüsse miteinander verbunden sind. Es werden Aktions-, Objekt- und Kontrollknoten unterschieden.

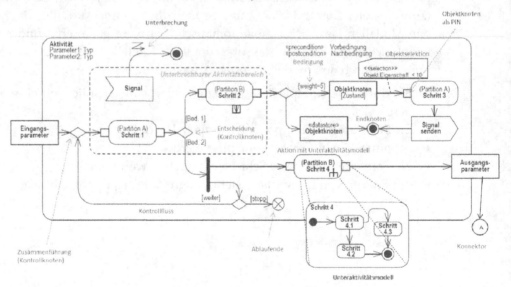

Abbildung 5-29: UML Aktivitätsdiagramm [82]

---

82   vgl. UML 2.1 Notationsübersicht

Ein Aktivitätsdiagramm besteht aus **Start-** und **Endknoten**, einer Reihe von Aktions-, Kontroll- und Objektknoten sowie Objekt- und Kontrollflüssen, mit denen diese Knoten verbunden sind.[83]

Abbildung 5-30: UML Knoten [84]

Ein Aktivitätsdiagramm zeigt den zeitlichen Ablauf von **Aktionen** (dargestellt als abgerundete Rechtecke). Aktionen führen zu einer impliziten Transition von einem Zustand in einen nächsten Zustand. Eine Aktion ist entweder eine elementare Aktion oder besitzt wiederum Unteraktionen. Aktionen mit Unteraktivitätsdiagrammen können durch ein kleines Gabelsymbol innerhalb der Aktion gekennzeichnet werden.

Kontrollflüsse (durchgezogene Linien mit offenen Pfeilen) können mit Konnektoren versehen werden, um quer durch das Diagramm verlaufende Kontrollflüsse zu vermeiden oder um die Diagramme auf einem weiteren Blatt fortzuführen.[85]

Eine **Objektselektion** ermöglicht die Ausstattung des Objektflusses mit einem Auswahlverhalten. Dem Objektfluss wird eine Notiz mit dem Stereotyp <<selection>> hinzugefügt und die Auswahlkriterien werden darin angegeben.

Unterschiedliche Verantwortlichkeiten können wie in der BPMN durch senkrechten (Ablauf von oben nach unten) oder waagrechte Linien (Ablauf von links nach rechts) dargestellt werden (**Swimlanes**).

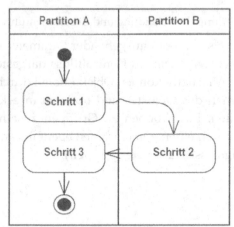

Abbildung 5-31: Swimlanes [86]

---

83   vgl. Oestreich, Die UML 2.0 Kurzreferenz, S. 112
84   vgl. UML 2.1 Notationsübersicht
85   vgl. Oestreich, Die UML 2.0 Kurzreferenz, S. 115
86   vgl. UML 2.1 Notationsübersicht

Eine **Synchronisation** oder **und-Verknüpfung** ist ein Kontrollknoten, bei dem auf alle eingehenden Kontrollflüsse gewartet wird, bevor der Kontrollfluss fortgesetzt wird. Eine **Teilung** oder **Splitting** ist ein Schritt im Ablauf, an dem ein eingehender Kontrollfluss ohne Bedingungen in mehrere ausgehende Kontrollflüsse geteilt wird. Eine **Entscheidung** oder **Verzweigung** ist ein Kontrollknoten mit einem oder mehreren ausgehenden Kontrollflüssen, an dem aufgrund von Bedingungen entschieden wird, welcher von mehreren alternativen weiterführenden Kontrollflüssen fortgesetzt wird. Eine **Zusammenführung** oder **oder-Verknüpfung** ist ein Kontrollknoten, bei dem jeder von mehreren eingehenden Kontrollflüssen zu einem gemeinsamen ausgehenden Kontrollfluss führt.

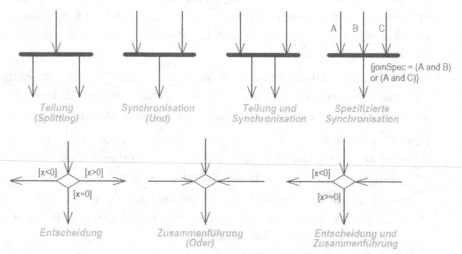

Abbildung 5-32: Synchronisation, Teilung, Entscheidung und Zusammenführung [87]

Ein **Objektknoten** oder **Pin** kann als ein- oder ausgehender Parameter in Aktionen verwendet werden. Ein Objektfluss wird wie ein Kontrollfluss dargestellt, es werden jedoch Objekte transportiert. Alternativ können Objektknoten durch Rechtecke dargestellt werden, die den Namen des Objektes und optional in eckigen Klammern den Objektzustand enthalten. Pins können zu Gruppen zusammengefasst werden. Dabei werden die Pins durch einen gemeinsamen ebenfalls an der Aktion anliegenden Rahmen zusammengefasst (**Parametergruppen**).

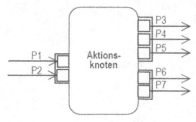

Abbildung 5-33: Parametergruppen [88]

---

87   vgl. UML 2.1 Notationsübersicht

Gehen von einem Pin mehrere Kanten ab, gilt eine Exklusiv-Oder-Semantik, das heißt der erste Objektfluss, der ein Objekt (auch Token genannt) aufnehmen kann, übernimmt sofort den Fluss, die anderen Kanten gehen leer aus.

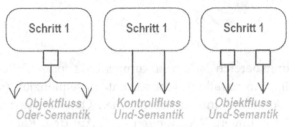

Abbildung 5-34: Und-/Oder-Semantik bei Objektflüssen [89]

Ausnahmeparameter führen zu einem Kontroll- oder Objektfluss unabhängig von allen anderen Flüssen, sobald die Ausnahme auftritt. Ausnahmeparameter werden durch ein kleines Dreieck gekennzeichnet.

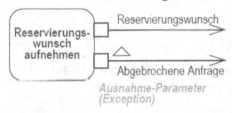

Abbildung 5-35: Ausnahmeparameter [90]

Streams stellen einen permanenten Objektfluss dar. Bestimmte Aktionen produzie ren mehr oder weniger kontinuierlich Objekte und diese werden permanent an folgende Aktionen weitergegeben.

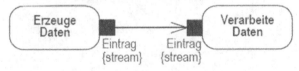

Abbildung 5-36: Streams [91]

Während eines Kontrollflusses können **Signale** gesendet oder empfangen werden. Damit kann insbesondere auf äußere Ereignisse reagiert werden. Knoten, die innerhalb eines unterbrechbaren Bereichs liegen, werden durch Eintritt des Signalempfangs (Ereignisses) sofort unterbrochen und der Kontrollfluss wird an einer definierten Stelle fortgesetzt (siehe Abbildung 5-37).

---

88   vgl. UML 2.1 Notationsübersicht
89   vgl. UML 2.1 Notationsübersicht
90   vgl. UML 2.1 Notationsübersicht
91   vgl. UML 2.1 Notationsübersicht

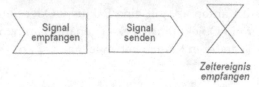

Abbildung 5-37: Signale [92]

Der **Mengenverarbeitungsbereich** ist ein zusammenhängender Teilbereich eines Aktivitätsdiagramms, in dem parallel (<<concurrent>>), sequenziell (<<iterative>> oder kontinuierlich (<<stream>>) immer die gleichen Objekte bearbeitet werden (zum Beispiel Listen, Bestellungen, Rechnungen u.a.). Auf dem Rahmen befinden sich jeweils ein Vierfach-Pin-Symbol für die eingehenden Objekte und die ausgehenden Objekte.

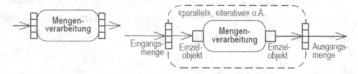

Abbildung 5-38: Mengenverarbeitung [93]

In den beiden folgenden Abbildungen ist der Geschäftsprozess „Abmeldung Messstelle" als Aktivitätsdiagramm dargestellt:

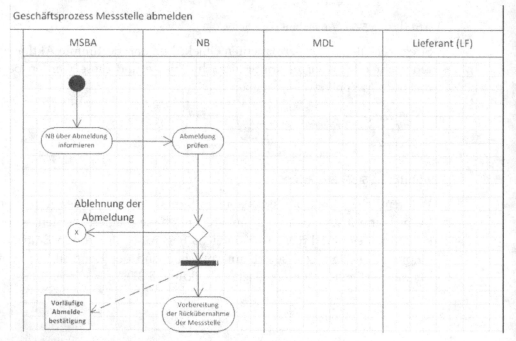

Abbildung 5-39: Geschäftsprozess Abmeldung Messstelle, Teil 1

---

92   vgl. UML 2.1 Notationsübersicht
93   vgl. UML 2.1 Notationsübersicht

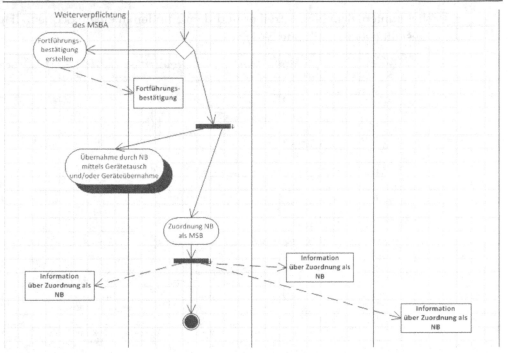

Abbildung 5-40: Geschäftsprozess Abmeldung Messstelle, Teil 2

Der Messstellenbetreiber Alt (MSBA) sendet die „Abmeldung" an den Netzbetreiber (NB). Der Netzbetreiber führt die Prüfung der Abmeldung durch. Der MSBA erhält von dem NB die „Ablehnung der Abmeldung" oder die „Vorläufige Abmeldebestätigung". Der NB aktiviert die Vorbereitung der Rückübernahme der Messstelle. Optional kann der NB dem MSBA die Weiterverpflichtung mitteilen. In diesem Falle sendet der MSBA dem NB die „Fortführungsbestätigung". Ansonsten findet der Übergang zu dem Prozessschritt der „Übernahme durch den NB mittels Gerätewechsel und/oder Geräteübernahme" zwischen NB und MSBA statt. Danach findet beim NB die „Zuordnung des NB als MSB" statt. Der MSBA erhält von dem NB die „Information über die Neuzuordnung". Der Messstellendienstleister (MDL) und der Lieferant erhalten von dem NB die „Information über die Zuordnung des NB".

5.3.4 Sequenzdiagramm

Das Sequenzdiagramm eignet sich zur Darstellung von Informationsflüssen und ist in die Informationssystemarchitektur UML (Unified Modeling Language) eingeordnet.

Zur Darstellung des Informationsflusses und des Datenaustauschs verwendet die Bundesnetzagentur die Modellierungsmethode Sequenzdiagramm (eine UML-Diagrammart). In der GPKE (Geschäftsprozesse zur Kundenbelieferung mit Elektrizität) wird zum Beispiel der Datenaustausch zwischen alten und neuen Energielieferanten, dem Netzbetreiber und dem Kunden in einem Sequenzdiagramm dargestellt (siehe Abbildung 5-41). [94]

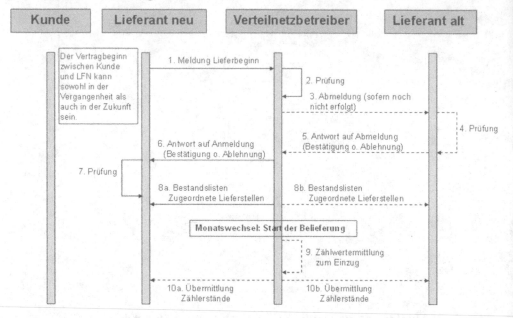

Abbildung 5-41: UML Sequenzdiagramm „Lieferantenwechsel" [95]

Das Sequenzdiagramm ist ein Interaktionsdiagramm zeigt eine bestimmte Sicht auf die dynamischen Aspekte des modellierten Systems. Ein Sequenzdiagramm ist eine grafische Darstellung einer Interaktion und beschreibt den Austausch von Nachrichten zwischen Ausprägungen mittels Lebenslinien. Sequenzdiagramme betonen den zeitlichen Ablauf von Ereignissen.[96]

Die beteiligten **Objekte** (bzw. Organisationen) werden am oberen Rand des Diagramms in Form von Rechtecken dargestellt. Die Überlagerung der gestrichelten Lebenslinien durch breite, nicht ausgefüllte oder graue senkrechte Balken symbolisiert den Steuerungsfokus. Der Steuerungsfokus ist optional und gibt an, welches Objekt gerade aktiv ist.[97]

Die Auflistung der **Nachrichten** erfolgt in der Reihenfolge ihrer Ausführung von oben nach unten. Sie werden als waagrechte Pfeile zwischen den Objektlinien gezeichnet. Synchrone Nachrichten haben eine gefüllte Pfeilspitze, asynchrone Nach-

---

94   ebenda
95   vgl. GPKE, Geschäftsprozesse zur Kundenbelieferung mit Elektrizität, BNetzA, S. 13 ff.
96   vgl. Pilone, UML 2.0, S. 85
97   vgl. Oestreich, Die UML 2.0 Kurzreferenz, S. 141

richten eine offene Pfeilspitze. Antworten sind optional und werden durch eine gestrichelte Linie mit offener Pfeilspitze dargestellt.[98]

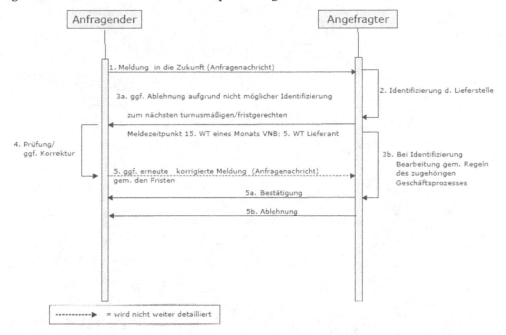

Abbildung 5-42: UML Sequenzdiagramm „Identifizierung der Lieferstelle" [99]

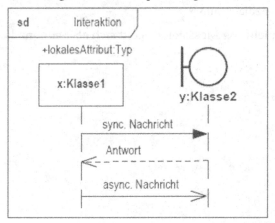

Abbildung 5-43: Grundform des UML Sequenzdiagramm [100]

---

98   vgl. Oestreich, Die UML 2.0 Kurzreferenz, S. 140
99   vgl. GPKE, Geschäftsprozesse zur Kundenbelieferung mit Elektrizität, BNetzA, S. 8
100   vgl. UML 2.1 Notationsübersicht

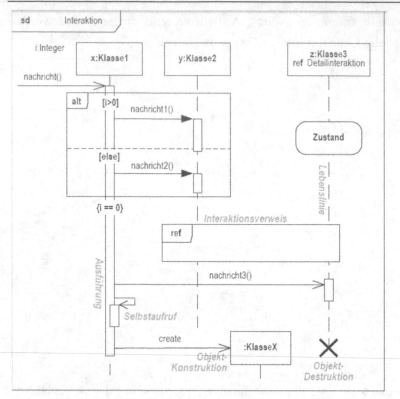

Abbildung 5-44: UML Sequenzdiagramm [101]

Der Geschäftsvorfall „Abmeldung Messstelle" stellt sich als Sequenzdiagramm wie folgt dar:

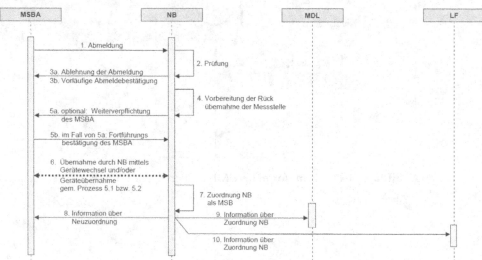

Abbildung 5-45: Sequenzdiagramm Abmeldung Messstelle

___

101   vgl. UML 2.1 Notationsübersicht

Der Geschäftsvorfall „Abmeldung Messstelle" benötigt den folgenden Informationsfluss. Der Messstellenbetreiber Alt (MSBA) sendet die „Abmeldung" (Nachricht 1) an den Netzbetreiber (NB). Der Netzbetreiber führt die „Prüfung" (2) durch. Der MSBA erhält von dem NB die „Ablehnung der Abmeldung" (3a) oder die „Vorläufige Abmeldebestätigung" (3b). Der NB aktiviert die „Vorbereitung der Rückübernahme der Messstelle" (4). Optional kann der NB dem MSBA die „Weiterverpflichtung" (5a) mitteilen. In diesem Falle sendet der MSBA dem NB die „Fortführungsbestätigung" (5b). Ansonsten findet der Übergang zu dem Prozess der „Übernahme durch den NB mittels Gerätewechsel und/oder Geräteübernahme" zwischen NB und MSBA statt (dargestellt als gestrichelter Doppelpfeil!). Danach findet beim NB die „Zuordnung des NB als MSB" (7) statt. Der MSBA erhält von dem NB die „Information über die Neuzuordnung" (8). Der Messstellendienstleister (MDL) und der Lieferant erhalten von dem NB die „Information über die Zuordnung des NB" (9) (10).

5.3.5 Entity Relationship Modelle (ERM)

Die Beschreibung der Datenstrukturen ist methodisch besonders anspruchsvoll und komplex. Während in Funktionsdekompositionen lediglich ein Objekt, die Funktion verwendet wird, benötigt man für die Strukturierung von Daten die Objekte Entities, Attribute und Beziehungen sowie die zwischen diesen Objekten bestehenden Zusammenhänge. Das verbreitetste Beschreibungsverfahren für Datenstrukturen ist das Entity-Relationship-Modell von Chen, das im Folgenden dargestellt wird.[102]

Entities sind alle realen oder abstrakten Dinge, Objekte und Ereignisse der realen Welt, die sich durch Eigenschaften beschreiben lassen. Die Zusammenfassung von nach bestimmten Kriterien gleichartigen Entities zu Mengen wird als Entitytyp bezeichnet. Entitytypen werden im ERM-Diagramm als Rechtecke dargestellt. Attribute sind Eigenschaften von Entitytypen, so hat zum Beispiel der Entitytyp Zähler die Attribute Zählernummer und Zählerhersteller. Attribute werden im ERM-Diagramm durch Kreise repräsentiert. Die Wertebereiche von Attributen werden als Domänen bezeichnet. Eine Beziehung ist eine logische Verknüpfung zwischen mindestens zwei Entitäten. Ein Beziehungstyp zwischen Zähler und Kunde könnte „hat" oder „ist installiert bei" heißen. Auch den Beziehungstypen können Attribute zugeordnet sein. Beziehungstypen werden im ERM-Diagramm als Rauten dargestellt und sind mit den ihnen zugeordneten Entities verbunden. Beziehungstypen werden nach der Anzahl der durch sie verbundenen Entitytypen unterschieden. Entsprechend wird von einstelligen bzw. rekursiven, binären oder n-stelligen Beziehungen gesprochen.

---

102   vgl. Chen, P.P., 1983

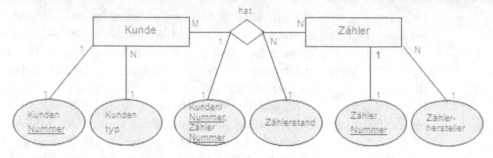

Abbildung 5-46: ERM Grundmodell

Die Kardinalität oder der Komplexitätsgrad einer Beziehung gibt an, wie viele Entitäten jedes beziehungsbildenden Enititytyps der Beziehung zugeordnet sind. Dieses wird durch die Angaben 1:1, 1:N, N:1, N:M zum Ausdruck gebracht. Ein c vor einem bestimmten Wert einer Kardinalität bedeutet, dass diese Beziehung konditional sein kann, das heißt auch die Ausprägung 0 annehmen kann (vgl. Abbildung 5-47). Eine eingeklammerte Zahl nach einem bestimmten Wert einer Kardinalität gibt die maximal mögliche Anzahl der zugeordneten Entitäten an.

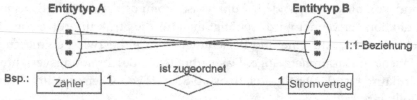

Ein Zähler ist genau einem Stromvertrag zugeordnet, ein Stromvertrag bezieht sich auf genau einen Zähler.

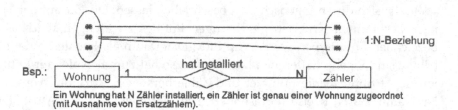

Ein Wohnung hat N Zähler installiert, ein Zähler ist genau einer Wohnung zugeordnet (mit Ausnahme von Ersatzzählern).

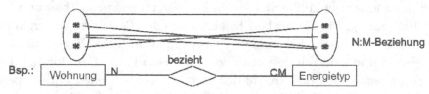

Ein Wohnhaus hat i.d.R. bezieht ein oder mehrere Energietypen bzw. -sparten (Wasser, Gas, Strom, Fernwärme)(zeitweise auch 0 =C),
Ein Energietyp wird in eine oder mehrere Wohnungen geliefert.

Abbildung 5-47: ERM Zähler

Zwischen einem Entitytyp und mindestens einer zugehörigen Domäne muss eine 1:1-Beziehung bestehen. Diese Domänenwerte identifizieren eindeutig einzelne Entitäten. Das entsprechende Attribut wird als Schlüsselattribut bezeichnet und im ERM-Diagramm durch Unterstreichen gekennzeichnet. Entitäten können auch durch mehrere Attribute identifiziert werden. Beziehungstypen werden normalerweise durch Kombination der Schlüsselattribute, der die Beziehung generierenden Entities identifiziert (vgl. Abbildung 5-46).

Da die von Chen verwendete Notation für Kardinalitäten zu Uneindeutigkeiten führen kann, wird für die weitere Verwendung die Schlageter-Stucky Notation bevorzugt.[103] Zur Unterscheidung von der Chen-Notation werden kleingeschriebene Buchstaben für die Beziehungskardinalitäten benutzt (vgl. Abbildung 5-48).

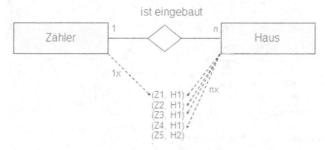

Abbildung 5-48: Schlageter-Stucky Notation

Die 1:n Beziehung wird wie folgt interpretiert: Der Zähler Z1 kommt genau einmal in einer Ausprägung des Beziehungstyps „ist eingebaut" vor, das Haus H1 ist n-mal (in dem Beispiel viermal) an dem Beziehungstyp „ist eingebaut" beteiligt (zum Beispiel bei eingebauten Zählern für die Energiesparten Strom, Gas, Wasser und Fernwärme).

Folgende Erweiterungen des ERM-Grundmodells sind von Bedeutung:

- **Generalisierung/Spezialisierung**
  Bei der Generalisierung werden ähnliche Objekttypen zu einem übergreifenden Objekttyp zusammengefasst. Gemeinsame Eigenschaften bzw. Attribute der Ausgangsentitäten werden dabei auf den generalisierten Entitytyp übertragen. Der Vorgang der Generalisierung kann auch in der umgekehrten Form, der Spezialisierung auftreten. Die Spezialisierung unterstützt durch die Zerlegung komplexer Begriffe eine Top-Down-Vorgehensweise der Datenstrukturierung. Die Generalisierung durch die Bildung übergeordneter Begriffe für vorliegende Detailbegriffe eine Bottom-Up-Vorgehensweise. Eine Unterscheidung in disjunkte (überschneidungsfreie) und überschneidende Teilmengen ist möglich. Ein schwarz gefülltes Dreieck bedeutet disjunkte, ein weißes Dreieck überschneidende Teilmengen. Ist das Generalisierungs- bzw. Spezialisierungsdreieck durch eine gestrichelte Linie mit dem Entitytyp verbunden, dann ist die

---

103   vgl. Schlageter, G./Stucky, W., 1983, S. 50-53

Zerlegung des Entitytyps unvollständig. Neben den aufgeführten Spezialisierungen gibt es in diesem Fall noch weitere. Eine durchgezogene Linie weist auf vollständige Zerlegungen hin.

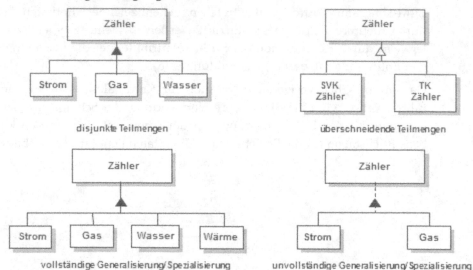

Abbildung 5-49: Generalisierung/Spezialisierung

- **Aggregation und Uminterpretation**
  Die Aggregation beschreibt die Bildung neuer Begriffe durch die Zusammenfassung vorhandener unterschiedlicher Objekttypen. Der neue Objekttyp kann Träger neuer Eigenschaften sein. Der Beziehungstyp des ERM ist eine Zusammenfassung der mit ihm verbundenen Entitytypen und stellt damit eine Aggregation dar. Die Aggregation kann auch auf Beziehungen selbst angewendet werden, indem diese auf einer nächsten Ebene als Entitytypen betrachtet werden und damit selbst wieder Ausgang für Beziehungen sein können. Dieser Vorgang wird auch Uminterpretation von Beziehungen genannt.
  Die Entitytypen Zählerstand und Zeit aggregieren den Beziehungstyp RLM Wert. RLM-Kunden (Registrierte Leistungsmessung) sind Kunden mit einem Verbrauch über 100.00 KW (meist auch Geschäftskunden, Sondervertragskunden oder Industriekunden genannt). Die Zählerstände werden in der Regel über Zählerfernauslesung (ähnliche Technologie wie Smart Meter) in einem ¼ Stunden Rhythmus erfasst. Die Uminterpretation des Beziehungstyps RLM Wert in den Entitytyp RLM Wert ermöglicht die Aggregation des Beziehungstyps, bewertet zwischen den Entitytypen RLM Wert und Tarifpreis. Damit können die ¼ Stundenwerte zu dem jeweils aktuellen Börsenwert abgerechnet werden (zurzeit werden die Börsenwerte stündlich aktualisiert). Die Uminterpretation bietet den Vorteil, dass der Entstehungsprozess eines ERM nachvollziehbar ist. Kleinkunden oder Haushaltskunden werden nach einem sogenannten Standardlastprofil (SLP) abgerechnet. Aktuell verfügen Energieunternehmen über ein SLP, das sogenannte H0-Profil und können auch nur nach diesem

Profil Energie beschaffen. Das hat den Nachteil, dass dynamische Tarife für Privat- oder Tarifkunden keine signifikanten Preisdifferenzierungen enthalten können. Die Bundesnetzagentur prüft eine Erweiterung der H0-Profile.

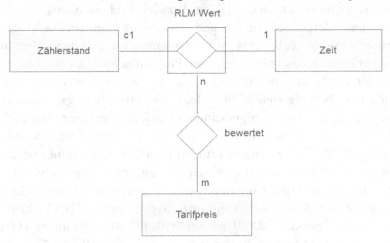

Abbildung 5-50: Uminterpretation eines Beziehungstyps in einen Entitytyp

- **Gruppierung**
  Bei der Gruppierung werden aus Elementen einer Entitymenge Gruppen gebildet. Ein Beispiel für eine solche Operation ist die Zusammenfassung von Teilbranchen wie Netzbetreibern, den Energieerzeugern und den Energievertrieben u.a. zu der Branche Energiewirtschaft. Die Operation Gruppierung kann innerhalb des ERM durch 1:n-Beziehungstypen dargestellt werden.

In der folgenden Abbildung ist ein ERM-Datenmodell eines Energieversorgers mit uminterpretierten Beziehungstypen und auf Basis der Schlageter-Stucky Notation dargestellt.

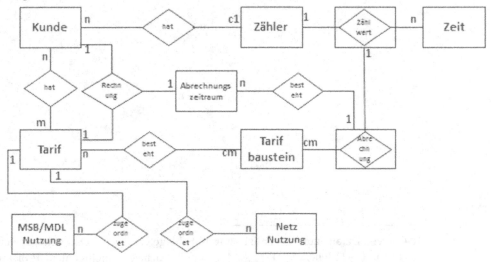

Abbildung 5-51: Datenmodell Zählwertabrechnung

Das Datenmodell beinhaltet folgende Strukturen und Informationen: Ein Kunde kann ein oder mehrere Tarife bei dem Energieversorger haben (mehrere Sparten oder mehrere Wohnungen u.a.). Ein Tarif kann von einem oder beliebig vielen Kunden wahrgenommen werden. Dem Kunden sind ein oder mehrere Zähler zugeordnet. Jeder Zähler bezieht sich genau auf einen Kunden. Die Möglichkeit einer Nichtzuordnung im Falle von nicht vorhandenen Kunden oder unbekannten Hauseigentümern muss vorhanden sein. Ein Zähler kann zu einer bestimmten Zeit genau einen Zählwert haben (zum Beispiel 15 min Verbrauch). Zu einer bestimmten Zeit gibt es beliebig viele Zählwerte. Jedem (abrechnungsrelevanten) Zählwert wird in Abhängigkeit eines zugeordneten Tarifbausteins (zum Beispiel Niedertarif eines HT/NT-Tarifs) genau ein Abrechnungswert zugeordnet. Im Falle der Nichtzuordnung des Zählers zu einem Kunden oder Hauseigentümer wird ein Abrechnungswert zu dem Grundtarif ermittelt, der ggf. nicht abgerechnet werden kann. Ein Abrechnungszeitraum berechnet sich aus mehreren Abrechnungen. Beispielsweise besteht der Abrechnungszeitraum „April" eines HT/NT-Tarifs aus 30 NT Abrechnungen (jeweils 8:00–20:00) und 30 HT-Abrechnungen (Hochtarif von 20:01–7:59). Ein Tarif besteht aus ein oder mehreren Tarifbausteinen. Ein Tarifbaustein kann keinem, einem oder mehreren Tarifen zugeordnet sein. Zu jedem Tarif gibt es genau eine Netznutzungsgebühr (Netznutzung) und genau eine Gebühr für den Messstellenbetrieb und die Messdienstleistung (MSB/MDL Nutzung). Eine Rechnung stellt die Beziehung zwischen genau einem Kunden, genau einem Tarif und genau einem Abrechnungszeitraum dar.

Damit Datenmodelle Daten redundanzfrei enthalten, müssen sie einem Normalisierungsprozess unterzogen werden. Man spricht dann von relationalen Datenmodellen in erster Normalform (1NF), in 2NF, in 3NF oder in noch höheren Normalisierungsgraden.[104]

---

104   vgl. Details zur Normalisierung in Schlageter, Stucky, Datenbanksysteme, Konzepte und Modelle, S. 175 – 197 oder Aichele, Intelligentes Projektmanagement, S. 243–251

6 Geschäftsprozesse der liberalisierten Energiewirtschaft

Oliver Doleski

Ordnungspolitische Rahmenbedingungen, geänderte Marktparameter sowie die Auswirkungen des technischen Fortschritts beeinflussen seit Jahren den Energiesektor grundlegend. Eine Neuausrichtung von Strukturen und Prozessen innerhalb der liberalisierten Energiewirtschaft ist heute mehr gefragt denn je. Es gilt, vorhandene Prozesse zu optimieren oder neu zu entwerfen. Ein strukturiertes Vorgehen ist essenzielle Grundlage für den Umsetzungserfolg.

6.1 Zusammenfassung

Die Energiewirtschaft ist in den letzten Jahren einem umfassenden Wandel ausgesetzt. Mitunter seit Jahrzehnten etablierte Strukturen und Geschäftsprozesse des Energiesektors befinden sich im Umbruch. Aus „Versorgungsnehmern" werden Kunden, Bestrebungen zur eigentumsrechtlichen Entflechtung von Energieerzeugung und Netzinfrastruktur verändert die internen Strukturen und Prozesse vieler Energieversorger, die politische Zielsetzung nach diskriminierungsfreiem Wettbewerb im Energiesektor bewirkt eine umfassende Umgestaltung der Austauschprozesse zwischen den Marktakteuren und schließlich sieht sich die klassische Versorgungsindustrie mit dem einsetzenden Engagement branchenfremder Wettbewerber einem bislang unbekannten Wettbewerbsszenario ausgesetzt.

Ausgangspunkte dieser Veränderungen, die zunächst im Bereich der Lieferantenwechsel- bzw. Belieferungsprozesse begannen und sich schließlich auf die Prozesse des Zähl- und Messwesens ausweiteten, sind vor allem der politische Wille zur nachhaltigen Liberalisierung und Deregulierung des Energiemarktes sowie veränderte Marktparameter, gefolgt von neueren Entwicklungen im Bereich der Zählertechnologie im Messwesen, sowie aktuelle Tendenzen auf dem Gebiet der Informations- und Kommunikationstechnologien (IuK).

Unternehmen der Versorgungsindustrie müssen sich diesen Herausforderungen und geänderten Rahmenbedingungen stellen. Dies geschieht durch die Anpassung der eigenen Organisationsstrukturen an die geänderten Umweltbedingungen und die umfassende Umgestaltung bzw. Optimierung der energiewirtschaftlichen Geschäftsprozesse. In die unternehmerische Praxis übersetzt bedeutet dies, dass Versorgungsunternehmen und Energielieferanten neue Marktpartner auf der einen und Technologien wie zum Beispiel intelligente Zähler auf der anderen Seite in ihre bestehende Prozess- und IT-Systemlandschaft zu integrieren haben. Gleichzeitig müssen leistungsfähige Schnittstellen zu bestehenden und neuen Geschäftsprozessen bzw. Systemen der liberalisierten Energiewirtschaft entwickelt, abgestimmt und synchronisiert werden.

Aufgrund der verpflichtenden Umsetzung ordnungspolitischer Vorgaben sowie des Wandels der Marktbedingungen sehen sich Unternehmen der Energiewirtschaft seit mittlerweile über 10 Jahren vor große Herausforderungen gestellt. Entsprechend initiieren die betroffenen Marktteilnehmer Projekte zur Veränderung der eigenen Strukturen und Prozesse. Häufiger Ausgangspunkt dieser Aktivitäten zur Umsetzung von Prozessfestlegungen des Gesetzgebers bzw. der von diesem ermächtigten Regulierungsbehörde ist die Überlegung, wie diese Regelungen bestmöglich in konkrete Unternehmensprozesse und Schnittstellen überführt werden können. Hilfestellung bei der Durchführung derartiger Vorhaben bieten praxiserprobte Vorgehensmodelle zur Prozessoptimierung. Ein mögliches Modell wird in Kapitel 6.5 skizziert.

Geschäftsprozessmanagement in der liberalisierten Energiewirtschaft beschränkt sich in den Folgejahren keineswegs nur auf die Umsetzung und Überführung politischer Vorgaben in die klassische Prozesslandschaft energiewirtschaftlicher Unternehmen. Vielmehr werden Projekte im Prozessumfeld des Energiesektors zunehmend von Aspekten des Smart Metering-Konzepts dominiert sein. Die Umstellung klassischer Prozesse der Energiewirtschaft auf Smart Metering-Prozesse ist politisch gewollt, marktseitig unvermeidlich, technisch ohne wirkliche Alternative und betriebswirtschaftlich zur Vermeidung des parallelen Betreibens analoger und smarter Geschäftsprozesse angezeigt. Erst die Umstellung auf Smart Metering liefert die Grundlage zur weitgehenden Automatisierung der Kundenbelieferungs- und Messwesenprozesse, die ihrerseits die Voraussetzung zur Erhaltung der Wettbewerbsfähigkeit energiewirtschaftlicher Unternehmen liefert.

6.2 Rahmenbedingungen für die Geschäftsprozesse der liberalisierten Energiewirtschaft

Der Energiesektor verändert sich. Vorgegebene Parameter aus Politik und Gesellschaft, Markt und Kundenverhalten sowie der technische Fortschritt treiben den Markt an. Diese externen Einflussgrößen bestimmen den Handlungsbedarf innerhalb der gesamten Branche seit Ende der 90er Jahre des vergangenen Jahrhunderts. Sie sind der zentrale Auslöser dafür, dass sich die Strukturen und Geschäftsprozesse der Energiewirtschaft in einem fortdauernden Evolutionsprozess großen Ausmaßes befinden.

6.2.1 Rechtlicher Rahmen als Basis: Normative Vorgaben für das Messwesen

Die Liberalisierung des deutschen Energiemarktes begann bereits im Jahr 1998 zunächst im Stromsektor. Im Jahr 2004 setzte schließlich auch die Liberalisierung des Gasmarktes ein. Endkunden – die Versorgungswirtschaft spricht an dieser Stelle in der Regel von Letztverbrauchern – konnten ihren Energielieferanten erstmalig selbst wechseln. Allerdings existierten bis zu den Jahren 2006 bzw. 2007 keine einheitlichen Geschäftsprozesse und Datenformate für die praktische Abwicklung dieses Lieferantenwechsels. Die Politik setzte zunächst auf einen marktgetriebenen Prozess und verzichtete zunächst auf ein Eingreifen.

Aus dem Fehlen entsprechender Regelungen resultierten zum Teil enorme Abwicklungsschwierigkeiten bei der Belieferung wechselwilliger Letztverbraucher durch neue Strom- sowie Gasanbieter. Der Hauptgrund für die entstandenen Schwierigkeiten lag in der Notwendigkeit, dass neue Anbieter im Zuge des Lieferantenwechsels paradoxerweise auf die Kooperation mit den vom Wechsel betroffenen Versorgungsunternehmen bei der praktischen Ausgestaltung des Netzzugangs angewiesen waren.

In den Jahren 2006 (Strom) und 2007 (Gas) veröffentlichte die Bundesnetzagentur (BNetzA) daher Regelungen, deren Ziel die Schaffung klarer Geschäftsprozesse für den Anbieterwechsel auf dem Gebiet der Strom- und Gasversorgung war. Es handelte sich dabei um die Geschäftsprozesse zur Kundenbelieferung mit Elektrizität (GPKE) sowie deren Pendant die Geschäftsprozesse Lieferantenwechsel Gas (GeLi Gas).

Mit der Festlegung der Prozesse für den Anbieterwechsel bei der Belieferung von Letztverbrauchern mit Strom und Gas war die erste Phase der Liberalisierung der Energiewirtschaft abgeschlossen. Entsprechend der politischen Zielsetzung einer weiteren Wettbewerbsöffnung begann der Gesetzgeber in einer nachfolgenden zweiten Phase seine Liberalisierungsbemühungen schließlich auch auf das Zähl- und Messwesen auszuweiten. Im Spätsommer 2008 wurde das Gesetz zur Öffnung des Messwesens bei Strom und Gas für Wettbewerb zur Novellierung des Energiewirtschaftsgesetzes (EnWG) sowie die Messzugangsverordnung (MessZV) verabschiedet. Mit deren Inkrafttreten haben sich die bis 2008 geltenden Rahmenbedingungen für das Zähl- und Messwesen in Deutschland grundlegend verändert.

Um ein effizientes Messwesen im liberalisierten Energiesektor zu etablieren sowie das Zähl- und Messwesen dem Wettbewerb zu öffnen, wurde gemäß § 29 EnWG und § 13 MessZV die Bundesnetzagentur ermächtigt, ein förmliches Festlegungsverfahren einzuleiten. Dieses Festlegungsverfahren wurde am 12.03.2009 von der Bundesnetzagentur parallel für den Strom- (BK6-09-034) sowie den Gassektor (BK7-09-001) eröffnet. Gegenstand beider, über je drei Konsultationsrunden verlaufenden, Verfahren war die Festlegung einheitlicher Geschäftsprozesse und Rahmenverträge für das Messwesen. Gleichzeitig wurden die eng mit den neuen

Messwesenprozessen verbundenen Regelungen GPKE und GeLi Gas an die neuen Festlegungen aus dem Messwesen angeglichen.

Am 09.09.2010 hat die Bundesnetzagentur die Festlegungen zur Standardisierung von Verträgen und Geschäftsprozessen im Bereich des Messwesens veröffentlicht. Wesentlicher Bestandteil dieser Liberalisierungsrichtlinie ist die Anlage 1 „Wechselprozesse im Messwesen (WiM)", in der die Prozesse für den Wechsel des Messstellenbetreibers (MSB) bzw. Messdienstleisters (MDL), die Durchführung des Messstellenbetriebs bzw. der Messung sowie der elektronische Datenaustausch detailliert beschrieben und geregelt werden. Die darin definierten Geschäftsprozesse und Datenformate sowie die Änderungen an den Festlegungen GPKE und GeLi Gas müssen bis zum 01.10.2011 umgesetzt werden.[105]

Die Festlegungen der Bundesnetzagentur sind für jeden Akteur des Messwesens im Energiesektor verpflichtend. Der Anwendungsbereich der neuen Wechselprozesse im Messwesen (WiM) umfasst die Prozesse Einbau, Betrieb, Wartung und Auslesung aller in der Bundesrepublik Deutschland betriebenen Messstellen von Letztverbrauchern. Dabei gelten die Prozesse generell sowohl für Letztverbraucher mit Standardlastprofil (SLP) als auch mit registrierender Leistungsmessung (RLM).

6.2.2   Herausforderungen des Marktes und der Kunden

Nachfolgend werden die wesentlichen Marktparameter, die direkt oder indirekt die Gestaltung der Lieferantenwechsel- und Messwesenprozesse beeinflussen, skizziert.

Etablierung neuer Marktrollen

Nach der Schaffung standardisierter Geschäftsprozesse für den Anbieterwechsel auf dem Gebiet der Strom- und Gasversorgung folgte zeitversetzt die Wettbewerbsöffnung auch im Bereich des Zähl- und Messwesens. Es entstand innerhalb der Energiewirtschaft neben den etablierten Energieversorgern und Stadtwerken ein eigenständiges Marktsegment Messwesen mit unabhängigen Messstellenbetreibern und Messdienstleistern.

Nachdem Messdienstleistungen seit dem Jahr 2008 auf Wunsch des Anschlussnutzers auch durch einen unabhängigen Dritten und nicht mehr ausschließlich vom bis dato für die Verbrauchsmessung allein zuständigen, örtlichen Netzbetreiber erbracht werden können, ist mit der Umverteilung von Marktanteilen zulasten etablierter Anbieter zu rechnen. Unternehmen mit leistungsfähigen Wechsel- sowie Messwesenprozessen sind angesichts des verstärkten Wettbewerbsdrucks infolge steigender Wechselquoten hier klar im Vorteil.

---

105   vgl. BNetzA, Messwesen, 2010, S. 1 ff.

Marktverschiebungen: Neue branchenfremde Wettbewerber im Messwesen

Intelligente Prozesse im Zähl- und Messwesen sowie optimierte Vermarktungs-strategien bieten Raum für Dienstleistungen, die unter entsprechenden Rahmen-bedingungen einen echten Wettbewerb zwischen etablierten und neuen Markt-partnern ermöglichen. Das Erscheinen neuer Akteure wird auch im Bereich des Messwesens einen wachsenden Innovations- und Kostensenkungsdruck innerhalb der Versorgungswirtschaft verursachen. Ohne Frage werden sich bisherige Markt-teilnehmer auf diese geänderten Marktbedingungen sowie gänzlich neue Markt-modelle einstellen müssen.

Branchenfremde, agile Wettbewerber aus der Informations- und Kommunikations-industrie, die finanzstark und bereits in der Fläche aktiv sind, interessieren sich verstärkt für den deutschen Energiemarkt.[106] Dies ist wenig überraschend, wenn man sich den hohen IT- und Kommunikationsanteil moderner Zähl- und Messwesenlösungen einmal vergegenwärtigt. Der lukrative Umbau des Energie-netzes und dessen peripherer Infrastruktur, zu der auch das gesamte Messwesen zählt, ist bereits im Gange und wird IT-Größen wie beispielsweise Google, SAP, Microsoft, IBM, Cisco und Hewlett Packard zu dauerhaften Akteuren auf dem Energiemarkt machen. Ebenso haben Mobilfunkbetreiber ein Interesse daran, Da-ten von mehreren Millionen Zählern zusätzlich zum bisherigen Übertragungsvo-lumen zu übermitteln und so die bestehende Infrastruktur des Mobilnetzes erwei-tert zu nutzen. – Eine Entwicklung, die deutliche Spuren im deutschen Energie-markt hinterlassen wird.

Wachsende Kundenanforderungen an Auskunftsfähigkeit und Service

Mit der Einführung neuer Technologien in einen Markt sind in der Regel Gewöh-nungseffekte auf der Kundenseite verbunden. Marktteilnehmer gewöhnen sich schnell an Services, die durch die Einführung neuer Technologien ermöglicht wur-den und setzen diese nach einer kurzen Übergangsphase schließlich als Selbstver-ständlichkeit voraus. Dieser Effekt tritt auch branchenübergreifend ein, wenn in-novative Services einer Branche früher oder später auch in einer anderen Branche nach dem Motto „(…) warum könnt Ihr das nicht?" nachgefragt werden.

Es ist zu erwarten, dass mit der Liberalisierung des Messwesens auf die Ener-giewirtschaft das beschriebene Phänomen deutlich wachsender Kundenanforde-rungen zukommt. Kunden werden von Netzbetreibern, Messstellenbetreibern bzw. Messdienstleistern und Energievertrieben erwarten, dass diese bei Anfragen und Serviceprozessen unmittelbar und kompetent auskunftsfähig sind. Diesem erhöhten Ansprüchen seitens der Kunden muss die Prozess- und Systemlandschaft der Unternehmen gewachsen sein.

---

106   vgl. LBD-Beratungsgesellschaft, (Messstellenbetrieb, 2009), S. 21

Wechselbereitschaft durch steigende Energiepreise und Preissensitivität

Energiepreise dürften in Deutschland auch in den kommenden Jahren weiter deutlich steigen. Steigende Energiepreise treiben kundenseitig die Nachfrage nach größerer Verbrauchs- und Kostentransparenz sowie den Einsatz innovativer Lösungen mit deutlichem Einsparpotential an. Die Preissensitivität der Letztverbraucher wird in einem Umfeld steigender Energiepreise wahrscheinlich zunehmen. Ein gestiegenes Kostenbewusstsein verstärkt erfahrungsgemäß den Wunsch vieler Letztverbraucher, den individuellen Energieverbrauch überwachen zu wollen sowie zumindest die mit dem Bezug von Energie verbundenen fixen Kosten, zu denen vor allem die Kosten für das Zähl- und Messwesen zählen, möglichst gering zu halten.

Innovative Messstellenbetreiber und Messdienstleister, die aufgrund ihrer internen Prozesse in der Lage sind, den Wechselprozess eines Kunden zu sich reibungslos abzuwickeln, über stabile und weitestgehend automatisierte interne Abläufe verfügen und demzufolge dem Kunden insgesamt einen kostengünstigen Service anbieten können, werden im Wettbewerb die Messdienstunternehmen klassischer Prägung sukzessive verdrängen. Ein Kunde wird demjenigen Anbieter den Vorzug geben, der ihm zu angemessenen Preisen einen Mehrwert bietet. Im Messwesen können dies nicht zuletzt Auswertungsangebote auf Basis individueller Verbrauchsprofile (Tageslastgang) sein, aus denen der Kunde selbst Ansatzpunkte für ein verbrauchsoptimales Verhalten zur positiven Beeinflussung der eigenen Energiekosten ableiten kann.

6.2.3   Technische Anforderungen an die Geschäftsprozesse

Neben den rechtlichen Rahmenbedingungen sowie den Herausforderungen des Marktes haben insbesondere auch technische Entwicklungen und Anforderungen entscheidenden Einfluss auf die praktischen Gestaltungsmöglichkeiten im Umfeld der Lieferantenwechsel- und Messwesenprozesse.

Herausforderung diskriminierungsfreier Datenaustausch

Ein wesentliches Anliegen des § 20 Abs. 1 EnWG sowie §12 Abs. 1 MessZV ist die Sicherstellung eines diskriminierungsfreien Netzzugangs aller Akteure des Energiesektors zu den Infrastrukturnetzen der Versorgungswirtschaft. Die technische Ausprägung dieser wettbewerbspolitisch motivierten Forderung ist ein weitgehend ungehinderter Datenaustausch zwischen den unterschiedlichen Marktpartnern. Die Bundesnetzagentur verfolgt demnach das Ziel, für den Bereich der Strom- und Gasnetze – die bis zur Liberalisierung natürliche Monopole darstellten – die Grundlagen für einen reibungslosen, massengeschäftstauglichen Datenaustausch zwischen den Marktteilnehmern über die Festsetzung einheitlicher Standards sicherzustellen.

Der elektronische Datenverkehr im Bereich der Lieferantenwechsel- und Messwesenprozesse zwischen den Marktakteuren ist verordnungskonform, wenn

elektronische Nachrichten im einheitlichen Datenformat EDIFACT[107] diskriminierungsfrei untereinander ausgetauscht werden. Mit der Festlegung dieses einheitlichen Datenformats wird ein weitgehend offener Marktzugang für alle Akteure der
Energiewirtschaft ermöglicht, weil beispielsweise Lieferanten oder Messstellenbetreiber bei Nutzung des einheitlichen Kommunikationsformates auf eine Anpassung ihrer elektronischen Meldungen an individuell verschiedene Nachrichten-
formate unterschiedlicher Netzbetreiber verzichten können.

Management von Massendaten

Die im Zusammenhang mit der Ermittlung von Energieverbrauchswerten und
deren korrekten Abrechnung stehenden Prozesse im Messwesen sind seit je her
Massendatenprozesse. Diese Feststellung gilt nicht erst seit dem Aufkommen intelligenter Zähler bzw. Smart Meter der letzten Jahre. Immer schon war das Management großer Datenvolumen angesichts millionenfacher Abrechnungen eine wesentliche Aufgabe der Messwesenprozesse. Folglich müssen alle energiewirtschaftlichen Messwesenprozesse massendatentauglich entworfen und deren unterstützenden IT-Systeme entsprechend ausgelegt werden.

Das bereits im analogen Messwesenumfeld existierende Phänomen der Massenda-
ten wird in den folgenden Jahren deutlich an Bedeutung gewinnen. Moderne
Smart Meter sammeln Verbrauchsdaten im Viertelstundentakt und senden über
Funk, Internet oder Powerline einen gemittelten Verbrauchswert an Energiever-
sorger oder Messstellenbetreiber. Das tägliche Datenvolumen eines einzelnen
Stromzählers multipliziert mit den über 40 Millionen gemeldeten Haushalten in
Deutschland[108] vermittelt ansatzweise eine Vorstellung von den enormen Datenmengen, die von Messwesenprozessen im Smart Metering verarbeitet und be-
herrscht werden müssen. Ausgeweitet auf alle Zählergruppen, das heißt auf Gas-,
Wasser- und Wärmezähler, vervielfacht sich das Datenvolumen entsprechend. Das
Datenvolumen, welches die Energiewirtschaft im Umfeld von Smart Metering
bewältigen muss, ist damit zwangsläufig um ein Vielfaches größer, als es dies bei
der heute gängigen Praxis der Jahreswerterfassung und -auswertung bereits ohnehin schon der Fall ist. Stabiles Massendatenmanagement stellt demnach eine der
größten technischen Herausforderungen von Smart Metering für Energieversorgungsunternehmen und Messstellenbetreiber dar.

Unabhängig davon, ob noch mehrheitlich die etablierte analoge Verbrauchsabrechnung oder bereits das modernere Smart Metering Anwendung findet, ist die
Fähigkeit der Messwesenprozesse zur Bewältigung von Massendaten grundlegend
für den Erfolg jedes messwesennahen Akteurs des Energiesektors. Erfolg wird

---

107   EDIFACT ist ein branchenübergreifender internationaler Standard für einheitliche
       Datenformate im elektronischen Geschäftsverkehr
108   vgl. Statistische Ämter des Bundes und der Länder, Haushalte 2008

auch in Zukunft nur der Marktteilnehmer haben, dessen interne Abwicklungsprozesse das Management von Massendaten nachhaltig beherrschen.

Zähler und technische Zählerstandards verändern sich

Bezogen auf den Stromsektor handelt es sich bei den im Jahr 2011 im Einsatz befindlichen Zählern überwiegend um elektro-mechanische Wechselstromzähler mit Induktionsmesswerk, besser bekannt unter der Bezeichnung Ferrariszähler. Diese klassischen Zähler bieten weder die Möglichkeit zur Fernauslesung der Verbrauchswerte, noch können sie per Steuerungsimpulse zur verbrauchsoptimierenden Gerätesteuerung beitragen. Obgleich noch marktbeherrschend, dürfte diese Technologie langfristig jedoch keine Zukunft haben.

Neuere Entwicklungen auf dem Gebiet der Zählertechnologie haben grundlegenden Einfluss auf die Gestaltung der Messwesenprozesse. Schließlich ist das Design zukünftiger Abläufe so zu wählen, dass insbesondere auch die Anforderungen moderner, smarter Messeinrichtungen in die vorhandene Prozesslandschaft integrierbar sind.

Auf europäischer Ebene wurden bereits im Jahr 2006 die Weichen in Richtung eines nachhaltigen Umbaus des Energiesektors gestellt. Mit der Verabschiedung der Endenergieeffizienz- und Energiedienstleistungsrichtlinie 2006/32/EG (EDL-Richtlinie) wurde der politische Wille zur verbindlichen Etablierung moderner Messsysteme als technische Voraussetzung zur Sicherstellung von Energieeffizienz und Energieeinsparungszielen manifestiert. Maßgeblich für die in den Folgejahren zu erwartende fortschreitende Einführung intelligenter Zähler ist die Forderung der EDL-Richtlinie, dass „(…) alle Endkunden in den Bereichen Strom, Erdgas, Fernheizung und/oder -kühlung und Warmbrauchwasser individuelle Zähler zu wettbewerbsorientierten Preisen erhalten, die den tatsächlichen Energieverbrauch des Endkunden und die tatsächliche Nutzungszeit widerspiegeln"[109]. Das Energiewirtschaftsgesetz von 2008 greift diese Regelung auf und konkretisiert diese weiter.

Im Bereich moderner Messsysteme sind nach heutigem Stand prinzipiell zwei wesentliche Varianten denkbar: So können intelligente Zähler die Funktionen Messen, Datenspeicherung und Kommunikation zusammen in einem Gerät vereinen (integrierte Zähler). Beispielhaft für dieses Konzept seien hier die aktuell vom Anbieter Yello verbauten Zähler genannt. Alternativ existieren Lösungen, bei denen die Zählfunktion von den Funktionen der Datenspeicherung und Kommunikation getrennt ist. Bei diesen Modellen erfolgt die Speicherung und Kommunikation mittels eines zusätzlichen, separaten Geräts. Dieses zweite Konzept wird entsprechend den relevanten Regelungen der Energiedienstleistungsrichtlinie und den §§ 21b sowie 40 EnWG auch als Zählerkonzept „EDL21" bzw. die Kommunikations-

---

109   Richtlinie 2006/32/EG des europäischen Parlaments und des Rates vom 05.04.2006, Art. 13 (1)

erweiterung als „EDL40" bezeichnet. Der EDL21-Zähler erfüllt als elektronischer Basiszähler lediglich die Mindestvoraussetzungen des § 21b EnWG. Dieser kann – wie bereits erwähnt – keine Daten direkt mit dem IT-System des Lieferanten oder Messstellenbetreiber austauschen, weil dies im Gesetz explizit nicht gefordert wurde. Daher wird beim sogenannten EDL40-System ein EDL21-Zähler mittels eines als Gateway fungierenden Multi Utility Controllers (MUC) über eine KS3-Kommunikationsschnittstelle mit den Datenaustausch- bzw. Kommunikationsprozessen des Energiewirtschaftsunternehmens verbunden. Die Geschäftsprozesse müssen demnach die Funktionsfähigkeit der Anbindung zu EDL40-Systemen gewährleisten.[110]

Aber nicht nur technische Spezifikationen wie zum Beispiel die der EDL21 und EDL40 beeinflussen die Gestaltung der Geschäftsprozesse. Auch technische Besonderheiten wie die Eichordnung (EO) haben Einfluss auf das Design der Unternehmensprozesse. So schreibt die Eichordnung für Zähler von Verbrauchsmengen typabhängig unterschiedliche Eichgültigkeitsdauern vor, nach deren Ablauf die Messgeräte ausgetauscht bzw. deren Eichgültigkeit verlängert werden müssen. Intelligente Stromzähler mit elektronischem Messwerk, die sogenannten Smart Meter, verfügen lediglich über eine Eichzeit von acht Jahren, wohingegen klassische Ferrariszähler erst nach 16 Jahren ihre Eichgültigkeit verlieren.[111] Es liegt auf der Hand, dass Smart Meter demnach häufiger als herkömmliche Messeinrichtungen ausgetauscht werden müssen. Die Ausführung von eichaustauschbedingten Gerätewechselprozessen wird folglich proportional zunehmen und damit auch die Anforderung an das gesamte Workforce Management (Außendienststeuerung) steigen. Die Steuerung des bedarfsgerechten, transparenten und nachvollziehbaren Einsatzes des Servicepersonals wird bei doppelter Prozessausführung bei gleichbleibender Zeitspanne zwangsläufig anspruchsvoller.

6.3   Einheitliche Geschäftsprozesse: Die Festlegungen der Bundesnetzagentur

Die Bundesnetzagentur hat unter anderem vom Gesetzgeber die Aufgabe übertragen bekommen, den Akteuren des bundesdeutschen Strom- und Gasmarktes geeignete Rahmenbedingungen für einen offenen Wettbewerb mit weitgehend freiem Netzzugang vorzugeben. Um dieser, auch als Liberalisierung der Energiewirtschaft bezeichneten, Zielsetzung gerecht zu werden, wurden standardisierte Geschäftsprozesse und ergänzende Regelungen im Bereich der Lieferantenwechsel- bzw. Belieferungsprozesse sowie der Wechselprozesse im Zähl- und Messwesen geschaffen. Gegenstand dieser Festlegungen sind generell nur die Austauschprozesse bzw. Interaktionen zwischen den Marktpartnern. Unternehmensinterne Ab-

---

110   vgl. BNetzA, Entwicklungen, 2010, S. 28 f.
111   vgl. Eichordnung (EO) vom 13.12.2007, Anhang B, Ordnungsnummern 20.1 - 20.3

läufe wie beispielsweise die interne Abrechnung ermittelter Verbrauchswerte, die Fakturierung (Billing) oder auch die Steuerung des Außendienstes usw. stehen nicht im Fokus der Regulierung und sind demnach allein Sache der beteiligten Unternehmen.

Um eine regelkonforme, rechtssichere Abwicklung der vorgegebenen Liefer- und Messwesenprozesse im Tagesgeschäft sicherzustellen, ist für alle Marktakteure eine detaillierte Kenntnis der regulierten Geschäftsprozesse, Fristen und Datenformate erforderlich.

6.3.1   Die Lieferantenwechselprozesse GPKE und GeLi Gas

Mit der im Jahr 1998 einsetzenden Liberalisierung des deutschen Energiemarktes wurde schnell offenkundig, dass sich ein effizienter Wettbewerb zwischen den am Energiemarkt agierenden Unternehmen nicht automatisch einstellen würde. Das Vorhandensein faktischer Markteintrittsbarrieren für neue, netzunabhängige Anbieter war an der Tagesordnung. Dementsprechend setzte sich rasch die Überzeugung durch, dass für die Sicherstellung des politisch gewollten Erfolgs der Kundenwechselprozesse, die Festlegung verbindlich einzuhaltender Geschäftsprozesse und Datenformate zwingend erforderlich sei.

Um hier Abhilfe zu schaffen, wurde die Bundesnetzagentur ermächtigt, im Jahr 2006 zunächst alle im Zusammenhang mit der Belieferung von Letztverbrauchern mit Elektrizität relevanten Geschäftsprozesse inklusive der relevanten Datenformate festzulegen. Im Jahr 2007 folgten die entsprechenden Regelungen für den Gassektor. Ergebnis beider Verfahren waren zwei Beschlüsse nebst Anlagen zur regelkonformen Abwicklung der Belieferung von Letztverbrauchern mit Strom (Beschluss BK6-06-009) und Gas (Beschluss BK7-06-067). Bei den, diesen Beschlüssen beigefügten, Anlagen handelt es sich zum einen um die Geschäftsprozesse zur Kundenbelieferung mit Elektrizität (GPKE) sowie zum anderen um die Geschäftsprozesse Lieferantenwechsel Gas (GeLi Gas). Mit diesen Regelungen ist es der Bundesnetzagentur gelungen, den im Rahmen der Liberalisierung des Energiemarktes geforderten diskriminierungsfreien Netzzugang zu gewährleisten und somit die Weichen für einen funktionierenden Wettbewerb im Energiesektor zu stellen.

In Aufbau, Prozessdesign und Inhalt ähnelt das Pendant GeLi Gas weitgehend den ein Jahr zuvor für den Stromsektor bereits verfügten Regelungen der GPKE. Die Ähnlichkeiten zwischen den Lieferantenwechsel- und Kundenbelieferungsprozessen von GPKE und GeLi Gas sind dabei nicht zufällig entstanden. Vielmehr spiegeln diese Analogien die Überzeugung der Bundesnetzagentur wieder, dass „(…)die Wechselprozesse im Elektrizitäts- und Gasbereich grundsätzlich ähnlich gelagert sind. In beiden Bereichen muss die Netznutzung durch einen Lieferanten in der Regel beim örtlichen Verteilernetzbetreiber angemeldet werden. Der Netzbetreiber muss die Entnahmestelle identifizieren und dem neuen Lieferanten zuordnen"[112]. Durch parallele Regeln für den Strom- und Gassektor können in der Konsequenz besonders die mit beiden Energieträgern gleichzeitig handelnden Mehrspartenunternehmen maximale Synergien innerhalb ihrer Geschäftsprozesse realisieren und Abwicklungskosten einsparen.

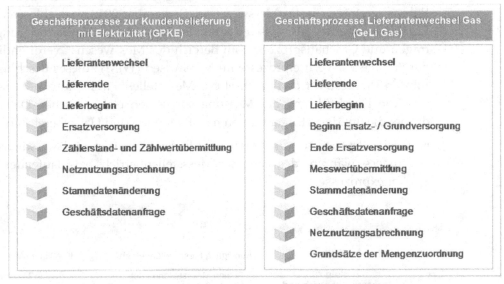

Abbildung 6-1:   Gliederung der Geschäftsprozesse GPKE und GeLi Gas im Vergleich

Neben der beschriebenen Ähnlichkeit existieren allerdings auch Unterschiede zwischen den beiden Festlegungen GPKE und GeLi Gas. Diese Differenzen ergeben sich aus den Besonderheiten der Gaswirtschaft. So resultieren aus technischen Aspekten wie der Speicher- und Pufferfähigkeit von Gas sowie dem Transport von Gas unterschiedlicher Brennwerte prozesstechnische Anforderungen, die im Bereich der GPKE nicht zu finden sind. Beispielhaft für eine notwendige Anpassung der Elektrizitätsprozesse an gaswirtschaftliche Belange seien an dieser Stelle Aspekte wie Kapazitätsprüfungen bei Marktgebietswechsel sowie Brennwert und Zustandszahl des Gases genannt.[113]

6.3.2   Gliederung der Wechselprozesse im Messwesen (WiM)

Nach der erfolgten Festlegung der Geschäftsprozesse GPKE und GeLi Gas initiierte die Bundesnetzagentur ab 2009 ein weiteres Festlegungsverfahren zur Ausdehnung der Liberalisierung des Energiesektors auf das bis dahin noch nicht regulierte Zähl- und Messwesen. Wesentliches Ziel dieser Aktivitäten war die Schaffung verlässlicher, massengeschäftstauglicher Rahmenbedingungen für alle an der Abwicklung des Messwesens beteiligten Akteure. Bei der Entwicklung dieses Regelwerks hat die Bundesnetzagentur auf den Erfahrungen aus den Vorjahren aufge-

---

112   BNetzA, (Gas, 2007), S. 18
113   vgl. Ecofys/EnCT/BBH, Rollout, 2009, S. 143 f.

setzt: „Die beim Lieferantenwechsel gewonnenen Erfahrungen haben wir auch im Messwesen berücksichtigt und die Prozesse entsprechend optimiert"[114] so der Präsident der Bundesnetzagentur Kurth.

Das Verfahren wurde mit der Festlegung einheitlicher Geschäftsprozesse und Rahmenverträge für das Messwesen im September 2010 abgeschlossen und deren Ergebnisse wurden als „Beschluss zur Festlegung zur Standardisierung von Verträgen und Geschäftsprozessen im Bereich des Messwesens" veröffentlicht. Die in der Anlage 1 „Wechselprozesse im Messwesen (WiM)" dieses Beschlusses ausgeführten Prozesse für den Wechsel des Messstellenbetreibers bzw. Messdienstleisters, die Durchführung der Messung sowie den elektronischen Datenaustausch ordnet die Bundesnetzagentur den nachfolgenden drei Hauptbereichen zu[115]:

- Geschäftsprozesse zum Zugang zu Messstellenbetrieb und Messdienstleistung,
- Prozesse während des laufenden Messstellenbetriebs bzw. laufender Messung,
- Annexprozesse.

Abbildung 6-2: Gliederung der Wechselprozesse im Messwesen (WiM)

Im ersten Hauptbereich „Geschäftsprozesse zum Zugang zu Messstellenbetrieb und Messdienstleistung" werden in getrennten Kapiteln der Anlage 1 zunächst die zentralen Wechselprozesse für Messstellenbetreiber (gegebenenfalls einschließlich Messung) und anschließend diejenigen der Messdienstleister unabhängig voneinander beschrieben und festgelegt. Neben diesen Prozessbeschreibungen, die sich mit der regelkonformen Abwicklung des Zugangs sowie des eigentlichen Wechsels eines Messstellenbetreibers bzw. Messdienstleisters beschäftigen, werden darüber hinaus zusätzlich die Abwicklungsprozesse für die Übergabe der physischen

---

114 Kurth, M., Rahmenbedingungen, 2010, Pressemitteilung der BNetzA vom 09.09.2010
115 vgl. BNetzA, Messwesen, 2010, S. 13 f.

Messstellen definiert. Diese letztgenannten Übergabeprozesse beinhalten zum einen Regelungen für einen Wechsel bereits eingebauter Messgeräte gegen neue Systeme (Gerätewechsel) sowie zum anderen Vorgaben für eine alternative Übernahme bereits vorhandener Einrichtungen eines früheren durch einen neu beauftragten Anbieter (Geräteübernahme). Schließlich regeln die Prozesse Kündigung-Messstellenbetrieb bzw. Kündigung-Messung die Zivilrechtslage zwischen Alt- und Neuanbieter für den Fall, dass ein Neuanbieter stellvertretend für einen wechselwilligen Letztverbraucher dessen ursprüngliches Vertragsverhältnis mit dem alten Anbieter direkt kündigt.

Der zweite Abschnitt „Prozesse während des laufenden Messstellenbetriebs bzw. während laufender Messung" umfasst die Regelungen zu den im Messwesen regelmäßig wiederkehrenden Geschäftsprozessen Messstellenänderung, Störungsbehebung und Messwertbereitstellung. Unter Messstellenänderung wird in der Festlegung allgemein die Durchführung technischer Änderungen an der Messstelle ohne gleichzeitigen Wechsel des Messtellenbetreibers oder Messdienstleisters verstanden. Der Prozess Störungsbehebung in der Messstelle regelt den Ablauf von Störmeldungen und verpflichtet darüber hinaus, im Falle einer festgestellten oder auch nur vermuteten Störung, den Messstellenbetreiber den festgestellten Defekt unverzüglich zu beseitigen. Schließlich regelt der Prozess Anforderung und Bereitstellung von Messwerten die standardisierte Erhebung, Aufbereitung und Weiterleitung von Messwerten sowie die damit im Zusammenhang stehende Interaktionen zwischen den Marktbeteiligten.

Als weitere Festlegung definiert die Bundesnetzagentur in ihren Annexprozessen Abläufe, die den Austausch geänderter Stammdaten von Letztverbrauchern oder Messstellen (Stammdatenänderung) sowie die Abfrage von Geschäftsdaten (Geschäftsdatenanfrage) im liberalisierten Messwesen regeln. Daneben hat der Regulierer einen Prozess für die Abrechnung von Dienstleistungen im Messwesen definiert, der die Abrechnung von Entgelten für unterschiedliche Dienstleistungen wie bspw. die temporäre Fortführung von Messstellenbetrieb oder Messung organisiert.

6.4 Vom klassischen Zähl- und Messwesen zum Smart Metering

Die Festlegungen der Bundesnetzagentur haben wie vorher beschrieben weitreichende Folgen für alle Unternehmen der Versorgungswirtschaft. Vorgaben der GPKE und GeLi Gas sowie die neuen Wechselprozesse im Messwesen (WiM) müssen jeweils in eine bereits bestehende Prozess- und IT-Systemlandschaft eines Energieversorgungsunternehmens oder Netzbetreibers integriert werden. Zusätzlich drängen neue Akteure wie Messstellenbetreiber und Messdienstleister seit Beginn der Liberalisierung auf den deregulierten Energiemarkt. Funktionsfähige Schnittstellen zu diesen neuen Marktpartnern sowie anderen Geschäftsprozessen der liberalisierten Energiewirtschaft müssen entwickelt und bereitgestellt werden.

Nachdem die Prozesse für den Anbieterwechsel bei der Belieferung von Letztverbrauchern mit Strom und Gas spätestens seit dem Jahr 2007 gelten und weitgehend eingeführt sind, stehen nunmehr die Messwesenprozesse im Fokus des Prozessmanagements im Energiesektor. Von herausragender Bedeutung ist dabei die schrittweise Überführung der klassischen Zähl- und Messwesenprozesse in Smart Metering-Prozesse. Dies nicht zuletzt deswegen, weil mit den Vorgaben der Novelle des EnWG der politische Wille manifestiert wurde, modernen Messeinrichtungen den Vorzug gegenüber herkömmlichen, analogen Systemen des klassischen Messwesens zu geben und deren Einbau ab dem Jahr 2010 verpflichtend vorzuschreiben.

Aber nicht allein der Einfluss von Politik und Regierungsbehörde wird die bereits eingeschlagene Entwicklung vom klassischen Zähl- und Messwesen hin zum Smart Metering weiter beschleunigen. Vielmehr werden Rahmenbedingungen wie der zunehmende Wettbewerb durch das Erscheinen neuer Marktteilnehmer, eine steigende Wechselbereitschaft der Letztverbraucher sowie die technischen Entwicklungen der letzten Jahre als zusätzliche Katalysatoren für Wandel und Veränderung innerhalb der Energiewirtschaft fungieren.

Gewiss werden analoge Zähler noch über viele Jahre im Markt anzutreffen – vielleicht sogar dominierend – sein. Dennoch gehört die Zukunft denjenigen Technologien, die sozusagen „Intelligenz" in die Prozesse der Energiewirtschaft bringen.

6.4.1   Intelligente Zähler als technologische Basis smarter Abläufe

Seit Jahrzehnten kommen in deutschen Haushalten analoge Messgeräte zur Erfassung des Verbrauchs von Strom, Gas, Wärme und Wasser zum Einsatz. Die Basistechnologie dieser Zähler ist seit über 50 Jahren kaum verändert worden. Klassische Analogzähler sind in ihrem Funktionsumfang auf die einfache Verbrauchsmessung beschränkt. Sie erlauben nicht die zeitnahe Kontrolle und Auswertung des tatsächlichen Verbrauchs über den Zeitablauf an der Messstelle. Darüber hinaus lassen sich mit den herkömmlichen Systemen nur maximal zwei Tarife, die bekannten Tag- und Nachttarife bzw. Hoch- und Niedrigpreistarife (HT/NT-Tarife), abrechnen.

Innovation per Gesetz: Das Energiewirtschaftsgesetz von 2008 schreibt im § 21b Abs. 3a/b den Einbau moderner Messeinrichtungen vor, die dem Verbraucher den tatsächlichen Energieverbrauch anzeigen. Auch wenn es im Gesetzestext nicht explizit vorgeschrieben ist, so liefern die technische Lösung zur Umsetzung dieser politischen Forderung praktisch nur intelligente Zähler bzw. Smart Meter.

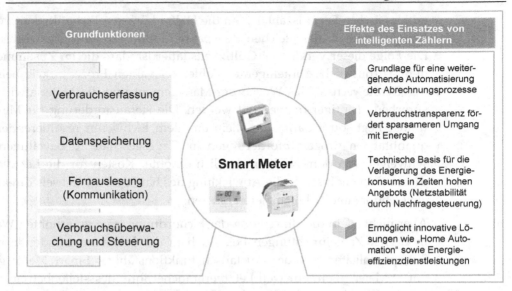

Abbildung 6-3: Funktionen und mögliche Effekte des Einsatzes moderner Smart Meter

Bei Smart Metern handelt es sich um elektronische Geräte zur Verbrauchsmessung von Strom, Gas, Wärme oder Wasser. Der Funktionsumfang von Smart Metern geht weit über den herkömmlicher Analogzähler hinaus.

Ein Smart Meter oder intelligenter Zähler registriert in der Regel alle fünfzehn Minuten den Zählerstand und sendet einen gemittelten Verbrauchswert an den Energieversorger oder einen Messstellenbetreiber. Den Wert oder die Zeitreihen sendet das Gerät entweder direkt an das Versorgungsunternehmen via Funk- oder Internetverbindung oder sie werden alternativ per Infrarot-Schnittstelle über ein Inhouse-Kommunikationssystem (zum Beispiel per WLAN) an einen Konzentrator übertragen und anschließend über eine gängige Internetverbindung an den Versorger geleitet. Alternativ kann die Datenübertragung auch über das Stromnetz per Power Line Communication (PLC) an die nächstgelegene Transformatorenstation (Umspannstation) erfolgen, von wo aus die Daten dann weitergeleitet werden. Da diese modernen Zähler nicht nur Daten senden, sondern auch Steuerungsimpulse von Versorgungsunternehmen erhalten können, revolutionieren sie die Kommunikation zwischen Energiewirtschaft und ihren Kunden.

Die genannten Funktionen, detaillierte Erfassung und Speicherung des Energieverbrauchs sowie Eignung zur Fernauslesung mittels bidirektionaler Kommunikation zwischen den Unternehmen der Energiewirtschaft und deren Kunden, machen Smart Meter zur technologischen Basis smarter Messwesenprozesse der Zukunft.

Es sprechen viele Argumente für Smart Meter. An dieser Stelle sei aus Gründen der Vollständigkeit allerdings erwähnt, dass mit der breiten Einführung intelligenter Zähler auch Nachteile verbunden sind, die beim Prozessdesign zu beachten sind. So müssen beispielsweise intelligente Strommesser wegen der im Gegensatz zu klassischen Ferrariszählern um die Hälfte kürzeren Eichgültigkeit von nur acht Jahren innerhalb der gleichen Zeitspanne doppelt so häufig gewechselt werden. Die Folge dieser verkürzten Gültigkeitsdauer ist, dass die im Zusammenhang mit dem Turnuswechsel intelligenter Zähler relevanten Prozesse, wie beispielsweise der Gerätewechsel, das Workorder-Management und die Materialwirtschaft, entsprechend häufiger frequentiert werden. Die Herausforderung für Messstellenbetreiber liegt somit darin, die allein aus dem Eichwesen resultierenden erhöhten quantitativen Prozessanforderungen im Tagesgeschäft zu bewältigen. Ganz zu schweigen von dem Nachteil deutlich erhöhter Kosten für die Letztverbraucher, die das Neugerät sowie die Abwicklung des häufigeren Wechsels direkt oder über ein Gebührenmodell finanzieren müssen.

Aber nicht allein die Umsetzung der Eichordnung trägt zu erhöhten Wechselraten moderner Zähleinrichtungen bei. Auch in der Praxis anzufindende prozessuale Suboptimalitäten wie der Austausch funktionsfähiger Smart Meter gegen neue Smart Meter, allein nur weil Letztverbraucher ihre Messstellenbetreiber wechseln, erhöht die Ausführungshäufigkeit der Wechselprozesse unnötig. Beim Design der Geschäftsprozesse des Anlagenübergangs von Smart Metern zwischen zwei Messstellenbetreibern sollten nicht-proprietäre Lösungen mit offenen Schnittstellen und Kommunikationswegen als Standard gelten. So kann sichergestellt werden, dass jeder Messstellenbetreiber jeden Smart Meter-Typ über seine eigene Prozess- und IT-Infrastruktur ablesen und steuern kann. Sollte sich im Markt ein adäquater Standard nicht automatisch herausbilden, so dürfte die Bundesnetzagentur auf absehbare Zeit tätig werden und entsprechende Regelungen verordnen.

6.4.2   Smart Metering als integraler Bestandteil der Geschäftsprozesse von morgen

Der Energieverbrauch der meisten deutschen Privathaushalte wird seit Jahrzehnten einmal im Jahr abgelesen, anschließend vom Energielieferanten bewertet und dem Endkunden in Rechnung gestellt. Verbraucher kennen dieses sich jedes Jahr wiederholende Prozedere: Ein Mitarbeiter des Versorgungsunternehmens liest vor Ort die jährlichen Verbrauchswerte für Strom, Gas, Wärme oder Wasser von analogen Messgeräten ab. Bei der modernen Variante schicken Versorgungsunternehmen nicht mehr eigene Mitarbeiter, sondern lassen die Kunden die Verbrauchsdaten selbst per Postkarten erfassen und übermitteln. Alternativ zum Postweg wird von immer mehr Unternehmen zusätzlich auch die Eingabe der Jahreswerte über ein Internetportal angeboten.

Die bei der Energieversorgung von Privatkunden praktizierte jährliche Verbrauchserfassung und -abrechnung wäre in anderen Branchen nicht vorstellbar. Beispielsweise auf den Telekommunikationssektor übertragen würde dies bedeuten, dass Telefongesellschaften nur einmal im Jahr die Gesprächseinheiten beim Kunden ablesen und ohne Aufschlüsselung der Einzelposten die monatlichen Telefonkosten schätzen. Auch wenn die Gegebenheiten der hier miteinander verglichenen Branchen Energie und Telekommunikation nicht identisch sind, so zeigt dieser Vergleich dennoch anschaulich, dass die herkömmliche Jahreswerterfassung des Energieverbrauchs mittels analoger Messgeräte dem Kunden keine zeitnahe Transparenz oder gar Steuerung des eigenen Verbrauchsverhaltens ermöglicht.

Nur die Einführung intelligenter Messgeräte schafft die gewünschte Transparenz über den tatsächlichen Energiekonsum und kann so bei entsprechender Anreizsetzung auf der Kundenseite unter anderem auch verbrauchsbewusstes Verhalten fördern. Diese intelligenten Zähler stellen die technische Grundlage des Smart Metering-Konzepts dar. Sie liefern mit ihren Daten gewissermaßen den Treibstoff intelligenter Ablesungs- und Abrechnungsprozesse. Unter Smart Metering werden allgemein alle Leistungen des Messstellenbetriebes zusammengefasst, bei denen mittels elektronischer Messtechnik Verbrauchsmengen gemessen, gesammelt und weiterverarbeitet sowie Zusatzdienstleistungen wie etwa Überwachungs- und Alarmierungsfunktionen erbracht werden. Smart Metering ist vermutlich die derzeit meist diskutierte Zukunftstechnologie des Messwesens.

6.4.3   Prozesse im Smart Metering: Automatisierung der Geschäftsprozesse

Eines der zentralen Ziele von Smart Metering ist eine weitgehende Automatisierung der Geschäftsprozesse des Zähl- und Messwesens. Diese Zielsetzung ist nicht Selbstzweck. Automatisierung um der Automatisierung willen ist wenig überzeugend. Vielmehr sollen mit Hilfe von Smart Metering die Geschäftsprozesse beschleunigt und die Abrechnungsqualität durch den Wegfall manueller Aktivitäten sowie der Reduzierung fehleranfälliger Schnittstellen gesteigert werden.

Zu den bedeutsamsten Schwachstellen klassischer Versorgungs- und Messwesenprozesse zählen unter anderem:

* unzureichende Datenqualität verteilter Abrechnungssysteme,
* hohe Fehleranfälligkeit manuell abgelesener Verbrauchswerte sowie
* Personalintensität herkömmlicher Ablese- und Geräteprozesse.

Die an dieser Stelle exemplarisch aufgeführten Schwachstellen begleiten die klassische Versorgungswirtschaft seit je her. Ohne eine nahezu vollständige Automatisierung der Geschäftsprozesse sind die skizzierten Schwachstellen klassischer Ablese- und Abrechnungsprozesse kaum nachhaltig zu beheben. Smarte Konzepte und Prozesse sind geeignet, hier Abhilfe zu schaffen. Nachfolgend genannte Beispiele sollen die Möglichkeiten moderner Geschäftsprozesse im Smart Metering exemplarisch illustrieren:

Automatisierung der Datenaustauschprozesse

Betrachtet man zunächst die Festlegungen der Wechselprozesse im Messwesen (WiM), so bieten sich zum Beispiel die im Zusammenhang mit dem Wechsel zwischen zwei Messstellenbetreibern notwendigen Datenaustauschprozesse für eine weitgehende Automatisierung geradezu an. Charakteristisch für das klassische Messwesen ist, dass Kunden- und Messstellendaten zunächst fehleranfällig manuell vor Ort an der Messstelle erfasst werden, um diese dann anschließend an einen datenempfangsberechtigten Marktpartner weiterzuleiten. Wesentlich sicherer und schneller erfolgt der Austausch relevanter Stammdaten der Messstelle zwischen einem Netzbetreiber sowie dem alten und neuen Messstellenbetreiber, wenn beispielsweise der Datenaustausch im Prozess Beginn Messstellenbetrieb automatisiert mittels des Einsatzes von Smart Metering erfolgt. Darüber hinaus sind Smart Meter als Rückgrat des Smart Metering technisch in der Lage, sich selbstständig im IT-System des neuen Messstellenbetreibers anzumelden und automatisch Initiierungsdaten dorthin zu übertragen.

Auch im Bereich der liberalisierten Lieferantenwechsel- und Kundenbelieferungsprozesse von GPKE und GeLi Gas tragen automatisierte Datenaustauschprozesse des Smart Metering erheblich zur Optimierung und Beschleunigung der Abwicklungsprozesse bei. So werden zum Beispiel beim Lieferantenwechsel – der per se ein Massendatenprozess ist – zwischen den beteiligten Akteuren automatisch die Stammdaten des wechselwilligen Letztverbrauchers ausgetauscht.

Automatisierung der Customer Relation Management (CRM)-Prozesse

Die Auswirkungen intelligenter Zähler auf das Kundenbeziehungsmanagement von Unternehmen der Energiewirtschaft sind enorm. So revolutioniert der Einsatz von Smart Metern nahezu das gesamte Spektrum kundennaher Geschäftsprozesse der Strom- und Gaswirtschaft. Auf der Grundlage der von intelligenten Zählern generierten Daten werden die Prozesse des Customer Relation Management (CRM) deutlich an Wirksamkeit und Effizienz gewinnen. Kundenanfragen zu Rechnungen, Verbrauchswerten, Abschlagszahlungen usw. können dank der Automatisierung aller wesentlichen Prozesse von geschulten Mitarbeitern im Customer Care Center eines Energielieferanten oder Kundenbetreuungszentrum eines Messstellenbetreibers bzw. Messdienstleisters unmittelbar und kompetent beantwortet werden. Beschwerden und Störungsmeldungen können schneller als im klassischen Messwesen je möglich bearbeitet werden, da dem Sachbearbeiter zur Lösung eines Problems alle relevanten Daten der Messstelle per Knopfdruck via spezialisierten IT-Applikationen unmittelbar zur Verfügung stehen.

Automatisierung reduziert Ablesefehler

Mittels moderner Messtechnik erfolgt im Smart Metering die Ablesung der Verbrauchswerte in Normalfall vollkommen automatisch. Über fest eingebaute Zusatzfunktionen oder nachträglich montierbare Kommunikationsmodule kann eine sogenannte Zählerfernauslesung erfolgen. Dazu werden die vom Zähler erfassten Daten direkt an ein Messdienstunternehmen übermittelt und dort mittels automatisierter Prozesse ohne die für klassische Abläufe üblichen Medienbrüche umgehend weiterverarbeitet. Weitgehend automatisierte Ableseprozesse eliminieren die bekannten Fehlerquellen manueller Ablesungsprozeduren an der Messstelle des Letztverbrauchers vor Ort erheblich. In mit intelligenten Zählern ausgestatteten Objekten sind die Zeiten vorbei, zu denen ein Mitarbeiter des örtlichen Energieversorgers die Verbrauchswerte für Strom oder Gas persönlich vor Ort am Zähler direkt abliest und anschließend per Erfassungsbogen oder – in der moderneren Variante – mit Hilfe eines mobilen Erfassungsgerätes händisch aufnimmt.

Die im Zusammenhang mit der Einführung automatisierter Messwesenprozesse einhergehende Reduzierung von Ablese- und Übertragungsfehlern wird die Anzahl falscher Rechnungen signifikant reduzieren. Folgerichtig wird Smart Metering unter anderem auch dazu beitragen, die Anzahl eingehender Beschwerden wegen fehlerhafter Rechnungsstellung zu senken und so die für die kundennahe Kommunikation zuständigen Unternehmensbereiche von Energieversorgungsunternehmen, Lieferanten und Messstellenbetreibern entlasten.

Nebeneffekt der automatisierten Fernauslesung ist neben den bisher genannten Aspekten ferner, dass Kunden oder deren Vertreter nicht zum festgelegten Ablesetermin persönlich zu Hause anwesend sein müssen. Weil alle relevanten Gerätestammdaten und Verbrauchswerte über automatische Fernablesungsprozesse erfasst und weiterverarbeitet werden, entfällt für Kunden gleichzeitig die Gefahr einer oft strittigen Schätzung des individuellen Verbrauchs, sollte der avisierte Ablesungstermin einmal doch nicht zustande kommen.

Automatisierung vereinfacht den Nutzerwechsel an der Messstelle

Moderne Smart Meter-Prozesse reduzieren auch im Falle des kundennahen Prozesses Anschlussnutzerwechsel nach § 4 Abs. 5 MessZV manuelle Eingriffe auf ein Minimum und führen zu optimierten Abläufen.

Nach der Auszugsmeldung durch den Anschlussnutzer, dies kann der Eigentümer oder auch ein Mieter einer Immobilie sein, erfolgt zunächst eine automatisierte Endabrechnung des bis zum angegebenen Auszugstermin angefallenen Energiekonsums des Altnutzers. Nach der Auszugsmeldung kann über das Back-End-System des Energielieferanten oder Messstellenbetreibers der intelligente Zähler „aus der Ferne" ohne jeden manuellen Eingriff zuverlässig abgelesen und bei Bedarf zusätzlich gesperrt bzw. abgeschaltet werden. Sobald die Nutzeinheit vom Neueigentümer oder dem Nachmieter erneut zur Versorgung angemeldet wird, erfolgt die automatische Fernablesung des Anfangszählerstandes sowie im Sperrfall die Freischaltung des Smart Meters. Der neue Nutzer wird sodann mit Energie versorgt, ohne dass ein Mitarbeiter des Energieunternehmens während des gesamten Prozesses jemals vor Ort beim Anschlussnutzer gewesen ist.

Automatisierung rationalisiert den Sperrprozess

Sperrung und Entsperrung analoger Zähler ist im herkömmlichen Messwesen mit hohem manuellem Aufwand verbunden. Kunden mit Zahlungsrückständen durchlaufen zunächst einen mehrstufigen Mahnprozess. Diesem Mahnlauf folgt üblicherweise eine Ankündigungsmeldung an die säumigen Verbraucher, die den endgültigen Sperrtermin beinhaltet. Die tatsächliche Sperrung erfolgt sodann manuell am analogen Zähler vor Ort durch Monteure des beauftragenden Versorgungsunternehmens. Sollte der Kunde am Tag der geplanten Sperrung nicht zu Hause anzutreffen sein, so wiederholt sich unter Umständen der Termin mehrfach.

Alles in allem ist der Sperrprozess des klassischen Messwesens somit zweifellos umständlich strukturiert. Daher zeigen Energielieferanten und Messstellenbetreiber ein deutliches Interesse an Lösungen zur Fernsperrung und -entsperrung von Zählern. Der Smart Metering-Sperrprozess beginnt idealtypisch im Mahnwesen des Energielieferanten oder Messstellenbetreibers. Digitalisierte Sperraufträge werden nach Feststellung offener Positionen vom Mahnlauf automatisch erstellt. Diese Daten werden anschließend an den Netzbetreiber per standardisierten Datenaustausch übermittelt, der seinerseits die eigentliche Fernsperrung in Form eines Montageauftrages anlegt und auslöst. Demzufolge besteht nach der Einführung von Smart Metering dank eines weitgehend automatisierten Sperrprozesses die Möglichkeit, Kunden mit offenen Rechnungen schneller und einfacher als bisher vom Netz zu nehmen bzw. die Versorgungsleistung zu drosseln. Dies geschieht durch die Übertragung geeigneter Steuerungsimpulse an den Smart Meter, die gegebenenfalls die Energieversorgung gänzlich sperren oder alternativ die Leistungsabgabe auf einen bestimmten Maximalwert beschränken.

6.4.4   Zwischenfazit: Vorteile von Smart Metering entlang der Wertschöpfungskette

Auf der Basis bisheriger Vorüberlegungen lassen sich als Zwischenfazit die wesentlichen Vorteile der Einführung innovativer Geschäftsprozesse innerhalb der Versorgungsindustrie zusammenfassend ableiten.

Die bereits skizzierten Aspekte einer umfassenden Automatisierung klassischer Energiewirtschaftsprozesse durch die Integration intelligenter Zähler sowie moderner IT-Systeme ist zweifelsohne mit großen organisatorischen Herausforderungen und immensen Investitionen verbunden. Diesen Nachteilen stehen jedoch zahlreiche, mit der zuvor beschriebenen Automatisierung eng verbundene, positive Effekte gegenüber, die diese insgesamt ausgleichen dürften: Den Kosten stehen als quantifizierbare Nutzengrößen unter anderem die Reduzierung der Ablesekosten durch das Entfallen der manuellen Ablesung konventioneller Zähler sowie die Senkung der Prozesskosten aufgrund höherer Datenqualität innerhalb der Erfassungs- und Kommunikationsprozesse gegenüber.[116]

Im Folgenden werden Prozesse aufgezählt, die bei der Umstellung auf Smart Metering signifikante Hebel für die Steigerung von Prozesseffizienz sowie einer Reduktion der Prozesskosten aufweisen:

*   Messung bzw. Ablesung von Messwerten,
*   Aufbereitung und Plausibilisierung von Verbrauchsdaten,
*   Wechselprozesse im Bereich der Kundenbelieferung und des Messwesens,

---

116   vgl. Ecofys/EnCT/BBH, Rollout, 2009, S. 60 ff.

- Forderungsmanagement inklusive Sperrung und Entsperrung,
- Optimierung der Energiebeschaffung und -steuerung mittels Realverbrauchsdaten.[117]

Übertragen auf die Geschäftsprozesse entlang der Wertschöpfungskette können je Kernprozess konkrete Effizienzpotenziale, die mit der Einführung intelligenter Zähler sowie der Umstellung auf „smarte" Abläufe verbunden bzw. zu erwarten sind, identifiziert werden. Eine Auswahl positiver Effekte bzw. Vorteile wird nachfolgend aufgeführt:

- Verbesserung der Datenqualität durch Reduzierung von System- und Medienwechsel,
- Reduzierung von Ablesefehlern durch automatisierte Fernauslesung auf ein Minimum,
- Vermeidung der häufig strittigen Verbrauchsschätzungen,
- Abnahme von Kundenbeschwerden und Erläuterungsanfragen bei Nachzahlungen im Nachgang zur Jahresendabrechnung,
- Beschleunigte Störbehebung durch automatisierte Störmeldung intelligenter Zähler,
- Verbesserte Auskunftsfähigkeit durch aktuelle Zählerdaten bei Kundenanfragen,
- Vereinfachte Wechselprozesse bei Lieferanten- und Messdienstleisterwechsel,
- Reduzierung von Abwicklungskosten durch Substitution personalintensiver Prozesse,
- Schaffung personeller und materieller Freiräume für neue Geschäftsfelder.

Die schematische Abbildung 6-4 setzt exemplarisch diese positiven Effekte ins Verhältnis zur gesamten Prozesskette:

---

117   vgl. LBD-Beratungsgesellschaft, Messstellenbetrieb, 2009, S. 27 ff.

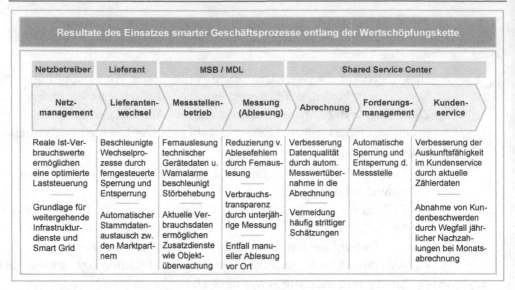

Netzbetreiber	Lieferant	MSB / MDL		Shared Service Center		
Netz-management	Lieferanten-wechsel	Messstellen-betrieb	Messung (Ablesung)	Abrechnung	Forderungs-management	Kunden-service
Reale Ist-Verbrauchswerte ermöglichen eine optimierte Laststeuerung	Beschleunigte Wechselprozesse durch ferngesteuerte Sperrung und Entsperrung	Fernauslesung technischer Gerätedaten u. Warnalarme beschleunigt Störbehebung	Reduzierung v. Ablesefehlern durch Fernauslesung	Verbesserung Datenqualität durch autom. Messwertübernahme in die Abrechnung	Automatische Sperrung und Entsperrung d. Messstelle	Verbesserung der Auskunftsfähigkeit im Kundenservice durch aktuelle Zählerdaten
Grundlage für weitergehende Infrastrukturdienste und Smart Grid	Automatischer Stammdatenaustausch zw. den Marktpartnern	Aktuelle Verbrauchsdaten ermöglichen Zusatzdienste wie Objektüberwachung	Verbrauchstransparenz durch unterjährige Messung Entfall manueller Ablesung vor Ort	Vermeidung häufig strittiger Schätzungen		Abnahme von Kundenbeschwerden durch Wegfall jährlicher Nachzahlungen bei Monatsabrechnung

Resultate des Einsatzes smarter Geschäftsprozesse entlang der Wertschöpfungskette

Abbildung 6-4:   Resultate des Einsatzes von Smart Metering-Prozessen je Kernprozess

Demnach können entlang der gesamten Wertschöpfungskette des Kundenbelieferungs- und Messwesens durch die Umstellung der Prozesse auf Smart Metering signifikante Verbesserungen realisiert werden. Die Prozesseffizienz wird durch die Einführung intelligenter Zähler erhöht und so die Wettbewerbsfähigkeit von Unternehmen des Energiesektors verbessert. Allerdings ist die Umgestaltung der Geschäftsprozesse kein Selbstläufer. Vielmehr erfolgt dieser Prozess in der deutschen Energiewirtschaft derzeit noch recht verhalten. Inwieweit und wie schnell die hier genannten Vorteile jedoch Smart Metering in den kommenden Jahren tatsächlich zum Durchbruch verhelfen werden, hängt wesentlich davon ab, wann der „Leidensdruck" bei den Marktteilnehmern angesichts der Herausforderungen des Marktumfelds ausreichend groß für die Umstellung auf performante Geschäftsprozesse sein wird.

6.5   Vorgehen bei der Prozessoptimierung zur Umsetzung der Festlegungen der BNetzA

Die Festlegungen der Bundesnetzagentur haben beträchtlichen Einfluss auf die praktische Ausgestaltung der Unternehmensprozesse aller Akteure der Strom- und Gaswirtschaft. Energieversorgungsunternehmen und Lieferanten sahen und sehen sich vor die große Herausforderung gestellt, ihre zum Teil seit Jahrzehnten etablierten Unternehmensstrukturen, Geschäftsprozesse und IT-Systeme an die Vorgaben des Regulierens anpassen zu müssen. Erhebliche Anstrengungen und umfangreiche Projekte zur regelkonformen Prozessumgestaltung charakterisieren daher seit Beginn der Liberalisierung die deutsche Energiewirtschaft. Beispielsweise hatte die in den beiden Vorschriften GPKE und GeLi Gas verfügte Vereinheitlichung der Datenformate und die damit einhergehende Festlegung auf den EDIFACT-

Standard teils gewaltige Auswirkungen auf die Unternehmensprozesse. Um den geforderten regelkonformen Nachrichtenaustausch bewerkstelligen zu können, mussten die betroffenen Unternehmen ihre IT-Systeme anpassen und fallweise die eigenen Kundenbelieferungs- und Wechselprozesse grundlegend umstrukturieren.

Diese Anpassung der Geschäftsprozesse an die Vorgaben der Bundesnetzagentur ist sowohl im klassischen Belieferungs- und Messwesen als auch im Falle der Einführung von Smart Metering zwingend erforderlich. Dabei hat es sich bewährt, wenn die Unternehmen sich nicht allein darauf beschränken, die Anforderungen der Bundesnetzagentur an die bestehenden Prozesse irgendwie „anzuschrauben", sondern vielmehr diese externen Auflagen auch als Chance verstehen, die bestehenden Geschäftsprozesse gleichzeitig zu optimieren. Die Schaffung optimierter Prozesse hilft energiewirtschaftlichen Unternehmen, die bereits beschriebenen Herausforderungen bestmöglich zu bewältigen.

Die nachhaltige Einführung neuer sowie die Optimierung bestehender Prozesse erfordert von allen Beteiligten hohe methodische und fachliche Kompetenz, praktisches Branchen- und Prozesswissen sowie Sensibilität in der Projektdurchführung. Das nachfolgend skizzierte Phasenmodell beschreibt einen theoretisch fundierten und in der Praxis erprobten Ansatz zur Prozesseinführung und -optimierung. Wie Abbildung 6-5 schematisch zeigt, umfasst es ein aus vier Projekt- und einer anschließenden Betriebsphase bestehendes Vorgehensmodell, welches für die Umsetzung von Festlegungen der Bundesnetzagentur im Bereich der Kundenbelieferungs- und Messwesenprozesse geeignet ist.

Abbildung 6-5: Phasenmodell zur Umsetzung von Festlegungen der BNetzA

Die sequenziellen Phasen eins bis vier bilden das eigentliche Optimierungsprojekt ab, wohingegen die Phase fünf den Betrieb nach erfolgter Prozessoptimierung umfasst. In Phase eins wird das Projekt initiiert. Dies geschieht nach Auswertung der Ausgangslage und der daraus folgenden Feststellung eines tatsächlichen Handlungsbedarfs durch die Definition der Projektziele. Nachdem das mit dem Projekt verfolgte Ziel festgelegt und die Durchführung des Projekts geplant ist, beginnt in der Phase zwei die Erhebung der existierenden Unternehmensprozesse sowie deren detaillierte Analyse. Darauf basierend werden in der anschließenden Phase drei zunächst die Quick Wins – so vorhanden – realisiert. Der eigentliche Zweck dieser Konzeptionsphase ist jedoch die relevanten Geschäftsprozesse so zu modellieren, dass sie den Festlegungen der Bundesnetzagentur genügen und den Anforderungen des Marktes entsprechen bzw. im Idealfall diese sogar übertreffen. Diese Phase endet mit der Formulierung einer Entscheidungsvorlage für das Management, über die in der nachfolgenden Phase vier zunächst entschieden wird. Erfolgt die Entscheidung zugunsten des Projekts, so beginnt die Einführung der neuen Geschäftsprozesse in das Unternehmen. Nachdem die neuen Prozesse eingeführt sind, beginnt mit der Phase fünf der eigentliche Betrieb, der das Verbesserungsprojekt insgesamt abschließt. Wesentliches Charakteristikum dieser Betriebsphase ist, dass in dieser eine Ergebnisüberprüfung stattfindet. Darüber hinaus werden zur langfristigen Erfolgssicherung Prozeduren zur kontinuierlichen Weiterentwicklung der neuen Prozesse aufgesetzt.

Phase 1: Initiierung (Proof of Concept)

Mit der Initiierungsphase beginnt das Projekt. Zu Beginn dieser Startphase wird zunächst die Ausgangslage geklärt. Diese Klärung beinhaltet im Allgemeinen eine Überprüfung der betriebswirtschaftlichen oder technischen Notwendigkeit des geplanten Projekts zur Prozessoptimierung. Aber auch rechtliche oder gesellschaftliche Faktoren können einen Änderungsbedarf erwirken. Bezogen auf die Energiewirtschaft sind dabei gerade die Festlegungen der Bundesnetzagentur von herausragender Bedeutung. Diese eingehend zu analysieren sowie deren Auswirkungen für die Strukturen und Prozesse der betroffenen Unternehmen abzuschätzen, ist Aufgabe der Anfangsphase des Optimierungsprojektes. Beispielhaft sei an dieser Stelle die im Zuge der Veröffentlichung der Wechselprozesse im Messwesen (WiM) im Jahr 2010 aus Sicht vieler Marktakteure drängende Frage, ob ein Engagement als Messstellenbetreiber sinnvoll ist oder nicht, genannt. Tatsächlich muss zunächst genau geprüft werden, ob – und für wen – sich ein Engagement als Messstellenbetreiber überhaupt lohnt. Die Beantwortung dieser Frage ist unter anderem Gegenstand der Klärung der Ausgangslage.

Aus den Erkenntnissen der skizzierten Eingangsprüfung wird schließlich der konkrete Handlungsbedarf abgeleitet. Dieser Aktivität folgt die Zielbestimmung, deren Ergebnis die Beschreibung der mit dem Projekt insgesamt verfolgten Zielsetzung sowie die Herleitung des Nutzens für das Unternehmen ist. Die definierten Ziele legen die Ausrichtung des gesamten Optimierungsprojektes bzw. die Prozessstrategie fest. Sie dienen so allen Projektbeteiligten als wichtige Orientierungshilfe im weiteren Projektablauf.

Daraufhin wird festgelegt, welche Methodiken zur Prozessmodellierung im beabsichtigten Projekt zur Anwendung kommen sollen. Exemplarisch seien an dieser Stelle die weitverbreiteten kontrollflussorientierten Methoden ARIS mit der erweiterten Ereignisgesteuerten Prozesskette (eEPK), Swimlane-Diagramme sowie die an Bedeutung stark gewinnende Business Process Modeling Notation (BPMN) genannt.

Schließlich wird die Initiierungsphase mit der Projektplanung des weiteren Verbesserungsprojektes abgeschlossen. Die Initiierungsphase mündet häufig in einem sogenannten Proof of Concept (Machbarkeitsnachweis, Machbarkeitsstudie). Ergebnis ist in diesem Fall ein Dokument, in dem die prinzipielle Durchführbarkeit eines Vorhabens belegt ist oder alternativ dessen Undurchführbarkeit.

Phase 2: Analyse

Nach Abschluss der Initiierungs- folgt die Analysephase. Diese kann optional mit einem Projekt-Kick-off eingeleitet werden. Diese Veranstaltung dient in der Regel der Information der Mitarbeiter und der frühzeitigen Einbeziehung aller an der Optimierungsmaßnahme direkt oder indirekt beteiligten Personen.

Die Analyse beginnt mit der Prozesserhebung, die der systematischen Identifizierung aller relevanten Geschäftsprozesse eines Unternehmens dient. Bei der Erhebung bestehender Ist-Prozesse haben sich neben strukturierten Interviews und die Auswertung von im Einzelfall vorhandener Prozessdokumentationen insbesondere Workshops des Prozessteams zusammen mit dem Management der betroffenen Organisationseinheit vielfach bewährt.[118] Es hat sich als praktikabel erwiesen, den Einstieg in die anschließende Priorisierung und Analyse der Prozesse jeweils mittels einer branchen- und unternehmensspezifischen Prozesslandkarte zu beginnen.

Basierend auf der im Zuge der Prozesserhebung aufgestellten Prozesslandkarte erfolgt zunächst die Prozesspriorisierung. Bei diesem Vorgang wird ermittelt, welche der zuvor identifizierten Geschäftsprozesse bei der anschließenden Analyse detaillierter betrachtet werden sollen. Prozesse, die das höchste Optimierungspotenzial versprechen oder in Bezug auf die Festlegungen der Bundesnetzagentur von besonderer Relevanz sind, deuten auf einen erheblichen Wandlungsbedarf hin und werden dementsprechend mit der höchsten Priorität bewertet. Weitere Relevanzmerkmale sind die absolute Ausführungshäufigkeit eines Prozesses sowie dessen strategische Bedeutung.

Die detaillierte Prozessanalyse erfolgt entsprechend der zuvor festgelegten Prioritätenliste. Dabei werden die zuvor erhobenen Geschäftsprozesse auf ihre Leistungsfähigkeit hin untersucht und mit idealtypischen Referenzprozessen verglichen. Die Analyse selbst sollte Kriterien gestützt unter Einbeziehung der Dimensionen Kosten, Zeit und Qualität erfolgen. Die Ergebnisse der Prozessanalyse wer-

---

118   vgl. Schmelzer, H., Sesselmann, W., Geschäftsprozessmanagement, 2008, S. 127

den in einem speziellen Phasendokument Prozessanalyse schriftlich niedergelegt. Aus den Analyseergebnissen werden erste Handlungsempfehlungen abgeleitet sowie gegebenenfalls Sofortmaßnahmen ermittelt, die bereits parallel zum Optimierungsprojekt umgesetzt werden können.

Phase 3: Konzeption

Sollten Sofortmaßnahmen in der vorangegangenen Analysephase identifiziert worden sein, so beginnt als Parallelaktivität zum eigentlichen Optimierungsprojekt bereits zu Beginn der Konzeptionsphase deren Realisierung.

Nachdem die wesentlichen Ist-Prozesse in der vorangegangenen Projektarbeit eingehend analysiert wurden, beginnt die Modellierung der neuen Soll-Prozesse. Zur praktischen Durchführung der Prozessgestaltung bedient sich das Projektteam sowohl der in der Initiierungsphase festgelegten Modellierungsmethode als auch Best Practice anderer Branchen oder Unternehmen. Dazu greift das Projektteam zunächst die gewonnenen Analyseergebnisse auf und vergleicht diese mit dem angestrebten Soll-Zustand sowie – falls im Projekt relevant – zusätzlich den Vorgaben der Bundesnetzagentur.

Die Optimierung moderner Geschäftsprozesse ist ohne Berücksichtigung der IT-Systeme und Infrastruktur nicht denkbar. Daher dient die der Prozessmodellierung folgende Dokumentation nicht allein der fachlichen Beschreibung der angestrebten Soll-Prozesse. Vielmehr muss diese dem Anspruch gerecht werden, als verbindliche Basis für die Gestaltung von IT-Lösungen und systemübergreifende Workflows dienen zu können. Dementsprechend werden die Soll-Prozesse häufig in Form von sogenannten Fachkonzepten zur Darstellung aller funktionalen Anforderungen an eine Software dokumentiert. Auf Grundlage der konzipierten und dokumentierten Soll-Prozesse wird ein Katalog durchzuführender Maßnahmen erstellt, damit eine nachhaltige Optimierung der bestehenden Unternehmensprozesse gesichert erreicht werden kann.

Nach Abschluss der konzeptionellen Arbeiten müssen die Projektbeteiligten das Management von der Notwendigkeit einer Fortführung und Umsetzung der definierten Maßnahmen überzeugen. Dazu wird ein Vorschlag zur Projektumsetzung in Form einer Entscheidungsvorlage für das Management erstellt. Ziel dieses – die Konzeptionsphase abschließenden – Dokuments ist es, dem Management eine belastbare Grundlage für deren Entscheidung für oder gegen die Umsetzung des Optimierungsprojektes an die Hand zu geben.

Phase 4: Implementierung

In der Implementierungsphase entscheidet das Management, ob das Optimierungsprojekt in der zuvor geplanten Form durchgeführt bzw. geändert oder gar abgebrochen wird. Diese Phase beginnt zunächst mit der Präsentation der Ergebnisse und Maßnahmenplanung vor dem Management. Anschließend erfolgt die finale Entscheidung des Managements.

Falls das Projekt weiterverfolgt wird, also die Projektfreigabe vom Management erteilt wurde, beginnt die Feinplanung des nachfolgenden Implementierungsprojektes. In diesem Schritt legt das Projektteam die exakte, weitere Vorgehensweise fest und definiert darüber hinaus Mechanismen, wie die angestrebten Prozessänderungen in der Organisation beispielsweise durch Schulungsangebote für die Belegschaft etabliert und gefestigt werden können.

Anschließend werden die in der Maßnahmendefinition geplanten und vom Management freigegebenen Schritte sukzessive umgesetzt. Dabei erfolgt in aller Regel die Umsetzung der einzelnen Projektschritte schrittweise. Aus Gründen der Risikoreduzierung ist die prinzipiell mögliche Vorgehensweise, alle Prozesse bzw. Projektmodule gleichzeitig in den produktiven Betrieb überführen zu wollen („big bang approach"), mit großen Gefahren verbunden und daher möglichst zu vermeiden. So hat die Praxis immer wieder gezeigt, dass Big-Bang-Projekte zu unkalkulierbar komplexen Gebilden mit langen Laufzeiten anwachsen können.

Parallel zur Implementierung der neuen Geschäftsprozesse werden die Mitarbeiter in die neuen Abläufe eingewiesen und geschult.

Nachdem die Implementierung eines Prozesses abgeschlossen ist, wird der neue Ablauf zunächst im Pilotbetrieb ausführlich getestet. Da die neuen Prozesse noch nicht in die gesamte Organisation ausgerollt worden sind, können anhand der Erfahrungen aus der Pilotierungsphase noch verhältnismäßig problemlos gegebenenfalls notwendige Anpassungen im Prozessdesign vorgenommen werden.

Erst wenn der neue Prozess im Testsystem entsprechend der aufgestellten Spezifikation die erwarteten Ergebnisse liefert und allen wesentlichen Anforderungen genügt, erfolgt dessen offizielle Abnahme mit der anschließenden flächendeckenden Einführung des neuen Ablaufs in die „echte" Organisation.

Phase 5: Betrieb

Mit dem Übergang in den Betrieb endet das Optimierungsprojekt. Als Erfolgskontrolle für das Projekt wird der Erreichungsgrad der in der ersten Projektphase festgelegten Ziele überprüft. Erfahrungen und Erkenntnisse, die während des Projektablaufs gesammelt wurden, werden in einem abschließenden Projektabschlussbericht zusammengefasst und stehen so auch nachfolgenden Projekten unmittelbar zur Verfügung.

Das Projektteam gibt zum Abschluss die vom Projekt genutzten Ressourcen wieder frei.

Da sich die politischen, marktlichen und technischen Rahmenbedingungen auch in Zukunft weiterentwickeln werden und nicht zu erwarten ist, dass diese nach Projektabschluss fixiert bleiben, erfordern diese Entwicklungen eine kontinuierliche Überprüfung der vom Projekt eingeführten Prozesse sowie gegebenenfalls deren permanente Anpassung.

6.6   Ausblick und Fazit

Die Herausforderungen des Energiemarktes sind seit Beginn der Liberalisierung so komplex und vielschichtig wie nie zuvor. Die Veränderungen des Marktes stehen erst an ihrem Anfang. Bleibt die Frage, wie die weitere Entwicklung in der liberalisierten Energiewirtschaft aussehen könnte?

Zunächst wird der als Rollout bezeichnete schrittweise Austausch eines großen Anteils analoger Messgeräte zugunsten intelligenter Zähler in den nächsten Jahren wahrscheinlich zu einer der zentralen Aufgabenstellungen innerhalb der Versorgungsindustrie avancieren. Ferner wird die Entwicklung und Einführung neuer, auf den technischen Möglichkeiten von Smart Metering basierender, Mehrwert- bzw. Premiumdienste im Messwesen deutlich an Bedeutung gewinnen und so die Energiewirtschaft noch eine ganze Zeit beschäftigen. Schließlich könnte auch die Entwicklung neuer Dienstleistungen im Bereich des Messwesens, wie beispielsweise die spartenübergreifende Verschmelzung der wohnungswirtschaftlichen Abrechnung von Wärme und Wasser innerhalb einer Mehrparteienimmobilie mit der Abrechnung des Primärverbrauchs des Objektes zu einem spartenübergreifenden Dienstleistungspaket, ein weiterer Zukunftsaspekt sein.

6.6.1   Rollout-Management: Wie erfolgt die Umstellung auf smarte Prozesse?

Eine besondere Herausforderung prozessualer und organisatorischer Art stellt für alle Akteure der Energiewirtschaft der im Zusammenhang mit einer Umstellung auf moderne Smart Metering-Prozesse notwendige Infrastruktur-Rollout dar. Der Begriff Rollout steht in der Energiewirtschaft für den Austausch vorhandener analoger Messgeräte zugunsten intelligenter, elektronischer Zähler. Im Energiemarkt wird zwischen einer flächendeckenden bzw. vollständigen und einer fragmentierten Rollout-Variante unterschieden. Während beim flächendeckenden Rollout (Massenrollout) weitgehend alle Zähler eines Versorgungsgebietes in relativ kurzer Zeit ausgetauscht werden, beschränkt sich der fragmentierte Rollout lediglich auf einen Teil dieser Zähler.

Die breite Einführung intelligenter Zähler verlief bis dato noch sehr verhalten.[119] Dennoch erwartet die Mehrheit der Experten, dass ein deutschlandweit flächendeckender Rollout mit einer nahezu hundertprozentigen Durchdringung intelligenter Zähler früher oder später kommen wird. Für die Annahme einer hundertprozentigen Marktdurchdringung spricht, dass es für Versorgungsunternehmen langfristig nicht wirtschaftlich ist, analoge Abrechnungsprozesse parallel zum digitalen Smart Metering zu betreiben. Der Aufwand für einen solchen Parallelbetrieb von zwei Prozess- und Systemlandschaften wäre auf lange Sicht zu hoch. [120] Auch kön-

---

119   vgl. LBD-Beratungsgesellschaft, Funktionalitätsanforderungen, 2009, S. 3
120   vgl. LBD-Beratungsgesellschaft, Smart-Metering-Produkte, 2010, S. 13

nen die mit einem flächendeckenden Rollout verbundenen positiven Skaleneffekte und Synergien, bei verzögerter Einführung nicht umfänglich realisiert werden.

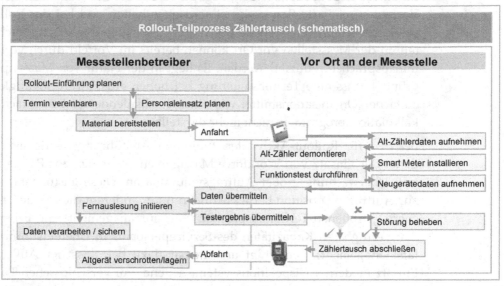

Abbildung 6-6: Rollout-Teilprozess Zählertausch (schematisch)

Im Falle eines flächendeckenden, spartenübergreifenden Rollouts müssten in den kommenden Jahren allein in Deutschland „(...) circa 44 Millionen Elektrizitätszähler, 13 Millionen Gaszähler, 18 Millionen Wasserzähler und 0,3 Millionen Wärmezähler (...)"[121], somit insgesamt mehr als 75 Millionen analoge Zähler, gegen deren intelligente Pendants ausgetauscht werden. Selbst wenn die Betrachtung des flächendeckenden Rollouts allein auf den Stromsektor beschränkt wird, so handelt es sich demnach immer noch um ein Austauschvolumen von über 40 Millionen Geräten. Diesen millionenfachen Austauschaktivitäten analoger Zähler steht eine entsprechende Menge von Prozessdurchläufen gegenüber. Tatsächlich dürften Rollout-Prozesse wegen Wiederholungs- und Korrekturarbeiten in der Praxis sogar noch deutlich häufiger, als die absolute Geräteanzahl es zunächst schließen lässt, erfolgen. Angesichts dieser Ausführungshäufigkeit fallen Faktoren wie optimales Prozessdesign und -qualität, Ausführungsstabilität sowie Kostenwirtschaftlichkeit im Zusammenhang mit der Gestaltung von Rollout-Prozessen im Massenmarkt eine herausragende Bedeutung zu.

Rollout-Prozesse sind vor allem dann effizient, wenn sie bereits so gestaltet sind, dass sie die zeit- und kostenintensiven Mehrfachfahrten des Servicepersonals zur Installation von Smart Metern auf ein absolutes Minimum reduzieren. Dies kann durch eine optimierte Auftragsdisposition sowie einem hohen Anteil erfolgreich abgeschlossener Montagen beim Ersttermin sichergestellt werden.

---

121   BNetzA, Entwicklungen, 2010, S. 124

Termine mittels Workforce Management steuern

Effektives Rollout-Management beginnt bereits bei der Außendienststeuerung. Im Vorfeld vereinbarte Service-Level sind einzuhalten und bei der Rollout-Planung sowie -Durchführung stets zu beachten. Kostspielige Mehrfachbesuche von Monteuren der Messstellen vor Ort können bereits im Vorfeld durch verlässliche Terminabsprachen reduziert werden. Es liegt in der Natur von Massenprozessen begründet, dass eine Terminsteuerung bei hohen Ausführungshäufigkeiten mittels einfacher Organisationsmittel wie eines Tischkalenders oder einfachen Tabellenkalkulationsprogramms nicht mehr darstellbar ist.

Bei den für Rollout-Aktivitäten typischen Ausführungshäufigkeiten bietet sich daher der Einsatz von Workforce Management-Systemen zur Planung, Steuerung und Überwachung großer Auftragsvolumina an. Diese leistungsfähigen Systeme zur Auftragsdisposition berücksichtigen unter anderem die mit den Letztverbrauchern getroffenen Terminabsprachen (Terminmanagement) und bringen diese mit den verfügbaren Kapazitäten des Servicepersonals in Übereinstimmung (Kapazitätsmanagement). Dies trägt unmittelbar dazu bei, dass der Außendienst beim Einsatz moderner Dispositionssysteme seltener vor verschlossenen Türen steht, als dies bei der häufig immer noch anzutreffenden Form der nicht abgesprochenen Terminzuweisung durch den Messstellenbetreiber der Fall ist.

Der Funktionsumfang moderner Systeme zur Außendienststeuerung ist allerdings nicht alleine auf die beschriebene Auftragsdisposition beschränkt. Vielmehr sorgen diese Systeme darüber hinaus auch für optimierte Fahrwege der Außendienstmitarbeiter im Rollout. Die geodatenbasierte Routenoptimierung durch das System sorgt für eine optimale Abfolge der Einsatzorte. Dazu werden in der Regel dem Monteur auf dessen Mobilcomputer die Aufträge in der Abfolge vorgegeben, die unter Berücksichtigung sämtlicher Terminabsprachen den kürzesten Fahrweg vorgibt. Dies spart je Einzelauftrag Zeit, die unmittelbar für weitere Aufträge genutzt werden kann.

Mobile Anbindung bereits während des Zählertauschprozesses

Rollout-Prozesse beinhalten allerdings nicht allein nur das beschriebene Terminmanagement und die Routenoptimierung. Vielmehr unterstützen diese Prozesse durch das innovative Zusammenspiel intelligenter Zähler sowie fortschrittlicher IT-Systeme den Monteur bereits vor Ort durch zeitnahe Rückmeldungen zum Montageergebnis. Diese unmittelbare Rückmeldung reduziert die Notwendigkeit mehrfacher Reparaturfahrten zur Messstelle erheblich, da Störungen am Zähler sofort erkannt und gegebenenfalls direkt behoben werden können.

Der Gerätewechselprozess beginnt wie beschrieben zunächst mit der Disposition des Montageauftrages im Workforce Management-Systems des Messstellenbetreibers.

Vor Ort erfolgt an der Messstelle zunächst die Aufnahme der Daten des Altgeräts sowie dessen Demontage. Im Anschluss an die Deinstallation des Altgeräts erfolgt die Montage des neuen Smart Meters. Nach erfolgreichem Zähleraustausch wird ein Funktionstest durchgeführt und der neue Zähler dabei (vorläufig) in Betrieb genommen. Anschließend erfasst der Monteur die Zählernummer des Neugeräts sowie weitere Messstellendaten mit Hilfe seines mobilen Erfassungsgerätes (Mobilcomputer). Die so erfassten Daten werden danach unmittelbar zum Beispiel per GPRS-Kommunikation an die Zentrale des Messstellenbetreibers übermittelt.

Das IT-System gleicht in einem ersten Schritt zunächst die eingehenden Daten mit den vorliegenden Auftragsdaten ab. Im Anschluss daran löst das System eine Fernauslesung des neu verbauten Smart Meters an der Messstelle aus.

Das Testergebnis wird vom System automatisch verarbeitet und anschließend wieder an den Mobilcomputer des Monteurs vor Ort gesendet. So erfährt der Monteur bereits noch an der Messstelle, ob der Zähler tatsächlich einwandfrei funktioniert und der Einbau insgesamt erfolgreich verlaufen ist. Sollten allerdings Probleme aufgetreten sein, so übermittelt das System dem Monteur alternativ Hinweise, welche Maßnahmen bis zur vollen Funktionsfähigkeit gegebenenfalls noch auszuführen sind. Durch die Möglichkeit der zeitnahen Reaktion auf Störmeldungen des Systems durch den Monteur vor Ort können Fehler häufig noch beim Erstbesuch behoben und so aufwändige Mehrfachbesuche vermieden werden.

6.6.2 Perspektive Mehrwertdienste: Chancen in interessanten Geschäftsfeldern

Die Einführung intelligenter Zähler sowie die flankierende Umstellung klassischer Verfahrensabläufe hin zu smarten Zähl- und Messwesenprozessen ermöglichen in den kommenden Jahren die Entwicklung innovativer Angebote und Dienstleistungen, die den Kunden Mehrwerte bieten sowie der Energiewirtschaft zu erheblichen Zusatzerträgen verhelfen können. Gerade denjenigen Akteuren des Energiemarktes eröffnen sich große vertriebliche Chancen, denen es gelingt, den klassischen Messdienst zu einem Premiumprodukt auszubauen. So lassen sich neue, interessante Geschäftsfelder wie beispielsweise die Energieeffizienzberatung, der Sicherheitsdienst, usw. mittels smarter Technologien besetzen. Denkbar sind beispielsweise:

* Energieberatung auf der Basis von Realverbrauchsdaten,
* Modelle wie Flatrate-, Wochenend- und Kundengruppentarife,
* Mehrwertdienste im Bereich „Home Automation" zur Steuerung von Endgeräten,
* Optimierung und Fernüberwachung des Energieverbrauchs von Gebäuden,
* Fernüberwachungs- und Alarmierungsfunktionen (zum Beispiel Leerstandsüberwachung),
* Leistungsbezugsbegrenzung und Fernabschaltung.

Auf eine detaillierte Beschreibung aller im Umfeld moderner Kundenbelieferungs- und Messwesenprozesse möglichen Smart Solutions soll an dieser Stelle verzichtet werden. Exemplarisch sei allerdings auf die Möglichkeit hingewiesen, dass Verbrauchsdaten des Smart Metering in Verbindung mit variablen Tarifen die Basis für ganz neue Angebote in der Energiewirtschaft liefern könnten: Denkbar wäre beispielsweise die Nutzung eines „Least Cost Router (LCR)", der automatisch den aktuell jeweils günstigsten Energieanbieter aus dem gesamten Marktangebot herausfiltert und die benötigte Energie über diesen dann flexibel bezieht. Steigt der Energiepreis des ausgewählten Lieferanten wieder, sucht das System erneut nach einem günstigeren Anbieter und wechselt automatisch zu diesem. LCR-Technologien stammen ursprünglich aus dem Telekommunikationssektor und sind dort erfolgreich eingeführt.

Die das herkömmliche Messwesen ergänzenden Mehrwertdienste ermöglichen die Gestaltung innovativer Vertriebslösungen im Messwesen. Angebote, die dem Kunden bzw. Letztverbraucher Komfort und Sicherheit versprechen, können zur langfristigen Kundenbindung beitragen. Aus diesem Grund besteht in der Profilierung und Positionierung bisheriger Vertriebsgesellschaften und Stadtwerken als moderne Messstellenbetreiber oder Messdienstleister eine große Chance für den Vertrieb.

6.6.3 Wohnungswirtschaft: Sub Metering und Smart Metering wachsen zusammen

Durch den Einsatz von Smart Metering in der Versorgungswirtschaft entfallen unter Normalbedingungen die manuellen Abläufe bei der Ablesung intelligenter Zähler. Die Automatisierung entlang der Prozesskette Erfassung, Ablesung und Abrechnung des Strom- und Gassektors weist augenscheinlich Parallelen zu aktuellen Entwicklungstendenzen im wohnungswirtschaftlichen Sub Metering auf.

Unter Sub Metering wird die Erfassung, Abrechnung und Unterverteilung von Wärme und Wasser innerhalb von Wohn- und Geschäftshäusern subsumiert. Ein Vergleich wohnungswirtschaftlicher Aufgabenstellungen wie die Nebenkostenabrechnung, (Sub Metering) mit den im Messwesen der Versorgungswirtschaft (Metering) üblichen Abläufen zeigt, dass sich die Prozesse beider Sektoren in den Bereichen Montage und Wartung von Erfassungsgeräten, Verbrauchsdatenerfassung sowie Abrechnung mit abschließender Fakturierung stark ähneln bis gleichen. So beginnt beispielsweise die Montage der Zähler beider „Welten" – vereinfacht dargestellt – zunächst mit einem Montageauftrag und der anschließenden Einsatz- und Terminplanung durch den Messstellenbetreiber. Die eigentliche Gerätemontage erfolgt durch Servicepersonal an der Entnahme- oder Messstelle gemäß festgelegter Prozeduren. Nach erfolgter Montage werden zunächst ein Funktionstest sowie gegebenenfalls die erforderliche Fehlerbehebung direkt noch vor Ort durchgeführt. Im Falle intelligenter Zähler wird zusätzlich die Verbindung des

Messgeräts zum IT-System des Messstellenbetreibers getestet. Abschließend ergeht eine Auftragsabschlussmeldung vom Servicepersonal an das Unternehmen.

Eine Integration von Sub Metering in das Smart Metering würde sich infolge der beschriebenen prozessualen Analogien folglich anbieten, wenn erstens die in den Objekten verbauten Erfassungsgeräte zu einem integrierten Gesamtmesssystem kombinieren ließen und sich zweitens die auf den Regelungen der Heizkostenverordnung basierenden Unterschiede zwischen beiden Abrechnungsgebieten von einem spartenübergreifenden IT-System beherrschbar wären[122]:

Intelligente Zähler können je nach technischer Spezifikation andere Messgeräte einer Immobilie integrieren. Es stellt somit kein Problem dar, Verbrauchswerte von Strom, Gas, Wärme und Wasser von unterschiedlichen intelligenten Zählern zunächst erfassen zu lassen und anschließend über einen priorisierten Smart Meter oder mittels eines als Gateway fungierenden Multi Utility Controllers (MUC) gesammelt an eine Datenzentrale zu übermitteln. Demzufolge wäre die erste Forderung nach einem automatisierten Zusammenspiel der unterschiedlichen Zähler des Sub und Smart Metering zu einem integrierten Hardwareverbund erfüllbar. Offen bleibt nunmehr die Frage, ob die Besonderheiten des Sub Metering in einem gemeinsamen Messwesengesamtprozess wirtschaftlich abgewickelt werden können.

Die technischen Anforderungen im Sub Metering an eine korrekte Erfassung des Verbrauchs von Wärme und Wasser in Wohn- und Geschäftsimmobilien sind im §5 Abs. 1 der Heizkostenverordnung geregelt. Demnach ist für eine regelkonforme Durchführung der Heizkostenabrechnung die Ermittlung der Verbrauchswerte unter Einsatz von sogenannten Wärmezählern oder Heizkostenverteilern vorgeschrieben. Bezüglich der Montage von Heizkostenverteilern sieht die Heizkostenverordnung im Detail vor, dass die Messgeräte für den jeweiligen Heizkörper geeignet sein müssen und so anzubringen sind, dass ihre technisch einwandfreie Funktion gewährleistet ist. Demnach hängt die Qualität und Zulässigkeit einer Messung im Sub Metering nicht zuletzt auch von der korrekten Erkennung des Heizkörpers sowie der Auswahl der regelkonformen Montagestelle bereits beim Montagevorgang ab.

---

122   vgl. Verordnung über die verbrauchsabhängige Abrechnung der Heiz- und Warmwasserkosten (Verordnung über Heizkostenabrechnung - HeizkostenV) vom 05.10.2009

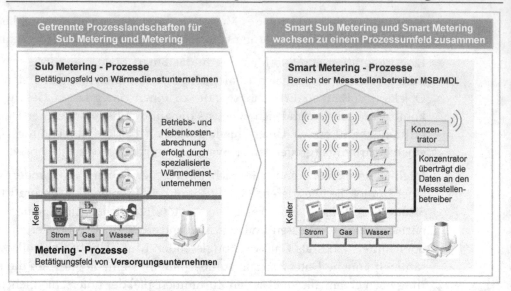

Abbildung 6-7:   Prozesse des Smart Sub Metering und Smart Metering wachsen zusammen

Unternehmen, die sowohl die Messwesenprozesse des Smart Metering beherrschen als auch in der Lage sind, ihrem Servicepersonal im Außendienst vor Ort genaue Vorgaben zum korrekten Montageort in Abhängigkeit von den technischen Spezifikationen[123] des Heizkörpers und Heizkostenverteilers vorzugeben, könnten also prinzipiell eine spartenübergreifende Verbrauchserfassung durchführen. Demnach wäre die Integration beider „Messwelten" zu einem Gesamtangebot grundsätzlich dann realisierbar, wenn es gelänge, diese technischen Daten in speziellen Bibliotheken abzulegen und möglichst über „mobile Geschäftsprozesse" mit entsprechenden IT-Applikationen abrufbar zu gestalten.

Die klassischen Heizkostenabrechnungs- bzw. Wärmedienstunternehmen beherrschen die geschilderten Prozesse des Sub Metering bereits seit Jahrzehnten. Eine Integration des Wärmedienstes (Sub Metering) in das Smart Metering ist technisch machbar, da es sich in beiden Fällen um standardisierte, regelbasierte Abläufe handelt, die über logische Algorithmen abgebildet werden können. Dies ist die Grundvoraussetzung dafür, dass die Abläufe mittels IT-System wirtschaftlich abgewickelt werden können.

Wenn es um die Erweiterung des Angebotsspektrums entlang der Wertschöpfungskette des Zähl- und Messwesens geht, sind Wärmedienstunternehmen den energieversorgungsnahen Unternehmen des Meterings gegenüber zunächst wohl im Vorteil. Sie können verhältnismäßig einfach ihr Angebotsportfolio um die Ab-

---

123   Bei diesen Spezifikationen handelt es sich in erster Linie um die Wärmeleistung eines Heizkörpers (Bewertungsfaktor KQ) und dem Wärmekoppelfaktor des Zählers (Kc-Wert).

rechnung des primären Strom- und Gasverbrauchs erweitern, da sie bereits über das anspruchsvolle „Heizkörperwissen" bzw. Bewertungs-Know-how verfügen. Sie müssen sich dieses im Gegensatz zu Energieversorgern nicht erst aneignen. Sollten sich allerdings Energieversorger, Lieferanten oder Messstellenbetreiber das Wissen über die, für die Bestimmung der korrekten Montagepunkte benötigten, technischen Heizkörperdaten selbst aneignen, so liegen die Vorteile des neuen spartenübergreifenden Messwesens bei diesen. Versorgungsunternehmen bzw. deren Messdienstleister, die sich durch die Abrechnung von Strom, Gas und Wasser ohnehin bereits gewissermaßen „im Haus befinden", können ihren natürlichen Kundenzugang leicht dazu nutzen, ihr Leistungsspektrum bis in die Wohnungen auszudehnen. Smart Metering versetzt Energieversorger in die Lage, die bisher fest in der Hand von Wärmedienstunternehmen befindliche lukrative Abrechnung der gesamten Betriebs- und Nebenkosten als Zusatzleistung selbst anbieten zu können.

Die Verschmelzung von Smart Sub Metering und Smart Metering zu einem integrierten Dienstleistungsangebot ermöglicht es gerade den Unternehmen der Energiewirtschaft Komplettabrechnungen aus einer Hand anzubieten. Die fehleranfällige und langwierige Übermittlung der Verbrauchsdaten vom Energielieferanten über den Objekteigentümer bzw. dessen Vertreter an das Sub Metering-Unternehmen ist durch den Einsatz spartenübergreifenden Smart Meterings nicht mehr länger erforderlich. Überflüssige Schnittstellen zwischen Unternehmen könnten zugunsten eines einzigen, schlanken Prozesses entfallen. Vorbei die Zeiten, dass Hausverwaltungen zunächst die Verbrauchswerte von ihrem Versorger erhielten und diese Daten anschließend an das Wärmedienstunternehmen weiterleiten mussten, damit dort zeitverzögert die Aufteilung der Verbrauchsmengen auf die einzelnen Wohnungen (Nutzeinheiten) erfolgen konnte.

6.6.4 Fazit

Zahlreiche Rahmenbedingungen und Einflussgrößen müssen heutige Unternehmen der liberalisierten Energiewirtschaft beachten, wollen sie auch zukünftig erfolgreich bestehen und sich zukunftsorientiert aufstellen. In diesem Umfeld ist es für den Erfolg jedes Marktteilnehmers entscheidend, die eigene Wettbewerbsfähigkeit durch wirtschaftliche Abläufe mindestens zu erhalten.

Allerdings bieten die klassischen Prozessvarianten zur Kundenbelieferung mit Energie sowie das analoge Zähl- und Messwesen nur wenig Spielraum für nachhaltige Verbesserungen. Angesichts der beschriebenen Veränderungen in der Energiewirtschaft verschaffen die auf analoger Technologie basierenden Prozesse heutigen Akteuren langfristig keine ausreichend solide Basis, die eigene Wettbewerbsfähigkeit zu erhalten oder gar steigern zu können. Allein der Wettbewerbsdruck durch das Erscheinen agiler Marktteilnehmer aus dem IT-Umfeld dürfte in den kommenden Jahren stetig anwachsen und die Tendenz in Richtung Smart Metering bekräftigen. Zur Sicherung des langfristigen Erfolgs führt für die Marktakteure demnach allein schon aus den geschilderten Erwägungen heraus kein vernünftiger Weg an einer nahezu vollständigen Automatisierung der Geschäftsprozesse mittels Smart Metering vorbei.

Neben dieser Automatisierungsperspektive kommt die Energiewirtschaft darüber hinaus allein schon wegen der besonderen Bedingungen des Rollouts intelligenter Zähler am Thema Smart Metering kaum vorbei. Smart Metering wird mittelfristig die analogen Prozessvarianten verdrängen, da es betriebswirtschaftlich für die Mehrheit der Marktakteure nicht sinnvoll sein dürfte, dauerhaft eine doppelte Prozess- und Systemlandschaft parallel zu betreiben. Am Ende kann demzufolge nur eine nahezu hundertprozentige Marktdurchdringung von Smart Metern stehen.

Aber nicht alleine die genannten marktbezogenen bzw. wirtschaftlichen Argumente sprechen für eine mittelfristige Umstellung der Prozesslandschaft in Richtung Smart Metering. In Deutschland besteht der politische Wille Smart Metering – zumindest im Stromsektor – einzuführen. Angesichts dieser Zielsetzung des Gesetzgebers handelt es sich bei der Liberalisierung des Messwesens und Smart Metering heute um mehr als nur Schlagworte zur Beschreibung eines kurzfristigen Trends innerhalb der Energie- und Versorgungswirtschaft. Die Weichen sind längst in Richtung des nachhaltigen Umbaus der Lieferantenwechsel- bzw. Belieferungsprozesse sowie Zähl- und Messwesenprozesse gestellt worden und inzwischen unumkehrbar. Kein Marktteilnehmer des Energiesektors wird die laufende Transformation der Energiewirtschaft und die damit eng verbundene Umgestaltung der Geschäftsprozesse verhindern können. Allenfalls Verzögerungen können erwirkt werden, was allerdings auf lange Sicht zwangsläufig wohl eher zur Schwächung der Wettbewerbsfähigkeit der zögernden Unternehmen führen dürfte.

Die verhältnismäßig personalintensiven und fehleranfälligen Geschäftsprozesse klassischer Kundenbelieferungs- und Messwesenprozesse in den kommenden Jahren schrittweise gegen automatisierte Smart Metering-Prozesse auszutauschen lautet abschließend die Handlungsempfehlung. Bei der Planung und Durchführung von Projekten zur Umsetzung von Festlegungen der Bundesnetzagentur bzw. allgemeinen Prozessoptimierungsaktivitäten sollte möglichst auf standardisierte Vorgehensmodelle zurückgegriffen werden.

7 Smart Metering, auf dem Weg in die Energiemärkte der Zukunft

Patrick Margardt, Tieto Deutschland GmbH

Seit 2007 beschäftige ich mich intensiv mit den wirtschaftlichen Treibern internationaler Energiemärkte. Damals habe ich für sieben Monate in Schweden bei dem international tätigen IT Dienstleister TietoEnator[124] gearbeitet, um diesen bei der Erstellung von internationalen Services im Smart Metering Bereich zu unterstützen. Der schwedische Energiemarkt war damals schon (und ist es noch heute) in diesem Bereich einer der führenden europäischen Märkte.

Schon damals wurde uns sehr schnell klar, dass der Begriff Smart Metering in den nächsten Jahren zur treibenden Kraft der zukünftig getätigten Investitionen der Energiebranche werden würde. Mit meinen gesammelten Projektkenntnissen sowie meinen Erfahrungen aus den nordischen Energiemärkten unterstützte ich anschließend die bundesweite Angebotsstrategie der Tieto Deutschland GmbH. Parallel dazu bildeten wir nach Anfrage unserer internationalen Organisationseinheit ein internationales Expertenteam, um einen entsprechend passenden europaweiten Angebotskatalog auszuarbeiten. Große Erfahrung sammelte ich weiterhin in der Begleitung zweier Smart Metering Projekte bei einem der größten europäischen Energiekonzerne. In Letzterem fungierte ich dann als bereichsübergreifender Teilprojektleiter.

Im Frühjahr 2010 habe ich mich dazu entschlossen meine akademische Laufbahn mit einem Master of Science in *„International Business, Energy and Petroleum"* an der University of Aberdeen (United Kingdom) zu erweitern. Der englische Energiemarkt gilt als einer der wettbewerbsreichsten Märkte in Europa und ich erhoffe mir von dem Abschluss und den lokalen Erfahrungen eine erhebliche Wissenserweiterung. Um den Anschluss an die reale Wirtschaft nicht zu verlieren, habe ich kurzerhand mein eigenes Gewerbe gegründet, um als Freelancer mein Wissen auch praxisnahe up-to-date zu halten.

Als mich Christian Aichele im Sommer 2009 fragte, ob ich mir nicht vorstellen könnte, an seiner Publikation zum Thema *„Smart Energy"* mitzuwirken, hatte ich aus persönlichem Interesse an diesem Thema sofort zugesagt.

Aberdeen (UK) 2011, Patrick Margardt

---

124   Die „TietoEnator Corporation" firmierte am 01.12.2008 in „Tieto Corporation" um. Der Konzern ist mit 16.000 Mitarbeitern der größte IT Dienstleister in Nordeuropa.

7.1   Smart Metering

7.1.1   Auf dem Weg zum Smart Metering

Seit Jahren ist der Begriff „Smart Metering" ein Synonym für Aufbruch und Fortschritt auf den globalen Energiemärkten. Kein anderer Begriff hat die Energiebranche in den letzten Jahren auch nur annähernd in einen solchen Hype versetzt. Aber warum? Was verbirgt sich hinter diesen beiden Worten und warum geht der Begriff Smart Metering um die ganze Welt? Um ein gemeinsames Bild über das Thema und den speziellen Term Smart Metering zu erlangen, ist es wichtig den Begriff zunächst zu definieren.

In der freien Enzyklopädie Wikipedia wird Smart Metering folgendermaßen definiert:

> „Smart Metering ist der in der Versorgungsbranche übliche Ausdruck für den Ansatz, Haushaltskunden mit elektronischen Zählern auszustatten. Möglich ist dies für Strom, Gas, Wasser und Heizkostenverteiler."[125]

Eine Definition von T-Systems zum Thema Smart Metering liefert folgende Aussage:

> „[...] übermittelt Zähl- und Messdaten und verbindet außerdem Haushaltskunde und Energieversorger bidirektional über eine leistungsfähige und offene, internetbasierte Kommunikationsplattform."[126]

Last, but not least meine persönliche Definition von Smart Metering:

> „Der Begriff Smart Metering bildet einen entscheidenden Teil des Energienetzes des 21. Jahrhunderts. Dabei wird jegliche Art der Kommunikation vom oder zum digitalen Zähler (dem Smart Meter) als Smart Metering bezeichnet."

Welche Definition nun eher zusagt, ist sicherlich Geschmackssache. Wichtig ist jedoch, dass alle Definitionen zum Thema Smart Metering im weitesten Sinne die gleiche Erklärung des Begriffs liefern. Nämlich dass es um eine neue Art von Stromzähler geht, welcher über eine digitale Schnittstelle die gesammelten Verbrauchswerte an den vertraglich beauftragten Energielieferanten übermittelt. Im Anschluss an die Begriffsdefinition soll im folgenden Abschnitt verdeutlicht werden, warum sich das Thema auf nahezu allen globalen Energiemärkten der industrialisierten Nationen erfolgreich durchsetzen konnte.

---

125   Wikipedia, Smart Metering, http://de.wikipedia.org/wiki/Smart_Metering, (Stand: 09.09.2010)

126   T-Systems, Smart Metering, http://www.t-systems.de/tsi/de/10810, (Stand: 09.09.2010)

Im Unterschied zu den meisten anderen Entwicklungen der Energiebranche wird das Thema Smart Metering nicht durch lokal vorherrschende Marktgegebenheiten beeinflusst. Lokale Gegebenheiten sind zum Beispiel gesetzliche Rahmenbedingungen, Monopole, Ressourcenabhängigkeiten oder auch die unterschiedlichen Versorgungs- und Marktstrukturen. Ein Beispiel hierzu wäre zum Beispiel die im Juli 2005 vom Deutschen Bundestag beschlossene Entscheidung der zweiten Novelle des Energiewirtschaftsgesetzes.[127] Diese schreibt in Deutschland eine gesetzliche Trennung der beiden Geschäftsbereiche Netz und Vertrieb für Energieversorger einer bestimmten Größe vor. Diese Entscheidung des deutschen Gesetzgebers hatte eine gravierende Auswirkung auf den Deutschen Energiemarkt, jedoch bis dato keine nachhaltige Wirkung auf umliegende Märkte. Ein weiteres Beispiel bzgl. lokaler Marktgegebenheiten stellt die Tatsache dar, dass in Großbritannien (GB) bis heute so genannte „prepayment meter" flächendeckend im Einsatz sind. Das bedeutet, der Verbraucher muss ähnlich einer prepaid Karte fürs Handy, sein Guthaben im Voraus auf einer Karte/einem Chip aufladen und anschließend im Zähler aktivieren. Dieses lokale Marktmodell hält sich bis heute und ist mit circa 14 %[128] weitaus verbreiteter als in irgendeinem anderen Mitgliedstaat der Europäischen Union (EU). Ein letztes Beispiel für lokale Marktgegebenheiten liefern uns die Höchstspannungsnetze der nordischen Mitgliedstaaten Norwegen, Schweden und Finnland. Im Unterschied zu Deutschland, Frankreich und einigen anderen europäischen Energiemärkten befinden sich die nationalen Höchstspannungsnetze – also die lokalen Übertragungsnetze, welche die einzelnen lokalen Hochspannungsnetze miteinander verbinden – in diesen Ländern zu 100 % in staatlichem Besitz. Das heißt, diese drei Mitgliedstaaten der EU reagierten zum Thema *„der Trend zur Privatisierung"* in entgegengesetzter Richtung und folgten einem ganz anderen Trend, nämlich dem *„der Trend der Verstaatlichung"*. Dieser auf den ersten Blick kleine aber in seiner Bedeutung wesentliche Unterschied der Marktgegebenheiten bringt enorme Unterschiede bzgl. technischer Infrastrukturen und Marktkommunikation mit sich. Das heißt, es ist alles andere als einfach technische Entwicklungen vom zum Beispiel schwedischen Energiemarkt auf den deutschen Energiemarkt zu adaptieren.

Die genannten Beispiele sind nur drei der zahlreichen unterschiedlichen Marktgegebenheiten, die derzeit auf den europäischen Energiemärkten die Realität darstellen. Diese unwahrscheinlich große Herausforderung international agierender Energieversorger auf verschiedenen Märkten erfolgreich zu sein, wird so recht deutlich. Das Erstaunliche ist nun, dass sich das Thema Smart Metering trotz all dieser unterschiedlich vorherrschenden Marktgegebenheiten so schnell verbreiten

---

127   vgl. Deutscher Bundestag, Wettbewerb und Regulierung in der Energiewirtschaft, Reform des Energiewirtschaftsgesetzes, http://dipbt.bundestag.de/dip21/btd/16/024/1602460.pdf, (Stand: 18.08.2010)

128   Berg Insight, Smart Metering in Western Europe, M2M research series 2009, S. 123

konnte und auch noch von der Industrie angenommen wurde. Diese rasante Ausbreitung verdeutlicht wie grenzübergreifend und strukturunabhängig diese Technologie ist und welches immense wirtschaftliche Potenzial sich dahinter verbirgt. Welchen grenzüberschreitenden Einfluss das digitale Zeitalter bereits auf andere Branchen hatte, sollen nachfolgende drei Beispiele verdeutlichen:

Beispiel Fernsehen: Jahrzehntelang war das Medium TV ein Monolog, der von seiner grundsätzlichen Idee her hervorragend funktionierte. Doch im digitalen Zeitalter eröffnen sich neue Möglichkeiten, welche selbst heutzutage noch in den Kinderschuhen stecken. Das Stichwort heißt wie in anderen Branchen auch hier „on demand". Der Zwang um eine bestimmte Uhrzeit zu Hause zu sein um einen besonderen Film zu sehen existiert somit praktisch nicht mehr. Von Monolog wird in einigen Jahren im Bereich Fernsehen (digital TV) sicherlich keine Rede mehr sein.

Beispiel Telefon: Im Vergleich zum Fernsehen war die Idee des Telefonierens von Anfang an auf Dialog ausgelegt. Hier begleitet der Begriff „digital" das Medium Telefon seit circa zwei Jahrzehnten bei seiner Entwicklung. Wer erinnert sich heute im Handy/Smartphone Zeitalter noch an die alten umständlichen Wählscheiben? Heutzutage kann man Gespräche halten, Konferenzen schalten, Onlinebanking betreiben, U-Bahn-Tickets kaufen, und vieles mehr. Das Medium Telefon hat sein Potenzial im Bereich Networking und Marketing sicherlich noch lange nicht ausgeschöpft.

Beispiel Internet: Unvorstellbar welche Entwicklungssprünge das Internet seit der Abschaltung des ARPANet 1990 gemacht hat und damit der Weg frei für alle kommerziellen und nicht kommerziellen Informationsdienstanbieter war.[129] War es Anfang der 90er Jahre noch ein simples Medium für Webseiten und E-Mail Verkehr, können heutzutage fast alle Bedürfnisse per Mausklick über bis ins Detail ausgeklügelte interaktive Seiten befriedigt werden. Shoppen, Preisvergleiche, Hotelbewertungen, Partnersuche, Glücksspiel, online Communities, etc. sind nur einige faszinierende Beispiele dieses gigantischen Mediums. Längst haben Begriffe wie „googeln" und „twittern" ihren Platz in unserem Wortschatz eingenommen. Eine zukünftig sicherlich stark in unsere alltägliche Bedürfnisbefriedigung integrierte Neuerung wird sicherlich die „augmented reality"[130] darstellen.

Tatsache ist, dass sich alle Branchen – ob im Bereich Telekommunikation oder Versorgung – weitestgehend unabhängig voneinander und stetig weiterentwickeln. Einen übergreifenden Einfluss auf diese Tatsache scheint nun die Digitalisierung unseres Zeitalters auf die Versorgungsindustrie zu haben. Dies beeinflusst nun auch die kommende Generation von Stromzählern, die Smart Meter. Wie in den

---

129   vgl. Wikipedia, Geschichte des Internets, http://de.wikipedia.org/wiki/Geschichte_des_Internets#Wende_ab_1990, (Stand: 21.08.2010)

130   Wikipedia, Augmented reality, http://en.wikipedia.org/wiki/Augmented_reality, (Stand: 03.02.2011)

oben erwähnten Beispielen spielt hier ein bestimmter Faktor eine ganz entscheidende Rolle, der Faktor *„Kontrolle"*. In Zukunft soll es auch im Energiesektor durch
die neuen digitalen Stromzähler möglich sein, kontrollierten Einfluss auf den persönlichen Energieverbrauch zu nehmen. Die Möglichkeiten, die sich durch eine
digitale und automatisierte Kommunikation zwischen Energieversorger, Smart
Meter und Energieverbraucher ergeben scheinen derzeit grenzenlos. Einige Experten sprechen sogar schon vom Internet der Energie, für welches ein weitaus höhe-
res Investitionspotenzial vorhergesagt wird als damals beim World Wide Web
(www).[131] Unterstützt wird diese Aussage davon, dass seit Jahren führende IT-
Konzerne, Energiekonzerne, Zählerhersteller, Beratungshäuser und Regierungen
Milliarden in diesen stark wachsenden Sektor investieren.

Doch nicht nur die Digitalisierung treibt diesen Bereich voran. Weltweit sind wir
uns darüber klar geworden, welchen negativen Einfluss die technologische Entwicklung auf unsere Umwelt hat. Gerade die Fähigkeit den seit Jahren stetig wachsenden Energieverbrauch besser kontrollieren zu können macht die Möglichkeiten
die sich durch die Smart Meter ergeben nicht nur für den Endverbraucher attraktiv. Denn nicht nur der einzelne Privathaushalt kann durch einen Smart Meter in
Zukunft besser kontrollieren wann und von wem er Strom bezieht. Auch Versorger und Produzenten können durch detailliertere Verbrauchsprognosen eine optimale Stromversorgung gewährleisten und dadurch wichtige Ressourcen einsparen. Eine der zahlreichen Studien die verdeutlichen, welches Potenzial bzgl. der
Einsparung von CO_2 Emission in dieser Entwicklung steckt zeigt der SMART 2020
Report von 2008. An dieser Studie haben fast ausschließlich namenhafte Großkon-
zerne wie Deutsche Telekom AG, Cisco Systems, Intel, Microsoft, Nokia und viele
mehr mitgewirkt. Mr. Steve Howard (CEO the Climate Group) leitet das Vorwort
der Studie sehr passend ein:

*„Putting a man on the moon was one of the greatest technological challenges of the 20th
century. In the 21st century we face an even greater test – tackling climate change. In con-
trast to the space race, the solutions required today must encompass us all. This is not just
about one man walking on the moon, but about 7 or 8 billion people, the population of 2020,
living low carbon lifestyles in harmony with our climate.".*[132]

Nun wird auch klar, warum der Begriff Smart Metering einen so enormen Einfluss
auf weitestgehend alle globalen Energiemärkte hat. Seit Jahren steht die Reduzie-
rung des jährlichen CO_2 Ausstoßes auf der Agenda der jährlich tagenden UN-
Klimakonferenz und nimmt damit alle führenden Industriestaaten in die Pflicht.
Aber auch wenn die Einigung auf festgelegte Emissionsziele zwischen so vielen
„Partnern" eine unwahrscheinlich hohe Herausforderung darstellt, sind sich doch

---

131   E-ENERGY, Bundesministerium für Wirtschaft und Technologie/Bundesministerium
        für Umwelt, Naturschutz und Reaktorsicherheit, Jahreskongress Berlin 2009
132   The Climate Group, Smart 2020, Enabling the low carbon economy in the informa-
        tion age, 2008

die meisten Industriestaaten ihrer Verantwortung bewusst – die Energiemärkte mit einer neuen Technologie ins 21ste Jahrhundert zu bringen. Dabei wird den erneuerbaren Energien und dem Thema Energieeffizienz eine erhöhte Bedeutung zugutekommen und das Thema Smart Metering könnte zum Bewältigen dieser enormen Herausforderungen die Lösung sein!

7.1.2   Smart Metering heute

Von der Liberalisierung des Strom- und Gasmarktes in der Bundesrepublik Deutschland 1998 über die erste und zweite Novelle des Energiewirtschaftsgesetzes (EnWG) 2003 und 2005 bis hin zur Öffnung des Messwesens 2008 sind zehn Jahre vergangen. zehn Jahre in denen man rückblickend eine solide Grundlage zur Digitalisierung auf einem solch großen und komplexen Energiemarkt geschaffen hat. Im Hinblick auf das 2008 in Brüssel beschlossene Energie- und Klimapaket unter dem Motto „20-20-20 bis 2020"[133] der EU-Kommission war diese Grundlage auch strategisch für Deutschland eine wichtige Entwicklung, sind doch an dieses Paket verbindliche Ziele für alle Mitgliedstaaten der Europäischen Union gekoppelt. Kurz zusammengefasst definiert das Paket folgende drei Ziele:

1. Der Gesamtanteil an erneuerbaren Energien soll auf 20 % ansteigen
2. Treibhausgasemissionen sollen um 20 % reduziert werden
3. Die Energieeffizienz soll im Bereich der primären Energieverbraucher um 20 % gesteigert werden

Auf dem deutschen Energiemarkt sowie bei den vier großen Versorgern E.ON, RWE, Vattenfall und EnBW ist das Thema Smart Metering schon vor Jahren angekommen.

Aber das Voranschreiten eines solchen umfangreichen Infrastrukturwechsels benötigt viel Zeit und Geld. Bis dato beherrschen eher dutzende kleinere und größere Pilotprojekte das Gesamtbild des Smart Metering in Deutschland. Doch der entscheidende Auslöser für einen flächendeckenden Einsatz der digitalen Zähler und dem Aufbau einer großflächigen IT-Infrastruktur lässt noch auf sich warten. Dementgegen stehen derzeit zwei europäische Mitgliedstaaten, die die neuen Smart Meter schon heute zu 100 % flächendeckend im privaten Bereich einsetzen, Italien und Schweden.

Italien war 2006 mit 31 Millionen Stromzählern das erste Land Europas, das komplett auf diese neue Technologie setzte (erste Pilotprojekte begannen bereits 2001).[134] Ausschlaggebender Treiber dieser Entscheidung war der Bedarf einer

---

133   Europäisches Parlament, "20-20-20 bis 2020", EP debattiert Klimaschutzpaket. 23. Januar 2008, http://www.europarl.europa.eu/sides/getDoc.do?pubRef=-//EP//TEXT+ IM-PRESS+20080122IPR19355+0+DOC+XML+V0//DE, (Stand: 19.07.2010)

134   vgl. Berg Insight, Smart Metering in Western Europe, M2M research series 2009, S. 132

höheren Datenqualität der Verbrauchsprofile im Endkundenbereich. Die italienischen Energieversorger mussten seit Jahrzehnten erhebliche Verluste durch Netzausfälle und Energiediebstahl im privaten Sektor verbuchen. Durch den Einsatz von Smart Metern und einer entsprechenden Modernisierung der Netzinfrastruktur vermeldeten die italienischen Energieversorger bereits 2008 einen vollen Erfolg des Projekts. Die neuen Smart Meter ermöglichen es dem italienischen Monopolist Enel alleine durch das Ausbalancieren von Peak und Off-Peak Zeiten 40–50 % an Kosten für die ansonsten notwendige Energieproduktion einzusparen. Dieser Umstand sowie die erhebliche Reduzierung von Netzausfällen verhelfen Enel jährlich zu einer Einsparung von circa 500 Millionen Euro. Insgesamt hat Enel 2,1 Milliarden Euro in die neue Technologie investiert. Damit ist der Return of Investment (ROI) bereits nach weniger als fünf Jahren erreicht.[135] Auch in puncto Zeitplanung war der flächendeckende Rollout, der innerhalb von sechs Jahren bewerkstelligt wurde bei dieser Masse an Anschlussobjekten eine beachtliche Leistung. Zählt Italien doch mit seinem Bruttoinlandsprodukt zu dem viergrößten Staat innerhalb der EU.

Schweden, das in Bezug auf die Fläche und Bevölkerung größte Land der nordischen Mitgliedstaaten folgte 2009. Doch anders als in Italien kam die Forderung nach dieser neuen Technologie nicht aus der Wirtschaft. Treibende Kraft in Schweden war der Gesetzgeber. 2003 verabschiedete die schwedische Regierung ein Gesetz, welches ab dem 01.07.2009 eine monatliche Abrechnung aller Energieverbraucher im privaten Sektor anhand „echter" Verbrauchswerte (also tatsächlicher Energieverbrauch pro Monat) forderte.[136]

Diesen beiden europäischen Pionieren folgen in den nächsten Jahren die beiden nordischen Mitgliedstaaten Finnland und Norwegen. In Finnland sollen bis Ende 2013 80 % der privaten Haushalte über einen Smart Meter verfügen.[137] In Norwegen soll nach Gesetzesbeschluss sogar bis Ende 2013 in allen privaten Haushalten ein Smart Meter installiert sein.[138] Weitere Beschlüsse, die einen flächendeckenden Einsatz der neuen digitalen Zähler befürworten, werden in absehbarer Zeit auch in den meisten anderen europäische Mitgliedstaaten erwartet. Aber auch weltweit folgen führende Industriestaaten wie zum Beispiel USA, China oder Australien diesem europäischen Trend.

---

135   vgl. Enel, Harvesting the benefit of AMM, SAPPHIRE Europe Berlin 19.05.2008
136   vgl. Berg Insight, Smart Metering in Western Europe, M2M research series 2009, S. 87
137   vgl. Berg Insight, Smart Metering in Western Europe, M2M research series 2009, S. 99
138   vgl. Berg Insight, Smart Metering in Western Europe, M2M research series 2009, S. 102

In Deutschland ist bis heute kein finaler Entschluss darüber gefällt worden (weder vom Gesetzgeber noch von der Energieindustrie) wann ein flächendeckender Rollout erfolgen soll. Aber darüber, dass die neue Generation von Stromzählern kommen wird, sind sich alle einig. Warum sich gerade der deutsche Markt so schwer tut, hat mehrere Gründe. Zum einen ist der Deutsche Energiemarkt einer der größten, komplexesten und damit auch wettbewerbsreichsten von ganz Europa, was von Natur aus eine sehr lange Entscheidungs- und Entwicklungsphase mit sich bringt. Zum anderen ist das deutsche Energienetz schon immer eines der zuverlässigsten Netze der Welt gewesen. Dies bestätigt auch ein Artikel von ARD-aktuell, welcher Anfang 2010 auf der Webseite der Tagesschau publiziert wurde:

„Die Bundesbürger mussten im Jahr 2008 laut Bundesnetzagentur durchschnittlich 16,89 Minuten auf Elektrizität verzichten. Die Stromversorgung in Deutschland gehört damit europaweit zu den zuverlässigsten. So fiel im Nachbarland Österreich durchschnittlich 43,69 Minuten der Strom aus.". [139]

Gerade die Zuverlässigkeit und die hohe Ausfallsicherheit der deutschen Netzinfrastruktur machen eines der derzeit wichtigsten Argumente zum flächendeckenden Einsatz der neuen Smart Metering Technologie für den deutschen Markt lange nicht so attraktiv wie für andere Märkte. Experten sprechen davon, dass diese neue Technologie noch ausreifen muss, um die hohen Investitionskosten eines flächendeckenden Einsatzes für den deutschen Markt attraktiv zu machen.

7.1.3   Was die erste Generation von Smart Meter mit sich bringt

Energieversorger und Netzbetreiber tun sich weltweit schwer mit der Entwicklung realitätsnaher Vorteile dieser neuen Generation von Stromzählern. Führende IT Konzerne und Beratungshäuser hätten natürlich schon dutzende von Ideen parat, selbstverständlich nicht ganz uneigennützig. Doch gefragt sind zunächst konkrete Mehrwerte für Produzenten, Versorger und Endverbraucher, die zeitnah umgesetzt werden können und dann auch noch Platz in dem enormen logistischen Aufwand finden, der sich hinter einem flächendeckenden Einsatz verbirgt. Neuerungen welche sich schon alleine aus der Tatsache ergeben das es digitale Zähler sind, sind zum Beispiel das Aufzeichnen von Viertelstundenverbrauchswerten im Zähler, die automatische Übermittlung der Zählerdaten am Monatsende ins Abrechnungssystem des Energielieferanten, die daraus resultierende monatliche Abrechnung des Endverbrauchers und die Bereitstellung eines Kundenportals in welchem sich jeder Kunde sein individuelles Verbrauchsprofil Stunden-, Tages-, Wochen- oder Monats- oder auch Jahresspezifisch anzeigen lassen kann. Die genannten Beispiele sind die derzeit gängigsten Neuerungen, welche die erste Generation von Smart Metern mit sich bringen wird. Einige dieser neuen Features werden

---

[139]   tagesschau.de, Deutsches Elektrizitätsnetz zuverlässig – Nur 17 Minuten floss kein Strom,   http://www.tagesschau.de/wirtschaft/stromausfall106.html,   (Stand: 07.09.2010)

dem Endverbraucher wohl kostenlos angeboten werden. Andere werden gegen einen entsprechenden Aufpreis zu erhalten sein. Dies wird sicherlich je nach Vorstellung, technischer Machbarkeit und Energieversorger variieren. Eine weitere jedoch sehr umstrittene Tatsache, welche die neuen Smart Meter mit sich bringen, ist die Möglichkeit Kunden mit sehr schlechter Zahlungsmoral die Energiezufuhr automatisch – also ohne personellen Aufwand – abschalten zu können. Ein sehr komfortabler Gedanke. Lassen sich dadurch doch beachtliche Personalkosten einsparen. Dieses Argument bringt jedoch Gewerkschaften sowie Verbraucherschützer gleichermaßen auf die Barrikaden. Von der Vielzahl an moralischen Fragen einmal ganz abgesehen. Betrachtet man gerade die Situation zehntausender finanziell schwacher Familien in der Bundesrepublik. Ein maschineller Automatismus könnte in diesem Bereich katastrophale Folgen mit sich bringen, über welche sich die deutschen Energieversorger glücklicherweise bewusst sind.

Die neue Generation von Stromzählern bringt aber auch einen entscheidenden Nachteil mit sich, welcher im Bereich IT bisher vor keiner Sparte haltgemacht hat. Das Stichwort lautet wie heutzutage fast überall in der modernen Welt „Datenschutz". Gerade die entscheidende Neuerung bringt einen gravierenden Nachteil mit sich. Sollen doch die Smart Meter gerade dem privaten Endverbrauch erstmals eine detaillierte Einsicht ins persönliche Verbrauchsverhalten liefern und für mehr Komfort sorgen. Das Problem ist nun, dass diese digitale Einsicht ins persönliche Privatleben über Umwege auch von Dritten eingesehen werden kann. Natürlich soll dieser Umstand vermieden werden und jeder Kunde wird wie auch in anderen Branchen üblich persönliche Zugangsdaten zu seinen Verbrauchsinformationen erhalten.

Doch Experten warnen davor, dass gerade die Energiebranche im Bereich Sicherheit der digitalen Datenübermittlung im privaten Sektor bis dato über kaum Erfahrungen verfügt. Jetzt stellt sich natürlich die Frage, welchen Vorteil ein Dritter im Einsehen meines persönlichen Stromverbrauchsprofils sieht? Diese Frage hat sicherlich unterschiedliche Antworten mit mehr oder weniger gravierenden Folgen für das persönliche Wohl. Das mit Abstand größte Risiko für den Endverbraucher soll jedoch an dieser Stelle kurz erwähnt werden:

„Wenn es mir die neuen digitalen Zähler ermöglichen, mein exaktes Verbrauchsprofil einzusehen, könnte dies auch von Dritten eingesehen werden. Es geht an dieser Stelle nicht darum, ob man sieht, zu welcher Tages- und Uhrzeit die Waschmaschine eingeschaltet wird oder wie viel Strom vom Verbraucher unnötig pro Tag verbraucht wird. Es geht darum zu erkennen, wann in einem Haushalt Aktivität herrscht, sprich, wann jemand zu Hause ist und wann nicht. Konkret bedeutet das, dass zum Beispiel Einbrecher den gängigen Tagesablauf einsehen könnten und dadurch ein Einbruch zu jeder beliebigen Stunde in Abwesenheit der Bewohner erfolgen könnte."

Gerade dieses Argument ist neben den immensen Einführungskosten das Hauptargument für Kritiker gegen die Einführung von Smart Metering.

Zusammengefasst kann gesagt werden, dass die erste Generation von Smart Metern noch nicht wirklich als „smart" bezeichnet werden kann und beim Thema Datenschutz eine gründliche Beachtung berücksichtigt werden muss. In den derzeit verbreiteten Möglichkeiten steckt aber noch kaum Intelligenz, weshalb viele Experten bislang lieber von digitalen Zählern als von Smart Metern sprechen. Doch auf längere Sicht betrachtet, ist der Name Smart Meter sehr passend. Denkt man doch nur an die Möglichkeiten, die in einem ganzen Netz von Smart Metern stecken. Versetzen wir uns doch nur einmal 20 Jahre zurück ins Jahr 1990, in dem wie schon zuvor erwähnt das World Wide Web seinen Siegeszug antrat. Auch hier hat alles mit einem Netzwerk von Rechnern begonnen.

7.2　Auswirkungen auf die Energiemärkte

7.2.1　Endlich Bewegung auf den Märkten

Seit Jahrzehnten erfahren Endverbraucher weltweit kaum spürbare Veränderungen im Energiesektor. Lediglich die jährlich zu Buche schlagende Preisentwicklung wird spürbar und schmerzlich wahrgenommen. Was auch den allgemein schlechten Ruf der Branche erklärt. Im Vergleich zu vielen anderen Branchen hat sich die Energiebranche im Bereich „customer care" [140] seit ihrer Entstehung kaum weiterentwickelt. Warum auch, hat sich das traditionelle Konzept doch schon seit langer Zeit bewährt:

„Ein Energieversorger beliefert heutzutage einen privaten Haushalt in Deutschland mindestens zwölf Monate lang mit Elektrizität. Dabei wird anhand des Vorjahresverbrauchs eine entsprechend pro Quartal fällige Abschlagszahlung vereinbart. Erst am Ende des Belieferungszeitraums kann dann anhand des aktuellen Zählerstandes der tatsächliche Jahresverbrauch ermittelt werden. Je nach Abweichung von den Quartalszahlungen muss der Verbraucher anschließend eine Nachzahlung für das verstrichene Belieferungsjahr tätigen oder erhält eine entsprechende Gutschrift für die darauf folgende Periode."

Es ist kein Geheimnis, dass dieses Verfahren nach Meinung aller Energieversorger noch ewig so ablaufen könnte. Doch auch der Energiemarkt entwickelt sich weiter und wird zukünftig sicherlich mehr denn je durch Entwicklungen auf anderen Märkten sowie durch globale Ereignisse beeinflusst. Die neuen Smart Meter bringen nun zum ersten Mal wirklich spürbare Veränderungen in den privaten Sektor, eine bis dato nie da gewesene Tatsache. Energieversorger weltweit stehen einem neuen Trend gegenüber und sind mehr oder weniger gezwungen, früher oder später auf diese neue Technologie umzurüsten. Wobei sich Experten weltweit noch darüber streiten, ob es von Vorteil ist, einer der Vorreiter zu sein oder ob man die

---

140　　Wikipedia, Kundendienst, http://de.wikipedia.org/wiki/Customer_Care, (Stand: 29.08.2010)

ersten Fehler – die immer bei neuen Technologien auftreten – besser erst einmal andere (also die Konkurrenz) machen lässt.

Tatsache ist, dass neue Technologien neue Möglichkeiten bieten und dadurch Spielraum für neue Ideen und Produkte entsteht. Heute, im 21. Jahrhundert, unserer zurückblickend bemerkenswerten technologischen Entwicklung und einem ausgeprägten Kundenbewusstsein in den meisten Branchen ist es absolut verblüffend, dass sich die Energiebranche bis dato in ihrem Grundprinzip kaum weiterentwickelt hat. Selbst große Energiekonzerne und *„Global Player"* interagieren i.d.R. nur einmal pro Kalenderjahr mit ihren Privatkunden. Diese Kommunikation dient alleine der Zustellung der Jahresendabrechnung und einem Schreiben in dem bei Nichtreagieren des Kunden der Energielieferungsvertrag automatisch, um ein weiteres Kalenderjahr verlängert wird *„(…) mit freundlichen Grüßen, Ihr Energieversorger"*. Keine wirklich interessante und zeitgemäße Kundenbeziehung! Beweisen doch viele andere Branchen tagtäglich die Funktionalität und vor allem auch die Vorteile eines zeitgemäßen *„Customer Relationship Management (CRM)"* [141]. Man kann also gespannt darauf sein, wie sich der Markt durch den Einfluss der Digitalisierung in dieser Dekade verändern und weiterentwickeln wird.

Unterstützt und auch weiter in den Energiemärkten vorangetrieben wird der Trend zum Smart Metering durch globale CO_2 Einsparziele. Aber auch das wachsende Interesse und der Willen vieler Endverbraucher Energiebewusster zu leben hat einen positiven Effekt auf das Thema. Ist dieses wachsende Kundenbewusstsein doch ein entscheidender Faktor für Energieversorger zeitgemäße Produkte in dieser Richtung anzubieten.

7.2.2   Neue Ideen sind gefragt

Energieversorger müssen sich derzeit aktiv mit dem Thema Smart Metering auseinandersetzen, um nicht Gefahr zu laufen in einem wichtigen Zeitpunkt den Anschluss an die neue Technologie oder gar die Konkurrenz zu verlieren. Gerade die großen Energiekonzerne beschäftigen sich intensiv mit den neuen Möglichkeiten, aber auch den Problemen und Schwierigkeiten, die durch die neuen Zähler entstehen. Im Vordergrund stehen aber derzeit erst einmal Überlegungen wie *„aus der neuen Technologie Profit schlagen"* oder *„die aktuelle Marktstellung weiter ausbauen"*. Erste Überlegungen waren die zuvor schon in Kapitel 7.1.3 erwähnten Tatsachen die sich alleine schon dadurch ergeben, dass die neuen Zähler digital sind. Diese Neuerungen sind sicherlich ein erster Schritt in die richtige Richtung, aber ohne ersichtlichen Mehrwert für Verbraucher und Versorger.

---

141   Wikipedia, Customer-Relationship-Management, http://de.wikipedia.org/wiki/ Customer_Care, (Stand: 29.08.2010)

Die liberalisierten Energiemärkte Europas sind derzeit globale Vorreiter im Bereich Smart Metering und alle großen Versorger in Europa sind sich der Tatsache bewusst, dass sich das Produkt, das sie seit jeher vertreiben, verändern wird. Es gilt in Zukunft nicht mehr nur eines der günstigsten Produkte zu verkaufen oder ein Produkt anzubieten, in dem darauf geachtet wird, hauptsächlich Strom aus regenerativen Energiequellen zu beziehen. In Zukunft muss der Verbraucher neben dem Produkt Strom auch noch mit einem effektiven Mehrwert umworben werden. Das aktuelle Produkt Strom war schon immer uninteressant, man kann sogar sagen, dass es langweilig war. Die digitalen Möglichkeiten, welche die neuen Smart Meter bieten, könnten das Produkt in Kombination mit den passenden Mehrwerten zum ersten Mal für den Endverbraucher interessant machen. Als wegweisender Energieversorger könnte man somit sein Produkt auch zum ersten Mal effektiv von der Konkurrenz hervorheben. Es gilt also, neue digitale Services oder auch Hardware mit dem zukünftigen Produkt Strom zu verknüpfen und am Markt anzubieten. Einige der aktuell kursierenden Ideen der Branche sind weiterhin sehr stark am Medium Strom verankert, andere gehen schon weiter auf die neuen digitalen Möglichkeiten ein. Nachfolgend sollen einige der neuen Möglichkeiten und Ideen etwas näher betrachtet werden:

- *Bequemes und schnelles wechseln von Tarifen:* In Zukunft könnte es möglich sein, schnell und einfach zwischen den angebotenen Tarifen des derzeitigen Energieversorgers zu wechseln. Somit könnte je nach Lebenssituation viel schneller und unkomplizierter der entsprechend optimale Energieliefervertrag bezogen werden. Weiterhin wäre es denkbar, dass die Versorger wesentlich detailliertere Tarife anbieten würden. Denkbar wären zum Beispiel Wochenendtarife, Urlaubstarife oder auch Feiertags- und Ferientarife, wenn die ganze Familie zu Hause ist und der Verbrauch entsprechend hoch ist. Ermöglicht würde das ganze durch speziell entwickelte Applikationen für PC und Mobiltelefon.
- *SMS oder E-Mail Benachrichtigungen:* Energieversorger haben endlich die Möglichkeit ihre Kunden effektiv beim Energiesparen zu unterstützen. Zusätzlich zu den bereits erwähnten Kundenportalen, in denen der aktuelle sowie der bereits vergangene Energieverbrauch visuell dargestellt werden können, kann der Verbraucher in naher Zukunft selbstdefinierte Verbrauchslimits festlegen. Bei Überschreiten eines solchen Limits kann dann ein zuvor definiertes Ereignis ausgelöst werden. Dies kann zum Beispiel durch SMS oder E-Mail geschehen. Erhöhter sowie vermeidbarer Energiekonsum kann dadurch frühzeitig erkannt und verhindert werden.
- *Aufspüren von Energiefressern:* Noch weiter geht der Gedanke in Zukunft, über ein bestimmtes Messverfahren den Energieverbrauch einzelner Haushaltsgeräte darzustellen. Dabei wird die Frequenz im eigenen Haushaltsnetz vom Smart Meter ausgelesen und visualisiert. Veraltete Kühlschränke, Wäschetrockner, Monitore, etc. könnten dadurch erkannt und je nach finanzieller Lage ausgetauscht werden.

- *Anreize für Kunden:* Viele Versorger versuchen heute schon, ihren Kundenstamm mit mehr oder weniger Einsatz und Erfolg zum Energiesparen zu motivieren. Durch die digitale Anbindung der Kunden könnten auch hier die Möglichkeiten in Zukunft viel umfangreicher gestaltet werden. Es könnte viel exakter ermittelt werden, wann und wie viel Energie vom Verbraucher über einen bestimmten Zeitpunkt hinweg eingespart wurde. Entsprechend des Einsparpotenzials und der letztendlich wirklich erreichten Einsparung könnten anschließend diverse Entlohnungen wie zum Beispiel entgeltfreie kWh für den kommenden Monat, Freischalten von kostenpflichtigen Features im Kundenportal, Prämienkatalog, etc. angeboten werden.

- *Mehrparteienverträge:* Die Idee hinter dieser Vertragsart orientiert sich an Beispielen anderer Branchen im Endkundensegment. Die Idee, die sich hinter dieser Überlegung verbirgt, ist das mehrere Konsumenten ihr Verbrauchspotenzial bündeln und dadurch einen besseren Preis am Markt erzielen. Beispiele hierfür sind zum Beispiel das gemeinsame Ordern von Heizöl/Kohle für zwei oder drei unterschiedliche Haushalte oder der Erwerb mehrerer gleicher oder auch unterschiedlicher Artikel im Elektrofachhandel. Beim Mehrparteienvertrag in puncto Energieliefervertrag könnten zum Beispiel Familienangehörige, gute Freunde oder auch Nachbarn durch Angabe einer gemeinsamen Referenznummer ein weitaus günstigeres Stromprodukt beziehen als im Einzelfall.

- *Neue Hardware mit neuem Energielieferungsvertrag:* Ein letztes Beispiel, das in eine ganz andere Richtung geht orientiert sich an der seit Jahren existierenden Struktur von Mobilfunkverträgen. Beim Wechseln zu einem neuen Anbieter/Lieferant könnte in Zukunft nicht wie bisher nur Strom vom neuen Stromanbieter bezogen werden. Überlegungen gehen dahin, dass ähnlich wie beim Mobilfunkanbieter ein neuer Vertrag immer auch ein neues Mobilfunktelefon beinhalten in Zukunft auch beim Energieliefervertrag ein neuer Smart Meter mit neuen Features und noch mehr Funktionalität als der bisherige enthalten ist.

Dies sind nur einige Beispiele, die zeigen welche Überlegungen die Energiebranche derzeit tätigt, um mit den neuen Möglichkeiten der Smart Meter das Produkt Strom endlich interessanter und auch einigermaßen „greifbar" für den Endverbraucher zu gestalten. Bei allen oben genannten Beispielen sollte jedoch beachtet werden, dass die Realisierung jeder einzelnen Idee zum jetzigen Zeitpunkt noch nicht ohne Weiteres möglich ist. Es muss derzeit noch viel Recherchearbeit geleistet werden, um den Aufbau der entsprechend notwendigen Infrastruktur mit den wirtschaftlichen Aspekten der Branche abzugleichen.

7.2.3 Neue Marktteilnehmer sehen ihre Chance

Wie anfangs schon erwähnt, bringt das Thema Smart Metering eine komplett neue Technologie in den Energiesektor. Dieser Umstand bringt Herausforderungen sowie Chancen für eine Vielzahl von Unternehmen mit sich. Diese können grob in zwei Kategorien unterteilt werden. Auf der einen Seite müssen sich bereits über

Jahre hinweg etablierten Unternehmen der Branche mit einer neuen Technologie auseinandersetzen und ihr Angebotsportfolio entsprechend erweitern. Auf der anderen Seite wird der Markt für neue Akteure geöffnet. Das heißt bislang branchenfremde Unternehmen können aufgrund ihrer Spezialisierung oder ihres technologischen Erfahrungswerts nun der Energiebranche einen entsprechenden Mehrwert liefern, natürlich nicht ganz uneigennützig. In den beiden nachfolgenden Abschnitten sollen zwei der bekanntesten IT Konzerne der Welt und ihre Absicht am globalen Smart Metering Geschäft mitzuwirken etwas näher betrachtet werden. Nämlich der Suchmaschinengigant „Google" und den früheren alleinigen Platzhirsch der IT-Branche, „Microsoft".

Google, einer der mittlerweile bekanntesten und umstrittensten Konzerne der Welt wittert auch im Bereich Smart Metering seine Chance. Längst beschränkt sich der Konzern nicht mehr nur auf sein Kerngeschäft, dem Anbieten eines erfolgreichen und einfachen Suchalgorithmus für das World Wide Web. Der global eingetroffene Erfolg diverser anderer Applikationen und der wirtschaftliche Drang nach neuen Geschäftsfeldern mit hohem Investitionsvolumen locken den Suchmaschinengiganten nun in die Energiewirtschaft. Mit der sogenannten *„Google PowerMeter"*[142] Applikation und einem installierten Smart Meter können sich Verbraucher in Zukunft online über ihren aktuellen Energieverbrauch informieren. Auch bei Google PowerMeter wird es möglich das Verbrauchsverhalten stunden-, tages- wochen- oder monatsspezifisch zu visualisieren. Punkten soll die neue Applikation durch zwei spezielle Features:

1. Aufspüren sogenannter *„Energiesparpotenziale"*. Es soll möglich sein zu erkennen, welches Gerät für welchen Verbrauch verantwortlich ist. Anschließend kann die Anwendung entsprechende Energiesparmaßnahmen direkt aus dem World Wide Web verknüpfen.
2. Das persönliche Verbrauchsprofil mit Freunden teilen. Auf Wunsch kann die eigene Verbrauchsstatistik geteilt und auch verglichen werden.

Derzeit befindet sich das Produkt noch in der Testphase und ist ausschließlich für sogenannte „Googler" auf dem US-Markt zu erhalten. Die enge Zusammenarbeit mit den großen lokalen Energieversorgern lässt positive Resultate erahnen. Es bleibt abzuwarten, wie die neue Lösung auf dem Markt ankommen wird. Die rein digitale Ausrichtung und der Communitygedanke des Produkts lassen jedoch schon ein sehr zeitnahes und dem Trend entsprechendes Produkt erahnen. Auch die Tatsache, dass die Applikation kostenlos verwendet werden kann, wird sich sicherlich positiv auf die Marktdurchdringung auswirken. Potenzial für eine weitere Erfolgsstory im Google-Universum ist auf jeden Fall vorhanden.

---

142   Google, What is Google PowerMeter?, http://www.google.com/powermeter/ about/about.html, (Stand: 15.09.2010)

Überraschend hat Google im Juni 2011 im hausinternen Blog Google angekündigt, die Dienste Google Health und Google PowerMeter bald einzustellen – beide hätten nicht den erhofften Anklang gefunden.[143]

„Kaum aus der Höhle hervorgekrochen und schon von der Evolution verschlungen. Google hat offiziell den Stecker seines Web-Energie-Management-Tools PowerMeter gezogen. Das Projekt, das Google vor zwei Jahren vielversprechend gestartet hatte, wird nach dem 16.09.2011 eingestellt werden. Jeder Nutzer wird aufgefordert, seine Daten bis dahin zu sichern. Und was er dann mit diesen dann wertlosen Daten macht? PowerMeter hat im Laufe seines Bestehens weniger als 10.000 Anwender gefunden. Recht schnell stellte sich heraus, dass es auch für ein großes Internet-Unternehmen schwierig wird, Versorgungsunternehmen als Partner für PowerMeter zu überzeugen, und ungleich schwieriger, dass es auch Verbraucher gewinnen muss, die sich über ihren Energieverbrauch Gedanken machen. PowerMeter überwacht die Nutzung und verwaltet den Energieverbrauch online über ein iGoogle Widget. Am Anfang war alles festverdrahtet über die San Diego Gas & Electric und dem Smart-Meter Hersteller Itron. Später öffnete Google die PowerMeter API (Schnittstellen) und mit dem Google Gadget Maker ließen sich dann entsprechende Endanwender Oberflächen entwickeln. PowerMeter entstammte dem philanthropischen Zweig von Google. Google sagte zwar, dass es nicht die Absicht habe Geld über diese Schiene zu machen, aber Verluste wahrscheinlich auch nicht. In der Zwischenzeit sind ebenfalls andere Unternehmen mit eigenen Dienstleistungen und Werkzeugen gestartet und kämpfen um einen Platz im Energiemanagement. Microsoft entwickelte ein ähnliches Tool wie PowerMeter, genannt Hohm. Dennoch sind viele Google Ideen oft einflussreich, selbst wenn sie nicht rentabel sind. Googles Einführung des PowerMeter verängstigte beim Start Konkurrenten und Stadtwerke. Beispielsweise Unternehmen, die nicht wollten, dass Google direkte Beziehungen zu den eigenen Kunden bekam und über die Hilfsprogramme (Widgets) auch Zugang zu den Daten hatte. PowerMeter entfachte eine Menge Aufmerksamkeit weltweit, wurde jedoch als nicht besonders gelungen angesehen.“[144].[145]

Auf der anderen Seite steht ein sehr etablierter Konzern der IT-Branche, Microsoft. Ähnlich wie sein Konkurrent verfolgt auch Microsoft das Ziel den Stromverbrauch der Anwender/Verbraucher zu optimieren und dadurch Energie einzusparen. Dazu hat das Unternehmen die webbasierte Anwendung *„Microsoft Hohm"*[146] entwickelt, die auf der Cloud-Plattform Windows Azure beruhen soll. Der große Unter-

---

143   vgl. Heise Online, Das Ende von Google PowerMeter, http://www.heise.de/ct/ meldung/Das-Ende-von-Google-PowerMeter-und-Google-Health-1268001.html, (Stand: 07.07.2011)

144   Valuegrid, Google PowerMeter, http://www.valuegrid.net/index.php/news/tag/ meter, (Stand: 07.07.2011)

145   vgl. Google PowerMeter, http://www.google.com/powermeter/about/, (Stand: 07.07.2011)

146   Microsoft, How energy efficient is your home? 2010, http://www.microsoft-hohm.com/, (Stand: 15.09.2010)

schied zum Google PowerMeter Konzept liegt nun darin, dass der Endanwender noch nicht über einen bereits installierten Smart Meter verfügen muss. Der Anwender meldet sich einfach am System an und macht detaillierte Angaben über Wohnung und alle sich darin befindlichen elektrischen Geräte. Die Applikation vergleicht die Daten im Anschluss mit den entsprechenden historischen Verbrauchswerten und ermittelt potenzielle Einsparmöglichkeiten. Verfügt der Verbraucher bereits über einen Smart Meter, übermittelt dieser alle relevanten Daten direkt an das Hohm-System, um entsprechende Lösungsvorschläge zu ermitteln.

Auch Microsoft Hohm befindet sich derzeit noch in der Testphase und steht wie die Google PowerMeter Applikation nur einer bestimmten Benutzergruppe von US Bürgern zur Verfügung. Auch Microsoft Hohm wird dem Endverbraucher kostenlos zur Verfügung stehen, womit der Konzern einen entscheidenden Beitrag zur aktuellen Klimapolitik beitragen möchte.

Kurz nach der Ankündigung von dem Ende des PowerMeter Konzepts durch Google hat auch Microsoft die Einstellung des Hohm Services angekündigt.[147]

„Wer kennt es nicht dieses schwermütige Lied. Nach Google stimmt jetzt auch Microsoft den Energie Blues an. Der Microsoft Hohm Service wird zum 31.05.2012 eingestellt. Zwar soll, zumindest laut Microsoft, der Zuspruch der Kunden während des Beta-Tests vielversprechend gewesen sein, allerdings aufgrund der geringen Marktdurchdringung wird der Dienst eingestellt und Microsoft fokussiert oder besser wendet sich neuen Aufgaben zu. Es sollen Produkte und Lösungen entwickelt werden, die den wachsenden Energiemarkt viel besser unterstützten können."[148]

Google und Microsoft sind hier nur zwei Beispiele der weltweit unzähligen Unternehmen, die das gigantische Potenzial, das in der Energiebranche steckt, erkannt haben, aber den Zeitpunkt der Umsetzung und die Marktentwicklung falsch eingeschätzt haben.

Nicht nur der ökonomische Aspekt zieht neue Player in den Mark, auch staatliche Eingriffe, das heißt Richtlinien und Regulierungen haben schon immer den Weg für neue Marktteilnehmer eröffnet. In Deutschland hatte die Bundesregierung am 29.08.2008 mit dem Gesetz zur Öffnung des Messwesens und §21b des Energiewirtschaftsgesetzes (EnWG) neben dem Messstellenbetrieb auch die Messung der Messstelle an sich in Deutschland liberalisiert.[149] Dies hatte zur Folge, dass ab so-

---

147   vgl. Microsoft Home, Microsoft Home Service Discontinuation, http://blog.microsoft-hohm.com/news.aspx, (Stand: 07.07.2011)

148   Valuegrid, It's all over now Baby Blue, http://www.valuegrid.net/index.php/news/, (Stand:07.07.2011)

149   vgl. Bundesministerium für Wirtschaft und Technologie, Gesetz zur Öffnung des Messwesens bei Strom und Gas für Wettbewerb. 29. August 2008, http://www.bmwi.de/Dateien/Energieportal/PDF/gesetz-oeffnung-messwesen,property=pdf,bereich=bmwi,sprache=de,rwb=true.pdf, (Stand: 20.09.2010)

fort jeder private Anschlussnehmer einen Dritten mit der Funktion des Messstellenbetreibers (MSB) oder mit der Funktion des Messdienstleisters (MDL) beauftragen konnte. Dieser Umstand brachte mit sofortiger Wirkung die Entstehung der zuvor erwähnten neuen Marktrollen MSB und MDL auf dem deutschen Energiemarkt mit sich. Große Energiekonzerne in Deutschland haben sofort reagiert und kurzerhand eigene neugegründete Unternehmensstrukturen mit den MSB und MDL Aufgaben betraut. Mittelständische oder kleinere Energieversorger, die sich diesen Luxus nicht leisten konnten, haben entweder ein gemeinsames Tochterunternehmen gegründet und mit den Aufgaben des MSB/MDL betraut oder müssen sich diesen Dienst am Markt von der Konkurrenz oder einem Dritten einkaufen.

Die neuen Tochtergesellschaften der großen der Energiebranche oder der weltweit führenden IT Konzerne sind nur einige Beispiele der zurzeit stattfindenden Aktivitäten auf den globalen Energiemärkten. Hunderte kleinere sowie lokal ansässige Unternehmen werben derzeit mit ihren einzigartigen Ideen oder ihren technischen und fachlichen Kernkompetenzen. Die dabei neu entstehenden Produkte und Dienstleistungen sollen dabei jedem einzelnen Energiedienstleistungsunternehmen den entscheidenden Wettbewerbsvorteil auf dem Weg in den Energiemarkt der Zukunft bringen.

7.3 Auf dem Weg zum Smart Grid

7.3.1 Vom Smart Meter zum Smart Grid

Die flachendeckenden installierten Smart Meter sowie die für ihren Betrieb benötigte Infrastruktur bilden die Grundlage einer langen Kette von Komponenten des bis dato visionären Smart Grid. Diese erste Version des Smart Grid, nennen wir es einmal das *„Smart Grid 1.0"*, wird dabei rein aus einem Verbund von intelligenten Zählern, der dazu benötigten Kommunikationsinfrastruktur sowie einer zentralen Steuereinheit bestehen. Ähnlich, wie im bereits zuvor erwähnten Falle, dass die erste Generation von Smart Metern noch nicht wirklich als *„smart"* bezeichnet werden kann, wird auch der Begriff Smart Grid erst einmal seinem Namen nicht wirklich gerecht. So wie die ersten Smart Meter besser als digitale Stromzähler bezeichnet werden sollten – was natürlich aus Marketingperspektive nicht wirklich gewollt ist –, so müsste man eigentlich auch das Smart Grid 1.0 im ersten Schritt als reines Zählerfernauslesesystem bezeichnen. Aber sind wir einmal ehrlich, „Smart Grid" klingt einfach überzeugender!

Dass aber bereits sehr viel weiter gedacht wird als ein reines Zählerfernauslesesystem zu entwerfen, belegen die zahlreichen zuvor genannten Beispiele. Das heißt, sollten die neuen Smart Meter erst einmal flächendeckend in allen privaten Haushalten installiert sein, müsste alles Weitere ganz schnell gehen. An welche Möglichkeiten in puncto Stromverbrauch, Stromproduktion oder gar zukünftiger Energiespeichermöglichkeiten bereits heute schon gedacht wird, sollen die nachfolgenden Kapitel näher erläutern.

7.3.2   Intelligente Kraftwerkssteuerung und intelligente Kraftwerke

Die bevorstehende Veränderung der Netzinfrastruktur der Energiemärkte sowie ihre angedachte intelligente Steuerung hat auch die Überlegung angefacht, den strukturellen Aufbau der Energieproduktionsstandorte neu zu überdenken. Ein generelles Problem der Energiebranche stellt die Tatsache dar, dass Energie häufig dort benötigt oder in großen Mengen verbraucht wird, wo sie nicht gerade bevorzugt erzeugt werden kann. Hinzu kommt, dass der Ausfall einer Ressource (zum Beispiel Wartungsarbeiten an einem Kraftwerk) komplexe Umverteilungsmaßnahmen mit sich bringt. Um dem Risiko eines Ausfalls, oder des Überlastens einer Höchstspannungstrasse vorzubeugen, investieren deutsche Netzgesellschaften jedes Jahr immense Summen. Eine Möglichkeit solche Risiken zu streuen oder gar die Produktion an lokal nachgefragten Standorten zu erhöhen bildet die sogenannte *„Schwarmstrom"* Technik sowie das Aufsetzen virtueller Kraftwerke. Was sind nun schon wieder virtuelle Kraftwerke?

„Als virtuelles Kraftwerk wird ein Verbund aus mehreren kleineren oder mittleren Energieproduktionsanlagen mit einer zentralen Steuereinheit bezeichnet. Dies könnte zum Beispiel ein Verbund von mehreren Photovoltaikanlagen, einer Biogasanlage sowie eines lokalen Windparks sein. In einem Verbund zusammengefasst verfügen diese Anlagen über ein gemeinsames Potenzial an Energieproduktion, welches intelligent reguliert werden kann."[150]

Unterschiedliche lokale Produktionsstätten werden *„virtuell"* zu einem gemeinsamen Kraftwerk gekoppelt. Dabei spielt die Gesamtkapazität oder die verwendete Technologie in erster Linie keine Rolle. Auch kann der Verbund an sich in Zukunft variieren. Das heißt, die beiden virtuellen Kraftwerke *„II"* und *„III"* in Abbildung 7-1 könnten je nach Gegebenheiten zu einem gemeinsamen Verbund gekoppelt und später wieder entkoppelt werden.

---

150   Eigene Begriffsdefinition

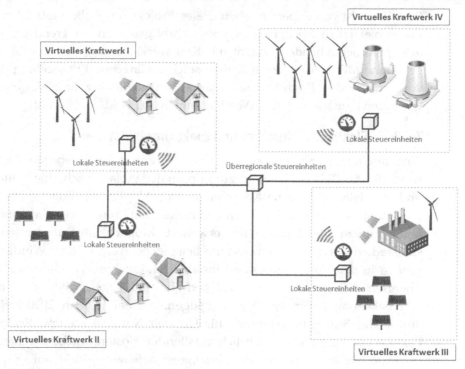

Abbildung 7-1: Virtuelle Kraftwerke

Den bundesweit ersten Piloten größeren Ausmaßes startete der DAX-Konzern Volkswagen (VW) in Zusammenarbeit mit dem Hamburger Stromversorger Lichtblick im Jahr 2009. Die Zusammenarbeit der beiden unterschiedlichen Parteien ist dabei so simpel wie genial. VW beliefert den Energieversorger mit einem als Blockheizkraftwerk (BHKW) umgerüsteten VW Gas-Motor. Dieser produziert zukünftig im Keller von zum Beispiel Firmen, Arztpraxen oder Mehrfamilienhäusern Strom und Wärme. Zu einem Netzwerk zusammengefasst kann Lichtblick anschließend die flächendeckend installierten BHKWs, welche bis zu 19 kWh Leistung bringen, von einer zentralen Warte aus steuern und regulieren. Über 20.000 Anlagen sind bereits in den Ballungsgebieten Hamburg, Braunschweig, Berlin, Bremen, Essen, Leipzig und Stuttgart installiert. Als langfristiges Ziel sind 100.000 installierte BHKWs geplant.[151] Damit würde die Gesamtleistung zweier Atomkraftwerke auf Bundesebene verteilt werden. Eine solch komplexe und völlig dezentralisierte Stromproduktion in einem einzelnen virtuellen Kraftwerk zu bündeln, stellt eine immense Herausforderung dar.

---

151 vgl. Handelsblatt, VW baut jetzt auch Kraftwerke, http://www.handelsblatt.com/unternehmen/industrie/neues-geschaeftsfeld-vw-baut-jetzt-auch-kraftwerke;2698692;0, (Stand: 03.02.2011)

Eine Vielzahl von Experten sehen dieses Projekt sowie die Vielzahl von kleineren Pilotprojekten in diesem Bereich als richtungsweisenden Trend an, welcher das bisher vorherrschende Konzept der Kraftwerksplanung um eine bisher nicht da gewesene Möglichkeit ergänzt. Eine solch ergänzende Entwicklung der derzeitig vorherrschenden Produktionsinfrastruktur von Elektrizität bildet einen weiteren wichtigen Baustein auf dem Weg hin zum Smart Grid der Zukunft.

7.3.3   Elektrische Speicher und Elektromobilität

Eine intelligente Kraftwerkssteuerung des zuvor beschriebenen Ausmaßes von rund 100.000 BHKWs benötigt zum optimalen Ablauf noch eine weitere wichtige und ebenfalls völlig neue Komponente, die Möglichkeit Energie bei Bedarf zwischenzuspeichern. Das Speichern von Elektrizität eröffnet vor allem im Bereich der regenerativen Energieproduktion erweiterte Möglichkeiten der Kosten- und Emissionsreduzierung. Derzeit muss zum Beispiel noch ein Teil der Windkrafträder der großen in der Nord- und Ostsee installierten Offshore Windanlagen bei geringer Energienachfrage aus dem Wind gedreht und abgeschaltet werden, um einer Überbelastung im Stromnetz vorzubeugen. In einer im Jahre 2010 veröffentlichten Studie des Bundesministeriums für Umwelt Naturschutz und Reaktorsicherheit belaufen sich die dadurch jährlich anfallenden Kosten für die sogenannte „*Vorhaltung von Windreserven*" und der „*Windprognosefehlerausgleich*" auf knapp 347 Millionen Euro im Jahr 2006 und auf circa 285 Millionen Euro im Jahr 2007.[152] Das Einlagern und Speichern von Elektrizität in weiterentwickelten und dezentral installierten Zwischenspeichern im Nicht-Bedarfsfall würde damit nicht nur umweltpolitische Vorteile mit sich bringen, sondern auch ein enormes Kosteneinsparpotenzial aufweisen. Größere Speicherbatterien könnten zum Beispiel in öffentlichen Gebäuden, Industrieparks, Wohnanlagen oder auch in Mehrfamilienhäusern installiert werden. Durch das Abschließen entsprechender Verträge könnten solch eingelagerte Energiemengen günstig ins Eigentum der „*Batteriebesitzer*" übergehen. Eine weitere Alternative wäre, dass der Energieversorger die Möglichkeit hätte je nach Bedarf und für ein entsprechendes Entgelt wieder Energie – zum Ausgleich im Netz – aus der Speicherbatterie zu entnehmen. Eine solch flächendeckend verteilte Energiespeicherung würde die ohnehin schon ziemlich geringen Energieausfallzeiten in Deutschland noch weiter minimieren.

Eine weitere Möglichkeit des Nutzens von dezentralen Energiespeichern stellen die eine Million Elektroautos dar, die bis 2020 von der deutschen Bundesregierung auf deutschen Straßen erwartet werden. Natürlich wird in erster Linie, wenn wir

---

152   vgl. Bundesministerium für Umwelt Naturschutz und Reaktorsicherheit, Einzel- und gesamtwirtschaftliche Analyse von Kosten- und Nutzenwirkungen des Ausbaus Erneuerbarer Energien im deutschen Strom- und Wärmemarkt, http://www.bmu.de/files/pdfs/allgemein/application/pdf/endbericht_ausbau_ee_2009.pdf,   (Stand: 05.02.2011)

an Elektroautos denken an eine CO_2 freie mobile Fortbewegung der Zukunft gedacht. Aber das auch die emissionsfreien Elektroautos irgendwo ihren Strom herbekommen müssen und dieser nicht einfach nur aus der Steckdose kommt, leuchtet jedem ein. Eine stark wachsende Anzahl von Elektroautos auf Europas Straßen kann erst einmal nur mit einer steigenden Anzahl von Kraftwerken mobilisiert werden. Frankreichs Präsident Sarkozy plant natürlich schon die Kernkraft auf die Straße zu bringen, wie in einem Artikel auf Spiegel Online im Oktober 2009 zu lesen war.[153] Tatsache ist aber, – und darüber sind sich Experten weltweit einig – dass die modernen Elektroautos erst wirklich emissionsfreie Fortbewegung garantieren, wenn auch der *„getankte"* Strom zu 100 % aus regenerativen Energien besteht. Nun wird auch deutlich, warum sich gerade auch die Masse an Elektroautos zukünftig als flexiblen Energiespeicher anbieten. Ähnlich wie im Beispiel mit den großen und fest installierten Batterien in Gebäuden, könnten auch hier spezielle Energieaustauschverträge zwischen einem ausgesuchten Energielieferanten und dem Fahrzeugeigentümer abgeschlossen werden. Die Vorteile beider Seiten liegen auf der Hand:

Energielieferanten: Energielieferanten könnten zum Beispiel einen individuell mit dem Fahrzeughalter abgesprochenen Batterieanteil (vielleicht 20–30 %) für den Eigenbedarf anmieten und je nach Verfügbarkeit zwischenspeichern oder entnehmen. Natürlich muss bei dieser Art von Geschäftsmodell immer ein gewisser Mindestanteil an Energie in der Batterie verbleiben, um die Fortbewegung zu sichern. Weiterhin könnte man unter vertraglicher Abstimmung bei Überproduktion von zum Beispiel Windenergie die Batterie des Fahrzeughalters zu einem günstigen Entgelt immer vollständig aufladen.

Fahrzeugeigentümer: Als Fahrzeugeigentümer könnte man mit solch einem Geschäftsmodell regelmäßig Elektrizität zu günstigen Tarifen (nennen wir den Tarif einmal *„Überproduktionstarif"*) beziehen. Weiterhin könnten durch die Vermietung des Batterieanteils Nebeneinkünfte erzielt werden, welche je nach Größenordnung einen gewissen Anteil etwaiger Unterhaltungskosten für das Fahrzeug unterstützen.

Erst durch ein komplexes Zusammenspiel zwischen dem Ausnutzen zeitweiser Überkapazitäten bei der Produktion regenerativer Energiequellen würde das Konzept der umweltfreundlichen Fortbewegung mittels Elektroauto wirklich aufgehen. Auch diese Interaktion zwischen allen beteiligten Systemen stellt einen wichtigen Bestandteil des Energienetzes der Zukunft dar.

---

153   vgl. Spiegel Online, Frankreich will Klimaziele mit Elektroautos erreichen, http://www.spiegel.de/wissenschaft/technik/0,1518,656430,00.html,   (Stand: 05.02.2011)

7.3.4 Smart Home

Den letzten Baustein im komplexen Smart Grid Puzzle der Zukunft stellt die digitale Vernetzung mit dem *„intelligenten"* Haushalt des 21. Jahrhunderts dar, dem sogenannten Smart Home.

In dutzenden Filmen wurde bereits dargestellt, wie es einmal in Zukunft zu Hause ablaufen könnte. Die Nachrichten morgens bereits im Badezimmerspiegel beim Rasieren schauen, Bestellungen für Lebensmittel direkt vom Kühlschrankdisplay aus tätigen oder aber alle elektronischen Feinheiten wie Alarmanlage, Beleuchtung oder Rollladensteuerung von einer einzigen mobilen Steuereinheit aus bedienen. Technisch sind viele dieser früheren Visionen längst umsetzbar, jedoch noch mit einem sehr hohen Kostenaufwand sowie noch fehlender Ausgereiftheit verbunden. Einen ersten serienreifen Vorstoß in Sachen digitalisierte Haushalte sollen auch hier die Smart Meter bringen. Die neuste Generation von Haushaltsgeräten (überwiegend weiße Ware) verfügt bereits über ein vorinstalliertes Interface zum digitalen Ansteuern des Gerätes. Noch haben längst nicht alle Gerätehersteller in diesem Bereich das zukünftig immense Potenzial dieses wachsenden Marktes erkannt. Der global agierende Hersteller Miele hat bereits eine eigene Sparte mit dem Namen *„Miele@Home"* gegründet, um technikversierten Interessenten bereits heute digital steuerbare Geräte anzubieten. Andere Bereiche wie zum Beispiel Internet und TV sind bereits einen Schritt weiter und Anbieter solcher Dienste umwerben ihre Kunden schon fast jährlich mit kleineren oder größeren neuen digitalen Raffinessen. Die Deutsche Telekom AG bietet beispielsweise mit ihrer *„T-Home"* Solution ein komplettes Telekommunikationspaket für zu Hause aus einer Hand an. Solange aber die beiden angesprochenen Segmente – sowie alle anderen Bereiche – noch vollständig autonom agieren, will noch keiner so recht von einem Smart Home sprechen. Richtig, wir sind auf dem besten Wege, aber das Smart Home der Zukunft verfügt nicht nur über allerlei technische Spielereien. Die wichtigste Komponente wird die zentrale Steuereinheit über alle Geräte hinweg werden. Ob dies wirklich einmal der Smart Meter sein wird, wie viele Experten beurteilen, bleibt fraglich. Der Smart Meter bildet zwar nach dem Internet eine der wichtigsten Kommunikationsschnittstellen mit dem Haushalt nach außen. Aber seine Funktion als Kernschnittstelle des Hauses der Zukunft bleibt bis dato absolut spekulativ.

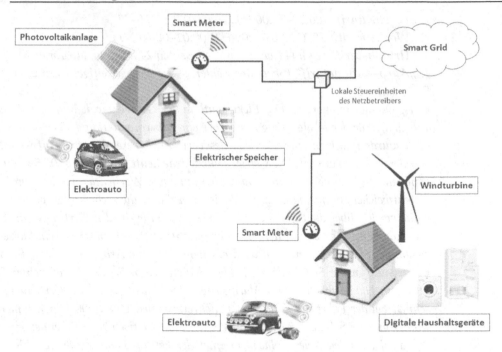

Abbildung 7-2:   Smart Home Integration

Die unterschiedlichen Komponenten eines Smart Home werden zentral über den Smart Meter sowie den dazugehörigen Internetanschluss verwaltet. Ein Verbund von mehreren Haushalten kann dabei zu einem lokalen Netzwerk zusammengefasst werden. Über dieses Netzwerk werden nicht mehr nur Informationen untereinander ausgetauscht. Zukünftig wird es möglich sein, die Energieproduktion aller Haushalte im Verbund zu bündeln und intelligent zu steuern. Eine zeitweise Überproduktion kann dabei je nach Verfügbarkeit im Verbund direkt gespeichert und bei Bedarf wieder abgerufen werden. Ein intelligentes Steuerungs- und Abrechnungssystem verwaltet den dafür notwendigen Datenaustausch im Hintergrund. Auch digital angebundene Haushaltsgeräte sowie Elektrofahrzeuge können vom System je nach Energieverfügbarkeit aktiviert oder deaktiviert werden. Energieversorger, Produzenten sowie Netzbetreiber verfügen ebenfalls über die Möglichkeit Informationsimpulse über zentrale Knotenpunkte in den lokalen Hausverbund, zu schicken.

Der Tagesablauf in einem der Haushalte der Zukunft könnte im groben folgendermaßen ablaufen:

Das Einfamilienhaus der Familie Mustermann verfügt über einen modernen Haushalt mit vier Personen, zwei Erwachsene und zwei Kinder. Die Familie besitzt einen elektrischen Wagen, einen mit dem lokalen Energieversorger abgeschlossenen vier-Tarifsystem-Vertrag mit Hochtarif- (HT) und Niedrigtarifzeiten (NT), eine digital angebundene Heizanlage sowie einer eigenen Photovoltaikanlage zur privaten Einspeisung von Strom ins lokale Energienetz. Das vier-Tarifsystem schlüsselt sich folgendermaßen auf:

1. *„Wochentarif"* (06:00–22:00 HT, 22:01–05:59 NT

2. *„Wochenendtarif"* (09:00–00:00 HT, 00:01–08:59 NT)

3. *„Urlaubstarif"* (24 h NT bei einem festgelegten 24 h Maximalverbrauch)

4. *„Auto-Aufladetarif"* (Separater Zähler, sowie wechselseitiger Tarif zum Aufladen des Elektroautos)

Es ist Donnerstagmorgen. Das Elektroauto in der Garage wurde in dieser Nacht zu 100 % aufgeladen, da der lokale Energieversorger eine Überproduktion an Windenergie hatte. Die kWh wurde somit zu einem Drittel des vertraglich vereinbarten „Auto-Aufladetarifs" von der Familie bezogen. Die Gefriertruhe wurde heute Morgen um 05:59 Uhr per Impuls vom Smart Meter abgeschaltet. Da es sich um einen Wochentag handelt, wird kaum Energie entweichen, da niemand zu Hause ist, um die Truhe mehrfach zu öffnen. Die Gefriertruhe verfügt über die Effizienzklasse A+++ und ist optimal isoliert, was eine 24 h Temperaturkonstanz auch ohne Energiezufuhr garantiert. Die Familie hat ein kurzes Frühstück zusammen. Frau Mustermann wird auf dem Weg zur Arbeit die beiden Kinder mit dem Elektroauto in die Schule bringen. Herr Mustermann lässt sich von seiner Fahrgemeinschaft zu Hause abholen. Das Alarmsystem des Hauses aktiviert Herr Mustermann noch schnell bei der Fahrt ins Büro vom Beifahrersitz aus. Um 15:00 Uhr kommen die beiden Kinder aus der Schule, das Alarmsystem wird automatisch beim Erkennen eines der beiden Handysysteme deaktiviert. Nachdem einer der beiden Söhne die letzte Milchpackung aus dem Kühlschrank nahm und die leere Packung anschließend in den Mülleimer geworfen hat, gibt das „RFID-Tag" der Milchpackung über den Mülleimer ein Signal an den Kühlschrank. Die Milch ist leer. Über das Kühlschrankinterface wird automatisch die Einkaufsliste auf dem Smartphone von Frau Mustermann um die Position Milch ergänzt. Frau Mustermann hat ihren Mann vom Büro abgeholt, um anschließend gemeinsamen einkaufen zu gehen, an die Milch wurde gedacht. Beim Anschließen des Elektroautos an der Ladestation in der Garage wird festgestellt, dass der Akku noch zu 98 % aufgeladen ist. Das Auto wurde kostenfrei während einer Sonderaktion der Supermarktkette beim Einkaufen wieder aufgeladen. Um 19:00 Uhr genießt die Familie ein gemeinsames Abendessen. Die Familie schaut sich gemeinsam um 19:23 Uhr den neuesten Trickfilm von Disney über die Video-on-Demand Funktion an. Um 20:55 gehen die Kinder ins Bett. Herr Mustermann erledigt noch ein paar Vorbereitungsarbeiten für Morgen und Frau Mustermann lädt die moderne und geräuscharme Waschmaschine. Die Gefriertruhe schaltet sich um Punkt 22:01 Uhr per Impuls vom Smart Meter wieder ein. 23:30 Uhr, das Haus deaktiviert alle gerade nicht benötigten Stand-by Aktivitäten während Herr und Frau Mustermann zu Bett gehen. Die Photovoltaikanlagen hat im Laufe des Tages knapp 4 kWh erzeugt, welche auf der Stromabrechnung von Familie Mustermann gutgeschrieben wurden. Die Waschmaschine schaltet sich um 04:30 Uhr an, hat ihr Programm um 05:40 Uhr bei Zimmerlautstärke beendet und schaltet sich im Anschluss automatisch wieder aus. Der Energieversorger hat 10 % der Batterieleistung des Elektroautos über Nacht als Ausgleichsenergie benötigt. Auf der monatlichen Stromabrechnung von Familie Mustermann wurden 2,83 Euro für die 10 % gutgeschrieben.

Solch ein Tagesablauf passt immer noch besser in jedem Hollywood Blockbuster als in unsere alltägliche Vorstellung. Tatsache ist aber, dass wir von solch einer Vorstellung nicht mehr weit weg sind. Schließlich geht es in der oben beschriebenen Vision nicht um fliegende Autos oder Teleportation. Theoretisch lassen sich alle technischen Raffinessen im Alltag von Familie Mustermann heute schon realisieren. Die verschiedenen Techniken und Gerätesparten müssen eigentlich *„nur noch"* vom derzeit teuren Pilotstatus zur käuflich erwerblichen Massenprodukten übergehen sowie mit Hilfe verschiedener de Facto Standards miteinander vernetzt werden. Sicherlich werden noch einige Jahre, vielleicht auch noch zehn oder zwanzig Jahre vergehen, bis wir annähernd in der Realität von Familie Mustermann angekommen sind. Das Beispiel zeigt, dass wie in den zuvor genannten Beispielen der virtuellen Kraftwerke oder in puncto Elektromobilität auch das Smart Home nicht ohne eine komplexe Vernetzung mit der Außenwelt funktionieren wird. Somit werden auch die Eigenheime der Zukunft zu einer existenziell wichtigen Komponente des Smart Grid.

7.4   Was die Zukunft bringen könnte

Das Energienetz der Zukunft verknüpft Energiekonsumenten und Produzenten enger miteinander, als man es sich vor einigen Jahren noch vorstellen konnte. Die Digitalisierung hat nach langer Wartezeit nun auch endgültig den Energiesektor erobert. Verbrauch und Produktion sind über digitale Knotenpunkte – ähnlich den Datenautobahnen des Internets – miteinander verbunden und bilden einen wichtigen Schritt im Umgang mit dem Verbrauch von fossilen Brennstoffen. Unzählige kleinere dezentralisierte Stromproduzenten, welche ihre Energie überwiegend aus erneuerbaren Energiequellen beziehen, übersähen das Land und sind vollständig in die moderne Netzinfrastruktur integriert. Weiterentwickelte Speichertechnologien sind bereits seit mehreren Jahren über das Pilotstadium hinaus gewachsen und haben ihren festen Platz im Alltag der zukünftigen Bauarchitektur angenommen. Je nach geografischer Lage und Beschaffenheit befinden sich mehr oder weniger, größere oder kleinere Speicherbatterien in öffentlichen Gebäuden, Industrieparks, Wohnanlagen oder auch in privaten Ein- oder Mehrfamilienhäusern. Ähnlich der fest installierten und großen Speicherbatterien fungieren Millionen von Elektroautos auf den Straßen und können bei Bedarf Energie über ihre aktuell gewählte und unabhängige Ladestation beziehen oder gar abgeben. Dieses riesige Kollektiv von Elektroautos stellt die neueste Art von virtuellen Kraftwerken dar, welches kurzfristige Energiespitzen in einem lokalen Netzgebiet ohne Weiteres ausgleichen kann. Auch vollständig in das Energienetz der Zukunft integriert ist die neueste Generation von digitalisierten Haushalten. Längst sind nicht mehr nur Photovoltaikanlagen ans lokale Stromnetz angebunden. Neue Generationen von Kühlschränken, Geschirrspülmaschinen, Gefriertruhen, Fernsehgeräten, Heizanlagen uvm. erhalten (oder geben sie ab) digitale Impulse aus dem modernen Stromnetz. Dem Smart Grid.

Das Smart Grid ist zum *„Internet der Energie"*[154] geworden und hat in seinem wirtschaftlichen Potenzial vergleichbare Ausmaße zum World Wide Web angenommen. Alleine schon die Tatsache, dass große lokal gebundene Produktionsstätten von erneuerbaren Energiequellen in Nordsee und Atlantik (Wind) sowie in Afrika (Solar) einen Großteil von Europas Energiebedarf der Zukunft abdecken sollen, lässt die Ausmaße und Potenziale deutlich werden. Soll der Anteil an erneuerbaren Energien wirklich einmal 50 % und mehr betragen, ist eine intelligente und branchenübergreifende Steuerung dieser Infrastruktur unabdingbar.

Eine solche Vision scheint verlockend und voller Vorteile. Fossile Energieproduktionsstätten könnten nach und nach durch erneuerbare Energien ersetzt werden. Moderne Energieproduktionsanlangen könnten noch effizienter als bisher in einem großen und gemeinsamen Verbund in ihrer Energieproduktion hoch- oder heruntergefahren werden. Auch die Verringerung von Treibhausgasen (CO_2) und das Einhalten von Emissionszielen werden gefördert. Durch das Nutzen von lokal verteilten Stromspeichern könnten teure und stark umweltbelastende Energieverbrauchsspitzen vorübergehend ausgeglichen werden. Endverbraucher erhalten eine nie da gewesene Transparenz im persönlichen Energieverbrauchsverhalten. Last, but not least werden tausende neue Arbeitsplätze in einer Vielzahl von neuen sowie aktuellen Bereichen entstehen, was einen positiven Effekt auf die Wirtschaft haben wird.

Die dafür benötigten Investitionskosten dürfen an dieser Stelle aber nicht vergessen werden. Eine solch gewaltige Umrüstung und Erweiterung des heutigen Stromnetzes sowie die Anbindung neuartiger Komponenten sind mit immensen Kosten verbunden. Kosten, die wir alle tragen müssen. Kosten, die es – wie ich finde – Wert sind die voranschreitende Umweltverschmutzung zu stoppen und einen technischen Fortschritt für noch mehr Wohlstand ermöglichen.

"My interest is in the future because I am going to spend the rest of my life there."

[Charles F. Kettering][155]

154   E-ENERGY, Bundesministerium für Wirtschaft und Technologie/Bundesministerium für Umwelt, Naturschutz und Reaktorsicherheit, Jahreskongress Berlin 2009
155   Charles F. Kettering, Amerikanischer Ingenieur, Erfinder des elektrischen Anlassers, 1856–1958

8 CRM4Energy

Christoph Resch, movento GmbH

8.1 Herr Meier ist gestresst

Herr Meier ist gestresst. Schon seit Monaten plagt er sich mit der Frage, wie er seinem Arbeitgeber, dem Energieversorger Powercraft GmbH, in den kompetitiven Märkten zu mehr Marktanteil verhelfen kann. Die Wechselraten steigen, erstmals seit Beginn der Deregulierung, kontinuierlich und sind im Stammland Deutschland inzwischen auf 17 % angestiegen. Und nicht nur das raubt ihm den Schlaf, auch seine neue Vorgesetzte, Fr. Dr. Schmidt, von einem Telekommunikationsanbieter zu Powercraft gewechselt, macht ihm mächtig Druck. Er schläft kaum noch und zu Hause macht sich seine schlechte Stimmung auch schon negativ bemerkbar. Aber was soll er machen? In den letzten 25 Jahren hat er doch sauber alle Zähler beieinander gehalten. Powercraft engagiert sich am Stammsitz mit Werbung, einem eigenen „Energiemobil", das auf allen Stadtfesten steht und überhaupt – der Gesetzgeber bindet ihm doch die Hände! Und jetzt soll er nächste Woche ein Konzept vorstellen! Abends kommt er auf die Idee, seinen alten Studienkollegen Franz Müller anzurufen. Seit Jahren hatten sie sich nicht mehr gesprochen. Nach wenigen Klingeltönen geht Franz an den Apparat. Die Begrüßung ist herzlich, fast ein bisschen überbetont. Aber was Wunder: Franz ist seit Jahren im Vertrieb und weiß, wie man schnell die Stimmung des gegenüber, auch am Telefon, erkennt und darauf eingeht. Herr Meier kommt ins Erzählen und wird sich dabei vieler unterschwelliger Punkte bewusst. Er spricht von seinen Problemen in der Arbeit und dem Stress, den er hat. Er spricht von Messstellen und Zählern, von Haushalten und Abnahmepunkten. An dieser Stelle unterbricht ihn Franz das erste Mal. Messstellen? Haushalte? Er habe, sagt Franz mit Überzeugung, noch nie etwas an eine unbeseelte Organisation oder an eine Sache verkaufen können. Er habe immer, ob im Strukturvertrieb, im Projektgeschäft oder im Einzelhandel – und das, betont er, habe er alles schon gemacht! – nur an Menschen verkauft. Menschen haben Emotionen. Menschen haben Probleme. Menschen können reden und wollen reden. Menschen wollen Begeisterung! Herr Meier wagt zu unterbrechen: „Aber die Abnahmestelle..." „Papperlapapp", sagt Franz. „Die Abnahmestelle ist doch nur Mittel zu Zweck. Ein Auto verkauft man doch auch nicht nur über die Garage." Herr Meier stutzt. „Meinst Du, Strom oder Gas kann ich verkaufen wie ein Auto?". Franz entgegnet: „Nimm das Auto nur als Beispiel. Du selbst willst ja in erster Linie kein Auto kaufen, sondern Dich und Deine Familie mobilmachen. Du willst dann noch Deinen Nachbarn imponieren..." „nein nein", entgegnet Herr Meier entrüstet, „oder vielleicht doch...". „Siehst du", sagt Franz, „es fängt Dir an zu dämmern. Deine Kunden sind die, die die Rechnung bezahlen. Das sind Menschen. Die wollen keinen Strom, die wollen Licht. Die wollen kein Gas, die wollen Kochen und Wärme. Die wollen eine Emotion. Sie wollen am Stammtisch sagen können, wie toll der Service von Powercraft ist. Es gibt nichts Besseres!"

Franz erzählt noch von Kundenwert, Emotion, aktiver Vollreferenz, Followern und friends im Web 2.0, er erwähnt Marketingkampagnen und zielgruppenspezifische Ansprache, er vergisst auch nicht zu betonen, dass er eine 360°-Sicht auf den Kunden brauche, dass in seiner Firma alle „touchpoints" Realtime-Informationen hätten und bei jedem Kundenkontakt cross- und upselling betrieben. Nach drei Stunden Gespräch dröhnt Herrn Meier der Kopf. Was es nicht alles gibt! Und Franz fügt noch dazu: „Sieh doch Deine Kunden aus deren Brille! Stell Dir vor, Du bist Kunde von Powercraft und was Du Dir schon immer von Deinem Anbieter gewünscht hättest." Herr Meier ist perplex. So hatte er das noch nie gesehen! Er bedankt sich für das Gespräch und nimmt sich dabei fest vor, seine Aufgabe in diesem neuen Licht zu sehen. Zum Schluss sagt Franz noch: „Siehst Du, jetzt haben wir fast drei Stunden gesprochen. Und innerlich denkst Du Dir vielleicht: Toll, dass ich eine Flatrate habe. So hat mich das Gespräch nichts gekostet. Das Gefühl bleibt, auch wenn es nicht stimmt. Die Flatrate kostet ja auch Geld!"

Herr Meier geht am nächsten Tag gut gelaunt ins Büro und macht sich Gedanken. OK, meine Haushalte – falsch, mein Kunde! – will Strom. Den bekommt er. Was könnte er noch wollen? Heute sind doch alle nur auf billig aus. Geiz ist geil. Aber stimmt: Wenn er es sich recht überlegt, dann kennt er viele Leute, die lieber in der HiFi-Schmiede kaufen oder beim Elektro-Fachmarkt Martin, einem alten Familienbetrieb. Warum? Es kann doch nur die Beratung sein. Kauf auf Probe. Qualität. Service. Die persönliche Begrüßung. Ist es das, was Franz mit Kundenwert gemeint hat? Eine Idee kommt in ihm auf: Ökostrom ist in aller Munde. Nachhaltigkeit, die Angst vor unsicheren Endlagern. Das alles ist heute ein Thema. Wie wäre es, wenn Powercraft ein neues Angebot macht, dass umweltbewusste Familien (Stichwort Verantwortung für die kommende Generation) anspricht. Mit 100 % Ökostrom zu einem unschlagbaren Preis. Oder besser, zu einem „fairen" Preis. Und dazu noch einen Smartmeter und ein Kundenportal, in dem der Kunde die Herkunft „seines" Stroms jederzeit nachvollziehen kann. Und obendrein noch die Mitgliedschaft in einer Genossenschaft, die auf dem örtlichen Feuerwehrhaus eine Solaranlage baut und betreibt! Und wenn er es sich recht überlegt: Die Zielgruppe besteht aus Familienvätern und -müttern, die wohlsituiert sind, Geld haben, ein oder zwei Kinder, zwei Autos und mindestens ein Smartphone. Also brauchen wir so eine „App" für das smartphone, eine Fahrrad-Exkursion zum nächsten Pumpspeicherkraftwerk und gleich noch ein Leasingangebot für den Zweitwagen, natürlich ein E-Mobil. Herr Meier kommt gar nicht dazu, sich Kaffee zu holen. Noch mehr Ideen hat er – offensichtlich macht er sich gerade Gedanken zu zielgruppenspezifischen Angeboten –: wie wäre es mit subventionierten Tiefkühltruhen und Mikrowellen für den Hacker, der sich nur von Tiefkühlpizza ernährt? Oder Schnellwechslerraten für die „urban nomads", wie das so ein Handyanbieter vormacht? Und wenn er sich richtig erinnert, sagte Franz noch, dass es siebenmal teurer sei, einen Neukunden zu gewinnen, als einen Bestandskunden zu halten! Warum also nicht auch mal die Bestandskunden regelmäßig anschreiben, einen Gruß ausrichten oder so. Oder noch besser: Ein Punkteprogramm auflegen wie bei den Fluggesellschaften – Rabatte oder Punkte für dieje-

nigen, die viel und lange Energie beziehen! Einzig: Wie komme ich heute an die Liste der
Bestandskunden? Egal. Franz meinte, mit den modernen EDV-Systemen, er nannte sie
„Customer Relationship Management" oder CRM-Systeme, wäre das alles kein Problem.

Aber jetzt ist es Zeit, Kaffee zu holen. Ein Blick auf die Uhr und dann das: Es ist schon spät
am Abend. Das ist Herrn Meier noch nie passiert. Früher hat er immer auf den Feierabend
gewartet und war pünktlich draußen. Aber die neue, schöne Kundenbeziehungswelt hat ihn
ganz gefangen genommen. Ja, das wird was! Und ein Spaß obendrein, wenn er nächste
Woche Frau Dr. Schmidt das Konzept zeigt. Das hätte sie ihm nie zugetraut! Und insge-
heim sagt er sich: Wenn ich jetzt schon ein CRM hätte, dann könnte ich mir für Franz
vormerken, ihm zu Weihnachten ein paar gute Flaschen Wein zu schenken.

8.2   Was ist das CRM? oder CRM das unbekannte Wesen

Customer-Relationship-Management, kurz CRM (dt. Kundenbeziehungsmanagement) oder Kundenpflege, bezeichnet die konsequente Ausrichtung einer Unternehmung auf ihre Kunden und die systematische Gestaltung der Kundenbezie-
hungs-Prozesse. Die dazu gehörende Dokumentation und Verwaltung von Kundenbeziehungen ist ein wichtiger Baustein und ermöglicht ein vertieftes Bezie-
hungsmarketing. In vielen Branchen sind Beziehungen zwischen Unternehmen
und Kunden langfristig ausgerichtet. Mittels CRM werden diese Kundenbeziehungen gepflegt, was sich maßgeblich auf den Unternehmenserfolg auswirken
kann.[156]

Mit einer ganz exakten Definition des Begriffs „CRM" tut sich selbst die Wissenschaft seit Jahren schwer. Der Grund hierfür ist, dass das CRM-Konzept an eine
Reihe unterschiedlicher Gebiete angrenzt, mit ihnen Schnittstellen bildet oder sich
mit ihnen überlappt, wie zum Beispiel IT, Controlling, Organisation, Marketing,
Psychologie und Kommunikation.

Wichtig ist es, einen klaren Ansatzpunkt zu wählen, um die CRM-Initiative in die
richtigen Bahnen zu lenken. CRM ist eine Strategie mit dem Ziel, alle Unternehmensprozesse konsequent auf die profitablen Kunden auszurichten in der Absicht,
deren Bedürfnisse und Erwartungen zu erkennen, individuell darauf reagieren zu
können und diese Kunden so in einer langen, wertschaffenden Partnerschaft an
das Unternehmen zu binden. [157]

Jedoch werden vielfach Definitionen und Betrachtungen des CRM einseitig durchgeführt, denn sie betrachten entweder die technologische oder die prozessua-
le/strategische Facette. Aber gerade die Kombination dieser beiden Aspekte, die

---

156   vgl. Wikipedia, http://de.wikipedia.org/wiki/Customer-Relationship-Management,
       (Stand: 21.4.2011)
157   vgl. Kreuz, Customer Relationship Management – Grundlagen und Werkzeuge für
       Manager im Internet, Berlin 2001, S. 8

Bedingung des einen durch den anderen, macht das CRM erst mächtig und schlagkräftig. Ohne IT ist ein fokussiertes, schnelles Kundenbeziehungsmanagement undenkbar. Ohne Strategie nützt die ganze IT nichts.

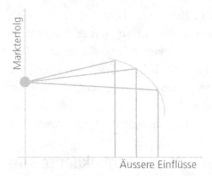

Abbildung 8-1:　Das Spiegelmodell zur Fokussierung von Aktivitäten auf den Markterfolg

Einer der wichtigsten Erfolgsfaktoren für das Gelingen einer CRM-Initiative ist die Beherrschung und Anpassung der Unternehmensstruktur und Unternehmensprozesse an die CRM-Strategie. Hilfreich ist das Verständnis von CRM als interaktivem Prozess zur Erreichung der optimalen Balance zwischen Unternehmensinvestitionen und der Befriedigung der Kundenbedürfnisse, um einen maximalen Gewinn zu erzielen. Hierzu zählt:

* Die funktionsübergreifende Messung der Inputs für Marketing, Sales und Servicekosten und deren Outputs in Form von Kundenertrag, Kundennutzen und Kundenwert.
* Die Sammlung und kontinuierliche Aktualisierung von Kundenbedürfnissen, -motivatoren und -verhalten über den gesamten Beziehungszyklus hinweg.
* Das Einbeziehen von Kundenwissen, um eine kontinuierliche Leistungsverbesserung durch einen Prozess des Lernens von Erfolgen und Fehlern zu erzielen.
* Die Integration der Marketing-, Sales- und Serviceaktivitäten, um ein gemeinsames Ziel zu erreichen.
* Die Implementierung geeigneter Systeme, die dabei unterstützen, Kundeninformationen zu erhalten, zu teilen und die Effektivität der CRM-Maßnahmen zu messen.[158]

8.2.1　Ökonomischer Nutzen durch CRM

Das Ziel eines Customer Relationship Management – Systems ist die Steigerung des wirtschaftlichen Erfolgs über den Aufbau und die Pflege profitabler Kundenbeziehungen. Eine empirische Studie von Reichheld und Sasser Anfang der neunziger Jahre macht deutlich, dass sich der Nutzen einer konsequenten Kundenorientierung neben qualitativen Größen auch in einem direkten Beitrag zum Unterneh-

---

158　Shaw, R., CRM Definitions, SCN Education, 2001, S. 23

mensgewinn niederschlägt.[159] Neben der Erkenntnis, dass die Kundenbindung sieben Mal günstiger ist als die Neukundenakquise, tragen folgende Faktoren zur Erhöhung des Gewinnpotenzials durch einen gebundenen Kunden im Zeitverlauf bei:

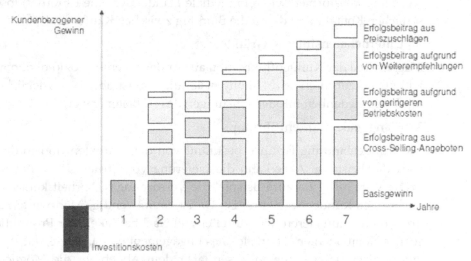

Abbildung 8-2: Why loyal customers are more profitable[160]

Ein Problem der Kundenbindung und der unter Umständen mangelnden Differenzierung bringt Karl Pilsl[161] gut auf den Punkt:

> Es gibt viele ähnliche Firmen
> die ähnliche Mitarbeiter mit einer ähnlichen Ausbildung beschäftigen,
> die ähnliche Aufgaben ausführen.
> Sie haben ähnliche Ideen und
> produzieren ähnliche Produkte/Dienstleistungen
> zu ähnlichen Preisen
> in ähnlicher Qualität

Wenn auch Sie dazugehören, werden Sie es in Zukunft schwer haben. An dieser Stelle ist natürlich gleich die Frage zu stellen, warum denn die Kunden überhaupt abwandern.

8.2.2 Warum wechseln Kunden? Oder Menschen sind vergesslich – Kunden nie

In der Vergangenheit resultierte Kundenbindung aus dem häufig zwangsläufigen persönlichen Kontakt zwischen Anbieter und Nachfrager. In weiten Bereichen

---

159   vgl. Reichheld, F.F., Sasser, W.E., S. 190 ff.
160   Reichheld, F.; Teal, T.
161   Zitat Karl Pilsl, Österreichischer Wirtschaftspublizist und Verleger

erkennt man aber eine abnehmende Bereitschaft der Kunden, sich an eine bestimmte, einmal gewählte Einkaufsstätte zu binden.[162] Mögliche Gründe sind:

1. Anonymisierung des Einkaufs

Neue Vertriebsformen wie rein mediale Handelssysteme (Internet) lösen den persönlichen Kontakt und damit die Bindung zwischen Käufer und Verkäufer.

2. Unternehmensinterne Gründe

Mag ein Teil der Kundenfluktuation auf Änderungen im sozio-ökonomischen Umfeld zurückzuführen sein (Anonymisierung), so ist aber ein erheblicher Teil auch mit Unzufriedenheit mit den Leistungen des Anbieters zu erklären.

3. Mangelnde Markenführung

Die Kundenbindung ist auch bestimmt von dem direkten und indirekten Mehrwert der Leistung. Aber kann die Lieferung von Strom einen Mehrwert bieten? Prima vista nicht, da zum Beispiel die Versorgungssicherheit kein Parameter der Lieferanten-Kundenbeziehung ist. Da ist es notwendig, Mehrwerte zu definieren und zu kommunizieren, wie zum Beispiel Nachhaltigkeit der Produktion („Öko"), soziale Komponenten („fair", lokales Engagement usw.). Dinge, die zwar die Glühlampe nicht heller scheinen lassen, aber dem Abnehmer die Möglichkeit geben, sich damit positiv in seiner Referenzgruppe hervorzuheben.

Abbildung 8-3:   Ursachen für die Kundenabwanderung[163]

---

162   vgl. Handelswissen, Kundenbindung, http://www.handelswissen.de/data/themen/
       Kundenbindung/Grundsaetzliches/kundenabwanderung.php, (Stand: 21.4.2011)

Eindeutig sind es weniger sachliche Argumente, sondern hauptsächlich emotionale, die Kunden zum Wechsel treiben.

Dabei ist zu beachten, dass sich nur eine Minderheit der unzufriedenen Kunden beschwert, während die meisten still und leise zum Wettbewerber abwandern. Schätzungen gehen dahin, dass sich von 100 unzufriedenen Kunden nur vier beschweren.[164]

Neben der Attraktivität von Alternativen und der persönlichen Unzufriedenheit aufgrund gemachter Erfahrungen können auch eine vom Anbieter nicht gelebte Kundenorientierung und eine Ambivalenz in der Kaufentscheidung zu einer Kundenabwanderung führen.

Ein Blick über den Tellerrand verdeutlicht, dass Kundenabwanderung aber kein unlösbares Problem ist. Zufriedene Kunden gibt es, und von den Unternehmen, die diese haben, gilt es zu lernen:

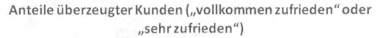

Abbildung 8-4: Anteile überzeugter Kunden ("vollkommen zufrieden" oder "sehr zufrieden")[165]

---

163 Deutsches Kundenbarometer 2010
164 vgl. Handelswissen, Kundenbindung, http://www.handelswissen.de/data/themen/Kundenbindung/Grundsaetzliches/kundenabwanderung.php, (Stand: 07.07.2011)
165 Deutsches Kundenbarometer 2010

Ein Vergleich aller Branchen zeigt ein klares Optimierungspotenzial in der Energieversorgungsbranche.

Abbildung 8-5:   Kundenzufriedenheit in Deutschland 2010[166]

Angesichts dieses Fazits liegt der Schluss nahe, dass am Faktor „gleichgültiges
Personal" angesetzt werden kann und muss, um schnelle Erfolge zu erzielen.
Gleichwohl vertrauen aber viele Unternehmen eher auf klassische „Kundenbindungsprogramme". Auch hier zeigt sich, dass häufig eine Symptombehandlung
einer ganzheitlichen Betrachtung vorgezogen wird.

---

166   Service Barometer AG, Kundenmonitor, http://www.servicebarometer.net/kunden-
monitor/tl_files/files/PM100909_studieninformation_2010.pdf, (Stand:07.07.2011)

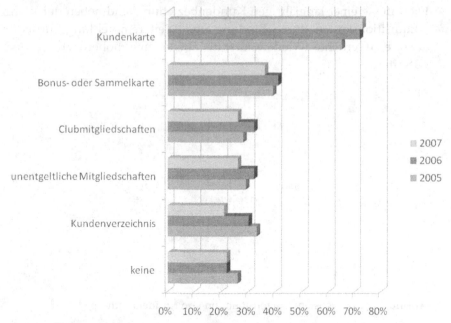

Abbildung 8-6:   Genutzte Kundenbindungs-Programme im Vergleich [167]

Abbildung 8-7:   Kundenbindung mal anders[168]

167 Die Frage zu diesem Ergebnisdiagramm lautete: „Einige Möglichkeiten, wie Unternehmen dafür sorgen, dass Sie als Kunde bevorzugt behandelt werden. Sagen Sie zu jedem Punkt, ob Sie diese Kundenbindungs-Programme bei zumindest einem Unternehmen nutzen." (Mehrfach-Nennungen möglich) Quelle: Markant Market Research 2007

Die Effekte einer langjährigen Kundenbeziehung sind neben der Reduzierung der Akquisitionskosten durch Bindung und Weiterempfehlung zufriedener Kunden auch eine erhöhte Wiederkaufsrate sowie eine höhere cross- und upselling-Affinität.

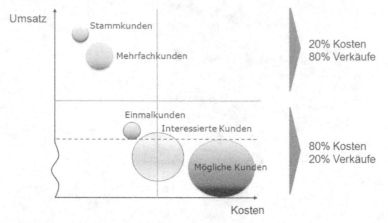

Abbildung 8-8:   Kosten-Nutzen-Relation von Kundenbindung[169]

Eine ganzheitliche Betrachtung stellt zudem den Kunden tatsächlich in den Mittelpunkt und versucht, die User Experience positiv zu besetzen bis hin zu einer Begeisterung, die nicht nur den Wiederkauf wahrscheinlich macht, sondern vielmehr den Kunden zu einer aktiven Vollreferenz ausbaut.

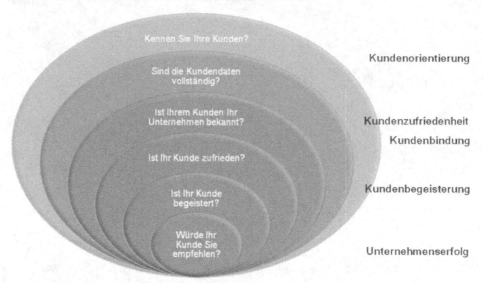

Abbildung 8-9:   Den Kunden kennen[170]

---

168   movento GmbH, Christoph Resch, 2011
169   CAS Software AG
170   CAS Software AG

Der Kundenwert ist also nicht nur durch den tatsächlichen Umsatz zu beziffern, sondern auch durch die Langfristigkeit, die Kosten der Bindung und insbesondere durch die Referenz des Kunden zu sehen.

8.2.3   CRM Prozesse: eine kurze Beschreibung

Die Aktivitäten des Marketingprozesses wenden sich an den gesamten Markt, der aus

- der anonymen Öffentlichkeit,
- identifizierbaren Interessenten und
- bereits bekannten Kunden des Unternehmens

besteht.

Ausgehend davon erfolgt eine Segmentierung der potenziellen Abnehmer. Ziel ist es, einen Kundenkreis zu finden, der mit hoher Wahrscheinlichkeit eine hohe Kundenrentabilität ermöglicht. Aufgabe des Marketings ist es nun in dieser Zielgruppe das Interesse für die Produkte oder Dienstleistungen des Unternehmens zu wecken.[171] In diesem Prozess geht es primär um eine effiziente Durchführung einer Marketingkampagne. Eine Marketingkampagne besteht aus:

- Planung,
- Durchführung und
- Kontrolle.

Der Vertriebsprozess stellt den Bereich der kundenorientierten Prozesse dar. Er wird begrenzt durch die Bekundung eines konkreten Interesses einerseits sowie durch einen Vertragsabschluss andererseits. Zu Beginn des Vertriebsprozesses steht typischerweise eine Beratung des Kunden durch eine Produktpräsentation oder durch multimediale Angebote, über die sich ein Kunde über die Angebote des Unternehmens informieren kann. Für eine konkrete Abgabe eines Angebots wird auf Produktkonfigurationen zur Erstellung individueller Konditionen zurückgegriffen.[172] CRM Funktionalitäten, welche die Verkaufsprozesse unterstützen, beginnen mit dem Lead- und Opportunity Management, das die Verkaufschancen, die im Marketingprozess generiert werden, aufnimmt und weiterführt. Das Contact Management des CRM sorgt für eine effiziente Abwicklung der Kundenkontakte, um eine möglichst große Anzahl von Interessenten in Kunden zu überführen.[173]

---

171   vgl. Schomakers, J.: Customer Relationship Managment stellt den Kunden in den Mittelpunkt des Handelns. In: Frischmuth, J.; Karrlein, W.; Knop, J.: Strategien und Prozesse für neue Geschäftsmodelle: Praxisleitfaden für E- und Mobile Business, Springer Verlag, Berlin et al. 2001, S. 148

172   vgl. auch e-configurator.de, Tarif-Engine zur Abbildung von dynamischen Tarifen der movento GmbH

173   vgl. Arens, T., Methodisch Auswahl von CRM Software – ein Referenz-Vorgehensmodell zur methodengestützten Beurteilung und Auswahl von CRM Informationssystemen, Cuvillier Verlag, Göttingen 2004, S. 85

Nach Vertragsabschluss erfolgt die Kundenbetreuung durch den CRM-Prozess Service. In diesen Prozess fallen Kundenanfragen, Nachrichten des Herstellers, Reparatur- und Serviceabwicklungen, Beschwerden und die Durchführung von Kundenbindungsprogrammen.[174] Um die teils enormen Kosten der Betreuung zu senken, werden diese Prozesse üblicherweise durch Applikationen unterstützt. Dies kann beispielsweise durch ein Customer Self Service Portal, Callcenter und Anruf Routing für bestimmte Probleme enorm beschleunigt und vereinfacht werden. Dabei werden Informationssysteme eingesetzt, die die Kommunikation rationalisieren und Folgeprozesse beschleunigen. Dazu gehören Terminplanung, Wartungseinsatzplanung, Routenoptimierung und Außendienstkoordination. Außerdem werden im Servicebereich Kundenbindungsprogramme abgewickelt, die durch geeignete Kommunikationsformen die Verbindung zwischen Kunde und Unternehmen stärken sollen. Diese Maßnahmen führen im Idealfall zu neuen Verkaufsleads, die dann wieder vom Vertrieb aufgenommen werden.

8.2.4   CRM Komponenten

Wie bereits beschrieben, sollte CRM nicht als reines IT-Projekt betrachtet werden. Dennoch bieten moderne Informationstechnologien enorme Möglichkeiten. So können beispielsweise leistungsfähige Datenbanken oder Data Warehouse-Lösungen detaillierte Informationen zu den Eigenschaften, Interessen und Kontakthistorien jedes einzelnen Kunden sammeln und bedarfsgerecht zur Verfügung stellen. Moderne socialCRM-Lösungen, wie zum Beispiel die Add-Ons von movento für SAP CRM oder CAS genesisWorld, bieten den Einstieg in und die Nutzung von sozialen Netzwerken mit CRM.

Aktive Referenz in der Zeit vor Web 2.0   Aktive Referenz heute

Sie   Ihr Kunde   Dessen direkte Freunde   Sie   Ihr Kunde   Dessen direkte Freunde
                                                                                            Indirekte Freunde
                                                                                            Interessenten

Abbildung 8-10: Referenz im Social Web[175]

Die Ergebnisse einer Befragung von 35 SAP CRM-Anwenderunternehmen zu den Auswirkungen der Einführung eines CRM-Systems zeigte, dass die Prozesszeiten für Marketing- und Salesprozesse durch die Systemeinführung um durchschnitt-

---

174   vgl. Schmid, R.; Bach, V.; Österle, H., Mit Customer Relationship Management zum
        Prozessprotal; in: Bach, V.; Österle, H.: Customer Relationship Management in der
        Praxis, Springer Verlag, Berlin et al. 2000, S. 3ff.
175   movento GmbH, Christoph Resch, 2011

lich 10–15 % gesenkt werden konnten.[176] Die Bearbeitungszeiten für Outbound-gespräche im Customer Interaction Center (CIC) konnten bei fünf der befragten Teilnehmer um mehr als 40 % reduziert werden. Die Kundenzufriedenheit ist durchschnittlich um 15 % gestiegen. Mehr als 25 % der Teilnehmer konnten signifikante Einsparungen bei den übergreifenden Prozesskennzahlen „time-to-market", „time-to-volume", „sales-cycle-time" und „time-to-delivery" erreichen. Zudem wurde festgestellt, dass diejenigen Unternehmen, welche bereits vor der Systemeinführung optimierte CRM-Prozesse sowie ein integriertes Tool zur Prozessabwicklung besaßen (45 % der Befragten), eine stärkere Verbesserung in den finanziellen Kenngrößen (Veränderung Cashflow Return on Investment (CFROI)[177] + Net Present Value (NPV)[178] nach drei bzw. fünf Jahren) vorweisen konnten als Unternehmen, die sich vor Projektbeginn nicht mit der Optimierung von CRM-Prozessen befasst hatten.[179] Die Ergebnisse der Studie von Prof. Selchert sind als empirische Grundlage in das Modell ValueScan™ eingeflossen, das heute sehr erfolgreich von der Strategieberatung quadracon aus Mannheim eingesetzt wird.[180]

CRM-Informationssysteme ermöglichen eine systematische Informationserfassung, -auswertung und -verteilung in und zwischen den CRM-Prozessen sowie die gezielte und einheitliche Informationsversorgung der Mitarbeiter in den CRM-Prozessen.[181]

CRM-Systeme lassen sich in die Aufgabenbereiche operatives, kollaboratives/kommunikatives und analytisches CRM unterteilen. Diese bilden einen Regelkreis, innerhalb dessen das operative System die Kundendaten generiert und dem analytischen System zuführt, welches sie aufbereitet, interpretiert und die Ergebnisse wiederum an die operativen Systeme weitergibt. Das analytische CRM entkoppelt

---

176   vgl. Selchert, M., CFROI of Customer Relationship Management – Empirical Evidence from mySAP CRM Users, 2003, S. 14

177   Der Cash Flow Return on Investment (CFROI) ist eine vergangenheitsorientierte, einperiodige finanzwirtschaftliche Renditekennzahl, weiteres siehe Wikipedia, CFROI, http://de.wikipedia.org/wiki/Cash_Flow_Return_on_Investment, (Stand: 18.07.2011)

178   Der Kapitalwert (englisch: net present value) oder Barwert ist eine betriebswirtschaftliche Kennziffer der dynamischen Investitionsrechnung. Durch Abzinsung auf den Beginn der Investition werden Zahlungen, die zu beliebigen Zeitpunkten anfallen, vergleichbar gemacht., weiteres siehe Wikipedia, Kapitalwert, http://de.wikipedia.org/wiki/Kapitalwert, (Stand: 18.07.2011)

179   vgl. Selchert, M.: CFROI of Customer Relationship Management – Empirical Evidence from mySAP CRM Users, Verlag Wissenschaft & Praxis, Sternenfels 2003, Seite 14ff.

180   vgl. www.quadracon.com

181   vgl. Dangelmaier, W.; Uebel, F. M.; Helmke, S., Effektives Customer Relationship Management – Instrumente – Einführungskonzepte - Organisation, 3. Auflage, Gabler Verlag, Wiesbaden 2003, Seite 6

(gegebenenfalls auch systemisch) das operative CRM und benutzt OLAP-basierte Data-Mining-Methoden zur Sammlung, Aufbereitung und Zurverfügungstellung von Daten, bspw. Scoring-Modelle, Zielerreichungen, Kundenverhalten usw. usf. Der kollaborative Ansatz unterstützt indirekten Vertrieb, wie zum Beispiel B2B2C-Prozesse.

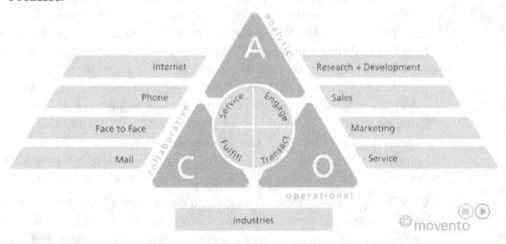

Abbildung 8-11: Die Facetten des CRM[182]

Dieser wiederum wird direkt wieder der Operationalisierung und Analytik zugeführt und erhält umgekehrt Daten aus diesen. Der kommunikative Prozessteil letztlich unterstützt die (teil-)automatisierte Interaktion mit den (potenziellen) Kunden unter Zuhilfenahme der analytischen Vorprozesse. Die Ergebnisse der Prozesse müssen, will man das CRM effizient einsetzen, direkt wieder der Analytik zugeführt werden. Der gesamte Regelkreis entfaltet seine volle Wirkung dann, wenn er flankiert durch ein Change-Management in die lernende Organisation getragen wird und aus dieser heraus lebt.

Mit Fokus auf die operativen und analytischen Komponenten beschreibt Hippner ein CRM-System so:

---

182   movento GmbH, Christoph Resch, 2011

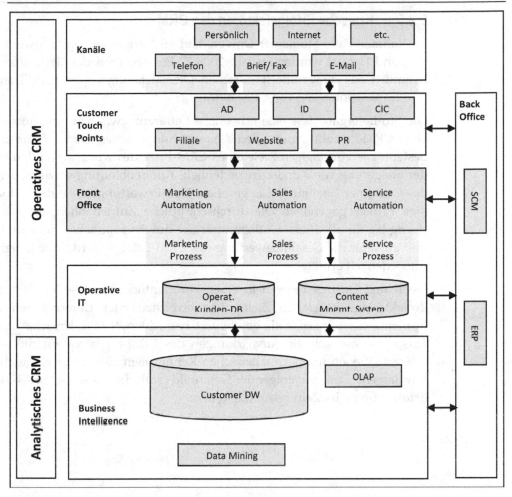

Abbildung 8-12: CRM Komponenten eines ganzheitlichen CRM Systems[183]

Klassische Einsatzgebiete des analytischen CRM liegen in Kundensegmentierung und -klassifizierung, Zielgruppenanalysen, Cross-Selling-Analysen, Kündiger-analysen, Kundenwertanalysen und Auswertung von Internet-Nutzungsdaten. Fortschrittliche Informationssysteme liefern hier eine technische Grundlage zur Realisierung der kundenbezogenen Prozesse. Sie sind jedoch keine Lösung an sich, sondern sie tragen über die Automatisierung und Informationsversorgung der Prozesse zur Effizienzsteigerung der CRM-Prozesse bei.

---

183 Hippner, H.; Rentzmann, R., Wilde, K.D., Aufbau und Funktionalitäten von CRM-Systemen; in: Hippner, H.; Wilde, K.D. (Hrsg.), IT-Systeme im CRM – Aufbau und Potenziale, Gabler Verlag, Wiesbaden 2004, S. 16

8.2.5 Kritische Erfolgsfaktoren des CRM

Im Rahmen einer Studie der Universität Duisburg/Essen am Lehrstuhl für Marketing und Handel wurden im Jahr 2008 72 Personen aus der Geschäftsleitung, vornehmlich aus dem mittelständischen Dienstleistungssektor zum Thema Einsatz und Implementierung von CRM befragt.[184]

Die Studie ergab, dass eine erhebliche Differenz zwischen erwarteten Zielen vor einer CRM-Einführung und den Zielerreichungsgraden nach der Implementierung besteht. Die vorrangigen Ziele eines CRM-Projektes wurden von den Befragten in der Steigerung von Kundenzufriedenheit, Kundenbindung sowie in der Erhöhung des Customer Lifetime Value gesehen. Den Erwartungen standen jedoch nur mäßige Erfolge gegenüber. Die durchschnittliche Zufriedenheit über die Zielerreichung lag für alle Ziele deutlich unter der durchschnittlichen Bedeutung der Ziele und auch für die Gesamtbewertung des CRM-Erfolgs wurde eine lediglich mäßige Zufriedenheit ermittelt.

Henn und Duffner belegen in einer Veröffentlichung, dass 50–70 % aller CRM-Projekte die anvisierten Ziele nicht erreichen oder Unternehmen ihre CRM-Implementierung sogar als gescheitert betrachten.[185] Eine Ursache hierfür ist die Tatsache, dass sich die Auswirkungen des CRM-Einsatzes auf die Kosten- und Erlössituationen mit buchhalterischen Kenngrößen häufig nur eingeschränkt messen lassen. Das nachfolgende Schaubild soll die Kosten-, Erlös- und CRM-Erfolgskurven im Zeitverlauf darstellen:

---

184   vgl. Customer Relationship Management (CRM) im Mittelstand – Status Quo und Entwicklungsmöglichkeiten, Universität Duisburg, Lehrstuhl für Marketing und Handel,   http://www.marketing.wiwi.uni-due.de/fileadmin/fileupload/BWL-MARKETING/Downloads/Veroeffentlichungen/CRM_im_Mittelstand_2008.pdf,   (Stand: 07.07.2011)

185   vgl. Henn, Duffner, CRM verstehen, nutzen, anwenden!, Max Schimmel Verlag, 2001

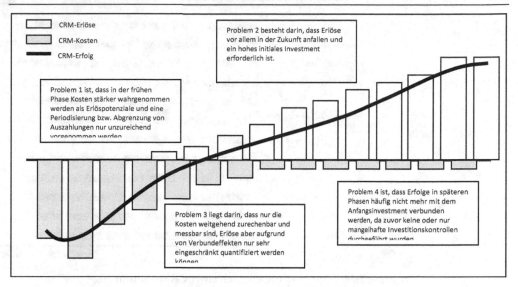

□ CRM-Erlöse

▨ CRM-Kosten

━ CRM-Erfolg

Problem 1 ist, dass in der frühen Phase Kosten stärker wahrgenommen werden als Erlöspotenziale und eine Periodisierung bzw. Abgrenzung von Auszahlungen nur unzureichend vorgenommen werden

Problem 2 besteht darin, dass Erlöse vor allem in der Zukunft anfallen und ein hohes initiales Investment erforderlich ist.

Problem 3 liegt darin, dass nur die Kosten weitgehend zurechenbar und messbar sind, Erlöse aber aufgrund von Verbundeffekten nur sehr eingeschränkt quantifiziert werden können

Problem 4 ist, dass Erfolge in späteren Phasen häufig nicht mehr mit dem Anfangsinvestment verbunden werden, da zuvor keine oder nur mangelhafte Investitionskontrollen durchgeführt wurden

Abbildung 8-13: Kosten und Erlöswirkung auf CRM-Projekte[186]

Die Forderung nach klaren, erreichbaren und messbaren Zielen erfordert eine mehrdimensionale Analyse der relevanten Werttreiber, die die sachlogischen Wirkungszusammenhänge im Unternehmen abbilden. Dabei steht die Messung der Erlöswirkung auf zukünftige Phasen im Vordergrund, um den Unternehmen die Unsicherheit durch die mangelnde Zurechenbarkeit zu nehmen. Diese müssen auf Tatsachen beruhen und klaren Realitätsbezug zum Unternehmen haben.

Ein Ergebnis aus einer Kundenumfrage der CAS Software AG aus Karlsruhe im Jahr 2010 gibt sehr schön die Verbesserungen nach einer Implementierung an:

---

186 Weißenberger, B., Auswirkungen des CRM-Einsatzes auf die Kosten und Erlössituation im Unternehmen, CRM-Kongress, Berlin 2004), http://wiwi.uni-giessen.de/dl/down/open/bwl4/59da00e45c0f10be172a6cce1ddef1ea791fbdf8cb4 78830f7760b642f47990cb40ef2ea847cc0c9e783af220ffabd60/04-10-VortragCRM.pdf

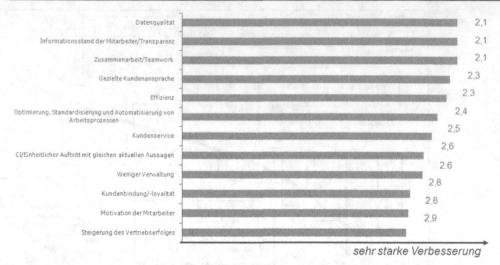

sehr starke Verbesserung

Abbildung 8-14: Verbesserungen nach einer CRM-Einführung[187]

An dieser Stelle bietet sich die Neuinterpretation des Akronyms „ROI" an. ROI ist, und das soll nicht in Abrede gestellt werden, das Kürzel für „Return on Investment". Jedoch bietet sich die Übersetzung „Return on Information" an, s.a. das whitepaper[188] der movento, an. Der Wert einer gelebten CRM-Strategie bemisst sich damit eben nicht nur aus den messbaren, geldbewerteten Größen, sondern eben aus dem Mehrwert durch unternehmenspersistente Informationen über den Kunden. Nur dieses Wissen schafft die Voraussetzung für eine profitable Kundenbeziehung.

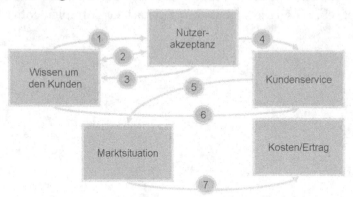

Abbildung 8-15: CRM-Wirkmodell[189]

---

187 CAS Software AG
188 vgl. movento, CRM-Unwägbarkeiten, http://www. movento.com/index.php?id=220, Resch, C. und Prof. Selchert, M., Wider die CRM-Unwägbarkeiten, 2006
189 movento GmbH, 2011

Eine weitere Ursache, weshalb die Ergebnisse hinter den Erwartungen zurückbleiben, ist in der Einführungsmethode zu sehen. Unternehmen implementierten CRM häufig als eine Art Software-quick-fix, um damit die Kundenorientierung des Unternehmens zu steigern.[190] Dabei werden der Kauf und die Implementierung der Software in die vorhandene IT-Infrastruktur als Hauptaufgabe des Projektes gesehen. Jedoch hängt der Erfolg eines CRM-Projektes maßgeblich von der Gestaltung und Abstimmung der CRM-Maßnahmen hinsichtlich der Strukturen, Prozesse und Ziele des jeweiligen Unternehmens ab.[191] Diese Aspekte werden bei der Durchführung von CRM-Projekten häufig vernachlässigt.

Die Verbesserungspotenziale neuer Informationstechnologien lassen sich meist nur in Verbindung mit grundlegenden Veränderungen der betrieblichen Ablauf- und Aufbauorganisationen realisieren. So liegt der Schlüssel zum Erfolg eines CRM Projektes in der Neuausrichtung der gesamten Organisation an den Zielen des CRM.

Die Studie der Universität Duisburg/Essen ermittelte weiter, welche Voraussetzung am bedeutendsten für die erfolgreiche Einführung von CRM ist. Daraufhin antworteten die Befragten wie folgt:

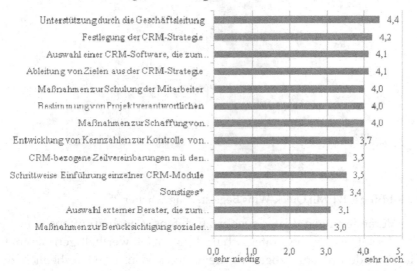

Abbildung 8-16: Kritische Erfolgsfaktoren bei der Einführung von CRM[192]

190   vgl. Duffner, A.; Henn, H., CRM verstehen, nutzen, anwenden – Ein Leitfaden für kundenorientierte Unternehmen, Max Schimmel Verlag, Würzburg 2001, S. 28

191   vgl. Sapient und Lehrstuhl für Marketing und Handel, Universität Essen: Customer Relationship Management – Die Kundenstrategie entscheidet über den Erfolg, http://www.marketing.wiwi.uni-due.de/wirtschaft-praxis/partner-projekte/studien/customer-relationship-management-die-kundenstrategie-entscheidet-ueber-den-erfolg/, (Stand: 28.09.2010)

192   Schröder. H. et al. am Lehrstuhl für Marketing und Handel, Universität Essen, http://www.marketing.wiwi.uni-due.de/fileadmin/fileupload/BWL-

Der wichtigste Faktor vor bzw. in der Einführungsphase von CRM Maßnahmen ist, dass sich die Geschäftsleitung ganz zu dem Projekt bekennt und der Initiative Rückendeckung gibt. Ein Lippenbekenntnis allein reicht dabei nicht aus. Die CRM-Strategie muss schriftlich definiert und fixiert sein und die Gesamtgeschäftsstrategie unterstützen. Das ist die Grundlage dafür, dass das Unternehmen eine Software auswählt, die auch zu den Geschäftsprozessen bzw. zur Strategie passt.

Neben dem Commitment der Geschäftsführung ist ein systematisches Change Management ein wichtiger Erfolgsfaktor. Der Unternehmenswandel sollte durch ein Change Management begleitet werden, innerhalb dessen die Kommunikation und Nutzentransparenz des Projektes sowie die Schulung der Anwender gewährleistet wird. Dies sorgt für Transparenz der Veränderungen und fördert nachhaltig die Akzeptanz der Mitarbeiter und Anwender.

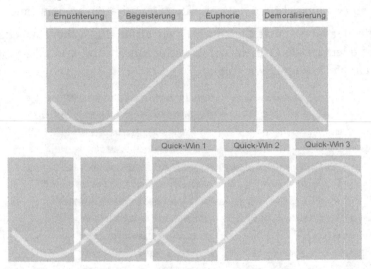

Abbildung 8-17: Mit Quick-Wins Begeisterung schaffen[193]

Die Veränderungen dürfen weder zu defensiv noch zu offensiv angegangen werden. Es sollten nur die strategisch und potenziell werthaltigen Geschäftsbereiche in die Veränderung einbezogen werden. Quick-Wins tragen erheblich zur Zufriedenheit und Akzeptanz im Unternehmen bei. Durch sinnvolle Planung und Kombination von Quick-Wins lässt sich erreichen, dass positive Effekte einer CRM-Einführung überwiegen. Die Betroffenen werden zu Beteiligten gemacht und Neuerungen immer zu dem Zeitpunkt eingeführt, an dem das bisher Erreichte zu einer Selbstverständlichkeit geworden ist.

MARKETING/Downloads/Veroeffentlichungen/CRM_im_Mittelstand_2008.pdf, (Stand: 28.09.2010)

193   movento GmbH, 2011

8.2.6 Der nächste Evolutionsschritt: xRM

Nimmt man nun nach den vorher erörterten Erkenntnissen noch einmal etwas Abstand von den Definitionen des CRM, kann man leicht erkennen, dass das „C" in CRM nicht zwingend alleinstehend sein muss. Vielmehr kann das „C" durch ein „x" ersetzt werden und das Customer Relationship Management in ein „Any Relationship Management" gewandelt werden. Das bedeutet letztlich, dass alle Unternehmenstätigkeiten grundsätzlich auf Interaktion ausgelegt sind. Erfolgreiche Unternehmen existieren ja nicht als Selbstzweck, sondern eben mit dem Fokus auf betriebswirtschaftlichen Erfolg, der sich nur durch Verträge, dem rechtlichen Ergebnis einer Beziehung, ummünzt. xRM bedeutet also das Management einer jeden Beziehung, bspw. zu Lieferanten, Peergroups, Netzwerken, Meinungsbildnern, Behörden, Institutionen, Händlern (Zwischen-, Groß- oder Einzelhändler), Konkurrenten, Alumni, u.v.m.

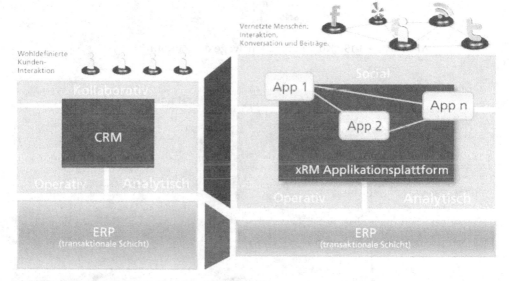

Abbildung 8-18: xRM Applikationsplattform[194]

Auf dieser Erkenntnis aufbauend und einen deutlichen Schritt weiter gehend kann das xRM auch als technische Weiterentwicklung betrachtet werden. Nicht nur „any" Beziehungen werden gepflegt, sondern der Anwender bzw. das Unternehmen hat auch die Möglichkeit, für jeden „Beziehungspflegefall" die richtige prozessuale und technische Applikation aus einer Cloud zu nutzen. Hierbei kann die Cloud eine Internet-basierte (software as a service), eine unternehmensinterne (on premise) oder eine gehostete (infrastructure as a service) sein.

Ein weiterer Punkt ist zu beachten, wenn es um die zukünftigen Kommunikationswege geht. Web 2.0, wenn auch schon inflationär genutzt, muss hier immer

---

194   Prof. Dr. A. Mädche, Universität Mannheim und Christoph Resch, movento GmbH

wieder in Betracht gezogen werden. Dazu folgende Abbildung, die auf Basis einer Umfrage von The Economist 2010 erstellt wurde:

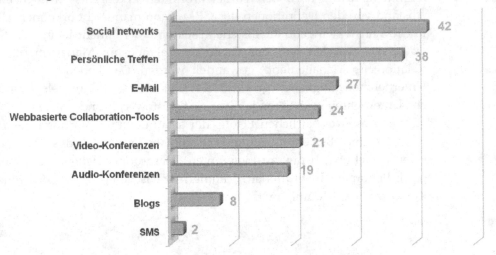

Abbildung 8-19: Kommunikationswege der Zukunft[195]

Abbildung 8-20: Neue Kontaktkanäle[196]

---

195   movento auf Basis einer Umfrage von The Economist, 2010
196   movento 2010

8.3 Wie werden Sie eine „Customer Centric Enterprise"

8.3.1 Das CRM-Paradigma

Um die ungeheuren Potenziale ihrer Kunden zu entdecken und zu heben, müssen sich Energieversorger ändern. Nicht der technische Platz allein ist zukünftig maßgebend, sondern der Abnehmer, der Mensch. Schließlich hat er das Budget und die Macht, zu entscheiden. Das Bewusstsein dieser Macht führt neben der Liberalisierung der Strom- und Gasmärkte zu einem Käufermarkt, der seine eigenen Regeln hat.

Von daher ist es zwingend geboten, dass sich Energieversorger um den Kunden kümmern und ihn in das Zentrum ihres Handelns stellen. Das wesentliche Element einer kundenorientierten Vorgehensweise ist das alte „Tante-Emma-Prinzip", bei dem der Anbieter dem Nachfrager nicht nur einen Bedarf stillt (Lieferung von Strom), sondern vielmehr ein Bedürfnis erfüllt (Licht, Wärme, Sicherheit) und darüber hinaus noch einen Service bietet, den der Nachfrager nicht erwartet hat. Beispielsweise hat sich Tante Emma immer nach dem Wohlbefinden der Enkel erkundigt und außerdem noch ein überraschendes Angebot, eine besondere Schokolade o.ä., bereitgehalten. Dass sie auch Mehl und Butter in ausreichender Menge da hatte, war die Selbstverständlichkeit.

Abbildung 8-21: Das CRM-Paradigma[197]

Darüber hinaus soll der Kundeninteraktionsprozess noch effizient sein und institutionell persistent. Das bedeutet, dass neben der tatsächlichen Lieferung der Leistung (Effektivität) noch die günstige Durchführung der Prozesse bezogen auf Zeit, Ressourcen und Kosten notwendig ist (Effizienz). Das Wissen um die Kundenbeziehung und die Interaktionshistorie muss zudem nachhaltig gespeichert, klar verständlich, auswertbar und jederzeit wieder auffindbar sein (institutionelle Persistenz).

---

197   movento 2010

Diese Forderungen zu erfüllen gelingt einer Organisation nur, wenn die zur Verfügung stehenden technischen Hilfsmittel auf Basis einer nachhaltigen strategischen Ausrichtung eingesetzt werden.

8.3.2 Beispiele aus realen Systemen

In diesem Kapitel werden nun zwei reale Systeme von Standard-CRM dargestellt, die gleichzeitig die Basis für ein branchentypisches Template für Energieversorgungsunternehmen sind. Es handelt sich dabei einerseits um das System genesisWorld des Herstellers CAS Software AG aus Karlsruhe sowie andererseits um das CRM 7.0 der SAP AG aus Walldorf. Beiden Systemen gemein ist, dass sie nur die technische Basis liefern, die branchenspezifische Ausprägung wurde von der Mannheimer movento GmbH vorgenommen und wird aktuell als Produkt vertrieben.

8.3.2.1 CAS genesisWorld

CAS genesisWorld ist eine für den Mittelstand maßgeschneiderte CRM-Lösung für ein unternehmensweites Kunden- und Informationsmanagement.

Zusätzliche Anbindungen und Lösungen von zertifizierten Partnern erweitern die Funktionen in unterschiedlichsten Themen und Branchen. Die moderne Systemarchitektur von CAS genesisWorld gewährleistet, dass Individualanforderungen einfach und zügig in CAS genesisWorld integriert werden können.

(1)   Cockpit/Navigator

(2)   Kunden-/Adressmanagement

(3)   Kundenakte

(4)   Termine-/Vorgangsmanagement

(5)   Aufgaben/Wiedervorlagen

(6)   Dokumente & Korrespondenz

(7)   Telefonate

(8)   Verkaufschancen

(9)   Automatischer Benachrichtigungs- und Aktionsdienst

(10)   Modul Sales

(11)   Modul Mobility

(12)   Modul Mobile sync

(13)   Modul Mobile CRM for Blackberry

(14)   Auswertungen und Forecasts mit Berichten

(15)   Modul Report ergänzt Funktionen und Berichte

(16)   Suchfunktionen

(17)   Marketingaktionen & Verteilerlisten

(18)   Kampagnenmanagement

(19)   Modul Marketing

(20)   Projektverwaltung & Projektakten

(21)   Modul Project

(22)   Einsatz- und Urlaubsplanung

(23)   Modul Timeclient online

(24)   Modul Helpdesk

(25)   Eingabehilfen und Kategorien

(26)   Tabs/Registerkarten

(27)   Verknüpfungen

(28)   Mail-Integration

(29)   Microsoft Exchange/Outlook

(30)   Bereichsübergreifende Funktionen

(31)   Für Administrator und Anwender

(32)   Modul Exchange connect

(33)   Modul ERP connect

(34)   Customizing

(35)   Rechtesystem

Stammdaten: Adressen mit Akte

Besuchstourenplanung II

movento socialCRM

Besuchstourenplanung III

Abbildung 8-22: CAS genesisWorld (1)

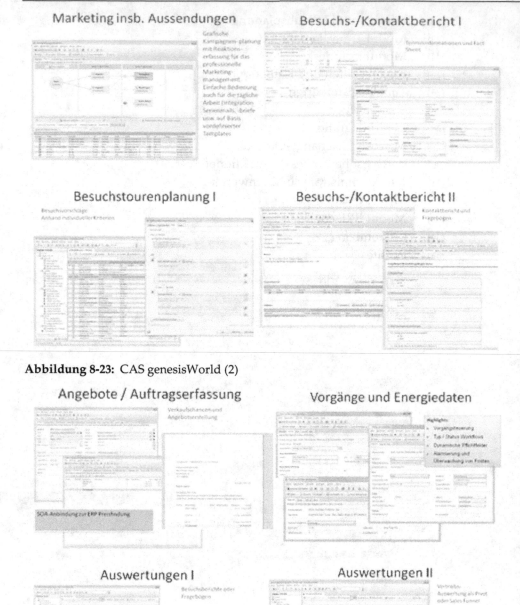

Abbildung 8-23: CAS genesisWorld (2)

Abbildung 8-24: CAS genesisWorld (3)

8.3.2.2 SAP CRM

Mit SAP CRM werden kundenrelevante Geschäftsprozesse in Marketing, Service oder Vertrieb optimal unterstützt.

SAP CRM ist Bestandteil der SAP Business Suite und eignet sich daher besonders für Unternehmen, die bereits SAP-Lösungen im Einsatz haben. Insbesondere die Funktionen für die Energieversorgungsbranche profitieren von der nahtlosen Integration zwischen den Modulen der SAP Business Suite. Hierbei sind besonders die Bereiche SAP CRM, SAP IS-U (Industry Solution Utilities), SAP ERP (Enterprise Ressource Planning) mit Fokus auf das SD (Sales&Distribution) und FI/CO (Financials und Controlling) zu nennen. Nur durch die Integration erschließt sich der Mehrwert der Lösung für die Energieversorgungsbranche.

(1) Marketing

(2) Vertrieb

(3) Service

(4) Branchenlösungen

(5) CRM Analytics

(6) ERP-Integration

(7) Opportunity Management

(8) Lead- und Kampagnen Management

(9) Beschwerdemanagement

(10) Webshop für den Handel

(11) Webshop für Geschäftskunden

(12) Bauobjektverwaltung

(13) spezielle Funktionen für Energieversorger:

    a. Kundenverwaltung (Stammdaten, Anschlussobjekte, Zählerdaten, Kundenkontaktmanagement, Kundenschreiben) mit Replikation zum IS-U

    b. Vertragsmanagement

    c. Auftragsmanagement

    d. Produktverwaltung (Tarifübersicht)

    e. Serviceprozesse (Anfragen, Rechnungen, Zählerstände) mit Integration zu IS-U

    f. Auszug, Einzug, Umzug innerhalb IS-U

    g. Wechselprozesse (insbesondere Neukundenbearbeitung) mit IS-U und idex

    h. Sperrung und Entsperrung im IS-U

    i. Mahnungs- und Inkassoprozesse im IS-U und Inkassosystem

    j. Beschwerdemanagement

    k. Hausanschlusswesen in SD und IS-U

Firmen

Phonetischer Dublettencheck online
für Firmen, Personen und Bauobjekte

BlackBerry® - Integration
Bauobjektverwaltung von movento

Einfache Klassifizierung von Firmen und
Personen mit movento Merkmalsmatrix

Abbildung 8-25: SAP CRM (1)

BlackBerry® - Integration

Bauobjektverwaltung

Installed Base Overview

Abbildung 8-26: SAP CRM (2)

Bauobjektverwaltung

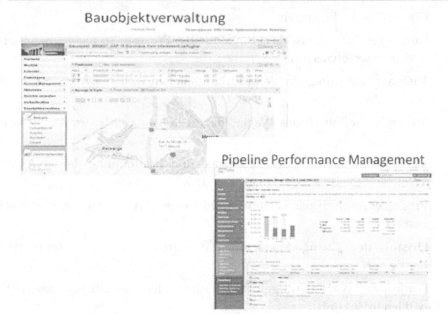

Abbildung 8-27: SAP CRM (3)

8.4   CRM mit Energie – wie können Energieversorger CRM sinnvoll nutzen?

Grundsätzlich steht außer Frage, dass sich Energieversorger dem Wettbewerb stellen müssen und werden. Das Vorgehen dazu ist einfach zu gliedern nach einer von movento erprobten Vorgehensweise:

Abbildung 8-28: Projektvorgehensweise[198]

---

[198]   movento 2010

Die Schritte im Einzelnen:

Initiative: Erkenntnis, dass die aktuellen Prozesse so nicht (mehr) optimal sind. „Wir müssen etwas tun!"

Vision: Festlegung, wo Sie in Zukunft stehen wollen. „Wer sind wir, wer wollen wir sein?"

Strategie: Definition des Weges, der gegangen werden muss. „Wie erreiche ich mein Ziel?"

ValueScan: Erkennen der Potenziale und Bestimmung der erwarteten Erträge. „Welche Prozesse haben den größten ROI?"

Prozesse: Analyse der Ist- und Soll-Prozesse. „Wie sehen meine Abläufe in Zukunft aus?"

Organisation: Change-Management der Organisation. „Wie stelle ich mich intern richtig auf?"

Funktionale Anforderungen: Beschreibung der Geschäftsprozesse im Detail. „Was will ich in Zukunft?"

Technische Spezifikation: Festlegung und Beschreibung der technischen Realisierung. „Wie kann das im System umgesetzt werden?"

Implementierung und Test: Umsetzung und Test der Anforderung in CRM. „Wie sieht das neue System wirklich aus?"

Roll-Out und Go-Live: Ausrollen der Lösung an die Anwender, Training und laufende Unterstützung. „Wir arbeiten mit dem neuen System!"

Die Initiative kommt, wie im fiktiven Beispiel von Herrn Meier, endogen aus dem Unternehmen heraus. Aber auch exogene Faktoren, wie der steigende Marktdruck, Abwanderungswellen, rechtliche Rahmenbedingungen sorgen für den Druck, initiativ zu werden.

An diesem Initialpunkt stellt sich die Frage nach dem Vorgehensmodell[199]. Es können vier Vorgehensmodelle unterschieden werden:

- Strategieorientierte Vorgehensmodelle
- Systemorientierte Vorgehensmodelle
- Wissensorientierte Vorgehensmodelle
- Prozessorientierte Vorgehensmodelle

Die strategieorientierten Vorgehensmodelle zielen primär auf die Umsetzung und Veränderung der Unternehmensstrategie. Die systemorientierten Implementierungsansätze zeigen Vorgehensweisen zur Einführung einer Standardsoftware. Die wissensorientierten Modelle konzentrieren sich auf den Aufbau und die Nut-

---

199 vgl. Stahlknecht, P.; Hansenkamp, U., Einführung in die Wirtschaftsinformatik, 11. Auflage, 2005, S. 214ff.

zung einer Kundendatenbank zur Realisierung des Wissensmanagements. Die prozessorientierten Vorgehensmodelle stellen die Analyse und den Entwurf der Geschäftsprozesse in den Vordergrund.

Auf Basis der Erfahrungen aus 15 Jahren CRM-Beratung und vor dem Hintergrund der Kenntnisse in der Energieversorgungsbranche empfiehlt movento den prozessorientierten Ansatz.

Die Auswahl und Optimierung der Prozesse wird angesichts ihrer strategischen und potenziellen Werthaltigkeit vorgenommen und garantiert dadurch, dass in der CRM-Initiative ausschließlich Prozesse bearbeitet werden, die direkt oder indirekt einen Wertzuwachs im Sinne eines positiven CFROI garantieren.

Dies sichert ein ressourcenschonendes Projekt, einen schnellen und messbaren Erfolg, hohe Akzeptanz von Management und Mitarbeitern durch systematische Beteiligung und Schulungen und eine ideale Kosten/ Nutzen Kontrolle über das gesamte Projekt hinweg. Das folgende Schaubild stellt das movento Referenzvorgehensmodell zur Gestaltung und Umsetzung von Kundenbindungsmanagement dar.

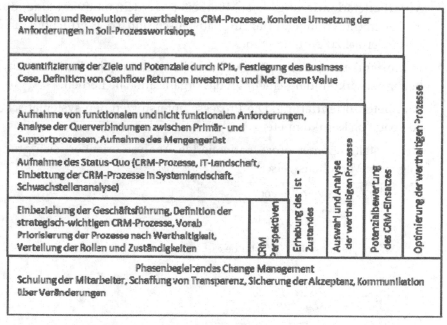

Abbildung 8-29: Vorgehensmodell CRM Vorkonzeption[200]

200   Blau, B., Prozessmodellierung am Beispiel einer CRM Einführung, Diplomarbeit am Fachbereich Betriebswirtschaft, FH-Kaiserslautern, Standort Zweibrücken und movento Mannheim, 2010

Betrachtet man den Ansatz des Prozessmanagements, so wird deutlich, dass Prozessmanagement alle wesentlichen Gestaltungsbereiche des Customer Relationship Managements umfasst. Schmelzer und Sesselmann fassen Prozessmanagement in folgende Schlagworte zusammen:

Prozessorientierung: Die Leistungsparameter und das Controlling orientieren sich an Prozessen.

Strategieorientierung: Die Strategie bestimmt, welche Prozesse erforderlich sind und welche Prozessziele verfolgt werden sollen.

Kundenorientierung: Gestaltung und Steuerung der Prozesse sind auf die Erfüllung der Anforderungen und Erwartungen der Kunden bzw. Stakeholder ausgerichtet (end-to-end processes).

Wertschöpfungsorientierung: Prozesse konzentrieren sich auf wertschöpfende Aktivitäten.

Leistungsorientierung: Effektivität und Effizienz der Prozesse werden kontinuierlich gesteigert.

Mitarbeiterorientierung: Die Mitarbeiter werden motiviert und durch Change Management, Training, Erfahrungsaustausch und Tools ertüchtigt, an der Prozessverbesserung zu partizipieren.

Lernorientierung: Die kontinuierliche Verbesserung der Prozesse durch die Mitarbeiter verstärkt und beschleunigt das organisationale Lernen.

Kompetenzorientierung: Die Prozesse unterstützen den systematischen Auf- und Ausbau von Kernkompetenzen.[201]

Die Gestaltung einer prozessorientierten Analyse orientiert sich grundsätzlich an folgender Vorgehensweise:

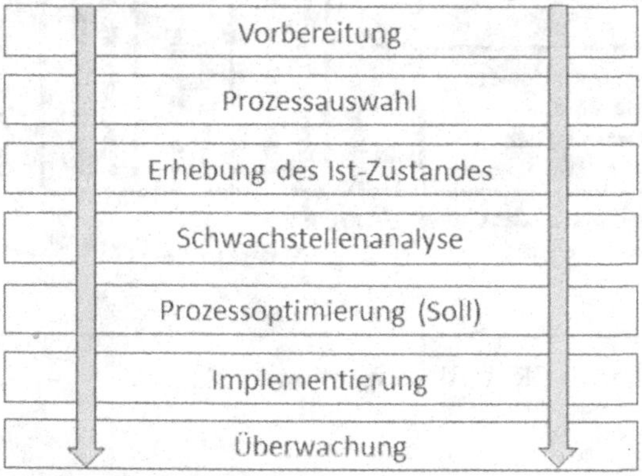

| Vorbereitung |
| Prozessauswahl |
| Erhebung des Ist-Zustandes |
| Schwachstellenanalyse |
| Prozessoptimierung (Soll) |
| Implementierung |
| Überwachung |

Abbildung 8-30: Allgemeine Phasen des Prozessmanagements[202]

---

201   vgl. Schmelzer, J. H.; Sesselmann, W., Geschäftsprozessmanagement in der Praxis, Kunden zufrieden stellen – Produktivität steigern- Wert erhöhen, 7. Auflage, München, Wien 2010, S. 11-12.

8.4.1 Aufgabenfelder des Geschäftsprozessmanagements

Aufgabe von Geschäftsprozessen ist es, die Erwartungen und Anforderungen der Kunden zu erfüllen. Außer den Kunden gibt es interne oder externe Personen oder Gruppen, die an den Geschäftsprozessen interessiert sind und Anforderungen stellen oder Ansprüche geltend machen. Die Aufgabe des Geschäftsprozessmanagements ist es sicherzustellen, dass die Geschäftsprozesse sowohl die strategischen Ziele, als auch die Kundenziele erfüllen. Hierzu dienen die Aufgabenfelder Prozessführung, Prozessorganisation, Prozesscontrolling und Prozessverbesserung.

Eine Übersicht über die einzelnen Aufgabenfelder des Geschäftsprozessmanagement gibt die nachfolgende Abbildung:

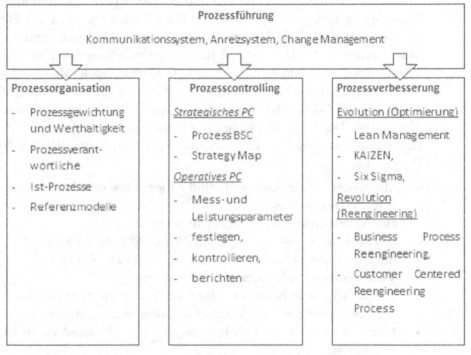

Abbildung 8-31: Methoden Tools und Rollen des Prozessmanagements[203]

Diese vier Perspektiven des Business Process Managements (BPM) stehen in enger Verbindung zueinander. Hauptziel des Geschäftsprozessmanagements ist es, durch die Prozessoptimierung die Prozesseffektivität und die Prozesseffizienz des Unternehmens nachhaltig zu erhöhen sowie den Unternehmenswert zu steigern,

---

202   Blau, B., Prozessmodellierung am Beispiel einer CRM Einführung, Diplomarbeit am Fachbereich Betriebswirtschaft, FH-Kaiserslautern, Standort Zweibrücken und movento Mannheim, 2010

203   Blau, B., Prozessmodellierung am Beispiel einer CRM Einführung, Diplomarbeit am Fachbereich Betriebswirtschaft, FH-Kaiserslautern, Standort Zweibrücken und movento Mannheim, 2010

nachhaltig im Sinne der Verfolgung von zukunftsverträglichen, dauerhaften Prozessziele.

Durch die strategie- und kundenorientierte Gestaltung und Steuerung der Geschäftsprozesse werden sämtliche Aktivitäten des Unternehmens auf strategische Ziele und die Bedürfnisse von Kunden und anderen Interessengruppen ausgerichtet. Die laufende Messung und Steuerung der Prozessleistung bildet die Basis für die kontinuierliche Steigerung der Prozessleistung.

8.4.2 Prozessführung

Die Aufgaben der Prozessführung ist es, die Prozessvision und -mission sowie Prozessziele zu definieren und klar und überzeugend zu kommunizieren. Prozessführung beginnt an der Spitze bei der Geschäftsleitung. Wichtige Führungsrollen nehmen ferner die Chief Process Officer sowie die Geschäfts- und Teilprozessverantwortlichen wahr. Der CPO ist für das gesamte Geschäftsprozessmanagementsystem des Unternehmens verantwortlich. Die Geschäfts- und Teilprozessverantwortlichen tragen die Verantwortung für die einzelnen Geschäfts- und Teilprozesse. Aber auch Leiter oder Moderatoren von Teams leisten auf ihrer Ebene Führungsarbeit. Die Prozessführung beeinflusst den Erfolg des Geschäftsprozessmanagements und prägt die Prozesskultur in hohem Maße. Weitere Aufgaben der Prozessführung sind:

- Mitarbeiter für die neue Denk- und Arbeitsweise des Geschäftsprozessmanagements zu gewinnen,
- eine Vertrauensorganisation aufzubauen,
- das Zusammengehörigkeitsgefühl (Wir-Gefühl) zu stärken,
- mit Mitarbeitern klare prozessorientierte Ziele zu vereinbaren,
- Verantwortung an Mitarbeiter zu delegieren,
- Mitarbeiter ausreichend auf veränderte/ erweiterte Aufgaben vorzubereiten,
- Mitarbeiter mit den erforderlichen Ressourcen auszustatten,
- Mitarbeiter zur kontinuierlichen Steigerung der Prozessleistung in Teams zu motivieren,
- sicherzustellen, dass erreichte Verbesserungen stabilisiert und weiterentwickelt werden,
- Mitarbeiter und Teams bei Schwierigkeiten zu unterstützen,
- Konflikte offenzulegen und konstruktiv zu lösen,
- Erfolge anzuerkennen und zu belohnen und
- mit den Verantwortlichen, Mitarbeitern und Teams intensiv zu kommunizieren.

8.4.3 Prozessorganisation

Innerhalb der Prozessorganisation werden die Ziele, Rollen und Aufgaben festgelegt, die im Rahmen einer Initiative zum Management von Geschäftsprozessen anfallen.

Durch eine Prozesswerthaltigkeitsanalyse werden Geschäftsprozesse mit Verbesserungspotenzialen identifiziert, aus diesen wiederum verantwortliche Führungskräfte benannt und mit entsprechenden Entscheidungskompetenzen ausgestattet. Sowohl das Teaming als auch die Aufnahme der Ist-Prozesse und Auswahl von Referenzmodellen ist Sache der Prozessorganisation.

8.4.3.1 Identifizierung der Geschäftsprozesse

Am Anfang des Prozessmanagements steht die Identifizierung der Geschäftsprozesse. Dabei soll sichergestellt werden, dass die Bedürfnisse der Kunden und Interessengruppen erfüllt werden. Bei der Identifikation der Prozesse kann Top-Down oder Bottom-Up vorgegangen werden.[204]

Top-Down

Der Top-Down Ansatz zeichnet sich dadurch aus, dass die Ausgangsbasis die Geschäftsstrategie und die Kunden darstellen, was zu einem stets strategiekonformen und somit überschneidungsfreien Ergebnis führt.

Die in der Strategie definierten Geschäftsfelder und Kundengruppen bilden zusammen mit den Kundenanforderungen, dem Leistungsangebot, der Wettbewerbsstrategie und den Kernkompetenzen die Ausgangsdaten für die Prozessidentifizierung. Aus diesem Wissen wird dann abgeleitet, welche Geschäftsprozesse benötigt werden und wie diese abzugrenzen sind. Dazu werden die Geschäftsprozesse nicht von außen vorgegeben, sondern gemeinsam vom Management und erfahrenen Mitarbeitern erarbeitet. Referenzmodelle oder Standardprozessmodelle können dabei hilfreich sein. Der Top-Down Ansatz setzt jedoch die Kenntnis über die Strategie, den Markt und Kundenanforderungen voraus. Weitere Vorteile des Top-Down Ansatzes sind, dass

- nur geringe Gefahr besteht, auf dem Bestehenden zu beharren und sich im Detail zu verlieren,
- Anfang und Ende der Geschäftsprozesse die geforderte Verbindung zu Kunden besitzen und
- der Ansatz weniger zeit- und arbeitsaufwändig ist.[205]

Bottom-Up

Im Gegensatz zum Top-Down Ansatz orientiert sich der Bottom-Up Ansatz an der bestehenden Funktionsorganisation und betrachtet zunächst die Ist-Situation. Anschließend werden ablauf-, informations- oder kostenrechnungstechnische Ge-

---

204   vgl. Speck, M.; Schnetgöke, N., Sollmodellierung und Prozessoptimierung, in: Prozessmanagement – Ein Leitfaden zur prozessorientierten Organisationsgestaltung. Becker, J.; Kugeler, M.; Rosemann, M. (Hrsg.), 5. Auflage, Springer Verlag, Berlin et al. 2005, S. 195ff.

205   vgl. Bach, N., Geschäftsprozesse als Geschäftstreiber, in: Qualität und Zuverlässigkeit, Jahrgang (2006) Heft 3, S. 24.

sichtspunkte zu Teil- und Geschäftsprozessen gebündelt. Die Vorgehensweise stellt keinen Bezug zur Strategie oder zu Kunden her. Auch findet lediglich eine eingeschränkte Selektion nach Wertschöpfungsgesichtspunkten statt. Ein weiterer Nachteil dieses Ansatzes besteht darin, dass die Strategie- und Kundenorientierung schwer vernachlässigt wird. Jedoch fühlen sich die Mitarbeiter in der Regel hierdurch besser integriert und akzeptieren Veränderungen durch Change Management erfahrungsgemäß deutlich besser („Betroffene zu Beteiligten machen").

Kombination Top-Down und Bottom-Up

Die intelligente Kombination aus den beiden obengenannten Ansätzen ist in die von den Unternehmen quadracon GmbH und movento GmbH genutzte Methode ValueScan™ eingeflossen, um valide Ergebnisse mit maximalem buy-in aller Beteiligten zusammenzuführen. Nähere Informationen zum ValueScan unter www.quadracon.com oder www.movento.com.

8.4.3.2   Prozessverantwortliche

Der Implementierung von Geschäftsprozessmanagement können erhebliche personelle Veränderungen in Form von Aufgaben- und Rollenzuteilungen unterliegen. Jeder Aufgabe im Geschäftsprozessmanagement werden entsprechende Rollen zugeordnet, wobei eine Rolle eine personenunabhängige Bündelung von Aufgaben, Kompetenzen und Verantwortung darstellt. Jede Rolle benötigt bestimmte Fähigkeiten und Kenntnisse und ist mit bestimmten Verpflichtungen und Befugnissen ausgestattet. Die Definition von Verantwortlichkeiten und Zuständigkeiten unterstützt die RACI Methode. RACI bedeutet:

- **Responsible:** Ist für die Durchführung zuständig,
- **Accountable:** Unterschriftsberechtigt,
- **Consulted:** Muss oder soll beteiligt werden,
- **Informed:** Ist über den Fortschritt zu informieren.

Rollen

Der *Prozesssponsor* ist eine auf der Ebene der obersten Geschäftsleitung angesiedelte Führungskraft. Der Prozesssponsor ist Meinungsführer und „treibende Kraft". Er bildet den Rückhalt des Projektes durch seine starke Position und seinen persönlichen Einfluss. Viele Widerstände während der Einführung können nur mit seiner Hilfe ausgeräumt werden.

Prozessberater werden primär bei der Einführung des Geschäftsprozessmanagements eingesetzt. Ihre Hilfe ist besonders in der Initialisierungs- und Konzeptionsphase des Projektes wertvoll. Sie sollten bei der Definition der Prozessstrategie, der Konzeption einer Unternehmensprozessarchitektur, Konzeption eines unternehmensweiten Systems der Performance-Messung und der Koordination von Geschäftsprozessmanagement Projekten und Programmen unterstützen.

Der *Chief Process Officer* trägt die Verantwortung für die Optimierung, Harmonisierung, Verbesserung, Anpassung und Weiterentwicklung des BPMs.[206] Er ist auch verantwortlich für das Process Governance, das einen Bestandteil der Corporate Governance ist. Die Process Governance umfasst unternehmensweit gültige Standards, Leitlinien und Vorschriften der Organisation, Führung und Überwachung von Geschäftsprozessen. Zur Unterstützung der vielfältigen Aufgaben steht dem CPO das BPM-Office zur Seite, das er auch leitet.

Die Führungsaufgaben in Geschäftsprozessen werden *Geschäftsprozessverantwortlichen* oder *Themenverantwortlichen* übertragen. Der Prozessverantwortliche ist für die Erreichung der Prozessziele verantwortlich. Prozessverantwortliche nehmen ihre Aufgaben auf Dauer war. Mit ihrer Nominierung sind die Festlegung der Aufgaben, Verantwortung und Befugnisse als auch Kompetenzen verbunden.

Der *GPM-Projektleiter* ist verantwortlich für die Einführung des Geschäftsprozessmanagements.

Der *Prozesscontroller* ist der Verantwortliche für die Weiterentwicklung und Durchführung des Prozesscontrollings.

In der Verantwortung der *Prozessmitarbeiter* ist es die Aufgabendurchführung in den Prozess- und Arbeitsschritten durchzuführen.[207]

Sind die Rollen besetzt und Befugnisse erteilt, so ist im nächsten Schritt zu klären, wie tief die Prozesse in der Aufbauorganisation verankert werden sollen.

8.4.3.3 Implementierung der Prozesse in die Aufbauorganisation

Folgende Formen der organisatorischen Einbettung können unterschieden werden:

* **Einfluss-Prozessorganisation**: Erweiterung der Funktionsorganisation um prozessorientierte Stellen.
* **Matrix Prozessorganisation:** Bildung von Mischformen aus Funktions- und Prozessorganisation.
* **Reine Prozessorganisation:** Ablösung der Funktionsorganisation durch volle Integration der Geschäftsprozesse in die Organisationsstruktur eventuell mit Einbindung von Kompetenzzentren.

In der folgenden Abbildung soll der Einfluss auf die Prozesse in die jeweilige Aufbauorganisation veranschaulicht werden.

---

206   vgl. Jeston, J.; Nelis, J., Business Process Management – Practical Guidelines to Successful Implementations, 2. Auflage, Butterworth Heinemann Verlag, Amsterdam 2008, S. 338

207   vgl. Pfizinger, E., Geschäftsprozess-Management – Steuerung und Optimierung von Geschäftsprozessen, 2. Auflage, Beuth Verlag GmbH, Berlin et al 2003, S. 61ff.

Einfluss-   Matrix   Reine
Prozessorganisation   Prozessorganisation   Prozessorganisation

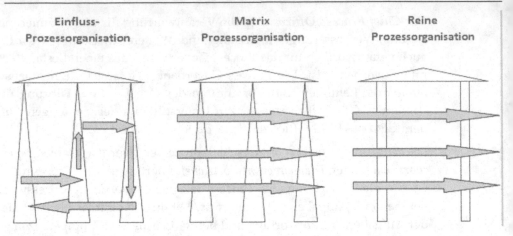

Abbildung 8-32: Formen der organisationalen Prozessorientierung[208]

Generell sollte der Leitsatz gelten: „Die Struktur folgt den Prozessen und die Prozesse folgen der Strategie", jedoch dominiert in der Praxis immer noch die Aufbauorganisation und die Ablauforganisation navigiert die Prozesse im Detail
durch die vorab festgelegten Strukturen.[209] Darum kommt die Einfluss-Prozessorganisation in der Praxis auch am häufigsten zur Anwendung. Ein Vorteil ergibt
sich durch die wenigen Änderungen der bestehenden Funktionsorganisation, weshalb sie sich meist ohne große Widerstände realisieren lässt.

Ein Nachteil ist jedoch, dass die Leistungsmessungen nicht prozess-, sondern funk-
tionsbezogen sind und damit die Prozessleistungstransparenz schwer darunter
leidet.

8.4.4   Prozesscontrolling

Hauptziele des Geschäftsprozessmanagements ist die Effektivität (die richtigen
Dinge machen) und die Effizienz (die Dinge richtig machen) des Unternehmens zu
steigern. Dies setzt jedoch klare Ziele und Leistungstransparenz voraus. Das Fun-
dament hierzu liefert das Prozesscontrolling, das sich als„[…] Gesamtheit der Aufgaben, Methoden und Techniken zur Planung, Kontrolle, Informationsversorgung
und Koordination der Geschäftsprozesse."[210] definiert.

---

208   Blau, B., Prozessmodellierung am Beispiel einer CRM Einführung, Diplomarbeit am
       Fachbereich Betriebswirtschaft, FH-Kaiserslautern, Standort Zweibrücken und
       movento Mannheim, 2010

209   vgl.: Becker, J.; Kugeler, M.; Rosemann, M. (Hrsg.), Prozessmanagement – Ein Leitfa-
       den zur prozessorientierten Organisationsgestaltung, 5. Auflage, Springer Verlag,
       Berlin et al. 2005, S. 222

210   Schmelzer, J. H.; Sesselmann, W., Geschäftsprozessmanagement in der Praxis, Kun-
       den zufrieden stellen – Produktivität steigern - Wert erhöhen, 7. Auflage, Hanser
       Verlag, München, Wien 2010, Seite 228

Das Prozesscontrolling unterteilt sich in die Teilbereiche:

- Strategisches Controlling
- Operatives Controlling

8.4.5 Prozessanpassung

Business Reengineering und Geschäftsprozessoptimierung sind, obgleich die Begriffe nicht selten synonym verwendet werden, unterschiedliche Ansätze zur Restrukturierung der Geschäftsprozesse eines Unternehmens.

Grundsätzlich kann man zwischen zwei Möglichkeiten unterscheiden, um eine Steigerung der Prozessleistung zu ermöglichen: [211]

- Prozessverbesserung (Evolution)
- Prozesserneuerung (Revolution)

Geschäftsprozessoptimierung folgt dem evolutionären Ansatz der Prozessanpassung. Ziel der Geschäftsprozessoptimierung ist die umfassende Analyse und Optimierung bestehender Prozesse. Dabei soll über das gezielte Auffinden und den Abbau von Schwachstellen in den Prozessen – wie beispielsweise die Performance bestehender Prozesse erhöht werden.[212]

Business Process Reengineering hingegen propagiert den revolutionären Ansatz im Sinne einer radikalen Veränderung der Prozesse. Losgelöst von den bestehenden Prozessen sollen völlig neue Prozesse entworfen und umgesetzt werden. Zielsetzung ist die Realisierung von Quantensprüngen in den Bereichen Kosten, Qualität, Zeit und Service. Dabei verzichtet der Ansatz ausdrücklich auf die detaillierte Analyse der bestehenden Prozesse und warnt vor einer isolierten Optimierung einzelner Prozessschritte unter Vernachlässigung des übergeordneten Prozessziels.[213]

Die folgende Tabelle gibt einen Überblick über die grundsätzliche Verschiedenheit der Ansätze und ihrer Methoden.

---

211 vgl. Vahs, D., Organisation – Einführung in die Organisationstheorie und –praxis, 6. Auflage, Schäffer Poeschel Verlag, Stuttgart 2007, Seite 341ff.

212 vgl. Gadatsch, A., Grundkurs Geschäftsprozessmanagement – Methoden und Werkzeuge für die IT-Praxis, Eine Einführung für Studenten und Praktiker, 6. Auflage, Springer Verlag, Wiesbaden 2010, S. 22

213 vgl. Hammer, M.; Champy, J., Business Reengineering – die Radikalkur für das Unternehmen, Campus Verlag, Frankfurt et al 1994, S. 52

Tabelle 8-1:   Vergleich BPR und BPO[214]

	Prozesserneuerung	Prozessverbesserung
Methode	Revolution Customer Centered Reengineering Business Process Reengineering	Evolution BP Optimization
Ausgangs-punkt	Top-Down Ansatz Referenzmodell, neuer Prozess keine Betrachtung der Ist-Prozesse	Bottom-Up Ansatz Ist-Prozesse
Wirkung auf die existierende Organisation	Tiefgreifende Veränderung Ersatz der alten Organisation und völlige Neukonzeption	Verbesserung der bestehenden Organisation
Veränderung der Organisation	Radikale Veränderung Quantensprünge des Wandels	Moderate Veränderung Organisationsentwicklung in kleinen Schritten
Methode der Prozessbeschreibung:	Verzicht auf Details Prozessverstehen	Prozessanalyse durch detaillierte Beschreibung Workflow, Arbeitsabläufe
Wirkung d. Veränderung	Übergreifend Über Prozessgrenzen hinweg	Prozessspezifisch Innerhalb der Workflows, Prozesse
Risiko / Chancen	Hoch hoch	Gering mäßig
Durchf. d. Veränderung	Als Projekt	Als permanente Aufgabe
Gemeinsam-keit	Continuous Process Improvement Die Restrukturierung der Geschäftsprozesse bleibt eine Daueraufgabe, KAIZEN, Lean Management, Six Sigma, CPI	

Das Business Process Reengineering ist im Gegensatz zur Geschäftsprozessopti-mierung ein radikales Konzept, das auf grundlegende Veränderungen abzielt. Die

---

214   Blau, B. Prozessmodellierung am Beispiel einer CRM Einführung, Diplomarbeit am Fachbereich Betriebswirtschaft, FH-Kaiserslautern, Standort Zweibrücken und movento Mannheim, 2010

Geschäftsprozessoptimierung hingegen hat den Fokus auf eine schrittweise Verbesserung der bestehenden Prozesse.

Dennoch schließen sich die beiden Konzepte nicht aus, sondern lassen sich im Zeitablauf miteinander kombinieren.

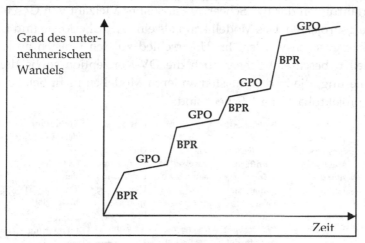

Abbildung 8-33: Kombination BPR und GPO[215]

Eine Kombination der beiden Ansätze könnte im Rahmen eines CRM-Projektes beispielsweise folgendermaßen aussehen:

- Vor der Einführung des CRM-Systems:
- Neue Prozesse aus CRM-Strategie und neue Möglichkeiten der IT ableiten (BPR),
- Bestehende Prozesse optimieren (GPO).
- Nach der Systemeinführung:
- Kontinuierliche Überwachung und Optimierung (GPO),
- Entwurf neuer Prozesse (BPR) bei veränderten Rahmenbedingungen.

Beide Konzepte lassen sich im Rahmen eines CRM-Projektes heranziehen. Ihr gemeinsamer Beitrag besteht in der Generierung von Prozesstransparenz, der Erhöhung der Prozesseffizienz sowie in der Ausrichtung der Prozesse auf den Kunden. Beiden Ansätzen sollte eine kontinuierliche Aufgabe zur Verbesserung der Prozesse im Unternehmen folgen, da im Zeitverlauf ständig neue Verbesserungspotenziale auftreten. Man spricht hier auch von Continuous Process Improvement.[216]

---

215 vgl.: Osterloh, M.; Frost, J., Prozessmanagement als Kernkompetenz – wie Sie Business Reengineering – auf dem Weg zum Unternehmen des Informationszeitalters, Gabler Verlag, Wiesbaden 2006, S. 152ff.

216 vgl. Gadatsch, A., Grundkurs Geschäftsprozessmanagement – Methoden und Werkzeuge für die IT-Praxis: Eine Einführung für Studenten und Praktiker, 6. Auflage, Springer Verlag, Wiesbaden 2010, S. 14

8.4.5.1 Prozessoptimierung

Typischerweise wird die Prozessoptimierung eingeteilt in die Phasen Vorbereitung, Ist-Aufnahme, Schwachstellenanalyse, Prozessanalyse und Soll-Konzeption. Das im Folgenden vorgestellte Vorgehensmodell der Prozessoptimierung basiert auf den Erfahrungen der IDS Scheer AG aus einer Vielzahl von Geschäftsprozess-Optimierungsprojekten. Das Modell kann als eine Art Checkliste und Leitfaden für BPO-Projekte gesehen werden. Im Unterschied zu den meisten anderen Einführungsmodellen beschreibt Scheer auch die DV-Konzeption sowie die technische Implementierung, die in den meisten anderen Modellen nicht beleuchtet werden. Die Hauptprojektphasen nach Scheer sind:

Abbildung 8-34: Vorgehensmodell GPO nach Scheer[217]

Das Ziel der Geschäftsprozessoptimierung ist die nachhaltige Verbesserung der Prozesse eines Unternehmens und damit die Sicherung der Wettbewerbsfähigkeit. Dies geschieht durch die Ausrichtung aller wesentlichen Arbeitsabläufe an den Anforderungen der Kunden. Das bedeutet, dass vor allem die Geschäftsprozesse fokussiert werden, die direkt Schnittstellen zum Kunden haben, wie beispielswei-

---

217   vgl. Scheer, A.-W., ARIS – Vom Geschäftsprozess zum Anwendungssystem, 3. Auflage, Springer Verlag, Berlin et. al 1998, Seite 149

se: Bestellung, Zahlung und Reklamation.[218] Hauptziel der Prozessoptimierung ist die Verbesserung bzw. Umgestaltung betrieblicher Abläufe zur Erhöhung der Prozesseffizienz. Dies kann durch eine Änderung der Methoden, durch eine funktionsübergreifende Integration mehrere Funktionen des Prozesses, durch eine Funktionssplittung oder durch vollständige bzw. teilweise Reduktion des Funktionsumfanges erreicht werden.[219]

Die folgende Tabelle zeigt die Gestaltungsmaßnahmen der Prozessoptimierung.

Tabelle 8-2:   Optimierung von Arbeitsschritten[220]

Zu diesem Zweck bedient sich die Geschäftsprozessoptimierung eines umfassenden Instrumentariums aus Prozessmodellierungs-, -simulations- und -Analysetechniken.

---

218   vgl. Gadatsch, A., Grundkurs Geschäftsprozessmanagement – Methoden und Werkzeuge für die IT-Praxis: Eine Einführung für Studenten und Praktiker, 6. Auflage, Springer Verlag, Wiesbaden 2010, S. 20

219   vgl. Aichele C., Kennzahlenbasierte Geschäftsprozessanalyse, Gabler Verlag, Wiesbaden 1997, Seite 17

220   vgl. Bleichner, K., Organisation – Strategie Strukturen Kulturen, 2. Auflage, Gabler Verlag, Wiesbaden 1991, S. 196

8.4.5.2 Prozesserneuerung

Das Konzept des Business Reengineering steht für einen Managementansatz zur radikalen Unternehmensrestrukturierung, der Anfang der 90er Jahre durch die Arbeiten von Hammer und Champy eine hohe Popularität erzielte. Er zielt schwerpunktmäßig auf die Analyse und Restrukturierung von Primärprozessen mit Markt- und Kundenausrichtung, wie z. B. Vertriebsprozesse. Es finden sich jedoch auch vereinzelt Praxisbeispiele für einen Einsatz derartiger Ansätze in unterstützenden Querschnittsprozessen wie beispielsweise dem Rechnungswesen.[221] Allerdings sollte man sich primär mit BPR nur auf Prozesse beschränken, die eine hohe strategische Bedeutung besitzen und gleichzeitig gravierende strategische Risiken und Leistungsdefizite aufweisen, da diese Methode zwar viele Chancen bietet, aber auch ein großes Risiko und einen hohen Aufwand in sich birgt.[222]

Die Methode zeichnet sich dadurch aus, dass die betrachteten Prozesse auf ihre Effizienz und Effektivität hin grundlegend hinterfragt werden, was dazu führt, dass Prozesse völlig neu gestaltet und modernste IT-Technologien im Restrukturierungsprozess berücksichtigt werden können. Die Potenziale aus der IT-Welt können bedingungslos genutzt und alte Grenzen eingerissen werden.

Den Ausgangspunkt der Business Process Reengineerings bilden Referenzmodelle. Referenzmodelle, auch Standardprozessmodelle genannt, enthalten modellhafte Beschreibungen von Geschäftsprozessen, die für einen bestimmten Anwendungsbereich als Vorgehensweise oder Empfehlung gelten und für eine möglichst große Zahl von Einzelfällen anwendbar sind.[223] Sie beschreiben einen idealtypischen Prozess und unterstützen dabei die Identifikation, Definition, Gestaltung, Dokumentation und Analyse spezifischer Geschäftsprozesse. Es können drei Arten von Referenzmodellen unterschieden werden:

- Funktions-/Branchenreferenzmodelle: sind allgemeine, auf bestimmte Anwendungsbereiche zugeschnittene Modelle.
- Unternehmensreferenzmodelle: sind auf ein bestimmtes Unternehmen zugeschnitten und enthalten Regeln für die Definition und Strukturierung unternehmensspezifischer Geschäftsprozesse.
- IT-Referenzmodelle: werden von Softwareherstellen als Empfehlungen für Sollprozesse angeboten und unterstützen die Konfigurierungen (Customizing) von Standardsoftware.

---

221 vgl. Gadatsch, A., Grundkurs Geschäftsprozess-Management – Methoden und Werkzeuge für die IT-Praxis: Eine Einführung für Studenten und Praktiker, 6. Auflage, Springer Verlag, Wiesbaden 2010, S. 29

222 vgl. Hammer, M.; Champy, J., Business Reengineering – die Radikalkur für das Unternehmen, Campus Verlag, Frankfurt et al 1994, S. 62

223 vgl. Stahlknecht, P.; Hasenkamp, U., Einführung in die Wirtschaftsinformatik, 11. Auflage, Berlin/ Heidelberg 2005, S. 215

Die meisten Referenzmodelle basieren auf Best bzw. Good Practice Ansätzen und ermöglichen es von den Erfahrungen anderer zu profitieren.[224]

Häufig bieten Softwarehersteller IT-Referenzmodelle für ihre Produkte an, die auf das jeweilige Standardsoftwaresystem abgestimmt sind. Ziel ist es, den Anpassungsaufwand (Customizing) so gering wie möglich zu halten.

Die Firma SAP bietet beispielsweise IT-Referenzmodelle für unterschiedliche Branchen und Unternehmenstypen zusammen mit entsprechenden E-Commerce- bzw. E-Commerce-Lösungen an. Sie werden Business Maps genannt. Es handelt sich um grafische Übersichtsdarstellungen und Beschreibungen von Geschäftsprozessen für spezielle Anwendungsbereiche, die mit den angebotenen Applikationslösungen kompatibel sind: „Sie bieten Orientierungshilfe bei der Visualisierung, Planung und Implementierung einer konsistenten, integrierten und umfassenden Unternehmenslösung".[225] Die Business Maps werden von SAP in enger Zusammenarbeit mit Kunden, Partnern und Branchenkennern erarbeitet und jährlich aktualisiert. Da die Business Maps auf die SAP-Software ausgerichtet sind, ist ihre generelle Anwendbarkeit eingeschränkt.

Die Business Maps umfassen mehrere Ebenen. Level I vermittelt einen Gesamtüberblick über die wichtigsten Geschäftsprozesse. Level II gibt einen detaillierten Einblick in die speziellen Funktionen, die für die einzelnen Prozesse benötigt werden. Auf der dritten Ebene werden z. B. unter „Marketing Management" die Subprozesse des „Marketing Management" beschrieben, KPIs vorgeschlagen, verfügbare SAP-Produkte oder Partnerprodukte genannt und auf die zugehörige Business Scenario Maps verwiesen. Business Scenario Maps bilden die End-to-End-Geschäftsprozesse ab, sind Beispiele für unternehmensübergreifende Geschäftsprozessmodelle und stellen die Basis für Collaborative Commerce dar. Das nachfolgende Schaubild zeigt die SAP Solution Map für SAP CRM 2007.

224   vgl. Schmelzer, J. H.; Sesselmann, W., Geschäftsprozessmanagement in der Praxis, Kunden zufrieden stellen – Produktivität steigern- Wert erhöhen, 7. Auflage, Hanser Verlag, München, Wien 2010, S. 202

225   vgl. SAP (Hrsg), Business Maps, http://www.sap.com/germany/plattform/ netweaver/businessmaps/index.epx, (Stand: 17.09.2010)

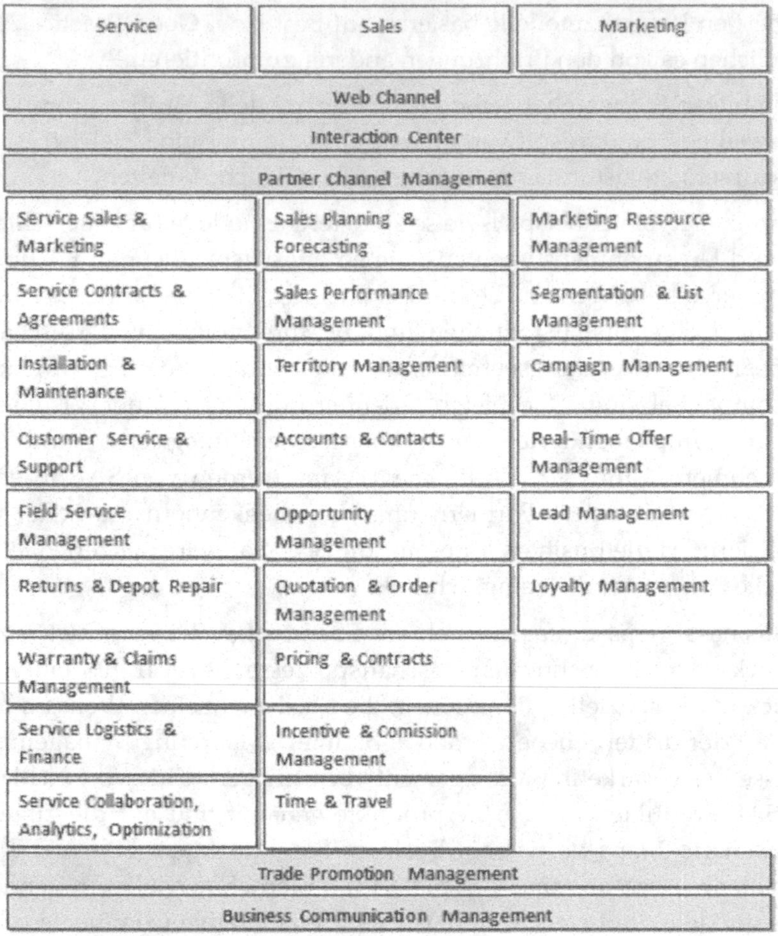

Service	Sales	Marketing
Web Channel		
Interaction Center		
Partner Channel Management		
Service Sales & Marketing	Sales Planning & Forecasting	Marketing Ressource Management
Service Contracts & Agreements	Sales Performance Management	Segmentation & List Management
Installation & Maintenance	Territory Management	Campaign Management
Customer Service & Support	Accounts & Contacts	Real- Time Offer Management
Field Service Management	Opportunity Management	Lead Management
Returns & Depot Repair	Quotation & Order Management	Loyalty Management
Warranty & Claims Management	Pricing & Contracts	
Service Logistics & Finance	Incentive & Comission Management	
Service Collaboration, Analytics, Optimization	Time & Travel	
Trade Promotion Management		
Business Communication Management		

Abbildung 8-35: SAP Solution Map for CRM Level I[226]

Referenzmodelle sind besonders bei der Einführung des Geschäftsprozessmanagements nützlich, um Diskussionen über Zweck, Zahl, Begrenzung, Struktur und Inhalt von Geschäftsprozessen abzukürzen. Oft helfen sie, defensives Verhalten in konstruktive Mitarbeit umzuwandeln. Auch bei Anpassungen von Geschäftsprozessen an veränderte strategische Rahmenbedingungen können Referenzmodelle Hilfestellung geben. Ferner unterstützen sie die Harmonisierung und Standardisierung von Geschäftsprozessen innerhalb von Unternehmen und zwischen Unternehmen.

Diesen Mangel umgeht der Einsatz von software-neutralen Referenzmodellen, die erfahrungsgestützt aufgebaut werden und sich mit jeder neuen Herausforderung aktualisieren. Solche Referenzmodelle verwenden bspw. quadracon und movento.

---

226   SAP (Hrsg.), Business Maps, http://www.sap.com/germany/solutions/business-suite/crm/businessmaps/index.epx, (Stand: 12.10.2010)

Referenzmodelle sind generell anwendbar oder aber für bestimmte Branchen oder Anwendungsbereiche konzipiert. Angeboten werden sie von Softwareanbietern, Unternehmensberatern, Fachgremien, Anwenderforen oder auch von der Wissenschaft. Beispiele für Standardprozessmodelle sind:

- SAP Business Maps
- BAM, Business Activity Model, MIT Process Handbook
- PCF, Process Classification Framework des American Productivity & Quality Center (APQC) für unterschiedliche Industriebranchen
- VRM, Value Reference Model der Value Chain Group für die Industrie
- REFA-Prozessmodelle für Industriebranchen
- eTOM, enhanced Telecom Operations Map für Telekommunikationsunternehmen und IT-Dienstleistungen
- Handels-H-Modell für Handelsunternehmen
- SCOR, Supply Chain Operations Reference für Supply Chains
- Referenzmodell ISO 12207 für Softwareentwicklungsprozesse. ITIL, Infrastructure Library für den IT Betrieb
- COBIT, Control Objectives for Information and related Technology, für IT-Governance
- Referenzmodell für das Innovationsmanagement

Vorsicht ist geboten, wenn Referenzmodelle unreflektiert auf ein Unternehmen angewandt werden, Kernkompetenzen und somit Differenzierungsmerkmale vernachlässigt oder gar eliminiert werden. Daher ist es wichtig, diese Referenzmodelle und Best-Practice-Modelle auf die jeweiligen Ziele und Verhältnisse der Organisation anzupassen. Weniger problematisch sind Geschäftsprozesse, die keine Schlüsselprozesse darstellen. Hier können Referenzprozesse eine gute Alternative darstellen, insbesondere wenn sie auf Best-Practice Erfahrungen beruhen.[227]

---

227   vgl. Allweyer, T., Geschäftsprozessmanagement – Strategie, Entwurf, Implementierung, Controlling, Wl3 Verlag, Witten 2005, S. 316ff.

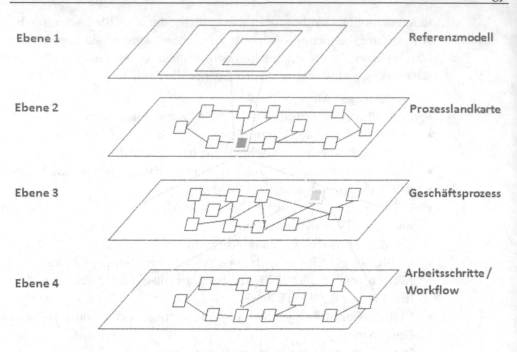

Abbildung 8-36: Implementierung von Best-Practice Ansätzen

Die Abbildung zeigt noch mal deutlich, wie eine Implementierung von Best-Practice Ansätzen in die einzelnen Arbeitsschritte und Workflows aus einem Referenzmodell erfolgt.

8.4.5.3 Kontinuierliche Prozessverbesserung

Im Sinne von „Stillstand ist ein Rückschritt" sollte sowohl bei dem Business Process Reengineering als auch nach einer erstmaligen Prozessverbesserung eine kontinuierliche Prozessverbesserung folgen (Continuous Process Improvement, CPI). Die in der Praxis am häufigsten anzutreffenden Methoden sind:

Lean Management

Unter Lean Management ist eine schlanke Unternehmensführung zu verstehen, deren Zielsetzung in einer hohen Effizienz, Schnelligkeit und überlegenen Qualität liegt. Lean Management hat seinen Ursprung im Lean Production, nach der sämtliche Tätigkeiten, die nicht unmittelbar dem Wertzuwachs dienen als Verschwendungen gesehen werden. Festgestellt wurde der Ansatz erstmals bei Toyota durch eine Benchmark japanischer, europäischer und US-amerikanischer KFZ-Hersteller zu Beginn der 90er Jahre. Folgende Prinzipien vereint das Lean Management in sich: Werte aus Kundenperspektive identifizieren, Wertströme identifizieren, Prozessfluss optimieren, Pull-Prinzip und ständige Perfektion. Dennoch liegt der Hauptakzent des Lean Management nicht so sehr auf der Kunden- und Kernkompetenzorientierung, sondern mehr auf der Effizienzsteigerung. Auch der Ansatz die Organisation durch Geschäftsprozesse weiterzuentwickeln und das organisationale Lernen systematisch zu unterstützen fehlt im Lean Management weitgehend.[228]

Kaizen

Kaizen ist ein japanischer Managementansatz zur kontinuierlichen Verbesserung der Prozesse. Der Fokus liegt hier nicht auf dem Ergebnis, sondern auf dem Prozess zur Erstellung. Dabei wird der Mitarbeiter motiviert sämtliche Tätigkeiten stets bewusst auszuführen, grundsätzlich zu hinterfragen und zu verbessern. Durch Common Knowledge entsteht ein ständiger Zyklus aus Planung, Tätigkeit, Kontrolle und Verbesserung von Prozessen (Plan-Do-Check-Act). Allerdings wird auch verbessert um der Verbesserung willen, selbst wenn dies keine Auswirkungen auf das Ergebnis hat.[229]

Total Cycle Time

Bei Total Cycle Time (TCT) stehen die Beseitigung von Prozess-, Sach- und Kulturbarrieren sowie die Eliminierung nicht wertschöpfender Prozesse im Vordergrund.

Sachbarrieren können entweder fehlende Teile, fehlende Informationen oder fehlerhaftes Material sein. Sachbarrieren treten in großer Zahl auf. Sie können jedoch durch Fachexperten schnell beseitigt werden und ihre Wirkung auf die Prozessleistung ist als gering einzustufen.

Prozessbarrieren entstehen durch Doppelarbeiten, komplexe Abläufe oder Wartezeiten. Die Anzahl der Barrieren im Unternehmen sind geringer als die der Sachbarrieren, die Hebelwirkung ist aber größer. Sie können mithilfe von Prozessteams oder Barrieren-Beseitigungsteams eliminiert werden.

Die größte Wirkung geht von den Kulturbarrieren aus. Diese Barrieren entstehen durch unklare Ziele, wechselnden Prioritäten, mangelhafte Kundenorientierung oder durch Probleme in der Zusammenarbeit. In vielen Fällen können diese Barrieren nur durch das aktive Engagement des Managements beseitigt werden.[230]

Six Sigma

Six Sigma ist eine auf Daten beruhende Methode zum Ausschluss von Fehlern und zur Verbesserung der Prozessleistung.

Auf einen Prozess wirken viele verschiedene Einflussfaktoren, die zu Zielabweichungen der Ergebnisse führen können. Jede Streuung bzw. Abweichung der Prozessergebnisse wirkt sich auf Kundenzufriedenheit, Prozessqualität und Prozesseffizienz negativ aus. Aufgabe von Six Sigma ist es, die Prozesse so zu gestalten und

---

228   vgl. Wirtschaftslexikon24 (Hrsg.): Lean Management, http://www.wirtschaftslexikon24.net/d/lean-management/lean-management.htm, (Stand: 12.10.2010)

229   vgl. Imai, M.., Der Schlüssel zum Erfolg der Japaner im Wettbewerb, 2. Auflage, Ullstein Verlag, Frankfurt et al 1992, S. 25ff.

230   vgl. Thomas, Ph. R., Getting Competitive – Middle Managers and the Cycle Time Ethic, McGraw-Hill Verlag, New York et al. 1991, S. 11ff.

zu steuern, dass die Prozessergebnisse nur sehr gering streuen und sich ihr Mittelwert verbessert. Dabei misst Six Sigma nicht den Mittelwert, sondern die Abweichung der Prozesse.

Zusammen mit den Kunden werden je Prozess die kritischen Qualitätsmerkmale (CTQ = Critical to Quality) ausgewählt, gewichtet und quantifiziert. In ihrer Summe bestimmen die CTQs die Prozessqualität aus Kundensicht und sind damit für die Kundenzufriedenheit ausschlaggebend. Das Ziel der Methode ist es, eine Variation von sechs σ zu erreichen. Das bedeutet, dass bei einer Million Möglichkeiten nur 3,4 Fehler auftreten dürfen. Mit einer Ausbeute von 99,99966 % kommt Six Sigma dem Null-Fehler-Ziel sehr nahe. Ein derart anspruchsvolles Ziel beschleunigt wesentlich Prozessverbesserungen in einer Organisation.[231]

Vergleich der CPI Methoden

Der folgenden Übersicht kann man Gemeinsamkeiten, Differenzierungsmerkmale und Kernkompetenzen der vorgestellten Methoden entnehmen.

Tabelle 8-3:   Methoden der kontinuierlichen Verbesserung[232]

	Lean	**Kaizen**	**TCT**	**Six Sigma**
Ziel	(+) Durchfluss (-) Prozesszeiten	Spezifische, aus Prozesszielen abgeleitete Ziele	(-) Prozesszeiten (+) Qualität (-) Barrieren	(-) Prozessfehler (+) Kundenzufriedenheit
Fokus	(-) Veschwendungen, (+) Wertschöpfung	(-) Verschwendungen (+) Wertschöpfung ständige Verbesserung	(-) Sach-, Prozess-, Kulturbarrieren	Reduzierung Variation
Anwendung	SchwerpunktProduktions und Serviceprozesse	Alle Geschäftsprozesse	Erhöhung der Prozessleistung	Alle Geschäftsprozesse
Orientierung	Kunden Wertschöpfung	Kunden Wertschöpfung Lernen	(-) Prozesszeiten	Qualitätsorientierung, Kundenorientierung
Vorgehen	Ad-hoc-Aktivitäten kleine Projekte (1-2 Wochen)	Problemlösungszyklus PDCA, Kaizen Team, permanente Aktivität	Barriereteams, Experten, Mittleres Projekt	Problemlösungszyklus DMAIC, komplexe Projekte (2-6 Monate)
Methoden	Value Stream Mapping Kaizen Methode, produktionsspez. Meth.	7 alte und neue Werkzeuge, 9-V-Regel, Visualisierung	AIP (Action in Process)	Anspruchsvolle statistische Methoden
Organisation	Ad hoc, keine spezielle Organisation	Kaizen Teams im Rahmen der Prozessorganisation	Barrierebeseitigungs- teams, Management, Experten	Six-Sigma-Rollen Expertenorganisation
Infrastruktur	Methodentraining	Methodentraining, Kaizen-Vorschl.Wesen Entgeltsystem	Methodentraining, Kaizen-Vorschlagswesen	Aufwendiges Methodentraining

---

231   vgl. Harry, M.; Schroeder, R., Six Sigma – Prozesse optimieren, Null-Fehler-Qualität schaffen, Rendite radikal steigern, 3. Auflage, Campus Verlag, Frankfurt a. Main 2000

232   „+" steht für eine Steigerung und „-" für eine Reduzierung der Faktoren

8.5 Herr Meier hat es geschafft

War da was? Überraschend gut gelaunt und „geschmeidig", wie sein Freund Franz immer sagt, erwischt sich Herr Meier dabei, wie er pfeifend zu seinem Büro geht. Wie war das noch im vergangenen Jahr? Er erinnert sich gut, wie er völlig verzweifelt war. Der totale Stress, als er vor der Aufgabe stand, seiner Vorgesetzten, Fr. Dr. Schmidt, den Umbau der Powercraft von einem „Energieversorger" zu einem „Energiedienstleister" schmackhaft zu machen. Er hat es geschafft! Powercraft hat sich durch konsequente Ausrichtung auf den Kunden an die Spitze einer Bewegung in der Branche gesetzt. Nicht mehr die Messstelle steht jetzt im Mittelpunkt, sondern der, der die Macht hat: der Kunde. Das war zugegebenermaßen nicht leicht. Herr Meier klopft sich innerlich auf die Schulter. Da war wirklich was. Und zwar viel: Frau Dr. Schmidt, Ursula (sie duzen sich jetzt!), hatte er schnell überzeugt. Ursula kannte das ja schon von ihrem bisherigen Arbeitgeber in der TelCo-Branche, wie sie immer so flott sagt. Und gemeinsam konnten sie die Geschäftsleitung schnell überzeugen. Ein sauber aufgesetzter Business-Plan, die Auswahl einer geeigneten Software zum Management der Kundenbeziehungen, die Kundenwertanalyse, „Customer Value Management", danebengestellt und flankiert mit einem von der Unternehmensführung getragenen Change Management. Damit konnten sie auch die Betroffenen zu Beteiligten machen, Unzufriedenheit vermeiden und Quick-Wins realisieren. Auch hat sich, muss Herr Meier feststellen, sein Deutsch leicht zu einem Denglisch verwandelt. Das merken seine Frau und sein Sohn immer leicht spöttisch an. Er kann aber gar nicht mehr anders. Die Beraterinnen und Berater, die er dann an Bord geholt hat, haben ihm auch noch so manchen Blick über den Tellerrand ermöglicht. Das hat viel Geld gekostet, war aber seinen Preis wert. Hätte er auch vorher nie geglaubt. Auch hier hatte Ursula wieder mal Recht. Mit denen hat er ein Branchentemplate weiter ausgebaut, um die Marktstellung von Powercraft zu behaupten und im eigenen Haus die neuesten CRM- bzw. xRM-Ansätze zu nutzen.

Er hat sich auch, wie geplant, bei Franz mit einer (sehr) guten Flasche Wein bedankt. Die haben sie dann auch nach Weihnachten bei ihm zu Hause geleert. Gemeinsam haben sie geschafft, was Franz prophezeit hatte, aber die anderen in der Branche immer in das Reich von Science Fiction verwiesen hatten: Powercraft ist ein customer centric enterprise, das Kunden gewinnt, Marktanteile erhöht, Preise stabil und nicht zuletzt auch Kunden hält. Powercraft weiß jetzt, was die Kunden wollen und gibt es ihnen auch. Service und nicht nur Strom. Dienstleistung und nicht nur Gas. Mehrwert auf der ganzen Linie.

Und das tut gut. Genauso gut wie die Tatsache, dass die Geschäftsleitung ihm nun die HV gegeben hat mit der Aussicht, Ursula in ihrer Position zu beerben. Die ist nämlich schon wieder auf dem Sprung zur nächsten „Challenge", wie sie sagt. Aber das wusste er schon länger als die da oben…

9 Dynamische Tarife zur Kundeninteraktion mit einem Smart Grid

William Motsch, iLOGIN

Die Konzeption und Gestaltung intelligenter Stromnetze als unmittelbare Zukunftsvision und Herausforderung der Energiewirtschaft in den nächsten Jahren umfasst eine weitreichende Betrachtung von neuen technologischen und betriebswirtschaftlichen Themenbereichen und deren Anforderungen. Die Schaffung neuartiger Lösungsansätze für die Herausforderungen einer intelligenten Energieerzeugung und -verteilung bedingt eine umfangreiche Betrachtung von benötigten technischen und betriebswirtschaftlichen Faktoren in einem intelligenten Netz sowie den Rollen der Marktteilnehmer, die mit unterschiedlichen Funktionen an der Energiewirtschaft teilnehmen. In diesem Beitrag werden insbesondere der Stellenwert des Endkunden in der Energiewirtschaft als Marktteilnehmer und die Fragestellung der Interaktionsmöglichkeiten mit einem intelligenten Netz betrachtet, die insbesondere auf der Basis von flexiblen, den so genannten dynamischen Tarifen, erfolgen kann. Der Stellenwert von klassischen Tarifen und den Einsatzmöglichkeiten von zukünftig intelligent einsetzbaren dynamischen Tarifen zur Anreizgestaltung für Endkunden wird somit in diesem Beitrag eine besondere Bedeutung zugemessen.

9.1 Die Stellung des Endkunden im Smart Grid

In den nachfolgenden Kapiteln erfolgt die Betrachtung und Einordnung von Endkunden in einem Smart Grid, wobei dies unter Berücksichtigung der aktuellen ökonomischen und ökologischen Gesichtspunkte dargestellt wird, die auch in Bezug auf die Konsumenten von wesentlicher Bedeutung sind.

9.1.1 Der Kunde als Bestandteil von Smart Energy

Die Entwicklungen in der Energiewirtschaft sind im Wesentlichen durch drei maßgebliche Einflussfaktoren geprägt, sodass in Bezug auf die Systemstruktur der aktuellen Energiewirtschaft ein Umbau in ein effizientes und intelligentes Versorgungssystem erforderlich ist, in dem insbesondere die Vernetzung durch Informations- und Kommunikationstechnologien (IKT) von erheblicher Bedeutung ist.[233]

---

233 vgl. Bundesverband der Deutschen Industrie e.V. (BDI) (Hrsg.), Internet der Energie, http://www.e-energy.de/documents/BDI_InternetDerEnergie.pdf, S. 2, (Stand: 2011-03-12)

Als erster Einflussfaktor ist die verschärfte Knappheitssituation zu bezeichnen, die durch die absehbare Endlichkeit der Vorräte an fossilen Energierohstoffen beeinflusst ist. Diese Knappheitsentwicklung führt gleichermaßen zu absehbaren Preissteigerungen von fossilen Energieträgern. Als Knappheitssituation ließe sich des Weiteren auch die atmosphärische Kapazität des Planeten zur Aufnahme von CO_2 beschreiben, da aufgrund der Verbrennung von fossilen Energieträgern CO_2 emittiert wird, die bei einem Aufsteigen in die Atmosphäre zur dauerhaften Temperatursteigerung der Erdtemperatur beiträgt. Neben den ökonomischen Aspekten in Hinblick auf Angebot und Nachfrage von fossilen Energierohstoffen sind somit auch gleichermaßen klimatische Risiken zu beachten, die durch diese kontinuierliche Erwärmung bedingt werden können. Die Energiewirtschaft steht somit vor ökonomischen und ökologischen Anforderungen, um zum einen den absehbaren Grenzen des aktuellen Energiesystems und zum anderen auch dem weltweit steigenden Energiebedarf zu begegnen, sodass zusammenfassend zukünftige Effizienzsteigerungen bei der Energienutzung nötig werden.[234]

Als zweiter Einflussfaktor ist das veränderte regulatorische Umfeld in Deutschland zu nennen, das erhöhte Anforderungen an eine datentechnische Vernetzung des Energiesystems stellt. Durch die Entkopplung von Stromerzeugung, -übertragung und -verteilung, die durch die Liberalisierung des Strommarktes in Deutschland vorangetrieben wurde, muss in der Energiewirtschaft eine Kommunikation und Interaktion der unterschiedlichen Marktakteure entlang der Wertschöpfungskette über gemeinsam definierte Schnittstellen erfolgen. In intelligenten automatisierten Prozessen sind große Datenmengen zu verarbeiten, die durch die neuen Vorschriften zur Standardisierung, zum Messwesen und zur Verbrauchstransparenz erzeugt werden.[235]

Als dritter Einflussfaktor sind zum einen technische Entwicklungen und zum anderen steigende Energiepreise zu nennen, welche eine steigende zukünftige Integration von Strom aus erneuerbaren Energiequellen in das Stromnetz bewirken. Diese Integration ist auf Basis der Kombination von einer verstärkt dezentralen als auch aus einer weiterhin vorhandenen zentralen Versorgungsstruktur zu realisieren.[236]

Zusammenfassend wirken die dargestellten drei aktuellen treibenden Einflussfaktoren der Energiewirtschaft zu einer Zeit, in der ein erheblicher Investitionsbedarf in das deutsche und europäische Stromversorgungssystem besteht, da in Deutschland circa die Hälfte aller installierten Kraftwerkskapazitäten in den nächsten Jahren ersetzt oder modernisiert werden müssen. Zeitgleich wird auf der einen Seite ein massiver Ausbau der deutschen Stromnetze erfolgen müssen und auf der an-

---

234   ebenda
235   ebenda
236   ebenda

deren Seite wird parallel dazu ein erheblicher Teil der privaten deutschen Haushalte renovierungsbedürftig.[237]

Die Stromnetze sind im Zuge der dargestellten Entwicklungen einem grundlegenden Wandel unterzogen. Bestimmte Gegebenheiten, wie zum Beispiel eine Energieerzeugung die primär mit fossilen Brennstoffen erreicht wird sowie die monolithische Unterteilbarkeit der Akteure des Strommarktes in Anbieter und Abnehmer sind in diesem Kontext auf aktuelle und zukünftige Anforderungen und nachhaltige Aspekte zu untersuchen. Gründe für den Wandel und die hieraus resultierenden Folgen ergeben sich aus einer zunehmenden Dezentralisierung der Stromerzeugung sowie der steigenden Anzahl von regenerativen Energieerzeugungssystemen, sodass Stromabnehmer in diesem Umfeld zum einen als Konsumenten sowie zum anderen als Erzeuger tätig werden können.[238]

Die Entwicklungen in der Energiewirtschaft sind des Weiteren in Hinblick auf die Endkunden zu gestalten, da diese als Teil der Energiewirtschaft, neben ökonomischen und technologischen Gründen, auch ökologische Interessen vertreten. Die intelligente Erzeugung und -verteilung von Strom ist zukünftig in Hinblick auf die Netzauslastung und die Integration von erneuerbaren Energien von wesentlicher Bedeutung und umfasst ein entsprechend hohes Entwicklungs- und Forschungspotenzial. Im Kontext des aus ökologischen und ökonomischen Gründen forcierten facettenreichen intelligenten Strommanagements ist dem Endkunden eine besondere Position im Gesamtgefüge einer intelligenten Energiewirtschaft zuzuordnen, da neben einer intelligenten Stromerzeugung und -verteilung auch eine ebenso intelligente Stromentnahme durch den Konsumenten bzw. eine Stromspeicherung vollzogen werden muss. Die Akzeptanz der Endkunden zur Interaktion mit intelligenten Stromnetzen und die Entwicklung von Stromspeichersystemen zur intelligenten Stromentnahme sind hierbei entscheidende Fragestellungen im Bereich der intelligenten Netze.

9.1.2 Die Bedeutung eines Smart Grid für Endkunden

Der steigende Einsatz von erneuerbaren Energiegewinnungssystemen und die dadurch zunehmende Dezentralisierung der Stromerzeugung stellen Anforderungen an die intelligente Steuerung von Strom in den Netzen sowie an die Verteilung der elektrischen Energie. Eine entsprechende Steuerung sollte regionale und überregionale Bestandteile der aktuellen bzw. zukünftigen Stromnetze mit deren erzeugungsrelevanten sowie auch verbrauchsbezogenen Aspekten berücksichtigen, sodass die Marktrollen der Energieerzeuger und -abnehmer mit deren Stromer-

---

237   vgl. Bundesverband der Deutschen Industrie e.V. (BDI) (Hrsg.), Internet der Energie. http://www.e-energy.de/documents/BDI_InternetDerEnergie.pdf, S. 2, (Stand: 2011-06-30)

238   vgl. Motsch, W., Konzeption eines webbasierten Prototyps zur Konfiguration und Kalkulation von Stromtarifen in der Energiewirtschaft, Zweibrücken 2011, S. 27

zeugungs- bzw. Stromverbrauchssystemen und das Management der jeweiligen Netzkapazitäten zu berücksichtigen sind.[239] In Hinblick auf die intelligente Stromentnahme in einem intelligenten Netz stehen Endkunden sowie deren Stromentnahmesysteme im Vordergrund, da der Gedanke des intelligenten Stromnetzes mit deren Verteilung sich nicht nur auf die Netzebene beschränkt, sondern bis in Kundenhaushalte sowie in Unternehmen reicht.

Durch die dargestellten Entwicklungen und Rahmenbedingungen in der Energiewirtschaft, die maßgeblich durch die steigende Integration von erneuerbaren Energiegewinnungssystemen geprägt ist, wird eine effiziente Steuerung der immer komplexer werdenden Interaktion zwischen Erzeuger und Verbraucher auf der Basis von intelligenten Stromnetzen benötigt. In diesen Stromnetzen sind demnach die Erzeuger, die Verbraucher sowie auch die vorhandenen Stromspeicher zu betrachten, wobei die grundlegende Idee die intelligente Kopplung der Stromerzeugung sowie deren Verbrauch innerhalb eines solchen Stromnetzes ist. Bei der Harmonisierung von Stromerzeugung und -verbrauch sind die zunehmend dezentralen Energiegewinnungssysteme wie zum Beispiel Photovoltaikanlagen und Kraft-Wärme-Kopplungsanlagen (KWK-A) auch aus Kundensicht beachtenswert. Neben der Steuerung der Stromerzeugung für den aktuellen Stromverbrauch der Stromkonsumenten ist im Konzept der intelligenten Netze auch eine flexible Steuerung des Verbrauchs vorgesehen, sodass Angebotsspitzen von Strom mittels regenerativer Energieformen, wie zum Beispiel Solarenergie und Windkraft, durch einen intelligenten Verbrauch aufgefangen werden sollen. Als Voraussetzung zur Kundeninteraktion mit einem intelligenten Netz ist als Kernelement der Einsatz intelligenter Zähler, sogenannte Smart Meter, zu nennen, die bei dem Stromverbraucher neben der Menge von verbrauchtem Strom auch die Zeitpunkte der Verbräuche ermitteln können.[240]

Durch Energiegewinnungssysteme, die auf fossilen Energien basieren, konnte bisher die Erzeugung eines relativ konstanten Stromangebots erfolgen, wobei Nachfragespitzen durch Ausgleichsmechanismen, wie zum Beispiel Pumpspeicherkraftwerke, abgefangen werden. Bei einer zunehmenden Integration von regenerativen Energien in die Stromnetze wird ein konstantes Stromangebot erschwert, sodass Kapazitätsspitzen und -schwankungen auch auf der Seite der Stromanbieter auftreten können.[241]

---

239   vgl. Motsch, W., Konzeption eines webbasierten Prototyps zur Konfiguration und Kalkulation von Stromtarifen in der Energiewirtschaft, Zweibrücken 2011, S. 28

240   vgl. Grimscheid, G.; Lunze, D., Nachhaltig optimierte Gebäude - Energetischer Baukasten, Leistungsbündel und Life-Cycle-Leistungsangebote, Springer, Berlin et al. 2010, S. 183

241   vgl. Grimscheid, G.; Lunze, D., Nachhaltig optimierte Gebäude - Energetischer Baukasten, Leistungsbündel und Life-Cycle-Leistungsangebote. Springer, Berlin et al. 2010, S. 183

Als Smart Grid wird unter kommunikativer Hinsicht die Vernetzung der Energieversorgungsnetze bezeichnet. Die bisherige unidirektional ausgestaltete Steuerung der Energieversorgung, das heißt die Versorgungsbetrachtung in eine Richtung, von der Erzeugung bis zum Verbrauch, bedingt ein gewisses Maß an Unsicherheit bei der Kapazitätsplanung, sodass eine Notwendigkeit zur Vorhaltung meist kostenintensiver Regelenergie in den Stromnetzen benötigt wird. Mit der zunehmenden Integration von erneuerbaren Energiegewinnungssystemen, bei denen eine erschwerte Planbarkeit der Einspeisung von erzeugtem Strom in die Stromnetze gegeben ist, wird die Anforderung von einer gezielten Steuerung des Stroms weiterhin bestärkt. Der Informationsgehalt einer Meldung, die den aktuell eingespeisten Strom in einem Stromnetz darstellt, ist daher insbesondere in Hinblick auf das Ziel einer gezielten und genauen Steuerung der Versorgungskomponenten zu untersuchen.[242]

Aufgrund der Komplexität eines Smart Grid, die durch die Anzahl und die dynamische Vernetzung einer Vielzahl von Systemkomponenten und deren Interaktionsmöglichkeiten resultiert, ist zum einen die Transparenz der einwirkenden Faktoren sowie zum anderen die technische und vertragliche Interaktion der Marktteilnehmer untereinander von erheblicher Relevanz. Die Transparenz eines Smart Grid und die Entwicklung neuer Geschäftsmodelle in der Energiewirtschaft sind von wesentlicher Bedeutung, um eine ganzheitliche Steuerung eines solchen intelligenten Systems und eine effiziente Allokation von Strom zu ermöglichen. Als zukünftige kundenorientierte Geschäftsmodelle sind insbesondere dynamische Tarife beachtenswert, die den Endkunden preisliche Anreize für Verbrauchsverlagerungen bieten sollen.[243]

9.1.3 Intelligente Stromzähler als Grundlage dynamischer Tarife

Ein wesentliches Schlüsselelement von intelligenten Stromnetzen stellen intelligente Zähler dar, die im Englischen auch als Smart Meter bezeichnet werden. Ein Smart Meter ermöglicht zeitabhängige Messungen von elektrischen Verbräuchen bei den Endkunden und erfasst als Zusatzinformation, anders als bei den mechanischen Stromzählern, zur Information der verbrauchten Menge von elektrischem Strom zudem den Zeitpunkt bzw. den Zeitraum der Stromentnahme. Mittels dieser Zusatzinformation wird es Energielieferanten ermöglicht, den Verbrauchern als Endkunden auch flexible Strompreise in bestimmten Zeiträumen anzubieten und diese durch die Verbrauchsinformationen von Menge und Zeitraum der Stroment-

242   vgl. Winkler, U., Auf zu neuen Ufern – Neue Geschäftsmodelle für TK-Unternehmen durch Smart Energy, in: Lenz-Hawliczek, J.; Stanossek, G. (Hrsg.), Dschungelführer 2009 - Der Führer durch den deutschen Telekommunikationsmarkt. Portel Onlineverlag, Reute im Breisgau 2009, S. 53

243   vgl. Motsch, W., Konzeption eines webbasierten Prototyps zur Konfiguration und Kalkulation von Stromtarifen in der Energiewirtschaft. Zweibrücken 2011, S. 30

nahme auch abzurechnen. Energielieferanten erhalten bei einem Einsatz von intelligenten Zählern die Möglichkeit zur Fernablese des Stromverbrauchs der Endkunden, wobei als Option auch die Verbraucher dynamisch über aktuelle Strompreise informiert werden könnten.[244]

Die Änderungen des Energiewirtschaftsgesetzes (EnWG) im Jahre 2008 sowie der Messzugangsverordnung (MessZV) ermöglichte für das Zähl- und Messwesen bei Strom und Gas eine weitere Öffnung für den Wettbewerb, durch die vom Gesetzgeber ein Impuls für neue technologische Innovationen sowie auch der Verbreitung von intelligenten Zählern gegeben wurde.[245] Durch die Marktöffnung des Messwesens sollen die technischen Innovationen gefördert sowie auch Möglichkeiten für zusätzliche Funktionen für intelligente Netze eröffnet werden. Durch die intelligenten Netze soll bei den Endverbrauchern ein energiesparendes Verhalten, basierend auf den Informationen in Echtzeit über den Verbrauch von Endkunden, erreicht werden. Gemäß der Verordnung nach §21b Abs. 3a und 3b des EnWG sollen ab dem 01.01.2010 intelligente Zähler in Neubauten zum Standard werden, wobei den Endverbrauchern zudem auch entsprechende Angebote unterbreitet werden sollen, um diesen einen Anreiz zum Umstieg auf die neue intelligente Zählergeneration zu geben. [246] [247]

Die flächendeckende Umstellung und der Austausch von mechanischen Stromzählern auf die neue digitale Technik der intelligenten Stromzähler stellen für Energieversorger sowie für Anbieter von Telekommunikationstechnologie eine große Herausforderung dar. Basierend auf den vielfältigen Gründen zur Umstellung auf neue intelligente Zähler, die maßgeblich aus gesetzlichen Anforderungen zur Energieeinsparung durch energiebewusstes Verbraucherverhalten der Endkunden

244   vgl. Grimscheid, G.; Lunze, D., Nachhaltig optimierte Gebäude - Energetischer Baukasten, Leistungsbündel und Life-Cycle-Leistungsangebote. Springer, Berlin et al. 2010, S. 184

245   vgl. Bundesnetzagentur (Hrsg.), Wettbewerbliche Entwicklungen und Handlungsoptionen im Bereich Zähl- und Messwesen und bei variablen Tarifen. http://www.bundesnetzagentur.de/cae/servlet/contentblob/151968/publicationFile/63 21/BerichtZaehlMesswesenpdf.pdf, S. 3, (Stand: 2011-05-30)

246   vgl. Bundestag - Ausschuss für Wirtschaft und Technologie (Hrsg.), Beschlussempfehlung und Bericht des Ausschusses für Wirtschaft und Technologie vom 04.06.2008, http://dipbt.bundestag.de/dip21/btd/16/094/1609470.pdf, S. 4f., (Stand: 2011-05-30)

247   vgl. Ecofys Germany GmbH (Hrsg.), Ökonomische und technische Aspekte eines flächendeckenden Rollouts intelligenter Zähler, http://www.bundesnetzagentur.de/cae/servlet/contentblob/153300/publicationFile/6482/EcofysFlaechendeckenderRollou t19042010pdf.pdf, S. 4 f., (Stand: 2011-05-30).

resultieren, sollen für Endkunden zeitnahe individuelle Auswertungen ihres persönlichen Verbrauchsverhaltens darstellbar sein.[248]

Neben der freien Wahl des Messstellenbetreibers und des Energielieferanten können die Endkunden des Weiteren entscheiden, wer die eigenen Energiedaten der intelligenten Zähler erfassen und weiterleiten darf. In diesem Kontext bietet sich für Telekommunikationsunternehmen die Möglichkeit, in das Marktsegment der Messstellendienstleistung sowie des -betriebs einzusteigen, um den Endkunden interessante Mehrwerte für sein eigenes Energiedatenmanagement anzubieten. Mit diesem Service wird Energielieferanten und Energienetzbetreibern die Grundlage für die Optimierung der Verteilnetze und zur Planung der bereitzustellenden Energie geboten. Die wesentliche und gleichermaßen entscheidende Herausforderung für die Realisierung von Mehrwertdiensten und auch dem flächendeckenden Einsatz von intelligenten Zählern für intelligente Netze ist die Umsetzung einer zuverlässigen Datenkommunikation und eines umfassenden Energiedatenmanagements.[249]

Für den Endkunden kann auf der Basis von intelligenten Zählern die Transparenz seiner Stromverbräuche hergestellt werden, damit dieser das eigene Verbrauchsverhalten stets berücksichtigen und bei Bedarf anpassen kann. In vielen Fällen kann der Endkunde den eigenen Stromverbrauch in einem Internetportal seines Energieanbieters oder am Display des intelligenten Zählers zeitnah betrachten, sodass sich auch eingeschaltete Geräte mit hohem Energieverbrauch feststellen lassen. Auf diesem Wege wird dem Endkunden die eigene Verbrauchshistorie präsentiert, sodass dieser ebenfalls die vollständige Übersicht über die zu erwartenden Abrechnungssummen erhält. Die intelligenten Zähler zeichnen hierzu die gesamten Stromverbräuche sowie die tatsächlichen Nutzungszeiträume der Stromentnahme der Endkunden digital auf und schicken diese Daten in regelmäßigen Abständen zu dem örtlichen Netzbetreiber, womit auch keine persönliche Messung mehr durch Ablesen des Zählerstandes sowie bei den alten mechanischen Ferraris-Stromzählern, nötig ist. Durch die regelmäßige Übertragung dieser Informationen kann der Endkunde anhand von monatlichen Rechnungen zudem eine genaue Auskunft über den tatsächlich verbrauchten Strom erhalten, anstelle der bislang üblichen pauschalen Abschlagszahlungen. Ein weiterer Vorteil intelligenter Stromzähler ist die Nutzungsmöglichkeit dynamischer Tarife, wie zum Beispiel zeitvariable Tarife, sodass ein Teil des Stromverbrauchs durch den Endkunden in Zeiten verlagert werden könnte, in denen günstigere Preise angeboten

---

248   vgl. Winkler, U., Auf zu neuen Ufern – Neue Geschäftsmodelle für TK-Unternehmen durch Smart Energy. In: Lenz-Hawliczek, J.; Stanossek, G. (Hrsg.): Dschungelführer 2009 – Der Führer durch den deutschen Telekommunikationsmarkt. Portel Onlineverlag, Reute im Breisgau 2009, S. 52

249   ebenda

werden. Moderne Haushaltsgeräte könnten so programmiert werden, dass diese sich bei einem günstigen Strompreis automatisch einschalten.[250]

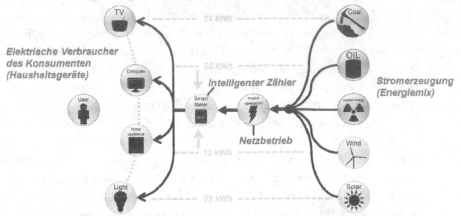

Abbildung 9-1: Einsatz von intelligenten Zählern im Stromlieferprozess[251]

In Bezug auf die vorhergehende Abbildung misst ein intelligenter Zähler den verbrauchten Strom eines Endkunden, wenn dieser Haushaltsgeräte wie zum Beispiel die Waschmaschine aktiviert, der durch Einsatz verschiedener Energieträger erzeugt, von Energieversorgungsunternehmen über entsprechende Stromtarife bzw. Verträge bereitgestellt und über Stromnetze zu den Verbrauchern transportiert wird. Ein intelligenter Stromzähler ist einerseits in technischer Hinsicht als grundlegend benötigte Komponente für dynamische Tarife anzusehen und ermöglicht andererseits weitere Mehrwertdienste der Energieversorger bzw. anderer Dienstleister im Energiedatenmanagement für den Endkunden. Intelligente Zähler sind die Grundlage für den Einsatz dynamischer Tarife, da je nach Gestaltung und Auswahl einer entsprechend dynamischen Tarifstruktur in bestimmten Zeiträumen unterschiedliche Preise angeboten werden können und der elektrische Verbrauch für diesen Zeitraum ermittelt werden kann. Auf diese Art und Weise erhalten die Endkunden die Möglichkeit zur Inanspruchnahme von flexiblen Preisen und die Energieversorger die grundlegende Technik zur zeit- und mengenbasierten Abrechnung von flexibel angebotenen Preisen.[252]

---

250   vgl. dpa (Hoenig, S.), Stromverbrauch im Blick: Intelligente Stromzähler, in: Märkische Allgemeine (Hrsg.), http://www.maerkischeallgemeine.de/cms/beitrag/ 12096467/7249849/Stromverbrauch-im-Blick-Intelligente-Stromzaehler.html, (Stand: 2011-05-30)

251   in Anlehnung an Caine, T, Meters Can Make Us All a Little (Smart)er, http://progressivetimes.wordpress.com/2009/03/09/meters-can-make-us-all-a-little-smarter/, (Stand: 2011-05-30)

252   vgl. Motsch, W., Konzeption eines webbasierten Prototyps zur Konfiguration und Kalkulation von Stromtarifen in der Energiewirtschaft, Zweibrücken 2011, S. 33

Mittels des Einsatzes intelligenter Stromzähler können den Energieversorgern die aktuellen Verbrauchswerte der Endkunden übermittelt werden, die den Kunden wiederum in Form von kundenbezogenen Lastgängen angezeigt werden können, um ihnen das eigene Verbrauchsverhalten aufzuzeigen und dieses transparent zu machen. Eine Anpassung des kundenseitigen Verbrauchsverhaltens kann jedoch nur durch entsprechende Anpassungen in den Stromtarifen erfolgen. Durch die zeitaktuellen Messwerte, die aufgrund des Einsatzes von intelligenten Stromzählern ermöglicht werden, kann eine Zuordnung von Verbrauchsprofilen zu zeitlich gestaffelten Tarifplänen, die auch als dynamische Tarife bezeichnet werden, erfolgen. In Bezug auf das kundenseitige Verbrauchsverhalten könnten Endkunden zukünftig, unter Betrachtung ihrer Nutzungsgewohnheiten, passende Tarife auswählen. Bei der zukünftigen Tarifgestaltung sind eine Vielzahl neuer Optionen denkbar, wobei im Tarifbereich eine Orientierung an den Entwicklungen und Tarifstrukturen der Telekommunikationsunternehmen erfolgen kann, die bereits Erfahrungen mit flexiblen und verbrauchsorientierten Tarifgestaltungen sowie deren Abrechnung haben.[253]

Als Einsatzmöglichkeit von flexiblen Preisen ist grundlegend zwischen der flexiblen zeitraumbezogenen Preisgestaltung (zum Beispiel unterschiedliche Preise je nach Zeitraum und Saison, wie zum Beispiel tageszeitabhängige Preise, die für unterschiedliche Uhrzeiten gelten, sowie saisonabhängige Preisgestaltung) und der flexiblen Preisgestaltung für Unterschreitung und Überschreitungen von tariflich definierten Leistungsgrenzen (kW) sowie Arbeitsgrenzen (kWh) in einem entsprechend definierten Zeitraum zu unterscheiden.[254]

9.2 Klassische Tarifstrukturen in der Strombranche

In der Strombranche stellen Energieversorgungsunternehmen unterschiedliche Stromlieferverträge für verschiedene Kundengruppen zur Verfügung, die aus der Sicht von Energieversorgern hauptsächlich in Privatkunden, Gewerbekunden sowie Sondervertragskunden unterteilt werden. Der durchschnittliche Tagesverbrauch der Kunden ist hierbei von Bedeutung, da diese in bestimmten Tageszeitspannen unterschiedlich viel Strom beziehen und dieser Strom zum einen physikalisch bereitgestellt sowie auch andererseits von Energieversorgungsunternehmen eingekauft werden muss. In Hinblick auf die Stromlieferverträge erfolgt im Folgenden eine Betrachtung von klassischen Tarifstrukturen, die für Haushaltskunden sowie für Gewerbekunden angeboten werden.

253   vgl. Winkler, U., Auf zu neuen Ufern – Neue Geschäftsmodelle für TK-Unternehmen durch Smart Energy. In: Lenz-Hawliczek, J.; Stanossek, G. (Hrsg.), Dschungelführer 2009 – Der Führer durch den deutschen Telekommunikationsmarkt. Portel Onlineverlag, Reute im Breisgau 2009, S. 52f.

254   vgl. Motsch, W., Konzeption eines webbasierten Prototyps zur Konfiguration und Kalkulation von Stromtarifen in der Energiewirtschaft, Zweibrücken 2011, S. 34

9.2.1   Basis- und Volumentarife

Die Belieferung von Haushaltskunden erfolgt mittels zuvor kalkulierter Tarife auf Basis des Standardlastprofils H0 für Haushaltskunden. Die Tarifgestaltung umfasst unterschiedliche Faktoren, die jedoch möglichst viele Haushaltskunden gleichzeitig ansprechen sollen. Die klassischen Tarifstrukturen für Haushaltskunden in der Energiewirtschaft umfassen im Wesentlichen Basis- und Volumentarife. Aufgrund der Entwicklungen der Liberalisierung in der Energiewirtschaft und dem dadurch geförderten Wettbewerb zwischen den Energielieferanten erfolgen Tarifvariationen im Aufbau von grundlegenden Preiskomponenten, die auch entsprechenden Einfluss auf die tarifliche Preisgestaltung haben. Auf der Basis grundlegender Tarifbestandteile existieren von Energieversorgern verschiedene Formen, als Tarife den Kunden mit entsprechenden Preisstrukturen angeboten werden können.[255] In diesem Kontext erfolgt im Folgenden die Beschreibung von aktuell eingesetzten klassischen Tarifstrukturen.

Haushalte sowie kleine Gewerbe- und Landschaftsbetriebe mit relativ geringer Stromabnahme (bis circa 50.000 kWh pro Jahr) können nach den öffentlich bekannten „Allgemeinen Versorgungsbedingungen" von dem Grundversorger mit Strom beliefert werden. Der Tarif setzt sich hierbei aus dem Grundpreis, der für die installierte Leistung berechnet wird, sowie aus dem Arbeitspreis je verbrauchtem kWh durch den Kunden zusammen.[256] Die „Allgemeinen Versorgungsbedingungen" regeln die Bedingungen, zu denen Energieversorger die Haushaltskunden im Bereich der Niederspannung und somit im Bereich der Verteilnetze im Rahmen der Grundversorgung gemäß §36. Abs. 1 des EnWG zu allgemeinen Preisen mit Elektrizität zu beliefern haben.[257]

In Stromtarifen erfolgt auf unterschiedliche Art und Weise eine grundlegende Kombination von nutzungsunabhängigen und nutzungsabhängigen Preiskomponenten, wobei eine weitverbreitete Methode die Gestaltung von zweiteiligen Tarifen ist. Diese Tarife bestehen aus einem Grundpreis (nutzungsunabhängige Komponente) sowie einem Arbeitspreis (nutzungsabhängige Komponente), der als Preis je verbrauchte Mengeneinheit in kWh angegeben wird. Da Tarife für Haushaltskunden häufig diese Kombination von Preisbestandteilen enthalten, werden diese im Folgenden als Basistarife bezeichnet. Eine andere oft genutzte Methode zur Tarifgestaltung stellt das tarifliche Angebot eines Grundpreises mit einem Volumenpaket in kWh dar, das eine festgelegte Anzahl von Strom, definiert in der

---

255   vgl. Motsch, W., Konzeption eines webbasierten Prototyps zur Konfiguration und Kalkulation von Stromtarifen in der Energiewirtschaft, Zweibrücken 2011, S. 52

256   vgl. Schenke, G., Technik, Wirtschaft, Politik – Elektrizitätswirtschaft, http://www.et-inf.fho-emden.de/~elmalab/twp/download/TWP_6.pdf, S. 77, (Stand: 2011-05-30)

257   vgl. Bundesministerium der Justiz (Hrsg.), Stromgrundversorgungsverordnung, http://www.gesetze-im-internet.de/bundesrecht/stromgvv/gesamt.pdf, S. 2, (Stand: 2011-05-30)

Mengeneinheit kWh, für eine bestimmte Tariflaufzeit zu einem hierfür definierten Volumenpreis enthält. Im Falle eines Gesamtverbrauchs des gekauften Volumenpakets durch den Kunden, wird jede über das festgesetzte Volumen hinausgehende verbrauchte kWh mit einem sogenannten Mehrarbeitspreis abgerechnet.[258]

Klassische Tariftypen können Endkunden je nach Tarifstruktur und Nutzungsverhalten unterschiedliche preisliche Vorteile bieten. Bei einem Basistarif mit Grundpreis und Arbeitspreis stellt der Arbeitspreis als verbrauchsabhängige Komponente in der Regel den wesentlichen endpreisbestimmenden Anteil dar, wobei bei einem steigenden Verbrauch der durchschnittliche Preis je Mengeneinheit in kWh sinkt, weil der Grundpreis auf eine größere Verbrauchsmenge angerechnet wird. Da der Grundpreis meist zur Deckung der fixen Kosten der Energieversorger, wie zum Beispiel Zählerbetrieb, erhoben wird, stellt der Arbeitspreis die wesentliche preisliche Komponente dieses Tarifes dar.

Bei einer volumenbezogenen Tarifgestaltung sind mit dem Volumenpreis für den Volumentarif sowie dem Mehrarbeitspreis eine nutzungsunabhängige sowie zudem auch eine nutzungsabhängige Preiskomponente vorhanden, wobei in der Regel der geringste durchschnittliche Preis pro Mengeneinheit in kWh durch den Kunden dann erreicht wird, wenn genau zum Ende der Vertragslaufzeit alle dem Kunden über den Volumentarif angebotenen Mengeneinheiten in Anspruch genommen wurden. Bei einem geringeren Verbrauch als im Volumenpaket angeboten, werden die nicht in Anspruch genommene kWh dennoch durch den Kunden bezahlt, wobei bei einem Mehrverbrauch von kWh der Mehrarbeitspreis für alle kWh angesetzt wird, die über die angebotene Volumengrenze hinaus verbraucht wurden.[259] Falls der Mehrarbeitspreis je kWh teurer ist, als der durchschnittliche Preis je kWh für ein vollständig in Anspruch genommenes Volumenpaket, steigt bei einem Mehrverbrauch der durchschnittliche Preis je kWh.

In nachfolgender Abbildung erfolgt die Darstellung der preislichen Struktur der beschriebenen klassischen Tarife in der Strombranche:

---

258   vgl. Motsch, W., Vergleich der Tarifstruktur aktueller Stromtarife. Analyse der Stromtarif-Webseite „www.Verifox.de" (Hrsg.: Verifox GmbH), http://www.verifox.de, (Stand: 2011-05-30)

259   vgl. Motsch, W., Konzeption eines webbasierten Prototyps zur Konfiguration und Kalkulation von Stromtarifen in der Energiewirtschaft, Zweibrücken 2011, S. 53ff.

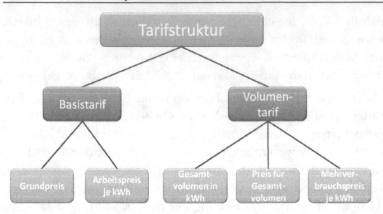

Abbildung 9-2:   Preiskomponenten von Basis- und Volumentarifen [260]

9.2.2   Hochtarif/Niedertarif (HT/NT)

Als weitere klassische Tarifform in der Strombranche sind sogenannte Nacht-strom-Tarife zu beschreiben, die auch als Niederstrom-, Schwachlast- oder auch als Hochtarif/Niedertarif-Tarife (HT/NT-Tarife) bezeichnet werden. Das Ziel der Ein-führung von den sogenannten Nachtstrom-Tarifen war die gleichmäßige Auslas-tung von Kraftwerken aufgrund der Tatsache, dass Privathaushalte und Industrie nachts in der Regel weniger Strom verbrauchen als am Tage und hiermit ein preis-licher Anreiz für einen nächtlichen Verbrauch gegeben werden sollte, um die Kraftwerksauslastung über den Tageszeitverlauf hin anzugleichen. Um eine Stromverbrauchsverlagerung in die nächtlichen Stunden zu erreichen, wurden in den siebziger Jahren Elektronachtspeicherheizungen gefördert, die nachts elekt-risch aufgeladen werden und die Energie in Form von Wärme tagsüber bei Bedarf wieder abgeben. Durch die Nutzung von günstigem Nachtstrom konnte von den Endkunden ein kostengünstiger Betrieb einer solchen Elektronachtspeicherheizung erfolgen, wobei Kunden von Nachtstrom-Tarifen in den letzten Jahren erhebliche Preissteigerungen hinnehmen mussten.[261]

Die preislichen Komponenten eines Nachtstrom-Tarifs werden in der nachfolgen-den Abbildung visualisiert:

---

260   Motsch, W., Konzeption eines webbasierten Prototyps zur Konfiguration und Kalku-lation von Stromtarifen in der Energiewirtschaft, Zweibrücken 2011, S. 53

261   vgl. i12 GmbH (Hrsg.), Nachtstrom, http://www.strom-magazin.de/nachtstrom/, (Stand: 2011-05-30)

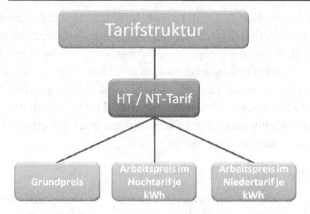

Abbildung 9-3: Preiskomponenten bei HT/NT-Tarifen [262]

Die grundlegende preisliche Tarifstruktur von Nachtstrom-Tarifen ist ähnlich aufgebaut wie die Struktur eines Basistarifes, sodass eine nutzungsunabhängige Preiskomponente in Form des Grundpreises sowie nutzungsabhängige Preiskomponenten in Form von Arbeitspreisen für den tageszeitraumabhängigen Hochtarif sowohl auch für den entsprechenden Niedertarif existieren und somit die zeitliche Komponente preislich berücksichtigt wird. In preislicher Hinsicht erfolgt die Berechnung des Tarifpreises gemäß den Verbrauchsanteilen des Kunden in den Zeiträumen des Hochtarifs bzw. des Niedertarifs.[263]

In den neunziger Jahren kostete eine Kilowattstunde des Nachtstroms den Endkunden circa drei bis vier Cent, während zurzeit eine entsprechende Kilowattstunde circa elf bis siebzehn Cent bzw. auch mehr kostet. Bei einer geringen Verlagerung des Stromverbrauchs in die Zeit des Nachttarifs sind verstärkt Bedenken zur Rentabilität solcher Tarife für Endkunden aufgetreten.[264]

Zur Nutzung eines Nachtstrom-Tarifs wird traditionell ein mechanischer Zweitarifzähler oder auch alternativ ein zweiter Stromzähler benötigt, damit eine separate Erfassung sowie Abrechnung des verbrauchten Stroms in der Hochtarifzeit sowie der Niedertarifzeit erfolgen kann. Der Einsatz solcher Stromzähler ist zumeist mit Kosten verbunden, da häufig ein monatlicher Grundpreis bzw. eine Zählergebühr erhoben wird, die für Zweitarifzähler in der Regel höher ist als für einfache Stromzähler.[265]

---

262   Motsch, W., Konzeption eines webbasierten Prototyps zur Konfiguration und Kalkulation von Stromtarifen in der Energiewirtschaft, Zweibrücken 2011, S. 55

263   vgl. Motsch, W., Konzeption eines webbasierten Prototyps zur Konfiguration und Kalkulation von Stromtarifen in der Energiewirtschaft, Zweibrücken 2011, S. 55ff.

264   vgl. i12 GmbH (Hrsg.), Nachtstrom, http://www.strom-magazin.de/nachtstrom/, (Stand: 2011-05-30)

265   ebenda

Bei der sukzessiven Umstellung auf die neue intelligente Zählergeneration, die eine Messung des Stromverbrauchs mit zeitbezogenen Verbrauchsinformationen vornehmen kann, wird Energieversorgern das Angebot und die Abrechnung von unterschiedlichen Preisstufen ermöglicht, sodass zur Nutzung eines Nachtstromtarifs neben Zweitarifzähler oder einem separaten Zusatzzähler für den Nachtstrom auch ein intelligenter Zähler genutzt werden kann.[266] Die klassischen Nachtstrom-Tarife können wegen der zeitabhängigen Preisstruktur auch als einfache Form von zeitvariablen Tarifen angesehen werden.

9.2.3   Gewerbetarife

Für Gewerbekunden werden Stromlieferverträge in der Regel auf der Basis von angebotenen Gewerbetarifen oder in Form von individuellen Sonderverträgen abgeschlossen, wobei bei der Auswahl einer bevorzugten Stromliefervertragsform die preislichen Konditionen für den Kunden eine wichtige Rolle spielen.

Privathaushalte, kleine Gewerbe- sowie Landwirtschaftsbetriebe, welche nur eine geringe Stromabnahme bis circa 50.000 kWh im Jahr aufweisen, können nach den öffentlich bekannten „Allgemeinen Versorgungsbedingungen" mit Strom versorgt werden.[267] Gewerbekunden können von Stromanbietern zudem ein individuelles Angebot für ihren Stromverbrauch anfordern, das auf Basis der Verbrauchsdaten des anfragenden Gewerbekunden erstellt wird. Voraussetzung für ein individuelles Angebot von Gewerbestrom ist ein Stromverbrauch des Kunden von über 30.000 kWh jährlich pro Zähler. Darüber hinaus muss das Gewerbe über eine viertelstündige Leistungsmessung verfügen, bei der des Weiteren die gemessene Jahresleistungsspitze mindestens 30 kW betragen muss. Leistungsmessungen werden jedoch meist erst ab einem jährlichen Verbrauch von 100.000 kWh durchgeführt, sodass bis zu diesem Verbrauch auch Gewerbetarife genutzt werden können. Gewerbekunden sind bei der Wahl von Gewerbestromtarifen nicht an Grundversorger gebunden.[268]

In der Praxis haben Tarifstrukturen von Gewerbetarifen meist zu einem Großteil die gleichen Preisbestandteile und Merkmale wie die Tarifstrukturen, die für die Haushaltskunden angeboten werden, wobei Gewerbekunden in der Regel eine wesentlich höhere jahresbezogene Stromverbrauchsmenge zu unterstellen ist als bei Haushaltskunden. Die preisliche Tarifgestaltung kann je nach Gewerbeart und

---

266   vgl. Motsch, W., Konzeption eines webbasierten Prototyps zur Konfiguration und Kalkulation von Stromtarifen in der Energiewirtschaft, Zweibrücken 2011, S. 56

267   vgl. Schenke, G., Technik, Wirtschaft, Politik – Elektrizitätswirtschaft, http://www.et-inf.fho-emden.de/~elmalab/twp/download/TWP_6.pdf, S. 77, (Stand: 2011-05-30)

268   vgl. i12 GmbH (Hrsg.), Gewerbestrom. http://www.strom-magazin.de/gewerbe-strom/, (Stand: 2011-05-30)

Verbrauchsumfang in kWh variieren.[269] Von wesentlicher Bedeutung sind hierbei die entsprechenden Lastgänge für einzelne Gewerbebetriebe im Rahmen einer Leistungsmessung sowie auch normierte Standardlastprofile, die für unterschiedliche Gewerbearten und für die Landwirtschaft standardisiert sind.[270]

Bestimmte Standardlastprofile im Gewerbebereich werden, analog zu dem Lastprofil H0 von Haushaltskunden, einer Vielzahl von Gewerbekunden unterstellt und somit kategorisiert, sodass je nach Kategorie des Gewerbebetriebes, wie zum Beispiel Bäckerei mit Backstube oder Landwirtschaft, ein entsprechend standardisiertes Lastprofil zur Prognose des Lastverlaufs genutzt werden kann. Energieversorger unterstellen somit für Gewerbetarife entsprechende Standardlastprofile, die nach dem Verbrauchsverhalten von bestimmten Gewerbearten ausgewählt werden, wobei auf Basis von Leistungsmessungen auch individuelle Lastprofile mit kundenindividuellem Verbrauchsverhalten abgestimmt werden können.[271]

Im Zuge der Betrachtung dynamischer Tarife für Haushaltskunden stellt auch der Einsatz von dynamischen Tarifen bzw. Vertragselementen für Gewerbekunden ein interessantes Themengebiet dar, sodass mit preislichen Anreizen, falls die betrieblichen Faktoren und Rahmenbedingungen hierfür Spielraum bieten, kundenseitige Lastverlagerungen von stromintensiven Tätigkeiten vorgenommen werden können. Im Allgemeinen bieten dynamische Tarife sowohl für Haushaltskunden als auch für Gewerbekunden eine Möglichkeit, entsprechende Lastverschiebungen mit Hilfe von preislichen Anreizen vorzunehmen. Diese Anreize führen bei starker Kundenreaktion zu einer Abweichung von den standardisierten Standardlastprofilen für Haushaltskunden sowie Gewerbekunden, wobei für eine entsprechende Abrechnung eine Leistungsmessung bzw. intelligente Stromzähler benötigt werden. Eine Vielzahl von Gewerbetarifen wird zurzeit in Form von klassischen Tarifstrukturen angeboten, die mit der mechanischen Zählertechnik abgerechnet werden können. Das Einsatzpotenzial dynamischer Tarife für Gewerbebetriebe ist analog zum Einsatz für Haushaltskunden ebenfalls Bestandteil aktueller Forschungsbestrebungen[272].

---

269 vgl. Motsch, W., Vergleich der Tarifstruktur aktueller Stromtarife. Analyse der Stromtarif-Webseite „www.Verifox.de" (Hrsg.: Verifox GmbH), http://www.veri-fox.de, (Stand: 2011-05-30)

270 ebenda

271 vgl. Motsch, W., Konzeption eines webbasierten Prototyps zur Konfiguration und Kalkulation von Stromtarifen in der Energiewirtschaft, Zweibrücken 2011, S. 58

272 vgl. hierfür ausführlich E-Energy (Hrsg.), Modellstadt Mannheim – Studie Anreizsysteme, http://www.modellstadt-mannheim.de/moma/web/media/pdf/Studie_Anreizsysteme.pdf, (Stand: 2011-05-30)

9.3   Dynamisierung der Stromtarifstrukturen und -preise

Dynamische Tarife bieten für die Entwicklung von Smart Grids und zur dynamischen Interaktion von Endkunden mit Energieversorgern ein hohes Einsatzpotenzial. In diesem Kontext kann eine Vielzahl unterschiedlicher dynamischer Tariftypen und von entsprechenden Tarifstrukturen von genereller Bedeutung für die weiteren Entwicklungen in der Energiewirtschaft sein.

Die Interaktion von Endkunden mit Energieversorgern über entsprechend gestaltete dynamische Stromlieferverträge stellt Endkunden sowie auch Energieversorger vor neue Anforderungen. Der Akzeptanz der Endkunden gegenüber neuen dynamischen Tarifen sowie die Bereitschaft zur Reaktion auf preisliche Anreize stehen insbesondere die Möglichkeiten von Energieversorgern gegenüber, preisliche Anreize zu gewähren, um hiermit Lastverschiebungen bei den Netzbetreibern sowie potenzielle Kundenbindungserfolge erreichen zu können. In den folgenden Kapiteln erfolgen die Beschreibungen der Ansätze und der allgemeinen Zielstellung von variablen Tarifen sowie auch die Beschreibung der Gestaltung und der grundlegenden Preisstruktur von zeitvariablen und lastvariablen Tarifen. Die gesetzlich vorgesehene Entwicklung solcher Tarife stellt entsprechende Anforderungen an eine gleichermaßen flexibel gestaltbare Konfiguration und Kalkulation der dynamischen Stromtarife.

9.3.1   Ansatz und Ziele von variablen Tarifen

Endverbrauchern in Deutschland sollen durch die deutsche Gesetzgebung Anreize zur genaueren Steuerung oder auch Einsparung von Strom durch Nutzung dynamischer Tarife geboten werden, sodass diese Zielstellung gemäß §40, Abs. 3 des EnWG wie folgt beschrieben wird:[273]

„Energieversorgungsunternehmen haben, soweit technisch machbar und wirtschaftlich zumutbar, spätestens bis zum 30.12.2010 für Letztverbraucher von Elektrizität einen Tarif anzubieten, der einen Anreiz zu Energieeinsparung oder Steuerung des Energieverbrauchs setzt. Tarife im Sinne von Satz 1 sind insbesondere lastvariable oder tageszeitabhängige Tarife."

Die variablen Tarife im Sinne des §40, Abs. 3 des EnWG sollen ein Anreizsystem für Endverbraucher darstellen, um über die Gesetzgebung eine Reduzierung oder eine Verlagerung des kundenseitigen Energieverbrauchs, sowie ein hieraus resultierender effizienter Einsatz von Erzeugungskapazitäten und eine gleichmäßigere

---

273   vgl. Bundesnetzagentur (Hrsg., Wettbewerbliche Entwicklungen und Handlungsoptionen im Bereich Zähl- und Messwesen und bei variablen Tarifen, http://www.bundesnetzagentur.de/cae/servlet/contentblob/151968/publicationFile/63 21/BerichtZaehlMesswesenpdf.pdf, S. 53, (Stand: 2011-05-30)

Verbrauchsverteilung anzuregen, die letztendlich zu einer CO_2-Einsparung beitragen können.[274]

Der Gesetzesbeschluss für die Einführung von variablen Tarifen setzt den Grundstein eines tarifbezogenen Anreizsystems zur Steuerung des Energieverbrauchs durch den Endverbraucher. Das Angebot von variablen Tarifen verfolgt das Ziel, den Energieverbrauch der Endkunden einerseits zu verringern sowie andererseits den stattfindenden Verbrauch in andere tageszeitbezogene Zeitzonen zu verlagern, sodass die Verlagerung der Spitzenlasten in den Netzen auf jene Zeiträume vollzogen werden kann, in denen keine bzw. geringe Spitzen in den Netzlasten existieren. Aufgrund hoher Stromerzeugungskosten zur Deckung der Spitzenlastzeiten soll eine Energiereduktion in jenen Tageszeiten angeregt werden, in denen ein hoher Gesamtverbrauch herrscht, sowie auch eine generelle kundenseitige Verlagerung des Stromverbrauchs von Tageszeiten mit hohem Gesamtverbrauch zu Tageszeiten mit niedrigem Gesamtverbrauch. Die gezielte Angleichung von Lastspitzen durch einen hohen Stromverbrauch durch Endkunden wäre durch tariflich überdurchschnittliche und somit höhere Verbrauchspreise in den Spitzenlastzeitzonen umsetzbar, da diese Preissituation den Endkunden dazu bewegen könnte, stromintensive Verbräuche nach Möglichkeit in günstigere Zeitzonen zu verlagern.[275]

Neben der Lastreduktion bzw. -verschiebung in Spitzenlastzeiten durch den Endkunden können variable Tarife zudem zur Anreizgestaltung für Kundenverbräuche dienen, wenn zum Beispiel Angebotsspitzen im Stromnetz oder – mitunter ungeplante – geringe Netzauslastungen durch die Kunden vorhanden sind. Der Ausgleich von erzeugungsseitigen Angebotsspitzen weist insbesondere hinsichtlich der steigenden Integration erneuerbarer Energiegewinnungssysteme einen besonderen Stellenwert auf, da dieser Ausgleich durch entsprechend effiziente Speichermechanismen bzw. durch ein flexibles, ggf. durch intelligente Geräte unterstütztes Kundenverbrauchsverhalten erreicht werden kann. Auf diese Art und Weise kann den Endkunden bei der Nutzung eines variablen Tarifs ein preislicher Anreiz mit tariflich unterdurchschnittlichen und somit geringeren Verbrauchspreisen geboten werden, sodass Endkunden stromintensive Verbräuche nach Möglichkeit in diesen günstigen Zeitzonen wahrnehmen.[276]

274   ebenda
275   vgl. Motsch, W., Konzeption eines webbasierten Prototyps zur Konfiguration und Kalkulation von Stromtarifen in der Energiewirtschaft, Zweibrücken 2011, S. 59ff
276   ebenda

Der Einsatz von variablen Tarifen bietet die Möglichkeit zur Verfolgung verschiedener betriebswirtschaftlicher sowie energiepolitischer Zielstellungen, die im Grundlegenden in folgende vier Zielkategorien unterteilt werden können:[277]

- Energieeinsparung bei verschiedenen Kundengruppen
- Modifikation und Änderungen der Lastgänge in definierten Zeiträumen
- Marktbeteiligung der Endkunden durch die Möglichkeit zur Strombeschaffung zu aktuellen Marktpreisen
- Individualisierung der Kundenbedürfnisse zur Kundengewinnung und Kundenbindung durch individuell empfundene Kundenvorteile

Als technische Grundlage für das Angebot und die Nutzung von lastvariablen und zeitvariablen Tarifen dienen intelligente Stromzähler, da den Energieversorgern nur mittels digitaler Informationen zur Verbrauchsmenge sowie zu den Verbrauchszeiten der Kunden eine auf den Zeitraum bezogene Abrechnung von verbrauchtem Strom mit verschiedenen Preisklassen ermöglicht wird.

Die aktuellen energiewirtschaftlichen Rahmenbedingungen bieten den Energielieferanten bisher tendenziell wenig Spielraum für eine Gestaltung von entsprechenden Angeboten mit zeit- und lastvariablen Tarifen. Insbesondere unter Nutzung der aktuell verfügbaren Technik ist der Nachtstrom-Tarif (HT-/NT-Tarif) der weitestgehend einzige zeitvariable Tarif, der von Energieversorgungsunternehmen auch unter wirtschaftlichen Gesichtspunkten angeboten werden kann, da die vergünstigte Konzessionsabgabe in der vom Netzbetreiber vorgegebenen Niedertarif-Zeit in der Preisgestaltung berücksichtigt wird, wobei jedoch nicht alle Netzbetreiber solche Schwachlast-Tarife anbieten.[278]

Bei einer Tarifgestaltung werden neben dem mengenbezogenen Differenzierungsmerkmal weitere Differenzierungsmerkmale betrachtet.[279] Bei zeitvariablen und lastvariablen Tarifen können demnach die gleichermaßen preislich relevanten Differenzierungsmerkmale Zeit und Leistung betrachtet werden.

9.3.2 Lastvariable und Zeitvariable Tarife

Die Betrachtung von grundlegenden Gestaltungsmöglichkeiten und Strukturen von zeitvariablen und lastvariablen Tarifen ist für die praktische Gestaltung dy-

---

277   vgl. Ecofys Germany GmbH (Hrsg.), Einführung von lastvariablen und zeitvariablen Tarifen, http://www.bundesnetzagentur.de/cae/servlet/contentblob/ 153298/publicationFile/6483/EcofysLastvariableZeitvariableTarife19042010pdf.pdf, S. 51, (Stand: 2011-05-30)

278   vgl. Bundesverband Neuer Energieanbieter e.V. (bne) (Hrsg.), Lastvariable oder tageszeitabhängige Tarife für den Strommarkt, http://www.neue-energie-anbieter.de/data/uploads/20091221_bne_positionspapier_uebergangsloesung_tageszeitabhaengige_tarife.pdf, S. 1ff., (Stand: 2011-05-30)

279   vgl. Skiera, B., Mengenbezogene Preisdifferenzierung bei Dienstleistungen, Deutscher Universitäts-Verlag, Wiesbaden 1999, S. 138f, S. 147

namischer Tarife von wesentlicher Bedeutung. Die Differenzierungsmerkmale Zeit, Menge und Leistung stellen in diesem Kontext einen grundlegenden Rahmen dar, der mit weiteren dynamischen Elementen, zum Beispiel kurzfristigen Zeit- bzw. Preisänderungen in Form von „Events", ergänzt werden kann.

Bei zeitvariablen Tarifen stellt der Arbeitspreis eine Funktion der Zeit des Strombezugs dar, wobei die Varianten dieses Tarifs von statischen zeitvariablen Tarifen, für welche die Preisstufen während der Vertragslaufzeit ohne Ausnahme für die zuvor definierten Zeiträume gelten, bis hin zu hochdynamischen zeitvariablen Tarifen reichen, sodass die Ausprägungen und die Gültigkeit der Preisstufen für jeweils einen einzigen Tag gelten und diese den Nutzern eines solchen Tarifs am Vortag bekannt gegeben werden. Bei zeitvariablen Tarifen gelten als mitteldynamische Varianten insbesondere solche Tarife, bei denen an regulären Zeiträumen die regulären Bestimmungen gelten und bei außergewöhnlichen Zeiträumen, die in diesem Kontext als Events bezeichnet werden, entsprechende spezifische Konditionen gelten. Bei diesen Tarifen werden die regulär gültigen Preisstufen, nach vorheriger Ankündigung an die Kunden, durch die entsprechenden eventspezifischen Preisstufen überschrieben.[280]

Folgende Abbildung verdeutlicht den grundlegenden Aufbau einer zeitvariablen Tarifstruktur mit Zeitzonen und den zugeordneten Preisstufen:

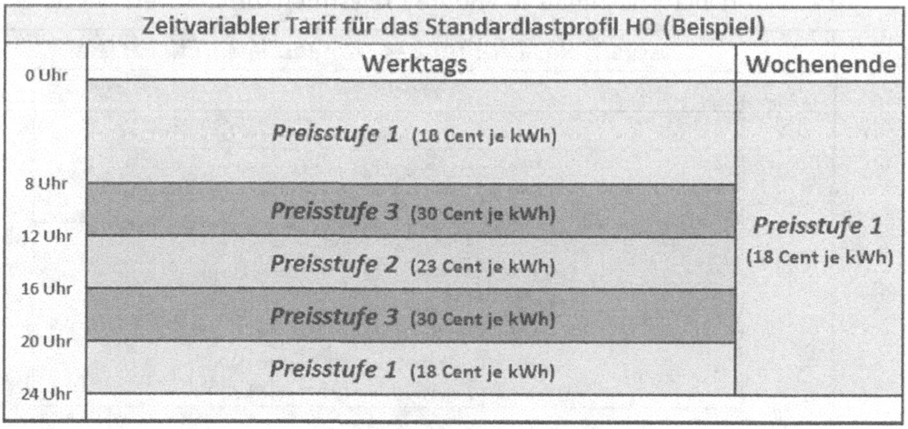

Zeitvariabler Tarif für das Standardlastprofil H0 (Beispiel)		
0 Uhr	**Werktags**	**Wochenende**
	Preisstufe 1 (18 Cent je kWh)	
8 Uhr		
12 Uhr	*Preisstufe 3* (30 Cent je kWh)	*Preisstufe 1* (18 Cent je kWh)
	Preisstufe 2 (23 Cent je kWh)	
16 Uhr		
	Preisstufe 3 (30 Cent je kWh)	
20 Uhr		
	Preisstufe 1 (18 Cent je kWh)	
24 Uhr		

Abbildung 9-4: Zeitvariabler Tarif mit verschiedenen Preisstufen[281]

---

280   vgl. Ecofys Germany GmbH (Hrsg.), Einführung von lastvariablen und zeitvariablen Tarifen, http://www.bundesnetzagentur.de/cae/servlet/contentblob/ 153298/publicationFile/6483/EcofysLastvariableZeitvariableTarife19042010pdf.pdf, S. 45, (Stand: 2011-05-30)

281   in Anlehnung an: Ecofys Germany GmbH (Hrsg.), Einführung von lastvariablen und zeitvariablen Tarifen, http://www.bundesnetzagentur.de/cae/servlet/contentblob/153298/publicationFile/6483/EcofysLastvariableZeitvariableTarife19042010pdf.pdf, S. 93, (Stand: 2011-05-30)

Bei lastvariablen Tarifen wird zwischen lastbegrenzten Tarifen mit alternativen Preisstufen sowie verbrauchsvariablen Tarifen unterschieden. Im Falle von lastbegrenzten Tarifen gilt eine Preisstufe nur bis zu einer zuvor definierten Maximallast, sodass bei einer Überschreitung der tariflich vereinbarten Maximallast durch den Kunden eine Abschaltung der Stromversorgung seitens der Versorger erfolgt. Lastvariable Tarife mit alternativen Preisstufen hingegen haben eine Lastgrenze für einen definierten Zeitraum, sodass in einem Zeitraum je nach genutzter Last durch den Kunden unterschiedliche Preisstufen zur Abrechnung durch den Energieversorger gelten. Energieversorger berechnen zum Beispiel in einer Zeitzone bei Nutzung einer niedrigeren Leistung als 10 kW durch den Kunden gemäß der Tarifgestaltung den zeitzonenbezogenen Stromverbrauch mit der ersten Preisstufe, jedoch bei der Nutzung einer höheren Leistung als 10 kW den entsprechenden Verbrauch mit der zweiten Preisstufe. Der Arbeitspreis richtet sich nach der durchschnittlichen Last in einem viertelstündigen Intervall und variiert in zwei oder mehreren Preisstufen. Der Arbeitspreis der geltenden Preisstufe gilt für den gesamten Verbrauch im definierten Zeitraum und wird nach Abschluss des Zeitintervalls nachträglich festgestellt.[282]

Die folgende Abbildung verdeutlicht die Tarifstruktur eines lastvariablen Tarifs mit zeitabhängigen Preisstufen, die des Weiteren je nach in Anspruch genommener Kundenlast nochmals in andere Preisstufen differenziert werden:

Lastvariabler Tarif für das Standardlastprofil H0 (Beispiel)		
0 Uhr	**Werktags**	**Wochenende**
	Preisstufe 1 (18 Cent je kWh)	*Preisstufe 3* (20 Cent je kWh)
8 Uhr	**Oktober-März:** Last < 1000 W: Preisstufe 1 (18 Cent je kWh) Last > 1000 W: Preisstufe 2 (23 Cent je kWh) **April-September:** Last < 800 W: Preisstufe 1 (18 Cent je kWh) Last > 800 W: Preisstufe 2 (23 Cent je kWh)	
20 Uhr	*Preisstufe 1* (18 Cent je kWh)	
24 Uhr		

Abbildung 9-5: Lastvariabler Tarif mit last- und zeitbezogenen Preisstufen [283]

---

282   vgl. Ecofys Germany GmbH (Hrsg.), Einführung von lastvariablen und zeitvariablen Tarifen, http://www.bundesnetzagentur.de/cae/servlet/contentblob/ 153298/publicationFile/6483/EcofysLastvariableZeitvariableTarife19042010pdf.pdf, S. 46, (Stand: 2011-05-30)

283   in Anlehnung an: Ecofys Germany GmbH (Hrsg.), Einführung von lastvariablen und zeitvariablen Tarifen, http://www.bundesnetzagentur.de/cae/servlet/content-

Verbrauchsvariable Tarife kennzeichnen sich durch unterschiedliche Preisstufen für den summierten Verbrauch bis zu einem Stufenwert in einem bestimmten Zeitraum. In diesem Kontext kann zum Beispiel für einen monatsbezogenen Verbrauch durch den Endkunden unter 200 kWh tariflich die erste Preisstufe gelten und bei einem höheren Verbrauch in diesem Zeitraum die zweite Preisstufe entsprechende Anwendung finden. Darüber hinaus sind Variationen bei der Gestaltung der Zeiträume sowie von Lastgrenzen bzw. Verbrauchsgrenzen tariflich definierbar, sodass für den Endkunden eines solchen Vertrags in einem bestimmten Zeitraum durch mehrere Last- bzw. Verbrauchsgrenzen unterschiedliche Preisstufen erreicht werden können und sich die Verbrauchsabrechnung nach der in Anspruch genommenen Last bzw. nach dem Verbrauch des Endkunden ausrichtet.[284]

Bedingt durch die Liberalisierung in der Stromwirtschaft sowie durch die aktuellen Einflussfaktoren der steigenden Integration neuer regenerativer Energieerzeugungssysteme werden flexible und dynamische Lösungsansätze benötigt, damit einerseits eine stärkere Kundenorientierung von Energieversorgern mittels dynamischer Tarife erfolgen kann, sowie andererseits der Endkunde auch durch entsprechend flexible Stromtarife gleichermaßen an den aktuellen Entwicklungen teilnehmen kann. Der Einsatz von dynamischen Tarifen kann als Mittel zur Kundengewinnung und -bindung eingesetzt werden, sodass diese Tarifstrukturen auch im Kontext des Kundenbeziehungsmanagements von Bedeutung sein können. Diese Aspekte bedingen zusammenfassend eine generell stärkere Betrachtung von speziellen endkundenbezogenen Informationen, wie zum Beispiel das Verbrauchsverhalten.

Als Erfolgsfaktoren für den Einsatz dynamischer Tarife sind die Kommunikation von Tarifinformationen zu den Endkunden und die Entwicklung entsprechender Darstellungsformen zur Vermittlung der Dynamik zu nennen, damit Kunden im Generellen auf entsprechende preisliche Anreize reagieren können. Des Weiteren bieten intelligente Stromzähler die technische Grundlage zur Abrechnung von dynamischen Tarifen. Die Einsetzbarkeit und Wirtschaftlichkeit dynamischer Tarife sind im Zuge der aktuellen energiewirtschaftlichen Entwicklungen von einer Vielzahl von Faktoren abhängig, die mitunter auf Basis von betriebswirtschaftlichen, technischen, gesetzlichen, politischen, nachhaltigkeitsbezogenen und zuletzt auch kundenakzeptanzbezogenen Anforderungen die Grundlage für weitere Forschung und Pilotprojekte bieten.

---

blob/153298/publicationFile/6483/EcofysLastvariableZeitvariableTarife19042010pdf.pdf, S. 97, (Stand: 2011-05-30)

284   vgl. Ecofys Germany GmbH (Hrsg.), Einführung von lastvariablen und zeitvariablen Tarifen, http://www.bundesnetzagentur.de/cae/servlet/contentblob/ 153298/publicationFile/6483/EcofysLastvariableZeitvariableTarife19042010pdf.pdf, S. 46, (Stand: 2011-05-30)

9.4   Forschungsprojekt „e-configurator" im Tarifsektor

Das Forschungsprojekt „e-configurator" ist ein gemeinsames Projekt der movento GmbH, einem Beratungshaus für Kundenbeziehungsmanagement sowie des Fachbereich Betriebswirtschaft der Fachhochschule Kaiserslautern. Aufgrund der aktuellen Entwicklungen in der Energiewirtschaft sowie der generellen Forschungsbestrebungen bezüglich intelligenter Netze sowie dynamischer Tarife stellte die Intention des Projekts e-configurator die konzeptionelle Entwicklung einer softwarebasierten Lösung dar, mit der zukünftige Tarifgestaltungs- und Tarifkalkulationsmöglichkeiten für Energieversorger und Endkunden abgebildet werden können.

9.4.1   Ziel und funktionaler Aufbau des e-configurator

Das Ziel des Projektes „e-configurator" umfasste die Konzeption und Gestaltung eines webbasierten Prototyps für die Konfiguration und Kalkulation von klassischen und dynamischen Tarifen in der Energiewirtschaft, um einen Beitrag zur softwaregestützten Tarifgestaltung und Integration in bisherige Softwarelandschaften zu entwickeln, sowie auch einen Ausblick auf zukünftige Einsatzbereiche einer solchen Software für Energieversorger und Kunden zu ermöglichen. Das Ziel der Projektdurchführung zur Konzeption und Prototypenerstellung diente der praktischen Anforderungserfüllung auf der Basis aktueller thematischer Grundlagen sowie von wissenschaftlichen Vorgehensweisen und Methoden. Hierbei erfolgte die Betrachtung der Bedeutung der allgemeinen Ausgangslage, die Einordnung des Themenbereichs der Gestaltung klassischer und dynamischer Tarife im Kontext der aktuellen Entwicklungen in der Strombranche sowie die grundlegende Untersuchung der Akzeptanz gleichermaßen wie Relevanz dieses Themenbereichs in Wissenschaft und Praxis.[285]

Die Konzeption des e-configurator berücksichtigt die generelle Aufgabenverteilung bei der Tarifgestaltung und -kalkulation in Form einer modularen Struktur. Die Tariferstellungskomponente, die in der Softwarearchitektur als „e-designer" bezeichnet wird, enthält die Funktionalitäten zur prozessgestützten Tarifkonfiguration.[286] Die modellbasierte Tarifkonfiguration erfolgt auf der konzeptionellen Grundlage des „e-modeller", bei dem der Anwender die einzelnen Strukturen und Bestandteile eines Tarifs modellbasiert wahrnehmen und konfigurieren kann, wobei die strukturellen Zusammenhänge der Tarifbestandteile vordefiniert sind und nur noch entsprechend ausgeprägt werden müssen.[287] Die Komponente „e-packager" soll konzeptionell die Zuordnung von Zusatzprodukten zu einer Tarifkonfiguration ermöglichen, sodass Produktbündel aus Stromtarifen mit Zusatzproduk-

---

285   vgl. Motsch, W., Konzeption eines webbasierten Prototyps zur Konfiguration und
        Kalkulation von Stromtarifen in der Energiewirtschaft, Zweibrücken 2011, S. 3
286   ebenda, S. 81 ff.
287   ebenda, S. 100

ten oder Dienstleistungen erstellt werden können. Die modulare Komponente des „e-calculator" enthält die Funktionalität zur dynamischen Kalkulation von konfigurierten Stromtarifen sowie von Produktbündeln und ermöglicht des Weiteren den Preisvergleich mit vergleichbaren Stromtarifen auf dem Markt.[288]

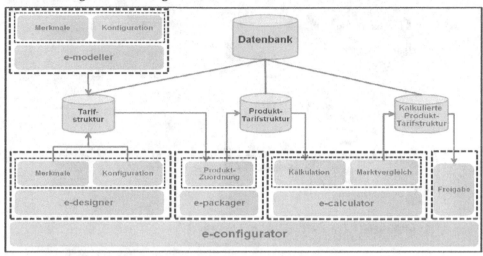

Abbildung 9-6: Softwarearchitektur des e-configurator [289]

Die tariflichen Objekte und Merkmale sowie die Prozesse zur Konfiguration sind wesentliche Bestandteile der modularen Komponente zur prozessgestützten und modellbasierten Tarifkonfiguration, sodass der Anwender eine sinngemäße Kombination von Tarifmerkmalen durchführen kann. Das Ergebnis der Kombination von vordefinierten Tarifmerkmalen ist als ausgeprägte Tarifstruktur zu bezeichnen, die gemäß der Softwarearchitektur des e-configurator in einer entsprechenden Datenbank zu speichern ist. Der Tarifstruktur können im weiteren Konfigurationsverlauf weitere Zusatzprodukte zugeordnet werden, sodass bei der Zuordnung von Zusatzprodukten und -dienstleistungen zu Stromtarifen eine Produkt-Tarifstruktur entsteht. Die festgelegte Struktur nach Festlegung der Tarifmerkmale im Zuge der Tarifkonfiguration kann mit bzw. ohne Zusatzprodukte und -dienstleistungen in der modularen Komponente des e-calculator für eine entsprechende Kalkulation genutzt werden.[290]

Die folgende Abbildung verdeutlicht den Einsatz des e-configurator in einer IT-Systemlandschaft von Energieversorgungsunternehmen:

---

288   vgl. Motsch, W., Konzeption eines webbasierten Prototyps zur Konfiguration und Kalkulation von Stromtarifen in der Energiewirtschaft, Zweibrücken 2011, S. 100
289   ebenda
290   vgl. Motsch, W., Konzeption eines webbasierten Prototyps zur Konfiguration und Kalkulation von Stromtarifen in der Energiewirtschaft, Zweibrücken 2011, S. 81 ff.

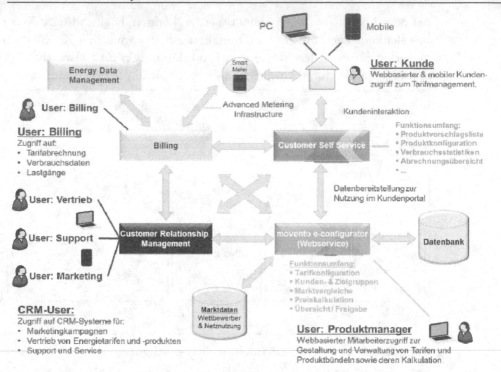

Abbildung 9-7:   Einsatz des e-configurator in der IT-Systemlandschaft [291]

Der e-configurator als webbasierender Prototyp kann gemäß der Konzeption in der informationstechnischen Systemarchitektur von Energieversorgungsunternehmen als eigene Systemkomponente eingeordnet werden, die im Wesentlichen die Konfiguration, Kalkulation, Marktvergleiche, Zuordnung von Produkten und Dienstleistungen, sowie die Verwaltung von Tarifstrukturen ermöglicht. Der e-configurator basiert gemäß der Softwarearchitektur auf einer eigenen Datenbank, mit der die individuellen datentechnischen Anforderungen zur Unterstützung der dargestellten Funktionen bedient werden können. Als Bestandteil einer Systemarchitektur für Energieversorgungsunternehmen dient der e-configurator insbesondere zur Interaktion mit den unternehmerischen CRM-Systemen (zum Beispiel kundenspezifische Produktgestaltung für Marketingkampagnen, Vertrieb und Service), Abrechnungssystemen (zum Beispiel Integration von preisbezogenen Tarifstrukturen des e-configurator für Abrechnungszwecke) und für zukünftige Funktionalitätsangebote für Endkunden in Form von Kundenportalen mit bidirektionaler Interaktionsmöglichkeit (zum Beispiel um Tarife online wechseln zu können). Die Schnittstellen zu Marktdatenbanken (zum Beispiel ene't), die aktuelle

---

291   ebenda, S. 86

Tarife des Strommarktes und Netznutzungsgebühren enthalten, sind im Sinne von Datenimporten ebenfalls von erheblicher Bedeutung.[292]

9.4.2 Konfiguration klassischer und dynamischer Tarife

Die Konfiguration klassischer und dynamischer Tarife ist aufgrund der Merkmalsvielfalt als spezieller Themenbereich anzusehen. Die weitreichende Spezifikation der Tarifmerkmale umfasst neben tarifbezogenen Merkmalen, wie zum Beispiel die Preisstruktur bei klassischen Tarifen, sowie die Zeitzonen und die Preisstufen bei dynamischen Tarifen auch kundenspezifische Merkmale, wie zum Beispiel Zielgruppen und Bonusaktionen sowie technische Merkmale, wie zum Beispiel Informationen über die Zählertechnik, sodass beispielsweise dynamische Tarife mitunter nur für Kunden mit intelligenten Zählern angeboten werden können.[293]

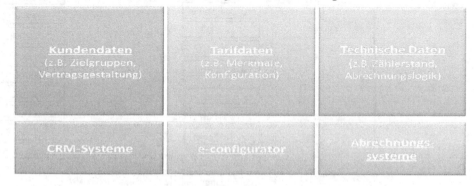

Abbildung 9-8: Allgemeine Merkmalsspezifikationen von Stromtarifen [294]

Bei der Merkmalsspezifikation von Stromtarifen sind Kundenmerkmale und technische Merkmale als Tarifmerkmale im weiteren und ergänzenden Sinne zu betrachten, wobei die Tarifmerkmale im engeren Sinne, wie zum Beispiel die Preisstruktur, mit den ergänzenden Merkmalen in Verbindung stehen, da die ergänzenden Merkmale den Kontext darstellen, in dem die engeren Tarifmerkmale eingebunden sind. Kundendaten aus CRM-Systemen sind für Stromtarife von erheblicher Bedeutung, da diese auch für eine Tarifgestaltung genutzt werden können, zum Beispiel um den durchschnittlichen Stromverbrauch eines Singlehaushalts in kWh zu ermitteln. Die technischen Daten sind für die Tarifgestaltung gleichermaßen von wesentlicher Bedeutung, da zum Beispiel aufgrund der technischen Beschaffenheit mechanischer Zähler dynamische Tarife aufgrund der mangelnden Grundlage zur Abrechnung nicht sinnvoll angeboten werden können. Technische Merkmale sind daher bei der Tarifkonfiguration im e-configurator einzubeziehen, sodass jene Stromzähler betrachtet werden können, über die eine Abrechnung des

---

292   vgl. Motsch, W., Konzeption eines webbasierten Prototyps zur Konfiguration und Kalkulation von Stromtarifen in der Energiewirtschaft, Zweibrücken 2011, S. 84
293   ebenda S. 77 ff.
294   ebenda, S. 77

zu gestaltenden Tarifs überhaupt möglich ist. Zusammenfassend sind ergänzende Merkmale im Generellen von erheblicher Bedeutung, um Tarifstrukturen intelligent zu konfigurieren und um Kunden gezielt solche Stromtarife anbieten zu können, die zudem auch durch den Energieversorger abrechenbar sind.[295] Bei der Tarifkonfiguration im e-configurator wird insbesondere zwischen klassischen, zeitvariablen und lastvariablen Tariftypen sowie deren Strukturen und auszuprägenden Tarifmerkmalen im engeren Sinne, wie zum Beispiel das Preisgefüge, unterschieden.

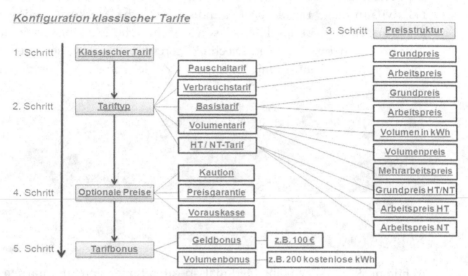

Abbildung 9-9:   Konfiguration klassischer Tarife im e-configurator [296]

Im e-configurator können klassische Tarife mit einteiliger Tarifstruktur, zu denen Pauschaltarife mit einem Grundpreis und Verbrauchstarife mit einem Arbeitspreis gehören, sowie Tarife mit zweiteiliger Tarifstruktur angelegt werden, wie zum Beispiel Basistarife, die aus einem Grundpreis und einem Arbeitspreis bestehen. Der e-configurator unterstützt zudem die Anlage von Volumentarifen, die aus einem Verbrauchsvolumen in kWh, einem entsprechenden Volumenpreis sowie aus einem Mehrarbeitspreis bestehen, wobei der Mehrarbeitspreis bei einem Mehrverbrauch für jede kWh erhoben wird, die von Kunden über das tariflich definierte und angebotene Volumen hinaus verbraucht wird.[297] Der e-configurator unterstützt zudem die Anlage von Nachtstrom-Tarifen mit einem Grundpreis so-

---

295   vgl. Motsch, W., Konzeption eines webbasierten Prototyps zur Konfiguration und Kalkulation von Stromtarifen in der Energiewirtschaft, Zweibrücken 2011, S. 77 ff.

296   in Anlehnung an: Motsch, W., Konzeption eines webbasierten Prototyps zur Konfiguration und Kalkulation von Stromtarifen in der Energiewirtschaft, Zweibrücken 2011, S. 125

297   vgl. Motsch, W., Konzeption eines webbasierten Prototyps zur Konfiguration und Kalkulation von Stromtarifen in der Energiewirtschaft, Zweibrücken 2011, S. 124

wie Arbeitspreisen für den Hochtarif und Niedertarif. Zu der Tarifkonfiguration zählen kontextabhängig die Ausprägung weiterer optionaler Preise, wie zum Beispiel Kaution, Preisgarantie und Vorauskasse sowie verschiedener Tarifboni, wie zum Beispiel ein Geldbonus oder Volumenbonus.

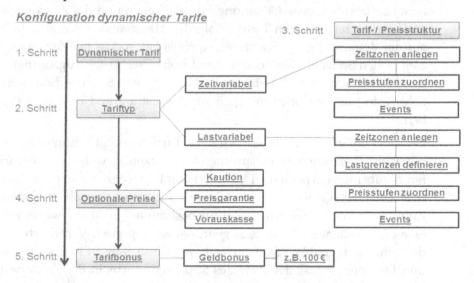

Abbildung 9-10: Konfiguration dynamischer Tarife im e-configurator [298]

Im e-configurator wird im Rahmen der Konzeption des Prototyps bei der Konfiguration dynamischer Tarifmerkmale eine Unterscheidung zwischen zeitvariablen sowie lastvariablen Tarifen vorgenommen. Für die Konfiguration dieser beiden Tariftypen existieren im Allgemeinen unterschiedliche Variationsmöglichkeiten, das heißt, wie hoch der Grad der Variabilität definiert werden kann. Bei einem zeitvariablen Tarif können in diesem Sinne Tarifstrukturen gestaltet werden, die zum Beispiel sieben zeitlich fixierte Tageszeitzonen enthalten, denen zudem unterschiedliche Preisstufen zugeordnet sind. Im Generellen erfolgte bei der Konzeption des e-configurator die Fokussierung auf die grundlegenden Elemente zur Konfiguration zeitvariabler und lastvariabler Tarife im Rahmen von verbindlich festgelegten Zeitzonen und Preisstufen.[299] Bei einer dynamischen Änderung dieser Elemente durch Events sind die vorhergehenden Ausprägungen im Tarif durch die neuen Elemente zu ersetzen und in die Abrechnungssysteme zu integrieren, damit die aktuell zugewiesenen Preise eines solchen Tarifs auch bei den Kunden entsprechend abgerechnet werden können.

---

298 in Anlehnung an: Motsch, W., Konzeption eines webbasierten Prototyps zur Konfiguration und Kalkulation von Stromtarifen in der Energiewirtschaft, Zweibrücken 2011, S. 128

299 vgl. Motsch, W., Konzeption eines webbasierten Prototyps zur Konfiguration und Kalkulation von Stromtarifen in der Energiewirtschaft, Zweibrücken 2011, S. 127

Für eine Konfiguration dynamischer Tarife im e-configurator erfolgt zunächst eine Auswahl zwischen zeitvariablen sowie lastvariablen Tarifen. Zur Konfiguration eines zeitvariablen Tarifs erfolgt hierbei die Anlage von tagesbezogenen Zeitzonen, denen unterschiedliche Preise in Form von Preisstufen zugeordnet werden können. Die tagesbezogene Gestaltung von Zeitzonen und die Zuordnung von Preisstufen eines zeitvariablen Tarifs erfolgt für Haushaltskunden zum Beispiel erfolgt auf der Betrachtung des Standardlastprofils H0, sodass bei Zeitzonen mit tendenziell hohen Spitzenlasten entsprechend hohe Preisstufen zugeordnet werden, um den Endkunden einen Anreiz zur Verlagerung von Stromverbräuchen nach Möglichkeit in jene Zeitzonen mit geringer Auslastung und niedrigen Preisen zu geben.[300]

Bei der Konfiguration von lastvariablen Tarifen erfolgt mitunter auch die Zuordnung von Preisstufen zu entsprechenden Zeitzonen, wobei bei lastvariablen Tarifen darüber hinaus noch die Definition von Lastgrenzen erfolgt, sodass die elektrische Leistung (gemessen in kW) in verschiedene Lastzonen eingeteilt wird. Die Zuordnung von Lastzonen erfolgt für bestimmte Zeitzonen, wobei jeder Lastzone eine entsprechende Preisstufe zugeordnet wird. Je nach Verbrauch eines Endkunden eines lastvariablen Tarifs erfolgt eine Einstufung in eine bestimmte Zeitzone und Lastzone, sodass der Preis des Stromverbrauchs in der Zeitzone zudem lastabhängig ist. Im Falle einer Überschreitung eines Lastbereichs sind von den Kunden andere Preise (zum Beispiel ein höherer Preis für den zeitzonenbezogenen Verbrauch) zu entrichten, als von Kunden, die in den entsprechenden Zeitzonen eine geringere elektrische Leistung in Anspruch nehmen. Jedem Lastbereich einer Zeitzone ist im Rahmen der Tarifkonfiguration eine Preisstufe zuzuordnen, die im Rahmen einer Tarifkalkulation entsprechend preislich zu berücksichtigen ist.[301]

9.4.3   Einsatzgebiete und Nutzen für Versorger und Kunden

Hinsichtlich des technischen Funktionsumfangs von intelligenten Stromzählern wäre die Entwicklung von dynamischen bis hin zu individuellen Tarifen bzw. Stromlieferverträgen für Kundengruppen, wie zum Beispiel Haushaltskunden, denkbar. Die Nutzung von dynamischen bzw. individuellen Tarifformen könnte einerseits insbesondere in Hinblick auf die zukünftigen technischen Entwicklungen und zur Begegnung der hieraus entstehenden Anforderungen sowie andererseits unter dem Aspekt der Kundenbindung einen hohen Stellenwert einnehmen. Zukünftige technische Innovationen bedingen gleichermaßen die Betrachtung von Technik und Kunden, wie zum Beispiel Elektroautomobile, sodass für Nutzer solcher Elektromobile zukünftig spezielle Tarife angeboten werden könnten, wie dies bereits in Form von Spezialtarifen für Kunden mit Nachtspeicherheizungen bereits

---

300   ebenda S. 128.
301   ebenda S. 129ff.

durchgeführt wurde.[302] Die Entwicklung der Endkunden zu gleichzeitigen Konsumenten und Erzeugern erfordert des Weiteren neue Geschäftsmodelle und Vertragsmechanismen zwischen den Marktteilnehmern im liberalisierten Strommarkt auf der einen Seite sowie den Endkunden auf der anderen Seite.

Die Einflussfaktoren sowie fachlichen und akzeptanzbezogenen Bestandteile, die für klassische und dynamische Tarife gelten, bilden ein Rahmenwerk für den zukünftigen Einsatz neuartiger Tarifformen, wobei in vielerlei Hinsicht weitere Forschungsbedürfnisse und entsprechende Vertiefungsmöglichkeiten in den speziellen Themengebieten bestehen, wie zum Beispiel die dynamische Ermittlung und Konfiguration von tarifbezogenen Einkaufspreisen für dynamische Tarife oder das vertragliche und wirtschaftliche Angebot von Stromtarifen für Elektroautomobile, sodass zusammenfassend weiterhin eine Vielzahl von vielfältigen Fragestellungen und Forschungsmöglichkeiten vorhanden ist.[303]

Insbesondere bei den Möglichkeiten zur Kundeninteraktion mit Energieversorgungsunternehmen sind weitere Untersuchungen denkbar, die unter Berücksichtigung von zukünftig einsetzbaren „Customer Self Services" durchgeführt werden können. Durch die Nutzung solcher Services im Rahmen des Kundenbeziehungsmanagements könnten Kunden von Energieversorgern auf die Tarifkonfiguration und -verwaltung Einfluss nehmen sowie im Gegenzug den Energieversorgern bestimmte Informationen zur Laststeuerung mitteilen, wie zum Beispiel kundenspezifische und individuelle Lastgänge, um die entsprechende Energiesteuerung hinsichtlich dezentraler Energieerzeugungsanlagen sowie -verbräuche zu harmonisieren.[304]

Hinsichtlich der zurzeit partiellen Verbreitung von intelligenten Stromzählern in Deutschland stehen den Energieversorgern in Hinblick auf Gestaltung, Angebot und Abrechnung von dynamischen bzw. individualisierten Tarifen tendenziell hohe Aufwände gegenüber, die zudem nur von wenigen Kunden im Stromsektor wahrgenommen werden können.[305]

Als konzeptioneller Prototyp stellt der e-configurator einen Ansatz zur webbasierten Gestaltung und Preisberechnung klassischer sowie dynamischer Tarife dar, der zur Entwicklung neuer Vertragsmöglichkeiten mit den Endkunden dienen kann. Die Integration des konzeptionellen Ansatzes des e-configurator in die IT-Systemarchitekturen der Energieversorger berücksichtigt die Bedeutung des Endkunden für die zukünftige Produktgestaltung von Energieversorgern. Eine etab-

---

302   vgl. Motsch, W., Konzeption eines webbasierten Prototyps zur Konfiguration und Kalkulation von Stromtarifen in der Energiewirtschaft, Zweibrücken 2011, S. 146

303   ebenda, S. 147

304   vgl. Motsch, W., Konzeption eines webbasierten Prototyps zur Konfiguration und Kalkulation von Stromtarifen in der Energiewirtschaft, Zweibrücken 2011, S. 146.

305   ebenda, S. 147

lierte technische Infrastruktur und Informationsverwaltung auf der Basis von intelligenten Zählern in einem intelligenten Netz, Kundenakzeptanz, entsprechende Vertragsgestaltung und Wirtschaftlichkeit von neuartigen Tarifen sowie weitere Entwicklungen und Innovationen im Kontext der Energiewirtschaft, wie zum Beispiel Elektroautomobile und intelligente Geräte, können als entsprechende Erfolgsfaktoren für eine Einsatzgrundlage verschiedener dynamischer Tarife angesehen werden, mit denen eine intelligente Kundeninteraktion und Laststeuerung in einem Smart Grid erfolgen kann.

Literaturverzeichnis

Monographien

Aichele C., Kennzahlenbasierte Geschäftsprozessanalyse, Gabler Verlag, Wiesbaden 1997

Aichele, C., Intelligentes Projektmanagement, Kohlhammer 2006

Allweyer, T., Geschäftsprozessmanagement – Strategie, Entwurf, Implementierung, Controlling, W13 Verlag, Witten 2005

Allweyer T., BPMN 2.0 Einführung in den Standard für die Geschäftsprozessmodellierung, 2.Auflage, 2009

Arens, T., Methodische Auswahl von CRM Software – ein Referenz-Vorgehensmodell zur methodengestützten Beurteilung und Auswahl von CRM Informationssystemen, Cuvillier Verlag, Göttingen 2004

Becker, J.; Kugeler, M.; Rosemann, M. (Hrsg.), Prozessmanagement – Ein Leitfaden zur prozessorientierten Organisationsgestaltung, 5. Auflage, Springer Verlag, Berlin et al. 2005

Berg Insight, Smart Metering in Western Europe, M2M research series 2009

Blau, B., Prozessmodellierung am Beispiel einer CRM Einführung, Diplomarbeit am Fachbereich Betriebswirtschaft, FH Kaiserslautern, Standort Zweibrücken und movento Mannheim, 2010

Bleichner, K., Organisation – Strategie Strukturen Kulturen, 2. Auflage, Gabler Verlag, Wiesbaden 1991

BNetzA, (Gas, 2007), Festlegung einheitlicher Geschäftsprozesse und Datenformate beim Wechsel des Lieferanten bei der Belieferung mit Gas, BK7-06-067, Beschluss vom 20.08.2007

BNetzA, (Messwesen, 2010), Festlegung zur Standardisierung von Verträgen und Geschäftsprozessen im Bereich des Messwesens, BK6-09-034 und BK7-09-001, Beschluss 09.09.2010

BNetzA, (GeLi Gas, 2007), Geschäftsprozesse Lieferantenwechsel Gas (GeLi Gas), Anlage zum Beschluss BK7-06-067 vom 20.08.2007

BNetzA, (GPKE, 2006), Geschäftsprozesse zur Kundenbelieferung mit Elektrizität (GPKE), Anlage zum Beschluss BK6-06-009 vom 11.07.2006

BNetzA, (Entwicklungen, 2010), Wettbewerbliche Entwicklungen und Handlungsoptionen im Bereich Zähl- und Messwesen und bei variablen Tarifen, Bericht, Bonn 2010

Chen, P.P. (Hrsg.), Entity-Relationship Approach to Information Modeling and Analysis, Amsterdam, New York, Oxford, 1983

Ecofys/EnCT/BBH, (Rollout, 2009), Ökonomische und technische Aspekte eines flächendeckenden Rollouts intelligenter Zähler, Studie, Köln , Freiburg , Berlin 2009

Dangelmaier, W.; Uebel, F. M.; Helmke, S., Effektives Customer Relationship Management – Instrumente – Einführungskonzepte – Organisation, 3. Auflage, Gabler Verlag, Wiesbaden 2003

Gabler Wirtschaftslexikon, 13. Auflage, Gabler Verlag, Wiesbaden 1993

Gabriel, R.; Beier, D., Informationsmanagement in Organisationen. Stuttgart 2003

Gadatsch, A., Grundkurs Geschäftsprozessmanagement – Methoden und Werkzeuge für die IT-Praxis: Eine Einführung für Studenten und Praktiker, 6. Auflage, Springer Verlag, Wiesbaden 2010

Grimscheid, G.; Lunze, D.,: Nachhaltig optimierte Gebäude – Energetischer Baukasten, Leistungsbündel und Life-Cycle-Leistungsangebote, Springer, Berlin et al. 2010

Hammer, M.; Champy, J., Business Reengineering – die Radikalkur für das Unternehmen, Campus Verlag, Frankfurt et al 1994

Harry, M.; Schroeder, R., Six Sigma – Prozesse optimieren, Null-Fehler-Qualität schaffen, Rendite radikal steigern, 3. Auflage, Campus Verlag, Frankfurt a. Main 2000

Henn, H.; Duffner, A., CRM verstehen, nutzen, anwenden!, Max Schimmel Verlag 2001

Hippner, H.; Rentzmann, R.; Wilde, K.D., Aufbau und Funktionalitäten von CRM-Systemen. In: Hippner, H.; Wilde, K.D. (Hrsg.): IT-Systeme im CRM – Aufbau und Potenziale, Gabler Verlag, Wiesbaden 2004

Imai, M., Der Schlüssel zum Erfolg der Japaner im Wettbewerb, 2. Auflage, Ullstein Verlag, Frankfurt et al 1992

Jeston, J.; Nelis, J., Business Process Management – Practical Guidelines to Successful Implementations, 2. Auflage, Butterworth Heinemann Verlag, Amsterdam 2008

Kreuz, P. et. al., Customer Relationship Management – Grundlagen und Werkzeuge für Manager im Internet, Logos Verlag, Berlin 2001

Kurth, M., (Rahmenbedingungen, 2010), Bundesnetzagentur schafft einheitliche Rahmenbedingungen für mehr Wettbewerb bei Strom- u. Gaszählern, Pressemitteilung der BNetzA vom 09.09.2010, Berlin 2010

Laudon, Laudon, Schoder, Eine Einführung in die Wirtschaftsinformatik, Pearson 2006

LBD-Beratungsgesellschaft, (Funktionalitätsanforderungen, 2009), Für Energieeffizienz und Verbrauchssteuerung – Funktionalitätsanforderungen an elektronische Stromzähler, Diskussionspapier, Berlin 2009

LBD-Beratungsgesellschaft, (Messstellenbetrieb, 2009), Handlungsempfehlungen für einen wirtschaftlichen Messstellenbetrieb – Anforderungen an Energieversorger aus Regulierung und Markt, Studie, Berlin 2009

LBD-Beratungsgesellschaft, (Smart-Metering-Produkte, 2010), Umsetzbare Smart-Metering-Produkte – Eine Handreichung für Energielieferanten, Studie, Berlin 2010

Maatz, S., Netznutzung und Netznutzungsentgelte für Strom nach dem EnWG sowie GWB/EGV, Becker, P.; Held, C.; Riedel, M.; Theobald, C. (Hrsg.), Energiewirtschaft im Aufbruch, Fachverlag Deutscher Wirtschaftsdienst, 2001

Motsch, W., Konzeption eines webbasierten Prototyps zur Konfiguration und Kalkulation von Stromtarifen in der Energiewirtschaft, Zweibrücken 2011

Oestreich, B., Die UML 2.0 Kurzreferenz für die Praxis, 4. Auflage, Oldenbourg 2005

Osterloh, M.; Frost, J., Prozessmanagement als Kernkompetenz – wie Sie Business Reengineering strategisch nutzen können – auf dem Weg zum Unternehmen des Informationszeitalters, Gabler Verlag, Wiesbaden 2006

Pfizinger, E., Geschäftsprozess-Management – Steuerung und Optimierung von Geschäftsprozessen, 2. Auflage, Beuth Verlag GmbH, Berlin et al 2003

Pilone, Dan, UML 2.0, O'Reilly 2006

Rehtanz C., Horenkamp W., Smart Metering Lehrgang C., 2009

Reichheld, F.F.; Sasser, W. E., Zero Defections: Quality Comes to Services, in: Jahrbuch der Absatz- und Verbrauchsforschung, 44, 2, S.190–197, 1990

Reichheld, F.; Teal, T., The Loyalty Effect: The Hidden Force Behind Growth, Profits, & Lasting Value, Boston 1996

Ryberg, T., Smart Metering in Western Europe, 6. Auflage, 2009

Selchert, M., CFROI of Customer Relationship Management – Empirical Evidence from mySAP CRM Users, Verlag Wissenschaft & Praxis, Sternenfels 2003

Shaw, R., CRM Definitions, SCN Education, Wiesbaden 2001

Scheer, A.-W., Architektur integrierter Informationssysteme, Grundlagen der Unternehmensmodellierung, Springer Verlag, Berlin u. a., 1992

Scheer, A.-W., ARIS-Modellierungsmethoden, Metamodelle, Anwendungen, 3., völlig neubearbeitete und erweiterte Auflage, Springer-Verlag, Berlin, Heidelberg, New York 1998.

Scheer, A.-W., ARIS – Vom Geschäftsprozess zum Anwendungssystem, 3. Auflage, Springer Verlag, Berlin et. al 1998

Schlageter, G./Stucky, W., Datenbanksysteme: Konzepte und Modelle, 2. Auflage, Stuttgart 1983

Schmelzer, H.; Sesselmann, W., Geschäftsprozessmanagement, Geschäftsprozessmanagement in der Praxis, 6. Aufllage, München 2008

Schmelzer, J. H.; Sesselmann, W., Geschäftsprozessmanagement in der Praxis, Kunden zufrieden stellen – Produktivität steigern- Wert erhöhen, 7. Auflage, Hanser Verlag, München, Wien 2010

Schmid, R.; Bach, V.; Österle, H., Mit Customer Relationship Management zum Prozessprotal. In: Bach, V.; Österle, H.: Customer Relationship Management in der Praxis, Springer Verlag, Berlin et al. 2000

Schomakers, J., Customer Relationship Managment stellt den Kunden in den Mittelpunkt des Handelns. In: Frischmuth, J.; Karrlein, W.; Knop, J.: Strategien und Prozesse für neue Geschäftsmodelle: Praxisleitfaden für E- und Mobile Business, Springer Verlag, Berlin et al. 2001

Skiera, B., Mengenbezogene Preisdifferenzierung bei Dienstleistungen. Deutscher Universitäts-Verlag, Wiesbaden 1999

Speck, M.; Schnetgöke, N., Sollmodellierung und Prozessoptimierung. In: Becker, J.; Kugeler, M.; Rosemann, M. (Hrsg.), Prozessmanagement – Ein Leitfaden zur prozessorientierten Organisationsgestaltung, 5. Auflage, Springer Verlag, Berlin et al. 2005

Stahlknecht, P.; Hansenkamp, U., Einführung in die Wirtschaftsinformatik, 11. Auflage, Springer Verlag, Berlin et. al 2005

Statistische Ämter des Bundes und der Länder, Haushalte, 2008, Gebiet und Bevölkerung – Haushalte 2008, Wiesbaden 2008

Ströbele; Pfaffenberger; Heuterkes, Energiewirtschaft– Einführung in Theorie und Politik, Oldenbourg, 2. Auflage, München 2010

The Climate Group, Smart 2020, Enabling the low carbon economy in the information age, 2008

Thomas, Ph. R., Getting Competitive – Middle Managers and the Cycle Time Ethic, McGraw-Hill Verlag, New York et al., 1991

Vahs, D., Organisation – Einführung in die Organisationstheorie und -praxis, 6. Auflage, Schäffer Poeschel Verlag, Stuttgart 2007

Winkler, U., Auf zu neuen Ufern – Neue Geschäftsmodelle für TK-Unternehmen durch Smart Energy. In: Lenz-Hawliczek, J.; Stanossek, G. (Hrsg.): Dschungelführer 2009 – Der Führer durch den deutschen Telekommunikationsmarkt. Portel Onlineverlag, Reute im Breisgau 2009

Zarnekow, Rüdiger, Informationsmanagement, Konzepte und Strategien für die Praxis, 1. Auflage, Heidelberg 2004

Zeitschriften/Artikel/Statistiken/Studien/Kongresse

A.T.Kearney GmbH, Smart Metering – „Missing Link" für den Umbau der Energiewirtschaft? Studie zur Ermittlung der zukünftigen Bedeutung von Smart Metern und des daraus resultierenden Handlungsbedarfs für Energieversorger und Systemhersteller

Bach, N., Geschäftsprozesse als Geschäftstreiber. In: Qualität und Zuverlässigkeit, Jahrgang (2006) Heft 3

CAS Software AG, Kundenbindung, 2010

Deutsches Kundenbarometer, 2010

E-ENERGY, Bundesministerium für Wirtschaft und Technolo-
gie/Bundesministerium für Umwelt, Naturschutz und Reaktorsicherheit,
Jahreskongress Berlin 2009

Enel, Harvesting the benefit of AMM, SAPPHIRE Europe Berlin 19.05.2008

Eurostat, Europa in Zahlen – Eurostat Jahrbuch 2009

Faruqui, A. u.a., Brattle Group, Unlocking the €53 Billion Savings from Smart Meters in the EU, 2009

Hackbarth, A.; Madlener, R.; Reiss, J.; Steffenhagen, H., Smart Metering bei Haushaltskunden – Stand der Entwicklung in Deutschland, S.70 in Energiewirtschaftliche Tagesfragen, Heft 11, November 2008

Hahn, C., Liberalisierung des Zähl- und Messwesens – ein neuer Markt entsteht,
S.24 in Zeitschrift für Energie, Markt, Wettbewerb (ewm), Heft 5, Mai 2008

Haller, T.; Holtmann, S.O.; Rentschler, M.D.: Smart Metering – neue Möglichkeiten
für den Energievertrieb im Massenkundenbereich, S.38 in Energiewirtschaftliche Tagesfragen, Heft 6, Juli 2008

Jarass L., Neuer EEG-Ausgleichsmechanismus kann den Ausbau der erneuerbaren
Energien gefährden! Energiewirtschaftliche Tagesfragen 59. Jg. (2009) Heft
10

Markant Market Research, Umfrage zur Kundenbindung im österreichischen Einzelhandel und im österreichischen Dienstleistungssektor, 2007

Open Metering Group, Open Metering System Specification – General Part, Issue
1.0.0/2008-07-21

Richter S.; Franz, O., Weitere Liberalisierung des Messwesens – Erfolgsmodell für
den Wettbewerb oder Sackgasse?, S.32 in Energiewirtschaftliche Tagesfragen, Heft 11, November 2008

Tieto, Margardt P., Smart Metering Smart Home – Die Zukunft unserer Energiemärkte, 2009

trend research, Smart Metering gewinnt auch in Deutschland an Fahrt energy 2.0,
Februar 2009

Online

BPMN 2.0, http://www.bpmb.de/images/BPMN2_0_Poster_DE.pdf, (Stand:
19.01.2011)

Bundesgesetzblatt 1990, http://archiv.jura.uni-saarland.de/BGBl/einstieg.html,
(Stand: 20.07.2011)

Bundesministerium der Justiz (Hrsg.), Stromgrundversorgungsverordnung,
http://www.gesetze-im-internet.de/bundesrecht/stromgvv/gesamt.pdf,
(Stand: 30.05.2011)

Bundesministerium für Umwelt Naturschutz und Reaktorsicherheit, Einzel- und
gesamtwirtschaftliche Analyse von Kosten- und Nutzenwirkungen des
Ausbaus Erneuerbarer Energien im deutschen Strom- und Wärmemarkt,

http://www.bmu.de/files/pdfs/allgemein/application/pdf/endbericht_ausbau
_ee_2009.pdf, (Stand: 05.02.2011)

Bundesministerium für Wirtschaft und Technologie, Gesetz zur Öffnung des
Messwesens bei Strom und Gas für Wettbewerb,
http://www.bmwi.de/Dateien/Energieportal/PDF/gesetz-oeffnung-
messwesen,property=pdf,bereich=bmwi,sprache=de,rwb=true.pdf, (Stand:
20.09.2010)

Bundesnetzagentur (Hrsg.), Wettbewerbliche Entwicklungen und Handlungsoptionen im Bereich Zähl- und Messwesen und bei variablen Tarifen,
http://www.bundesnetzagentur.de/cae/servlet/contentblob/151968/publicati
onFile/6321/BerichtZaehlMesswesenpdf.pdf, (Stand: 30.05.2011)

Bundestag – Ausschuss für Wirtschaft und Technologie (Hrsg.), Beschlussempfehlung und Bericht des Ausschusses für Wirtschaft und Technologie vom
04.06.2008, http://dipbt.bundestag.de/dip21/btd/16/094/1609470.pdf, (Stand:
20.07.2011)

Bundestag Verordnung 16/13188, Ausgleichsmechanismus,
http://dipbt.bundestag.de/dip21/btd/16/131/1613188.pdf, (Stand: 20.07.2011)

Bundesverband der Deutschen Industrie e.V. (BDI) (Hrsg.), Internet der Energie.
http://www.e-energy.de/documents/BDI_InternetDerEnergie.pdf, (Online
30.05.2011)

Bundesverband Neuer Energieanbieter e.V. (bne) (Hrsg.), Lastvariable oder tageszeitabhängige Tarife für den Strommarkt. http://www.neue-energiean-
bieter.de/ data/uploads/20091221_bne_positionspapier_uebergangsloe-
sung_tageszeitabhaengige_tarife.pdf, (Stand: 30.05.2011)

Business Process Modelling Notation, aus Quelle: Gero Decker, Alexander Grosskopf, Sven Wagner-Boysen), http://bpt.hpi.uni-
potsdam.de/pub/Public/BPMNCorner/BPMN1_1_Poster_DE.pdf, (Stand:
18.07.2011)

Caine, T., Meters Can Make Us All a Little (Smart)er,
http://progressivetimes.wordpress.com/2009/03/09/meters-can-make-us-all-
a-little-smarter/, (Stand: 30.05.2011)

Customer Relationship Management (CRM) im Mittelstand - Status Quo und Entwicklungsmöglichkeiten, Universität Duisburg, Lehrstuhl für Marketing
und Handel, 2008, http://www.marketing.wiwi.uni-due.de/fileadmin/
fileupload/BWL-MARKETING/Downloads/Veroeffentlichungen/
CRM_im_Mittelstand_2008.pdf, (Stand: 07.07.2011)

derwesten.de, RWE http://www.derwesten.de/staedte/muelheim/RWE-mit-
Installation-der-Smart-Meter-Stromzaehler-in-Muelheim-im-Verzug-
id4236645.html, (Stand: 18.07.2011)

Deutscher Bundestag, Wettbewerb und Regulierung in der Energiewirtschaft, Reform des Energiewirtschaftsgesetzes. 25. August 2006,
http://dipbt.bundestag.de/dip21/btd/16/024/1602460.pdf, (Stand: 18.08.2010)

dpa (Hoenig, S.), Stromverbrauch im Blick: Intelligente Stromzähler. In: Märkische
    Allgemeine (Hrsg.),.
    http://www.maerkischeallgemeine.de/cms/beitrag/12096467/7249849/Stromv
    erbrauch-im-Blick-Intelligente-Stromzaehler.html, (Stand: 30.05.2011)
E-Energy, Internet der Energie, http://www.e-energie.info/de/756.php, (Stand:
    09.12.2009)
E-Energy, Modellregionen, http://www.e-energy.de/de/modellregionen.php,
    (Stand: 20.07.2011)
E-Energy (Hrsg.), Modellstadt Mannheim – Studie Anreizsysteme.
    http://www.modellstadt-mannheim.de/moma/web/media/pdf/Stu-
    die_Anreizsysteme.pdf, (Stand: 30.05.2011)
Ecofys Germany GmbH (Hrsg.), Ökonomische und technische Aspekte eines flä-
    chendeckenden Rollouts intelligenter Zähler. http://www.bundesnetzagen-
    tur.de/cae/servlet/contentblob/153300/publicationFile/6482/EcofysFlaechend
    eckenderRollout19042010pdf.pdf, (Stand: 30.05.2011)
Ecofys Germany GmbH (Hrsg.), Einführung von lastvariablen und zeitvariablen
    Tarifen, http://www.bundesnetzagentur.de/cae/servlet/content-
    blob/153298/publicationFile/6483/EcofysLastvariableZeitvariableTarife19042
    010pdf.pdf, (Stand: 30.05.2011)
EnBW, Energiecockpit, http://www.enbw.com/pioniere
EurActiv, Energie und Klimawandel, Auf dem Weg zu einer umfassenden Klima-
    politik, http://www.euractiv.com/de/energie/energie-klimawandel-weg-
    umfassenden-eu-politik/article-160987, (Stand: 20.07.2011)
EurActiv, Erneuerbare Energie: EU gibt Vorlage für nationale Pläne heraus,
    http://www.euractiv.com/de/energie/erneuerbare-energie-eu-gibt-vorlage-
    nationale-plne-heraus/article-183649, (Stand: 20.07.2011)
EurActiv, EU legt Pläne für Entflechtung der Energieriesen vor
    http://www.euractiv.com/de/energie/eu-legt-plne-entflechtung-
    energieriesen/article-166896, (Stand: 20.07.2011)
EurActiv, Europaabgeordnete stärken Industrie für Erneuerbare Energien
    http://www.euractiv.com/de/energie/europaabgeordnete-strken-industrie-
    erneuerbare-energien/article-175310, (Stand: 20.07.2011)
Europa 2003/54/EG, Richtlinie über gemeinsame Vorschriften für den Elektrizitäts-
    binnenmarkt, http://eur-lex.europa.eu/LexUriServ/LexUriServ.do?-
    uri=OJ:L:2003:176:0037:0037:DE:PDF, (Stand: 20.07.2011)
Europa 2004/22/EG, Richtlinie über Messgeräte, http://eur-
    lex.europa.eu/LexUriServ/LexUriServ.do?uri=OJ:L:2004:135:0001:0080:DE:P
    DF, (Stand: 20.07.2011)
Europa 2006/32/EG, Richtlinie über Endenergieeffizienz und Energiedienstleistun-
    gen, http://eur-lex.europa.eu/LexUriServ/LexUriServ.do?uri=OJ:L:-
    2006:114:0064:0064:DE:PDF, (Stand: 07.01.2010)

Europa 2009/72/EG, über gemeinsame Vorschriften für den Elektrizitätsbinnen-
       markt, 20.07, http://energy.iep-
       berlin.de/pdf/1/Beschluss_Elektrizitaetsbinnenmarkt.pdf, (Stand: 20.07.2011)

Europa 7224/1/07 REV 1, Schlussfolgerungen des Vorsitzes
       http://www.consilium.europa.eu/ueDocs/cms_Data/docs/pressData/de/ec/93
       139.pdf, (Stand: 20.07.2011)

Europa 96/92/EG, Richtlinie über Endenergieeffizienz und Energiedienstleistun-
       gen,
       http://www.verivox.de/Power/gesetze/Richtlinie_fuer_den_Elektrizitaetsbin
       nenmarkt.pdf, (Stand: 05.03.2010)

Europa KOM(1997) 599, Weißbuch für eine Gemeinschaftsstrategie und Aktions-
       plan http://europa.eu/documents/comm/white_papers/pdf/com97-
       _599_de.pdf, (Stand: 28.12.2009)

Europa KOM(2006) 105, GRÜNBUCH Eine europäische Strategie für nachhaltige,
       wettbewerbsfähige und sichere Energie, http://eur-
       lex.europa.eu/LexUriServ/LexUriServ.do?uri=COM:2006:0105:FIN:DE:PDF,
       (Stand: 05.01.2010)

Europa KOM(2006) 848, Fahrplan für erneuerbare Energien, http://eur-
       lex.europa.eu/LexUriServ/LexUriServ.do?uri=COM:2006:0848:FIN:DE:PDF,
       (Stand: 10.01.2010)

Europa KOM(2007) 723, http://eur-lex.europa.eu/LexUriServ/LexUriServ.do?-
       uri=COM:2007:0723:FIN:DE:PDF, (Stand: 14.01.2010)

Europäisches Parlament, "20-20-20 bis 2020": EP debattiert Klimaschutzpaket. 23.
       Januar 2008, URL:
       http://www.europarl.europa.eu/sides/getDoc.do?pubRef=-//EP//TEXT+IM-
       PRESS+20080122IPR19355+0+DOC+XML+V0//DE, (Stand: 19.07.2010)

Google PowerMeter, http://www.google.com/powermeter/about/, (Stand:
       07.07.2011)

Google, What is Google PowerMeter? 2010,
       http://www.google.com/powermeter/about/about.html, (Stand: 15.09.2010)

Handelsblatt, VW baut jetzt auch Kraftwerke. 24. November 2010,
       http://www.handelsblatt.com/unternehmen/industrie/neues-geschaeftsfeld-
       vw-baut-jetzt-auch-kraftwerke;2698692;0, (Stand: 03.02.2011)

Handelswissen, Kundenbindung,
       http://www.handelswissen.de/data/themen/Kundenbindung/Grundsaetzlic
       hes/kundenabwanderung.php, Thema Kundenabwanderung, (Stand:
       21.04.2011)

Handelswissen, Kundenbindung,
       http://www.handelswissen.de/data/themen/Kundenbindung/Grundsaetzlic
       hes/kundenabwanderung.php, (Stand: 07.07.2011)

Heise Online, Das Ende von Google PowerMeter,
　　http://www.heise.de/ct/meldung/Das-Ende-von-Google-PowerMeter-und-
　　Google-Health-1268001.html, (Stand: 07.07.2011)

i12 GmbH (Hrsg.), Nachtstrom. http://www.strom-magazin.de/nachtstrom/,
　　(Stand: 30.05.2011)

i12 GmbH (Hrsg.), Gewerbestrom. http://www.strom-magazin.de/gewerbestrom/,
　　(Stand: 30.05.2011)

Knoke F., „Intelligente" Stromzähler als Einfallstor für Hacker,
　　http://www.spiegel.de/netzwelt/web/0,1518,686431,00.html, (Stand:
　　20.07.2011)

Maydorn A., Milliardenmarkt Smart Grid – die drei heißesten Aktien
　　http://www.deraktionaer.de/xist4c/web/Milliardenmarkt--Smart-Grid--
　　Aktien--100-Prozent--Spezialreport_id_43__dId_10869739_.htm, (Stand:
　　02.02.2010)

Microsoft Home, Microsoft Home Service Discontinuation, http://blog.microsoft-
　　hohm.com/news.aspx, (Stand: 07.07.2011).

Microsoft, How energy efficient is your home? 2010, http://www.microsoft-
　　hohm.com/, (Stand: 15.09.2010).

MID – Directive on measuring instruments, http://eur-
　　lex.europa.eu/LexUriServ/LexUriServ.do?uri=CELEX:32004L0022:DE:NOT,
　　(Stand: 19.01.2011)

Motsch, W., Vergleich der Tarifstruktur aktueller Stromtarife, Analyse der Strom-
　　tarif-Webseite „www.Verifox.de" (Hrsg.: Verifox GmbH),.
　　http://www.verifox.de, (Stand: 30.05.2011)

movento, CRM-Unwägbarkeiten, http://www.movento.com/index.php?id=220,
　　Resch, C. und Prof. Selchert, M.: Wider die CRM-Unwägbarkeiten, 2006,
　　(Stand: 07.07.2011)

SAP (Hrsg.), Business Maps, http://www.sap.com/germany/solutions/business-
　　suite/crm/businessmaps/index.epx, (Stand: 12.10.2010)

SAP (Hrsg), Business Maps
　　http://www.sap.com/germany/plattform/netweaver/businessmaps/index.ep
　　x, (Stand: 17.09.2010)

Sapient und Lehrstuhl für Marketing und Handel, Universität Essen: Customer
　　Relationship Management – Die Kundenstrategie entscheidet über den Er-
　　folg, online verfügbar: http://www.marketing.wiwi.uni-due.de/wirtschaft-
　　praxis/partner-projekte/studien/customer-relationship-management-die-
　　kundenstrategie-entscheidet-ueber-den-erfolg/, (Stand: 28.09.2010)

Schenke, G., Technik, Wirtschaft, Politik - Elektrizitätswirtschaft. http://www.et-
　　inf.fho-emden.de/~elmalab/twp/download/TWP_6.pdf, (Stand: 30.05.2011)

Schröder. H. et al. am Lehrstuhl für Marketing und Handel, Universität Essen,
　　http://www.marketing.wiwi.uni-due.de/fileadmin/fileupload/BWL-
　　MARKE-

TING/Downloads/Veroeffentlichungen/CRM_im_Mittelstand_2008.pdf,
(Stand: 28.09.2010)

Service Barometer AG, Kundenmonitor,
http://www.servicebarometer.net/kundenmonitor/tl_files/files/PM100909_st
udieninformation_2010.pdf (Stand: 07.07.2011)

Spiegel Online, Frankreich will Klimaziele mit Elektroautos erreichen. 21. Oktober
2009, URL:
http://www.spiegel.de/wissenschaft/technik/0,1518,656430,00.html (Stand:
05.02.2011)

Stromtipp, Intelligente Stromzähler, Versorger verschlafen Trend
http://www.stromtip.de/News/22485/Intelligente-Stromzaehler-Versorger-
verschlafen-den-trend.html (Stand: 20.07.2011)

Stromtipp, Strom wird immer teurer, http://www.stromtip.de/News/22634/Strom-
wird-immer-teurer.html, (Stand: 15.01.2010)

Stromtipp, Energie billiger, aber Strom wieder teurer,
http://www.stromtip.de/News/22553/Energie-billiger-aber-Strom-wieder-
teurer.html, (Stand: 20.07.2011)

Stromtipp, Erneuerbare Energien decken 2020 47 % des Stromverbrauchs
http://www.stromtip.de/News/22640/Verband-Erneuerbare-decken-2020-47-
des-Stromverbrauchs.html, (Stand: 20.07.2011)

tagesschau.de, Deutsches Elektrizitätsnetz zuverlässig - Nur 17 Minuten floss kein
Strom. 25. Januar 2010,
http://www.tagesschau.de/wirtschaft/stromausfall106.html, (Stand: 07.
09.2010)

t-online, High-End-Technik treibt Stromverbrauch in die Höhe,
http://computer.t-online.de/pc-und-lcd-tv-high-end-technik-treibt-stromverbrauch-
in-die-hoehe-/id_19334948/index, (Stand: 20.07.2011)

T-Systems, Smart Metering, http://www.t-systems.de/tsi/de/10810, (Stand:
09.09.2010)

UML 2.1 Notationsübersicht, http://www.oose.de/downloads/uml-2-
Notationsuebersicht-oose.de.pdf, (Stand: 19.01.2011)

UNECE, United Nations Economic Commission for Europe, Catalysing Change,
http://www.unece.org/publications/oes/CatalysingChange.pdf, (Stand:
20.07.2011)

Valuegrid, Google PowerMeter,
http://www.valuegrid.net/index.php/news/tag/meter, (Stand: 07.07.2011)

Valuegrid, It's all over now Baby Blue, http://www.valuegrid.net/index.php/news/,
(Stand: 07.07.2011)

Verivox, Studie – Energieverbrauch geht innerhalb Europas erstmals deutlich zurück hhttp://www.verivox.de/nachrichten/studie-energieverbrauch-geht-
innerhalb-europas-erstmals-deutlich-zurueck-47425.aspx, (Stand: 20.07.2011)

Weißenberger, B., Auswirkungen des CRM-Einsatzes auf die Kosten und Erlössituation im Unternehmen, CRM-Kongress, Berlin 2004), http://wiwi.unigies-sen.de/dl/down/open/bwl4/59da00e45c0f10be172a6cce1ddef1ea791fbdf8cb4 78830f7760b642f47990cb40ef2ea847cc0c9e783af220ffabd60/04-10-VortragCRM.pdf, (Stand: 07.07.2011)

Wikipedia, Ambient Intelligence, http://de.wikipedia.org/wiki/Ambient_Intelligence, (Stand: 07.05.2010)

Wikipedia, Augmented reality, http://en.wikipedia.org/wiki/Augmented_reality, (Stand: 03.02.2011)

Wikipedia, CFROI, http://de.wikipedia.org/wiki/Cash_Flow_Return_on_Investment, (Stand: 18.07.2011)

Wikipedia, Customer-Relationship-Management, http://de.wikipedia.org/wiki/Customer-Relationship-Management, (Stand: 21.04.2011)

Wikipedia, Customer-Relationship-Management, http://de.wikipedia.org/wiki/Customer_Care, (Stand: 29.08.2010)

Wikipedia, Energiewirtschaftsgesetz, http://de.wikipedia.org/wiki/Energiewirtschaftsgesetz, (Stand: 20.07.2011)

Wikipedia, Erneuerbare Energien Gesetz, http://de.wikipedia.org/wiki/Erneuerbare-Energien-Gesetz#Erneuerbare-Energien-Gesetz_282000.29, (Stand: 20.07.2011)

Wikipedia, Europäische Kommission Grünbuch, http://de.wikipedia.org/wiki/Gr%C3%BCnbuch_%28Europ%C3%A4ische_K ommission%29, (Stand: 20.07.2011)

Wikipedia, Geschichte des Internets. 27. August 2010, http://de.wikipedia.org/wiki/Geschichte_des_Internets#Wende_ab_1990, (Stand: 21. 08.2010)

Wikipedia, Intelligentes Stromnetz, http://de.wikipedia.org/wiki/Intelligentes_Stromnetz, (Stand: 11.11.2010)

Wikipedia, Intelligenter Zähler, http://de.wikipedia.org/wiki/Intelligenter_Z%C3%A4hler, (Stand: 20.07.2011)

Wikipedia, Kapitalwert, http://de.wikipedia.org/wiki/Kapitalwert, (Stand: 18.07.2011)

Wikipedia, Kundendienst, http://de.wikipedia.org/wiki/Customer_Care, (Stand: 29. 08.2010)

Wikipedia, Russisch-ukrainischer Gasstreit, http://de.wikipedia.org/wiki/Russisch-ukrainischer_Gasstreit#Konflikt_2005.2F2006, (Stand: 22.12.2009)

Wikipedia, Smart Metering, 18. August 2010, http://de.wikipedia.org/wiki/Smart_Metering, (Stand: 09.09.2010)

Wikipedia, Spitzenlast, http://de.wikipedia.org/wiki/Spitzenlast, (Stand:
    20.07.2011)
Wikipedia, Stromeinspeisungsgesetz,
    http://de.wikipedia.org/wiki/Stromeinspeisungsgesetz,(Stand: 20.07.2011)
Wikipedia, Übertragungsnetzbetreiber,
    http://de.wikipedia.org/wiki/%C3%9Cbertragungsnetzbetreiber, (Stand:
    20.07.2011)
Wikepedia, Ubiquitous Computing,
    http://de.wikipedia.org/wiki/Ubiquitous_Computing, (Stand: 07.05.2010)
WIM – Wechselprozesse im Messwesen,
    http://www.bundesnetzagentur.de/cln_1912/DE/DieBundesnetzagentur/Bes
    chlusskammern/BK7/Messwesen_Energie/Mitteilung_Nr_1/Mitteilung_Nr_1
    _WiM.html, (Stand: 19.01.2011)
Wirtschaftslexikon24 (Hrsg.), Lean Management,
    http://www.wirtschaftslexikon24.net/d/lean-management/lean-
    management.htm, (Stand: 12.10.2010)

Sachwortverzeichnis

Informationstechnik

Heuermann, Holger
Hochfrequenztechnik
Komponenten für High-Speed- und
Hochfrequenzschaltungen
2., durchges. u. erw. Aufl. 2009. XII, 383 S.
mit 394 Abb. u. 17 Tab. Br. EUR 29,95
ISBN 978-3-8348-0769-4

Kreß, Dieter | Kaufhold, Benno
Signale und Systeme verstehen
und vertiefen
Denken und Arbeiten im Zeit- und
Frequenzbereich
2010. XIV, 341 S. mit 90 Abb.
Br. EUR 34,95
ISBN 978-3-8348-1019-9

Brückner, Volkmar
Elemente optischer Netze
Grundlagen und Praxis der optischen
Datenübertragung
2., erg. Aufl. 2011. X, 198 S. mit 217
Abb., 13 Tab. und mit eLearning-CD und
Online-Service. Br. EUR 34,95
ISBN 978-3-8348-1034-2

Mansfeld, Werner
Satellitenortung und Navigation
Grundlagen, Wirkungsweise
und Anwendung globaler
Satellitennavigationssysteme
3., überarb. u. akt. Aufl. 2010. XII, 380 S.
mit 220 Abb. u. 65 Tab. Geb. EUR 54,95
ISBN 978-3-8348-0611-6

Meyer, Martin
Signalverarbeitung
Analoge und digitale Signale, Systeme
und Filter
6., korr. u. verb. Aufl. 2011. V, 324
S. mit 157 Abb., 21 Tab.und Online-
Service Br. EUR 34,95
ISBN 978-3-8348-0897-4

Werner, Martin
Information und Codierung
Grundlagen und Anwendungen
2., vollst. überarb. u. erw. Aufl. 2009.
X, 300 S. mit 162 Abb., 72 Tab. und
OnlinePLUS. Br. EUR 34,95
ISBN 978-3-8348-0232-3

VIEWEG+
TEUBNER

Abraham-Lincoln-Straße 46
65189 Wiesbaden
Fax 0611.7878-400
www.viewegteubner.de

Stand Juli 2011.
Änderungen vorbehalten.
Erhältlich im Buchhandel oder im Verlag.

Grundlagen verstehen und umsetzen

Wolfgang Ertel
Grundkurs Künstliche Intelligenz
Eine praxisorientierte Einführung
2., überarb. Aufl. 2009. XII, 342 S. mit 127 Abb. und Online-Service.
Br. EUR 24,95   ISBN 978-3-8348-0783-0

Paul Herrmann
Rechnerarchitektur
Aufbau, Organisation und Implementierung, inklusive 64-Bit-Technologie und
Parallelrechner
4., akt. und erw. Aufl. 2010. XII, 442 S. mit 360 Abb. und Online-Service.
Br. EUR 54,95   ISBN 978-3-8348-1512-5

Martin Sauter
Grundkurs Mobile Kommunikationssysteme
UMTS, HSDPA und LTE, GSM, GPRS und Wireless LAN
4., überarb. und erw. Aufl. 2011. XIV, 420 S. mit 186 Abb. und Online-Service.
Br. EUR 39,95   ISBN 978-3-8348-1407-4

Gottfried Vossen | Kurt-Ulrich Witt
Grundkurs Theoretische Informatik
Eine anwendungsbezogene Einführung - Für Studierende in allen Informatik-
Studiengängen
5., durchges. Aufl. 2011. X, 449 S. mit 147 Abb. Br. EUR 39,95
                                                 ISBN 978-3-8348-1537-8

**VIEWEG+
TEUBNER**
Abraham-Lincoln-Straße 46
65189 Wiesbaden
Fax 0611.7878-400
www.viewegteubner.de

Stand Juli 2011.
Änderungen vorbehalten.
Erhältlich im Buchhandel oder im Verlag.

Printed in the United States
By Bookmasters